Johannes Bähr | Christopher Kopper

Industrie, Politik, Gesellschaft

Der BDI und seine Vorgänger 1919–1990

Johannes Bähr | Christopher Kopper

Industrie, Politik, Gesellschaft

Der BDI und seine Vorgänger 1919–1990

WALLSTEIN VERLAG

In Zusammenarbeit mit der
Gesellschaft für Unternehmensgeschichte.
www.unternehmensgeschichte.de

Bibliografische Information der Deutschen Nationalbibliothek
Die Deutsche Nationalbibliothek verzeichnet diese Publikation in der Deutschen Nationalbibliografie; detaillierte bibliografische Daten sind im Internet über http://dnb.d-nb.de abrufbar.

www.wallstein-verlag.de
Vom Verlag gesetzt aus der Adobe Garamond
Umschlaggestaltung: Susanne Gerhards, Düsseldorf
Umschlagfoto: Besuch einer BDI-Delegation in Südafrika auf Einladung der Industrial Development Corporation of South Africa Ltd, des Afrikaense Handelsinstituts und der Deutsch-Südafrikanischen Kammer für Handel und Industrie im März 1969, BDI-Archiv SF 522_001A.
Druck und Verarbeitung: Hubert & Co, Göttingen
ISBN 978-3-8353-3405-2

Inhalt

Erster Teil

1919–1950

Johannes Bähr

Zweiter Teil

1950–1990

Christopher Kopper

Vorbemerkung

Den Bundesverband der Deutschen Industrie (BDI) braucht man nicht vorzustellen. Als einer der vier großen Spitzenverbände der deutschen Wirtschaft vertritt er die wirtschaftspolitischen Interessen seiner Mitglieder, denen mehr als 100.000 Unternehmen angehören. Weniger bekannt ist, wie der BDI wurde, was er ist und dass er in einer Tradition entstand, die vor 100 Jahren vom ersten industriellen Gesamtverband Deutschlands, dem Reichsverband der Deutschen Industrie (RDI), begründet wurde. In diesem Buch wird die Geschichte des Spitzenverbandes der deutschen Industrie erstmals epochenübergreifend beschrieben, von den Anfängen nach dem Ersten Weltkrieg bis zur Wiedervereinigung von 1990.

Die Geschichte eines Verbandes, der sich als wirtschaftspolitische Interessenvertretung versteht, spiegelt naturgemäß die politische Geschichte des Landes ebenso wider wie die seiner Wirtschaft. Sie gibt aber auch die Verschiebungen zwischen Branchen und Regionen, den strukturellen wie den technologischen Wandel wieder. Im Vordergrund steht im Folgenden der politische Rahmen. Lässt sich an der Geschichte dieses Verbandes doch zeigen, wie sich die industrielle Interessenvertretung in unterschiedlichen politischen Systemen gestaltete. Trotz des hohen Organisationsgrads der deutschen Industrie im Kaiserreich kam die Bildung eines Gesamtverbands erst nach Gründung der Weimarer Republik zustande.[1] Aus dem RDI wurde nach der nationalsozialistischen Machtübernahme erst der Reichsstand der Deutschen Industrie und Anfang 1935 die Reichsgruppe Industrie. Nach Kriegsende musste die Reichsgruppe ihre Tätigkeit einstellen. Die Militärregierungen in den Westzonen ließen die Bildung neuer branchenübergreifender Wirtschaftsverbände nicht zu. Erst nach Gründung der Bundesrepublik konnte im Herbst 1949 mit dem BDI wieder ein autonomer Spitzenverband der Industrie entstehen.

Aus guten Gründen endet der Band mit der Wiedervereinigung. Das Jahr 1990 gilt nach dem heutigen Stand als vorläufiger Endpunkt der historischen Gegenwartsforschung, weil archivierte Akten in der Regel

1 Im internationalen Vergleich war ein derart langer Anlauf nicht ungewöhnlich. In Großbritannien entstand erst 1916 eine nationale Industriellenvereinigung, die Federation of British Industries. In Frankreich wurde zwar schon 1903 die *Fédération des industriels et des commerçants français (FICF)* gegründet, doch musste sich dieser Spitzenverband lange Zeit mit einem einflussreichen Rivalen, der *Union des industries métallurgiques et minières (UIMM)*, auseinandersetzen. In den USA existierte keine vergleichbare Dachorganisation industrieller Verbände.

einer Sperrfrist von dreißig Jahren unterliegen. Im Fall des BDI kommt hinzu, dass mit dem Umzug der Geschäftsstelle von Köln nach Berlin eine Neukonzeption in der Aufbereitung des Archivguts verbunden war. Die historischen Unterlagen waren in Köln sowohl in dem 1987 gegründeten BDI-Archiv als auch im Institut der deutschen Wirtschaft gesammelt und dokumentiert worden. Erst mit dem Neuaufbau des Berliner BDI-Archivs ab 2012 wurden die Bestände zusammengeführt und professionell archiviert. Die ersten vier Jahrzehnte der Verbandsgeschichte sind erschlossen und stehen vor allem für die wissenschaftliche Forschung zur Verfügung.[2] Der zweite Teil der vorliegenden Studie stützt sich hauptsächlich auf diese Bestände und wertet sie erstmals systematisch aus. Ganz anders stellt sich die Archivüberlieferung zum RDI und der Reichsgruppe Industrie dar. Die Originalakten beider Verbände wurden bei den Luftangriffen auf Berlin zerstört. Für den RDI kann dies durch die in Unternehmens- und Wirtschaftsarchiven überlieferten Nachlässe von Vorsitzenden und Präsidialmitgliedern annäherungsweise ausgeglichen werden. Auch das BDI-Archiv verfügt durch die vom Institut der deutschen Wirtschaft übernommenen Sammlungen Oscar Funcke und Carl Hugo Steinmüller über zwei derartige Bestände. Zur Reichsgruppe Industrie existiert keine vergleichbare Ersatzüberlieferung, da sie keine kollegialen Leitungsgremien hatte. Die Studie musste sich in diesem Teil auf Akten der Behörden und Splitterbestände in verschiedenen Archiven stützen.

Die Autoren hatten auch zu berücksichtigen, dass sich die Forschung zu den einzelnen Epochen des Untersuchungszeitraums auf einem sehr unterschiedlichen Stand befindet, der sich zum Teil umgekehrt zur Überlieferung der Originalakten verhält. Während zur Geschichte des RDI eine sehr umfangreiche Literatur vorliegt, wurde die Geschichte des BDI ab Mitte der 1960er Jahre bisher nur punktuell erforscht. Der zweite Teil des Bandes arbeitet die Rolle des Verbandes daher vor allem in Bezug auf seine wichtigste Aufgabe, die Vertretung wirtschaftspolitischer Interessen der Industrie, heraus. Im ersten Teil wird dagegen stärker versucht, den Forschungsstand durch einen Blick auf die noch wenig untersuchten innerverbandlichen Strukturen zu erweitern. Dabei wird von den Kategorien Philippe C. Schmitters und Wolfgang Streecks ausgegangen, wonach die Organisation wirtschaftlicher Interessen sowohl von der Einflussnahme auf das politische System (»Logic of influence«) als auch von der Konstellation

2 Zum Neuaufbau des BDI-Archivs vgl. Susanne Witschaß-Beyer, *Das Archiv des Bundesverbandes der Deutschen Industrie e. V. (BDI) – Aus einer »Sammlung« erwächst ein lebendes Verbandsarchiv*, in: Archiv und Wirtschaft 1 (2017), 13-23.

innerhalb des jeweiligen Verbandes (»Logic of Membership«) geprägt ist.[3] Einen weiteren methodischen Bezugspunkt bildet der Ansatz der Politikwissenschaftlerin Beate Kohler-Koch, wonach das Grundmerkmal von Wirtschaftsverbänden in ihrer Heterogenität zu sehen ist.[4] Gerade für die historische Forschung zu Spitzenverbänden ergeben sich neue Perspektiven, wenn man diese Organisationen nicht mehr als gegebene, einheitliche Größen versteht. Die Mitglieder eines Dachverbands der Industrie können sehr unterschiedlichen Interessen verpflichtet sein. Die Verbandsführung muss einen für alle Beteiligten tragbaren Ausgleich finden, um Spannungen oder gar Abspaltungen zu vermeiden. Wenn ihr dies nicht gelingt, sind auch ihre Einflussmöglichkeiten auf die Politik geringer.

Die erste Untersuchung über den BDI, die 1965 veröffentlichte Studie des amerikanischen Politikwissenschaftlers Gerard Braunthal, sah in diesem Verband dagegen eine geballte Macht und ging von der Frage aus, ob derartige Interessengruppen der jungen Demokratie der Bundesrepublik nützen oder schaden.[5] Braunthal stand dabei auch unter dem Eindruck des Politikstils in der Adenauerzeit, zu dem ein unmittelbarer Zugang des BDI-Präsidenten zum Kanzler gehörte. In den 1970er Jahren befand sich der BDI dann gegenüber der Politik in der Defensive. Nun wurde die Frage nach der »Macht und Herrschaft der Unternehmerverbände« im Rahmen einer generellen Gesellschaftskritik gestellt.[6] In der wissenschaftlichen Verbändeforschung dominierte inzwischen die Pluralismustheorie, die in den 1980er Jahren zunehmend von der Korporatismustheorien verdrängt wurde. Die institutionalisierte Einbeziehung von Wirtschaftsverbänden in politische Entscheidungsfindungen galt nun als ein Modell, das die Exekutive entlastet.[7] Die 1994 erschienene systematische Studie des früheren BDI-Hauptgeschäftsführers Siegfried Mann verfolgte das Ziel, den BDI vom Vorwurf einer illegitimen und intransparenten Einflussnahme auf politische Entscheidungen zu entlasten und die kompetente Beratungsfunktion der Verbände in Gesetzge-

3 Philippe C. Schmitter/Wolfgang Streeck, *The Organization of Business Interests. Studying the Associative Action of Business in Advanced Industrial Societies*, Max-Planck-Institut für Gesellschaftsforschung, Discussion Paper 99/1, Köln 1999.

4 Beate Kohler-Koch, *Deutsche Industrieverbände: Studie zur Heterogenität der Verbandswirklichkeit*, in: Detlev Sack/Christoph Strünck (Hrsg.), Verbände unter Druck. Protest, Opposition und Spaltung in Interessenorganisationen (Zeitschrift für Politikwissenschaft, 26. Jg., Sonderheft 2), Wiesbaden 2016, 53-74.

5 Gerard Braunthal, *The Federation of German Industry in Politics*, Ithaca, N.Y. 1965, XIII.

6 Walter Simon, *Macht und Herrschaft der Unternehmerverbände*, Köln 1976.

7 Vgl. Ulrich von Alemann/Rolf G. Heinze (Hrsg.), *Verbände und Staat. Vom Pluralismus zum Korporatismus. Analysen, Positionen, Dokumente*, Opladen 1979.

bungsprozessen zu betonen.[8] Historiker haben erst Mitte der 80er Jahre begonnen, sich mit der Geschichte der Unternehmerverbände in der Bundesrepublik zu beschäftigen, da die einschlägigen Archivbestände bis dahin nicht zugänglich waren.[9] Die einschlägige Literatur ist bis heute recht überschaubar und besteht zu einem erheblichen Teil aus Veröffentlichungen des Münchner Historikers und Politikwissenschaftlers Werner Bührer. Umstritten ist in der historischen Forschung, inwieweit der BDI in der frühen Bundesrepublik auf korporatistische Muster der Mitwirkung an staatlichen Entscheidungen setzte.[10]

Über den RDI ist bisher keine Gesamtdarstellung erschienen. Es liegen jedoch quellengesättigte Studien zur Rolle dieses Verbandes in den frühen 20er Jahren und in der Endphase der Weimarer Republik vor.[11] Darüber hinaus wurde der RDI in zahlreichen Untersuchungen zur Wirtschafts- und Politikgeschichte dieser Zeit behandelt. In dem vorherrschenden Deutungsmuster wird der Verband in Anlehnung an die »Monopolgruppentheorie« als politischer Akteur gesehen, der zwischen den gemäßigten Repräsentanten der Chemie- und Elektroindustrie und den reaktionären Schwerindustriellen gespalten war. Strittig ist, ob es der Schwerindustrie gelang, eine »Veto-Position« zu erlangen, oder ob bis zum Ende der Weimarer Republik eine »Patt-Situation« zwischen beiden Lagern bestand.[12] Unterschiedlich wird auch die Rolle der Industrie bei

8 Siegfried Mann, *Macht und Ohnmacht der Verbände. Das Beispiel des Bundesverbandes der Deutschen Industrie aus empirisch-analytischer Sicht*, Baden-Baden 1994.

9 Volker Berghahn, *Unternehmer und Politik in der Bundesrepublik*, Frankfurt am Main 1985; Werner Bührer, *Ruhrstahl und Europa. Die Wirtschaftsvereinigung Eisen- und Stahlindustrie und die Anfänge der europäischen Integration 1945-1952* (Schriftenreihe der Vierteljahrshefte für Zeitgeschichte, 53), München 1986.

10 Bührer betont, dass der BDI keine korporatistischen Lösungen anstrebte, da er seine Interessen in einer pluralistisch strukturierten Ordnung besser umsetzen konnte. Werner Bührer, *Auf dem Weg zum Korporatismus? – Der Bundesverband der Deutschen Industrie in zeitgeschichtlicher Perspektive*, in: ders./Edgar Grande (Hrsg.), *Unternehmerverbände und Staat in Deutschland*, Baden-Baden 2000, 51. Anders: Werner Abelshauser, *Deutsche Wirtschaftsgeschichte seit 1945*, ²München 2011, 169 ff.

11 Stephanie Wolff-Rohé, *Der Reichsverband der Deutschen Industrie 1919-1924/25*, Frankfurt a. M. 2001; Michael Grübler, *Die Spitzenverbände der Wirtschaft und das erste Kabinett Brüning. Eine Quellenstudie*, Düsseldorf 1982; Reinhard Neebe, *Großindustrie, Staat und NSDAP 1930-1933. Paul Silverberg und der Reichsverband der Deutschen Industrie in der Krise der Weimarer Republik* (Kritische Studien zur Geschichtswissenschaft, Bd. 45), Göttingen 1981.

12 Bernd Weisbrod, *Schwerindustrie in der Weimarer Republik. Interessenpolitik zwischen Stabilisierung und Krise*, Wuppertal 1978; Neebe, *Großindustrie*. Zur marxistischen Monopolgruppentheorie und zur undogmatischen Anwendung dieses Ansatzes siehe ebd., 11 ff.

der Ausschaltung der parlamentarischen Demokratie beurteilt. Dagegen steht heute außer Zweifel, dass nur wenige Industrielle einen unmittelbaren Beitrag zum Aufstieg Hitlers geleistet haben. Ein differenzierteres Bild ergab sich in den letzten Jahren durch mehrere Biografien von Industriellen aus der Führungsspitze des RDI, in denen das ökonomische Kalkül der Akteure stärker hervortritt.[13] Die 1935 entstandene Reichsgruppe Industrie war ein Organ der vom NS-Staat gebildeten »Organisation der gewerblichen Wirtschaft«, das nur noch Züge des früheren Spitzenverbands der Industrie trug. Der Forschungsstand zur Reichsgruppe ist ebenso fragmentarisch wie die Quellenüberlieferung. Neben Überblicksdarstellungen und einer rechtshistorischen Dissertation[14] liegen vor allem Aufsätze und Dokumentensammlungen aus der Historiographie der DDR vor, die eine angebliche Führungsrolle der Industrie bei den Rüstungs- und Kriegszielplanungen des »Dritten Reichs« belegen sollten.

Als übergreifendes Thema einer Geschichte dieser Spitzenverbände ist es naheliegend, nach den Einflüssen der politischen Rahmenbedingungen und der politischen Zäsuren zu fragen. Welche Merkmale zeichneten die Organisation industrieller Interessen in den jeweiligen Systemen aus. Welchen Einfluss hatte der Dachverband der Industrie, welche Rolle spielte er in der Weimarer Republik, im »Dritten Reich« und in der Bundesrepublik? Dabei wird auch zu zeigen sein, inwieweit es über die Einschnitte von 1933 und 1945 hinweg Kontinuitäten gab. Die langfristigen Veränderungen in der Organisation industrieller Interessen waren freilich keineswegs nur ein Reflex auf die Politik. Sie folgten auch einer eigenen Dynamik, die in diesem Band ebenso deutlich wird wie der Wandel innerverbandlicher Strukturen und der Einfluss personeller Faktoren.

Nach der Befreiung Deutschlands von der nationalsozialistischen Herrschaft war die Neugründung eines industriellen Spitzenverbandes erst im Herbst 1949 möglich, nachdem die alliierten Besatzungsmächte die Genehmigung von Partei- und Verbandsgründungen auf die deutschen Behörden übertragen hatten. Die amerikanische und die britische Besatzungsmacht standen einer Zentralisierung unternehmerischer Macht, ob in Form von Kartellen, Konzernen und Spitzenverbänden, kritisch gegenüber. Obwohl der BDI im Unterschied zum RDI keinen starken Einfluss auf eine politische Partei gewinnen sollte und an den Regierungs-

13 So besonders in: Werner Plumpe, *Carl Duisberg 1861-1935. Anatomie eines Industriellen*, München 2016.

14 Daniela Kahn, *Die Steuerung der Wirtschaft durch Recht im nationalsozialistischen Deutschland. Das Beispiel der Reichsgruppe Industrie* (Studien zur europäischen Rechtsgeschichte, 212), Frankfurt a. M. 2006.

bildungen unbeteiligt war, stellten die Wissenschaft, die Massenmedien und die politisch interessierte Öffentlichkeit kritische Fragen nach der (wirtschafts-)politischen Macht des BDI. Der Politikwissenschaftler Theodor Eschenburg prägte 1955 die ebenso viel zitierte wie missverstandene These von der Macht der Verbände, die er primär auf die Parteien und nur in zweiter Linie auf die Verbände bezog.[15] Die Autoren werden zeigen, wie der Eindruck eines demokratisch nicht legitimierten Einflusses des BDI auf Regierungsentscheidungen entstand. Die starke Stellung des Bundeskanzlers Konrad Adenauer und die Existenz eines wirtschaftspolitischen »Küchenkabinetts« im Kanzleramt förderte die unzutreffende Vermutung, dass der BDI an Bundeswirtschaftsminister Ludwig Erhard vorbei die Wirtschaftspolitik des Kanzlers beeinflussen konnte. Die langwierige Auseinandersetzung um das »Gesetz gegen Wettbewerbsbeschränkungen« als Kernelement der Ordnungspolitik endete 1957 mit einem praktikablen und für die Industrie annehmbaren Kompromiss. Das nachhaltige und im Vergleich zur Vorkriegszeit konstante Wirtschaftswachstum überzeugte auch die Skeptiker des Ordoliberalismus im BDI, dass eine freie und offene Wettbewerbsordnung langfristig die besten Ergebnisse brachte und die Furcht vor einem ruinösen Wettbewerb in einer Wirtschaftsordnung ohne Kartelle unbegründet war.

Seine Funktion als Vertreterin der industriellen Branchen verschaffte dem BDI die Legitimation, die Interessen der produzierenden Wirtschaft in der Wirtschafts- und in der Steuerpolitik gegenüber den Bundestagsfraktionen und der Bundesregierung zu vertreten. Obwohl einige hochrangige hauptberufliche Funktionäre des BDI und manche Mitglieder seines Präsidiums über ihre Abgeordnetenmandate Einfluss auf die Unionsfraktion und auf die Fraktion der FDP ausüben konnten, vollzog sich die politische Interessenvertretung des BDI in den dafür vorgesehenen Bahnen der ministeriellen und parlamentarischen Anhörungen, den Spitzengesprächen mit Ministern und Bundeskanzlern und fast zehn Jahre lang im Rahmen der »Konzertierten Aktion«. Der institutionelle Wettbewerb zwischen dem BDI und der Arbeitsgemeinschaft Selbstständiger Unternehmer (ASU) sorgte dafür, dass sich der BDI stärker als der RDI den Interessen des industriellen Mittelstands öffnete und als Vertreter der mittelständischen Wirtschaft Kontur gewann. Mittelständische Unternehmer an der Spitze des BDI waren nicht nur wegen der ungewöhnlich langen Amtszeit seines Präsidenten Fritz Berg (1949-1971) keine Ausnahme, sondern fast der Normalfall. Darüber hinaus beschäftigen sich die Autoren mit der

15 Theodor Eschenburg, *Herrschaft der Verbände?*, Stuttgart 1955.

Frage, warum im Unterschied zur Weimarer Republik Konflikte zwischen divergierenden Brancheninteressen weitgehend ausblieben und die Ära der politischen Lagerbildung in der Industrie endgültig vorbei war. Es wird zu zeigen sein, dass Interessenkonflikte in Detailfragen wie der Gestaltung der Umsatzbesteuerung und dem Wandel der Energieversorgung nicht ausblieben, aber die Handlungsfähigkeit des BDI nicht gefährdeten.

Diese Studie widmet sich unter anderem der Aufgabe, die Handschrift des BDI in der Wirtschafts- und Finanzpolitik der Regierung sichtbar zu machen. Nach dem Ende des 26 Jahre langen Nachkriegsbooms von der Währungsreform (1948) bis zur ersten Ölpreiskrise (1974) stand auch der BDI vor der Herausforderung, die Diskrepanz zwischen dem wirtschaftspolitisch Erwünschten und dem haushaltspolitisch Machbaren zu bewältigen. Die Verteilungskämpfe zwischen den Unternehmen, den organisierten Arbeitnehmerinteressen und dem Staat setzten jedoch schon zu Beginn der 70er Jahre ein. Externe Schocks wie der von der historischen Forschung oft unterschätzte Zusammenbruch des Systems fester Wechselkurse (»Bretton Woods-System«), die daraus folgende Aufwertung der D-Mark und das Ende der dauerhaft niedrigen Energiepreise erschütterten tradierte Gewissheiten, ohne das Institutionenvertrauen und das Systemvertrauen zu beeinträchtigen.

In diesem Zusammenhang stellt sich die Frage nach den wirtschaftswissenschaftlichen Paradigmen, Erfahrungen und Wissensbeständen, die das Denken und Handeln der Verbandsgeschäftsführung und der Präsidiumsmitglieder prägten. Während das Modell der ordoliberalen sozialen Marktwirtschaft erst am Ende der 50er Jahre allseits Anerkennung gefunden hatte, nahm der BDI das neue Konzept der konjunkturellen Globalsteuerung trotz anfänglicher Skepsis ab 1967 positiv auf. Der enttäuschten Abkehr von der nachfrageorientierten keynesianischen Globalsteuerung während der Stagflationsperiode von 1974/75 folgte die Orientierung an einem pragmatischen Instrumentenmix aus einer angebots- und nachfrageorientierten Wirtschaftspolitik. Die fast euphorischen Hoffnungen in eine angebotsorientierte Steuer- und Marktordnungspolitik mit einer strikt stabilitätsorientierten Geldpolitik (»Monetarismus«) nach dem Vorbild der USA und Großbritanniens standen in den 80er Jahren noch im Gegensatz zu dem, was politisch akzeptabel und durchsetzbar war. Zum Bedauern des BDI fand eine wirkliche wirtschaftspolitische Wende noch nicht statt. Diese Beobachtung zeigt eines: Im politischen System der Bundesrepublik mit einer föderalen Gewaltenteilung und starken Volksparteien war die Durchsetzung industrieller Sonderinteressen strukturell schwerer als in der Weimarer Republik.

Ein neues und von Anbeginn wichtiges Handlungsfeld war die industrielle Interessenvertretung gegenüber der Montan-Union und der 1957 gegründeten Europäischen Wirtschaftsgemeinschaft. In diesem Zusammenhang stellt sich die Frage, weshalb der BDI schon unmittelbar nach der Gründung der EWG mit einer eigenen Vertretung und als aktives Mitglied im Europäischen Industrieverband UNICE in Brüssel präsent war. Während sich die bisherige verbandshistorische Forschung mit der Rolle der industriellen Verbände im frühen Entwicklungsstadium des Gemeinsamen Marktes beschäftigte, sind die europapolitischen Initiativen des BDI und seiner europäischen Schwesterverbände während der 70er und 80er Jahre bislang unerforscht. Es wird zu zeigen sein, dass sich dem BDI die Frage nach dem Vorrang einer tiefen politischen Integration Kerneuropas oder einer flachen Integration in einer möglichst großen europäischen Zollunion nicht stellte. Der BDI wollte beides: Die politische Integration Europas und den europäischen Binnenmarkt. Der BDI und die UNICE befürworteten schon Anfang der 70er Jahre eine europäische Wirtschafts- und Währungsunion und gehörten in den 80er Jahren zu den vorbehaltlosen Anhängern des europäischen Binnenmarktes.

In der massenmedialen Gesellschaft der Bundesrepublik gewann die direkte Kommunikation der Verbände mit den Bürgerinnen und Bürgern an Bedeutung. Während der BDI weiterhin eine große Zahl an Presseerklärungen, Studien und Rechenschaftsberichten für politische Entscheidungsträger, für mediale Multiplikatoren und nicht zuletzt für seine Mitgliedsverbände veröffentlichte, suchten die Präsidenten des BDI seit den frühen 70er Jahren das Gespräch mit der Bevölkerung. Während sich der erste BDI-Präsident Fritz Berg nur selten Gedanken über die Wirkungen seiner Äußerungen in der Öffentlichkeit machte, setzten seine Nachfolger Interviews mit Nachrichtenmagazinen gezielt als Kommunikationsmittel ein.

Diese Geschichte des BDI und seiner Vorgänger ist ein erster Schritt, um die Rolle der Interessenverbände im gesellschaftlichen Wandel und unterschiedlichsten politischen Ordnungen über einen langen Zeitraum zu erforschen. Die Autoren dieses Buches waren die ersten, die einen uneingeschränkten Zugang zur Aktenüberlieferung eines Spitzenverbands bis in die Gegenwart erhielten. Wir danken zuerst Frau Susanne Witschaß-Beyer, die uns als Archivarin des BDI jede denkbare Hilfe bei der Auswertung der Akten gewährte. Die Hauptgeschäftsführung des BDI begleitete unsere Arbeit mit großem Interesse und ließ sich stetig über unsere Zwischenergebnisse informieren. Der BDI übte keinen Einfluss auf die Darstellung und die Ergebnisse aus. Daher tragen die beiden Autoren die uneingeschränkte Verantwortung für jedes geschriebene Wort.

Erster Teil

1919 – 1950

Johannes Bähr

1. Der lange Weg zur Einheit
Die Dachverbände der deutschen Industrie vor 1919

Wenige Jahre nach Entstehung des Deutschen Kaiserreichs wurde 1876 der erste industrielle Dachverband des Landes, der Centralverband deutscher Industrieller (CDI), gegründet. Der Satzung nach war der Verbandszweck die »Wahrung der wirtschaftlichen und industriellen Interessen des Landes«.[1] Doch handelte es sich zunächst eher um eine »single-issue group«. Die Mitglieder, die vorwiegend aus der rheinisch-westfälischen Montanindustrie und der süddeutschen Textilindustrie kamen, einte die Forderung nach Einführung von Schutzzöllen. Angesichts des anhaltenden Preisverfalls, der auf den Boom nach der Reichseinigung von 1871 folgte, drängten diese Industriellen auf einen »Schutz der nationalen Arbeit«.[2] Im Schulterschluss mit den ebenfalls protektionistisch eingestellten Interessenvertretern der Landwirtschaft gelang es dem CDI innerhalb weniger Jahre, eine Abkehr von der liberalen Freihandelspolitik der vorangegangenen Epoche durchzusetzen.[3] Dabei glich der Verband noch mehr einer Honoratiorenvereinigung als einem »Verband der Verbände«. Die meisten Mitglieder gehörten dem CDI aufgrund ihres gesellschaftlichen Rangs und nicht als Vertreter eines Verbandes oder einer Einzelfirma an.[4]

In den folgenden Jahren und Jahrzehnten profitierte der neue Dachverband von der raschen Zunahme der Verbandsgründungen in der deutschen Wirtschaft. Das Modell der Spitzenorganisation war für viele der neuen Verbände attraktiv; 1895 gehörten dem CDI bereits 61 Mitgliedsverbände an, bis 1902 nahm diese Zahl auf 168 zu.[5] Mit dem Wachstum veränderten sich die Ziele und die Methoden des Verbands.

1 Zitiert nach Werner Bührer, *Henry Axel Bueck. Der erste professionelle Geschäftsführer in der deutschen Unternehmensverbandsgeschichte*, in: Henry Axel Bueck, Mein Lebenslauf. Hg. und mit einer kommentierenden Einleitung von Werner Bührer, Stuttgart 1997, 51. Zur Geschichte des CDI siehe Hartmut Kaelble, *Industrielle Interessenpolitik in der Wilhelminischen Gesellschaft. Centralverband Deutscher Industrieller 1895-1914*, Berlin 1967; Hans-Peter Ullmann, *Interessenverbände in Deutschland*, Frankfurt a. M. 1988, 78-85. Vgl. ferner Alexander Brehm, *Sind Verbände noch zeitgemäß? Ein Vergleich zwischen dem Centralverband Deutscher Industrieller und dem Bundesverband der Deutschen Industrie e. V.*, Berlin 2008.

2 Fritz Hauenstein, *Die ersten Zentralverbände*, in: Bundesverband der Deutschen Industrie (Hg.), *Der Weg zum industriellen Spitzenverband*, Darmstadt 1956, 23 ff.

3 Kaelble, *Interessenpolitik*, 1-4.

4 Ebd., 35.

5 Ebd., 207 (Anlage Nr. 1).

Der CDI verfügte nun über einen breiten organisatorischen Unterbau und erstklassige Beziehungen zur Ministerialbürokratie. Er entwickelte sich nicht nur in der Handels- und Wirtschaftspolitik, sondern auch in der Sozialpolitik, in der Kolonialpolitik und nicht zuletzt bei der Abwehr der aufstrebenden sozialistischen Arbeiterbewegung zu einem Mittler zwischen der Industrie und den Behörden des Reichs bzw. Preußens. Mit diesem Wandel gingen erste Ansätze zur Errichtung einer Verbandsverwaltung einher. Seit 1887 hatte der CDI einen hauptamtlichen Geschäftsführer, zehn Jahre später entstand ein eigenes Verbandsorgan. Der erste Geschäftsführer, Henry Axel Bueck, war zuvor Geschäftsführer des so genannten Langnam-Vereins (Verein zur Wahrung der gemeinsamen wirtschaftlichen Interessen in Rheinland und Westfalen) gewesen und gilt als der »erste professionelle Geschäftsführer in der deutschen Unternehmensverbandsgeschichte«.[6] Unter Buecks Regie entstanden bei der Geschäftsführung besondere Dienststellen, die den Mitgliedern wichtige Dienstleistungen bieten konnten: eine Zollstelle, eine Kartellstelle und ein Institut für ausländisches Recht.[7] Gleichwohl war die Zahl der Mitarbeiter noch sehr gering. 1891 arbeiteten in der Geschäftsstelle fünf Angestellte, bis 1907 stieg ihre Zahl auf zehn.[8]

Der Mitgliederstruktur nach war der CDI etwa seit der Jahrhundertwende eine Spitzenorganisation, die nahezu alle wichtigen Branchen der deutschen Industrie umfasste.[9] Doch wurde der Verband nach wie vor von der Montan- und Textilindustrie dominiert, auf die rund zwei Drittel der vertretenen Stimmen entfielen.[10] Als der Vorsitz 1901 an Hanns Jencke, ein Direktoriumsmitglied der Firma Fried. Krupp, überging, nahm die schwerindustrielle Prägung noch weiter zu. Trotz seiner breiteren Basis galt der CDI als »Schwerindustriellenverband«.[11] Die auf Protektionismus, den Schutz der wachsenden Zahl von Kartellen und eine enge Zusammenarbeit mit dem Bund der Landwirte (»Bündnis von Roggen und Stahl«) ausgerichtete Verbandspolitik entsprach nicht den Interessen der weiterverarbeitenden Industrie, die damals allgemein als Fertigindustrie bezeichnet wurde. Vertreter dieser Branchen gründeten

6 Bührer, *Henry Axel Bueck*, 9.

7 Kaelble, *Interessenpolitik*, 5 f., 11.

8 Ebd., 207 (Anlage 1).

9 Ullmann, *Interessenverbände*, 78 f.

10 Dirk Stegmann, *Hugenberg contra Stresemann. Die Politik der Industrieverbände am Ende des Kaiserreichs*, in: Vierteljahrshefte für Zeitgeschichte 4 (1976), 331, Anm. 8.

11 Ullmann, *Interessenverbände*, 79.

daher 1895 einen konkurrierenden Spitzenverband, den Bund der Industriellen (BdI).[12]

Der freihändlerisch und kartellfeindlich ausgerichtete BdI vertrat allerdings nur einen Teil der Fertigindustrie und war in den preußischen Industriezentren schwach vertreten. Zunächst fehlten ihm die Mittel, die Persönlichkeiten und die Verbindungen, um mit dem CDI ernsthaft konkurrieren zu können.[13] Der erste Vorsitzende Hermann Wirth und der Generalsekretär Wilhelm Wendlandt besaßen keinerlei Erfahrung in der Verbandsarbeit und versuchten, den Mangel an Kontakten zu den Behörden durch Eingaben zu kompensieren.[14] Doch gelang es dem CDI nicht, den Konkurrenten im Rahmen der 1905 gegründeten »Interessengemeinschaft der deutschen Industrie« zu vereinnahmen.[15] Der BdI konnte sich nicht nur behaupten, sondern die Zahl seiner korporativen Mitglieder innerhalb weniger Jahre von 51 (1905) auf 102 (1909) verdoppeln.[16]

Der Aufstieg des BdI vor dem Ersten Weltkrieg scheint auf den ersten Blick die von diesem Verband vertretene »Lagertheorie« zu belegen, die von einem fundamentalen Interessengegensatz zwischen der Grundstoff- bzw. Schwerindustrie und der verarbeitenden Industrie ausging.[17] Beide Lager vertraten nicht nur in der Handelspolitik und in der Kartellfrage unterschiedliche Positionen, sondern auch in der Haltung gegenüber den Gewerkschaften. Das Spektrum der Interessen innerhalb der deutschen Industrie war jedoch breiter und vielschichtiger, als es in der Lagertheorie zum Ausdruck kommt. So gehörten dem Direktorium des CDI vor dem Ersten Weltkrieg auch zwei prominente Repräsentanten der verarbeitenden Industrie – Anton von Rippel (MAN) und Wilhelm von Siemens – an.[18] Dem BdI gelang es hingegen nicht, die wichtigsten

12 Hans-Peter Ullmann, *Der Bund der Industriellen. Organisation, Einfluss und Politik klein- und mittelbetrieblicher Industrieller im Deutschen Kaiserreich 1895-1914*, Göttingen 1976, 27-33.

13 Jacob Herle, *Erinnerungen an die Zentralverbände*, in: Bundesverband der Deutschen Industrie (Hg.), Weg, 280.

14 Ullmann, *Bund*, 125. Hermann Wirth war Mitinhaber der Berliner Firma Poppe & Wirth, eines Handelsgeschäfts für Raumausstatter. Zu Wilhelm Wendlandt siehe unten.

15 Kaelble, *Interessenpolitik*, 170 ff.

16 Ullmann, *Bund*, 39.

17 Ullmann, *Interessenverbände*, 80.

18 Der Siemens-Konzern war seit 1907 Mitglied des CDI. Vgl. hierzu Hans Dieter Hellige, *Strukturwandel im Verbändesystem der deutschen Elektrowirtschaft von den Anfängen bis zum Beginn der Weimarer Republik*, Universität Bremen artec-papier Nr. 211, erweiterte Auflage, Bremen 2017, 36.

aufstrebenden Branchen der verarbeitenden Industrie – die Chemische Industrie und die Elektroindustrie – an sich zu binden. Seine Stärke lag in einem Unterbau aus Landesverbänden, die dem Dachverband zu einer breiten Basis verhalfen, sich aber auch zu Gegenspielern der Zentrale entwickelten. Da mittelständische Unternehmen in den Landesverbänden, vor allem dem großen Verband Sächsischer Industrieller, stark vertreten waren, hatte der BdI einen einflussreichen Mittelstandsflügel. Innerhalb der Verbandsspitze gewann dieser an Gewicht, nachdem 1910 Gustav Stresemann, der Syndikus des Verbandes Sächsischer Industrieller, in den Vorstand eingetreten war. Der nationalliberale Reichstagsabgeordnete und spätere Reichskanzler wurde zum Hoffnungsträger des BdI, der sich damals in einer schweren Krise befand. Als der Verband ein Jahr später im Zuge einer grundlegenden Reorganisation ein dreiköpfiges Präsidium erhielt, rückte Stresemann in dieses Gremium auf.[19] Während der neue Vorsitzende, der Potsdamer Seidenfabrikant Heinrich Friedrichs, sechs Monat im Jahr nicht in der Zentrale anwesend war, betrieb Stresemann eine neue Form von Lobbyismus, die auch auf eine Beeinflussung der Parteien und des Parlaments setzte.[20] Gleichwohl blieb der Einfluss des BdI weit hinter dem des CDI zurück, der seine hervorragenden Verbindungen in die Ministerien nützen konnte und dort als zuverlässige Bastion der Konservativen geschätzt wurde.

An der Spitze des CDI stand nach dem früheren Krupp-Direktoriumsvorsitzenden Hanns Jencke (1901 bis 1904) und dem Glashüttenbesitzer Richard Vopelius ab 1909 mit Max Rötger wieder ein ehemals führender Krupp-Manager. Rötger, der zehn Jahre lang den Vorsitz behielt, hatte zuvor als Nachfolger von Jencke sieben Jahre lang das Krupp-Direktorium geleitet. 1911 trat auch der amtierende Direktoriumsvorsitzende der Firma Krupp, Alfred Hugenberg, in das Direktorium des CDI ein. Durch das starke Wachstum und die Ausdehnung der verbandspolitischen Tätigkeit hatte sich das Spektrum der Interessen innerhalb des Spitzenverbands inzwischen so sehr erweitert, dass eine Opposition gegen die dominierende Schwerindustrie bestand. Unter der Führung des Vereins Deutscher Maschinenbau-Anstalten (VDMA) wehrten sich Mitgliedsverbände aus der verarbeitenden Industrie gegen die Preispolitik des Rheinisch-West-

19 Ullmann, *Bund*, 70-73.

20 Ebd., 73, 95. Zu Stresemanns Biografie vgl. u. a. Karl Heinrich Pohl, *Gustav Stresemann, Biografie eines Grenzgängers*, Göttingen 2015; Jonathan Wright, *Gustav Stresemann 1878-1929. Weimars größter Staatsmann*, Stuttgart 2006 (engl. Orig. *Gustav Stresemann. Weimar's Greatest Statesman*, Oxford 2004).

fälischen Kohlensyndikats und des Stahlwerkverbands.[21] Dieser Gruppe gelang es nicht, die Dominanz der Ruhrindustrie zu durchbrechen, doch wurden die Interessengegensätze innerhalb des Verbands zunehmend zu einer Belastung für den CDI. In einem Rundschreiben an die Mitglieder hatte die Geschäftsführung schon im Januar 1906 darauf hingewiesen, dass »mit dem Auftauchen neuer, das Interesse in Anspruch nehmender Gebiete Meinungsverschiedenheiten hervortraten, die sich in manchen Beziehungen zu scharfen Gegensätzen ausbildeten«.[22]

In politischen Fragen gab es zwischen CDI und BdI durchaus Übereinstimmungen. Beide Spitzenverbände hatten enge Verbindungen zur Nationalliberalen Partei, beide trugen auch die aggressive Kolonial- und Flottenpolitik des Kaiserreichs mit, wobei im BdI allerdings nicht so radikale Positionen vertreten wurden wie im völkischen Flügel des CDI um Alfred Hugenberg.[23] Scharfe Gegensätze bestanden in der Handels- und Sozialpolitik. Der BdI lehnte nicht nur den Protektionismus und die Kartellbestrebungen des CDI ab, sondern auch das autoritäre Betriebsmodell der Ruhrindustriellen. Sein Präsidialmitglied Stresemann konnte sich langfristig eine Zusammenarbeit mit den Gewerkschaften vorstellen.

Mit der Beteiligung an der 1909 erfolgten Gründung des Hansa-Bundes für Gewerbe, Handel und Industrie versuchte der CDI sein Image als »Schwerindustriellenverband« zu korrigieren und liberale Kaufleute sowie Mittelständler zu erreichen. Doch kam es schon nach kurzer Zeit zur Trennung zwischen beiden Verbänden, weil ein Teil des CDI nach wir vor auf ein Bündnis mit dem Bund der Landwirte ausgerichtet war, während der Hansa-Bund eine bürgerliche Sammlungsbewegung anstrebte, die auch die linksliberalen Freisinnigen umfasste.[24] Der Hansa-Bund rückte nun stärker an den BdI heran, der ihm als korporatives Mitglied angehörte.

Im September 1913 unternahm der CDI erneut einen Versuch, den BdI für eine gemeinsame Interessengemeinschaft zu gewinnen. Auch jetzt kam eine Annäherung nicht zustande, obwohl Stresemann dafür aufgeschlossen war, um den CDI aus dem Bündnis mit der Landwirtschaft zu lösen. Die süddeutschen Landesverbände lehnten eine Zusammenarbeit

21 Stegmann, *Hugenberg*, 333.

22 Zitiert nach Kaelble, *Interessenpolitik*, 4.

23 Ebd., 197.

24 Ebd., 182 f. Zum Hansa-Bund siehe Siegfried Mielke, *Der Hansa-Bund für Gewerbe, Handel und Industrie 1909-1914. Der gescheiterte Versuch einer antifeudalen Sammlungspolitik* (Kritische Studien zur Geschichtswissenschaft, Bd. 17), Göttingen 1976.

mit dem CDI jedoch kategorisch ab, der linksliberal geprägte Verband Württembergischer Industrieller trat deshalb sogar aus dem BdI aus.[25] Bis zum Beginn des Ersten Weltkriegs konnten die Differenzen zwischen den beiden Spitzenverbänden der deutschen Industrie nur in einigen Sachfragen überbrückt werden, etwa auf dem Gebiet des Patentrechts oder bei einer gemeinsamen Initiative zur Eindämmung der Konkurrenz aus den USA.[26]

Dagegen gelang es den Arbeitgeberverbänden, die als Folge des Gegensatzes zwischen CDI und BdI ebenfalls in zwei Spitzenorganisationen gespalten waren, einen gemeinsamen Dachverband zu bilden. Die dem CDI nahestehende Hauptstelle Deutscher Arbeitgeberverbände schloss sich 1913 mit dem von der Fertigwarenindustrie dominierten Verein Deutscher Arbeitgeberverbände zur Vereinigung Deutscher Arbeitgeberverbände (VDA) zusammen.[27] Dass die Entwicklung hier anders verlief als bei den Wirtschaftsverbänden, ergab sich aus unterschiedlichen Herausforderungen. Die beiden Spitzenverbände der Arbeitgeber hatten in den Gewerkschaften einen gemeinsamen Kontrahenten, der damals erheblich an Macht gewann. Beide waren erst 1904 aufgrund der Lehren aus einem großen Textilarbeiterstreik im sächsischen Crimmitschau entstanden. Um den Gewerkschaften gegenüber geschlossen auftreten zu können, waren sie gezwungen, die zwischen ihnen bestehenden Differenzen zu überwinden. Zwischen den Spitzenverbänden der Industrie kam eine derartige Einigung damals nicht zustande, weil es keinen gemeinsamen Gegenpart gab.

Zu den Mitarbeitern des CDI und des BdI finden sich in der Literatur nur wenige Hinweise. Aus den überlieferten Angaben lassen sich aber einige Schlussfolgerungen zum Profil der Geschäftsführer und ihrer Stellvertreter ziehen. Der erste Geschäftsführer des CDI, Henry Axel Bueck, war zuvor 14 Jahre lang Geschäftsführer des schwerindustriellen Langnam-Vereins gewesen.[28] Sein erster Stellvertreter Alexander Tille (stellvertretender CDI-Geschäftsführer von 1900 bis 1903) war promovierter Germanist und hatte zuvor an der Universität Glasgow gelehrt. Er unterstützte Bueck vor allem in der Pressearbeit.[29] Als Bueck Ende 1910

25 Stegmann, *Hugenberg*, 357.

26 Felix Hirsch, *Stresemann, Ballin und die Vereinigten Staaten*, in: Vierteljahrshefte für Zeitgeschichte 1 (1955), 21 ff.; Ullmann, *Bund*, 231.

27 Vgl. hierzu Wolfgang Schroeder, *Geschichte und Funktion der deutschen Arbeitgeberverbände*, in: ders./Bernhard Weßels (Hrsg.), Handbuch Arbeitgeber- und Wirtschaftsverbände in Deutschland, Wiesbaden [2]2017, 29 ff.

28 Bührer, *Bueck*, 35-59.

29 Henry Axel Bueck, *Mein Lebenslauf*, in: ebd., 184.

im Alter von 80 Jahren ausschied, wurde der bisherige stellvertretende Geschäftsführer Ferdinand Schweighoffer sein Nachfolger – ein Mann, der dem rechtsnationalistischen Alldeutschen Verband nahestand.[30]

Schweighoffer hatte aus dem Staatsdienst in die Geschäftsführung des CDI gewechselt. Dies galt in den Jahren 1903 bis 1914 für vier der insgesamt fünf stellvertretenden CDI-Geschäftsführer.[31] Ein Grund für den hohen Anteil ehemaliger Beamter ist sicher darin zu sehen, dass die Geschäftsführer vorrangig die Beziehungen zu den Behörden zu pflegen hatten. Neben der ausgeprägten Staatsnähe dieses Verbandes dürfte aber auch eine Rolle gespielt haben, dass die Geschäftsführer den Mitgliedsverbänden gegenüber »überparteilich« auftreten konnten.

Weniger staatsnah war die berufliche Herkunft der BdI-Geschäftsführung. Der erste Geschäftsführer Wilhelm Wendlandt – er trug die Bezeichnung Generalsekretär – hatte sich zuvor als Schriftsteller, Journalist und Weltreisender betätigt.[32] Im Zuge der Reorganisation von 1911 wurde er wegen der hohen Schulden des Verbands und offensichtlicher Missstände in der Geschäftsführung entlassen. Stresemann beklagte rückblickend, der BdI sei »unter der Misswirtschaft des Herrn Dr. Wendlandt eine Konkursmasse gewesen«.[33] Als Schriftleiter des BdI durfte Wendlandt 1913 noch die Festschrift der deutschen Industrieverbände zum 25-jährigen Regierungsjubiläum Kaiser Wilhelms II. herausgeben.[34]

Neuer Geschäftsführer wurde der bisherige volkswirtschaftliche Syndikus des BdI, Rudolf Schneider. Vor seinem Eintritt in die Geschäftsführung hatte er bei der Industrie- und Handelskammer Dresden und

30 Bührer, *Bueck*, 72. Zu Schweighoffers Verbindung zum Alldeutschen Verband vgl. Johannes Leicht, *Heinrich Claß 1868-1953. Die politische Biographie eines Alldeutschen*, Paderborn 2012, 207.

31 Die stellvertretenden Geschäftsführer Leidig (1903 bis 1908) und Bartels (1908 bis 1910) waren wie Schweighoffer (stellvertretender Geschäftsführer 1910 bis 1911) zuvor Regierungsräte gewesen, der nächste stellvertretende Geschäftsführer, von Lycker (1911 bis 1913), hatte als Regierungsassessor aus dem Staatsdienst zum CDI gewechselt. Erst 1913 erhielt CDI mit von Stojentin wieder einen stellvertretenden Geschäftsführer, der nicht aus dem Staatsdienst kam. Kaelble, *Interessenpolitik*, 8.

32 Wilhelm Wendlandt war als Sohn eines Missionars in Südindien geboren, hatte Germanistik studiert, anschließend als Hauslehrer und Journalist gearbeitet und von 1888 bis 1895 das Literarische Büro des Deutschen Schriftstellerverbandes geleitet. Von 1908 bis 1918 gehörte er für die Nationalliberale Partei dem Preußischen Abgeordnetenhaus an. *Deutsches Literatur-Lexikon. Biographisch-Bibliographisches Handbuch*, Bd. 30, ³Berlin/New York 2010, 550 f.

33 Gustav Stresemann an Nicolaus Eich, 24.11.1913, zitiert nach: ebd., 81.

34 Wilhelm Wendlandt (Hg.), *Die deutsche Industrie 1888-1913. Festgabe zum 25jährigen Regierungs-Jubiläum seiner Majestät des Kaisers und Königs Wilhelm II.*, Berlin 1913.

beim Sächsischen Statistischen Landesamt gearbeitet.[35] Schneider war durch Stresemann zum BdI gekommen, den er aus Dresden gut kannte. Als Geschäftsführer machte er sich beim Präsidium aber unbeliebt. Das Präsidialmitglied Albert Hirth beklagte sich bei Stresemann, dass »Dr. Schneider wie ein Dämon den Bund der Industriellen führt«.[36] In einem Schreiben Stresemanns an den BdI-Vorsitzenden Friedrichs ist vom »Verfolgungswahn« des Geschäftsführers die Rede.[37] Besonders gespannt war offenbar das Verhältnis Schneiders zu seinem Stellvertreter Arthur Stapff.[38]

Die industriellen Spitzenverbände kamen in der Zeit vor dem Ersten Weltkrieg mit bemerkenswert wenig Mitarbeitern aus. Die Geschäftsführung des CDI, deren Büroräume sich im Fuggerhaus in der Linkstraße 25, nicht weit vom Potsdamer Platz, befanden, hatte 1912 15 Mitarbeiter. Hinzu kamen sechs Geschäftsführer von Kommissionen und Sonderdienststellen sowie der Redakteur des CDI-Organs *Deutsche Industrie-Zeitung,* Arnold Steinmann-Bucher.[39] Für den BdI, der seinen Sitz in der Königin-Augusta-Straße 15 (heute Reichpietschufer) hatte, sind keine derartigen Angaben bekannt. Die Zahl der Mitarbeiter dürfte hier wegen der starken Stellung der Landesverbände noch niedriger gelegen haben als beim CDI.

Durch den Beginn des Ersten Weltkrieges änderten sich die Rahmenbedingungen grundlegend. Der Übergang zur Kriegswirtschaft war mit der Einführung eines zentral koordinierten Systems behördlicher Reglementierungen verbunden. Um die Selbstverwaltung der Wirtschaft verteidigen zu können, mussten CDI und BdI ihre Rivalität zurückstellen. Schon eine Woche nach Kriegsbeginn gründeten die beiden Spitzenverbände am 8. August 1914 ein gemeinsames Gremium, den sogenannten Kriegsausschuss der deutschen Industrie.[40] Die Aufgaben dieses Aus-

35 Zu Rudolf Schneider vgl. *Ullmann*, Bund, 301, Anm. 255; Pohl, *Gustav Stresemann,* 90. Schneider war von 1908 bis 1911 volkswirtschaftlicher Syndikus, von 1911 bis 1919 Geschäftsführer des BdI und von 1919 bis 1924 Geschäftsführer des Reichsverbands der Deutschen Industrie.

36 Albert Hirth an Gustav Stresemann, 14.1.1913, zitiert nach Mielke, *Hansa-Bund,* 276, Anm. 158.

37 Gustav Stresemann an Heinrich Friedrichs, 17.8.1913, zitiert nach ebd.

38 Ebd. Arthur Stapff war von 1912 bis 1914 stellvertretender Geschäftsführer des BdI. Zuvor hatte er als Syndikus der Geschäftsführung des Verbandes Thüringischer Industrieller angehört. Beim BdI hatte er den Auftrag, einen Landesverband in Preußen aufzubauen. Ullmann, *Bund,* 64, 294, Anm. 40.

39 Kaelble, *Interessenpolitik,* 11 f.

40 Hellmut Bauer, *Der Kriegsausschuß der Deutschen Industrie,* in: Bundesverband der Deutschen Industrie (Hg.), Weg, 79.

schusses wurden in dem wenig später veröffentlichten Gründungsaufruf beschrieben:

> »Es handelt sich um ein planmäßiges Zusammenwirken der bereits vorhandenen industriellen Organisationen für eine kraftvolle Arbeitsteilung und die zweckmäßigste Verwendung der vorhandenen nationalen wirtschaftlichen Kräfte, nicht allen für unsere Landesverteidigung an den Grenzen, sondern auch für Versorgung des inneren Bedarfs während der Dauer des Krieges.«[41]

Der Kriegsausschuss wurde von den beiden Spitzenverbänden paritätisch besetzt. Die Verbandsvorsitzenden Max Rötger (CDI) und Heinrich Friedrichs (BdI) teilten sich den Vorsitz, CDI-Geschäftsführer Ferdinand Schweighoffer und Jacob Herle vom BdI wurden Geschäftsführer des Kriegsausschusses. Für Herle bedeutete dies einen Aufstieg in die Verbandsführung. Er war nach einem Studium der Volkswirtschaft 1910 zum BdI gekommen und hatte dort zunächst als Volontär, dann als Assistent (»wissenschaftlicher Hilfsarbeiter«) in der Geschäftsführung gearbeitet.[42] Bei Kriegsbeginn wurde er im Alter von 29 Jahren zum kommissarischen Geschäftsführer befördert, da der Geschäftsführer Rudolf Schneider einberufen worden war und der stellvertretende Geschäftsführer Arthur Stapff sich als Kriegsfreiwilliger gemeldet hatte.[43] Herle nutzte die Chance, die sich ihm dadurch bot. Seine Tätigkeit als Geschäftsführer während des Krieges wurde zum Sprungbrett für seine spätere Karriere im Reichsverband der Deutschen Industrie.

Die Aufgabe des Kriegsausschuss bestand zunächst darin, die Umstellung der deutschen Industrie auf die Rüstungsproduktion zu unterstützen. Da die Unternehmen in keiner Weise auf einen Krieg vorbereitet waren, musste die Umstellung in kurzer Zeit erfolgen. Dies galt vor allem für die Exportindustrie, die bei Kriegsbeginn einen großen Teil ihrer

41 Der Aufruf ist abgedruckt in *Der Kriegsausschuß der deutschen Industrie. Seine Entstehung und seine Aufgaben. Vorläufiger Bericht der Geschäftsführung*, Berlin o. J., 901 ff., sowie in Ulrich Cartarius (Hg.), *Deutschland im Ersten Weltkrieg. Texte und Dokumente 1914-1918*, München 1982, 57 f.

42 Heinrich Scharp, Dr. Jacob Herle zu seinem 70. Geburtstag, in: Bundesverband der Deutschen Industrie (Hg.), Weg, 288-295, 294; Walther Herrmann, *Jakob Herle*, in: Neue Deutsche Biographie 8 (1969), 625 [Online-Version]; URL: https://www.deutsche-biographie.de/pnd133484068.html#ndbcontent [letzter Zugriff 28.12.2018].

43 Zur Einberufung Schneiders: Hauenstein, *Zentralverbände*, 46. Arthur Stapff fiel noch im Laufe des Jahres 1914 an der Front. Das Gedächtnis der Stadt, in: Thüringer Allgemeine, (10.6.2011, zum 100. Geburtstag von Ilse-Sybille Stapff).

Absatzmärkte verloren hatte. Im weiteren Verlauf des Krieges vertrat der Kriegsausschuss die Interessen der Industrie bei der Verteilung von Arbeitskräften, Rohstoffen und Rüstungsaufträgen wie auch in Fragen der Kriegsfinanzierung. Er gab ein eigenes Mitteilungsblatt heraus, das die Wirtschaftsverbände über die zahlreichen kriegswirtschaftlichen Verordnungen und Bekanntmachungen informierte, aber auch Auskünfte in Rechts- und Verwaltungsfragen erteilte.[44] Ein besonderes Augenmerk richtete der Kriegsausschuss auf die ordnungspolitischen Folgen des Krieges. Unbedingt wollte man verhindern, dass die von der Kriegsrohstoffabteilung des Preußischen Kriegsministeriums mit Beteiligung der Wirtschaft gegründeten Kriegsrohstoffgesellschaften zu einem Modell für die Wirtschaftsordnung der Nachkriegszeit wurden. Ein weiterer Schwerpunkt war die Beobachtung des Weltmarkts, auf den die deutsche Industrie nach dem Krieg zurückkehren wollte.[45] Um seinen Forderungen Nachdruck zu verleihen, vertrat der Kriegsausschuss den Standpunkt, »dass der Endzweck des Krieges auf wirtschaftlichem Gebiet liegt, dass durch denselben der Wettbewerb Deutschlands auf ausländischen Märkten zugunsten der feindlichen Staaten ausgeschaltet werden soll«.[46]

Der Kriegsausschuss sah es auch als seine Aufgabe an, sich an der Kriegszieldebatte zu beteiligen. Da das Deutsche Reich im August 1914 kein erklärtes Kriegsziel hatte, begannen politische und gesellschaftliche Meinungsführer, sich in Annexionsforderungen zu übertrumpfen.[47] Der Kriegsausschuss bildete am 16. Oktober 1914 einen Unterausschuss zur »Vorbereitung der national- und wirtschaftspolitischen Ziele im gegenwärtigen Kriege«. Am 8. Dezember trugen Max Rötger und Gustav Stresemann Reichskanzler Theobald von Bethmann Hollweg die Kriegszielforderungen des Ausschusses vor. Nach einem Sieg über Frankreich und Russland, der für den Ausschuss außer Zweifel stand, sollten im Westen Belgien, die Nordküste Frankreichs bis Calais und das erzreiche Becken von Longwy, im Osten das zum Zarenreich gehörende Polen und

44 *Mitteilungen des Kriegsauschusses der Deutschen Industrie,* Jg. 1914-1918.

45 Bauer, *Kriegsausschuß,* 80f.

46 Eingabe des Kriegsausschusses der deutschen Industrie zur »Wahrung der deutschen Interessen im Auslande«, 7.1.1916. Zitiert nach: Achim Hopbach, *Die Erfahrungswelt württembergischer Unternehmer,* in: Gerhard Hirschfeld u.a. (Hrsg.), Kriegserfahrungen. Studien zur Sozial- und Mentalitätsgeschichte des Ersten Weltkrieges, Essen 1997, 250.

47 Vgl. hierzu u.a. Herfried Münkler, *Der große Krieg. Die Welt 1914 bis 1918,* Berlin 2013, 229ff.; Thomas Nipperdey, *Deutsche Geschichte 1866-1918,* Bd. 2: *Machtstaat vor der Demokratie,* [3]München 1995, 802ff.

große Teile des Baltikums annektiert werden.[48] Derartige Vorstellungen wurden nicht nur von den rechtsnationalistischen Schwerindustriellen im CDI und CDI-Geschäftsführer Schweighoffer vertreten, sondern auch von Stresemann und anderen Nationalliberalen im BdI. Doch einig waren sich die Repräsentanten der deutschen Industrie in dieser Frage nicht. Der BdI-Vorsitzende Heinrich Friedrichs, Ernst von Borsig, Robert Bosch und Carl Friedrich von Siemens traten 1915 der Freien Vaterländischen Vereinigung bei, die gemäßigtere Positionen vertrat.[49] Friedrichs beteiligte sich allerdings im selben Jahr an einer annexionistischen Eingabe sechs großer Wirtschaftsverbände, die von Alfred Hugenberg und dem Vorsitzenden des Alldeutschen Verbands, Heinrich Claß, ausgearbeitet worden war.[50]

Beim BdI musste man schon bald nach Gründung des Kriegsausschusses feststellen, dass diese Institution vom CDI dominiert wurde. Die im CDI vertretene Schwerindustrie stand im Mittelpunkt der deutschen Rüstungswirtschaft, sie konnte ihre Verbindungen in die Ministerien während des Krieges noch weiter ausbauen. Auch war der CDI im Kriegsausschuss durch einen erfahrenen und politisch gut vernetzten Geschäftsführer vertreten, während sich der kommissarische BdI-Geschäftsführer Herle erst einarbeiten musste.

Stresemann beklagte bereits Ende 1914, der BdI sei im Kriegsausschuss »numerisch zu schwach gegenüber dem Zentralverband« vertreten.[51] Ähnlich sahen es die Repräsentanten der elektrotechnischen Industrie, die sich im CDI der Schwerindustrie unterordnen mussten und schließ-

48 Stefanie van de Kerkhoff, *Von der Friedens- zur Kriegswirtschaft. Unternehmensstrategien der deutschen Eisen- und Stahlindustrie vom Kaiserreich bis zum Ende des Ersten Weltkrieges*, Essen 2006, 390 ff. Wenige Tage später legte CDI-Geschäftsführer Schweighoffer in einem Vortrag die angeblichen Vorteile einer Annexion Belgiens dar, dass die unerfüllt gebliebenen Wünsche von 1870/71 Wirklichkeit werden sollten.

49 Angela Klopsch, *Geschichte der juristischen Fakultät der Friedrich-Wilhelms-Universität im Umbruch von Weimar*, Berlin 2009, 71; Nipperdey, *Machtstaat*, 806 f.; Stegmann, *Hugenberg*, 367.

50 Diese Eingabe, die auf einer Denkschrift vom Mai 1915 beruhte, unterschrieben der CDI und der BdI gemeinsam mit dem Bund der Landwirte, dem Deutschen Bauernbund, der Vereinigung christlicher deutscher Bauernvereine und dem Reichsdeutschen Mittelstandsverband. Sven Oliver Müller, *Die Nation als Waffe und Vorstellung. Nationalismus in Deutschland und Großbritannien im Ersten Weltkrieg* Göttingen 2002, 192; Christian Nottmeier, *Adolf von Harnack und die deutsche Politik 1890-1930. Eine biographische Studie zum Verhältnis von Protestantismus, Wissenschaft und Politik*, Tübingen 2004, 409 (zur Beteiligung von Friedrichs).

51 Zitiert nach Stegmann, *Hugenberg*, 366, Anm. 192.

lich einen eigenen Kriegsausschuss für ihre Branche gründeten. Wilhelm von Siemens schrieb im Juli 1915 an den AEG-Präsidenten Walther Rathenau: »Während des Krieges hat der Centralverband es verstanden, eine Gesamtvereinigung aller in Frage kommenden Verbände unter seiner faktischen Leitung zu Stande zu bringen.«[52] CDI-Geschäftsführer Schweighoffer erklärte wiederum unumwunden, dass es nach dem Krieg einen Spitzenverband der gesamten deutschen Industrie unter Führung des CDI geben sollte.[53]

Die sozial- und wirtschaftspolitischen Gegensätze zwischen den Dachverbänden der Industrie blieben auch bestehen, nachdem beide am 25. Oktober 1916 gemeinsam mit dem Verband der Chemieindustriellen den Deutschen Industrierat gegründet hatten. Die Spitzenverbände wollten damit ein Gegengewicht zum Ausbau der kriegswirtschaftlichen Planungsbürokratie durch das Hindenburgprogramm und den Bedeutungszuwachs der Gewerkschaften durch das Nationale Hilfsdienstgesetz vom Dezember 1916 schaffen. Zudem hatte der Kriegsausschuss der deutschen Industrie an Bedeutung verloren, da inzwischen zahlreiche gemischtwirtschaftliche Kriegsgesellschaften und Kriegsausschüsse für einzelne Fertigungszweige entstanden waren. Der Deutsche Industrierat wurde auch als Vorstufe eines Zusammenschlusses zwischen CDI und BdI ausgegeben, er sollte mit Blick auf die Nachkriegszeit die Gegensätze zwischen den wirtschafts- und sozialpolitischen Interessen der beiden Spitzenverbände überbrücken.[54] Bis Kriegsende erlangte er freilich keine größere Bedeutung.

Die meisten Unternehmer gaben sich auch weiterhin noch Illusionen über den Kriegsausgang hin. Eine Reihe prominenter Industrieller trat in die im September 1917 gegründete Deutsche Vaterlandspartei ein, die gegen einen »Verzichtsfrieden« hetzte. Zu ihnen gehörten der CDI-Vorsitzende Max Rötger, die Schwerindustriellen Alfred Hugenberg und Hugo Stinnes, aber auch Wilhelm von Siemens, der Maschinenbauindustrielle Ernst von Borsig und Carl Duisberg, der Vorstandsvorsitzende der Farbenfabriken vorm. Friedr. Bayer & Co.[55] Im letzten Kriegsjahr

52 Wilhelm von Siemens an Walther Rathenau, 25.7.1915, in: Siemens Historical Institute [im Folgenden: SHI], Siemens Archiv Akte [im Folgenden: SAA] A1569.

53 Stegmann, *Hugenberg*, 367, Anm. 185.

54 Deutscher Industrierat gegründet, in: Frankfurter Zeitung (27.10.1916). Vgl. hierzu Jürgen Kocka, *Klassengesellschaft im Krieg. Deutsche Sozialgeschichte 1914-1918*, ²Göttingen 1978, 63f.

55 Hans-Ulrich Wehler, *Deutsche Gesellschaftsgeschichte*, Bd. 4: *Vom Beginn des Ersten Weltkriegs bis zur Gründung der beiden deutschen Staaten 1914-1949*, München 2003, 125; ders., *Das Deutsche Kaiserreich 1871-1914*, Göttingen ⁷1994, 214.

machte sich bei den Unternehmern wie bei den Gewerkschaften die Sorge vor einem Chaos nach Kriegsende breit. Eine Vorahnung davon vermittelten im Januar 1918 Massenstreiks für »Frieden und Brot«, die bei der hungernden Bevölkerung auf große Sympathien stießen. Aus der Sicht der Unternehmer, aber auch der gemäßigten Sozialdemokraten und der Gewerkschaftsführung, konnte eine Radikalisierung des Protests leicht zu einer Revolution nach russischem Vorbild führen. Bei nüchterner Betrachtung führte für die Industrieverbände kein Weg an einer Verständigung mit den Gewerkschaften vorbei. Doch dazu waren weder die CDI-Führung um Rötger und Hugenberg noch die Mittelständler im BdI bereit.

Als die militärische Niederlage Deutschlands unaufhaltsam näher rückte, ergriffen nicht die Spitzenorganisationen der Industrie, sondern einzelne Industrielle und Geschäftsführer von Wirtschaftsverbänden die Initiative. Noch vor dem völligen Zusammenbruch der deutschen Westfront wandte sich in Berlin der Geschäftsführer des Zentralverbandes der deutschen elektrotechnischen Industrie (ZVEI), Hans von Raumer, nach eigenen Angaben an »einige mir bekannte Führer der Fertigindustrie, um diese von der Notwendigkeit einer Zusammenarbeit mit den Gewerkschaften zu überzeugen«.[56] Am 2. Oktober 1918 traf sich Raumer mit Carl Legien, dem Vorsitzenden des Dachverbands der sozialistischen Freien Gewerkschaften, und anderen führenden Gewerkschaftsfunktionären.[57] Eine Woche später kamen in Düsseldorf Repräsentanten der Eisen- und Stahlindustrie zusammen. Für sie war eine Welt zusammengebrochen als die Oberste Heeresleitung Anfang Oktober die Reichsregierung zur Übermittlung eines Waffenstillstandsgesuchs an die Alliierten gedrängt hatte. Angesichts der Schwäche des Staats, der Regierung und der bürgerlichen Parteien sahen die Eisenindustriellen in den Gewerkschaften die einzige Kraft, die als Bündnispartner in Betracht kam. Sie beauftragten den Konzernchef Hugo Stinnes, mit den Gewerkschaften Verhandlungen aufzunehmen. Der von Alfred Hugenberg geleitete Zechenverband schloss sich ihnen bald darauf an.[58]

56 Hans von Raumer, *Unternehmer und Gewerkschaften in der Weimarer Zeit*, in: Deutsche Rundschau 5 (1954), 428.

57 Ebd.

58 Gerald D. Feldman/Irmgard Steinisch, *Industrie und Gewerkschaften 1918-1924. Die überforderte Zentralarbeitsgemeinschaft*, Stuttgart 1985, 152 f. (Dok. Nr. 4: Vortrag von Jakob Wilhelm Reichert am 30.12.1918); Gerald D. Feldman, *Hugo Stinnes. Biographie eines Industriellen 1870-1924*, München 1998, 514 f.

In Berlin brachte von Raumer währenddessen eine kleine Gruppe von Industriellen zusammen, die am 22. Oktober mit Carl Legien und drei weiteren Gewerkschaftsführern über eine zukünftige Zusammenarbeit auf paritätischer Grundlage zu verhandeln begann. Die beteiligten Unternehmer Carl Friedrich von Siemens, Walther Rathenau (AEG), Felix Deutsch (AEG), Anton von Rieppel (MAN) und Ernst von Borsig waren durchweg prominente Vertreter der Elektroindustrie und des Maschinenbaus. Wenig später kam Hugo Stinnes als Sprecher der rheinisch-westfälischen Schwerindustrie hinzu.[59] Unter dem Druck des bevorstehenden Kriegsendes konnten die Verhandlungspartner innerhalb weniger Wochen eine Verständigung erzielen, wie sie vorher undenkbar gewesen war. Die Industriellen erklärten sich zur Anerkennung der Gewerkschaften bereit, die Gewerkschaftsspitze sagte ihnen im Gegenzug Unterstützung gegen revolutionäre Bestrebungen zu. Beide Seiten einigten sich auf die Errichtung gemeinsamer, paritätisch zusammengesetzter Selbstverwaltungsorgane und einer zentralen Demobilmachungsbehörde.[60]

Die Vorsitzenden des CDI und des BdI, Max Rötger und Heinrich Friedrichs, waren an den Verhandlungen nicht beteiligt. Beide fühlten sich übergangen und beschwerten sich bei Reichskanzler Max von Baden darüber, dass die Gruppe um Stinnes mit dem Vorschlag zur Errichtung eines Demobilmachungsamts eigenständig vorgeprescht war.[61] Tatsächlich zeigte sich in diesem historischen Moment so deutlich wie selten eine Schwäche von Spitzenverbänden. Aufgrund der unterschiedlichen Interessen ihrer Mitglieder hätten CDI und BdI viel Zeit benötigt, um zu einer einheitlichen Verhandlungsposition zu gelangen. Eine Verständigung mit den Gewerkschaften wäre vor allem der im BdI stark vertretenen mittelständischen Industrie kaum zu vermitteln gewesen. Hans von Raumer schrieb rückblickend: »Bei der Einstellung und Schwerfälligkeit der Verbände erwartete ich von ihnen keine Lösung. Die Zeit solcher umständlichen Verhandlungen schien mir vorbei und die Lösung nur durch die Initiative einiger weniger führender Männer möglich.«[62]

Das Bündnis, das diese Industriellen ohne Mandat ihrer Verbände mit den Gewerkschaften eingingen, wurde zu einem wichtigen Stabilitätsfaktor als das System des Kaiserreichs wie ein Kartenhaus einstürzte. Nachdem am 9. November 1918 die Republik ausgerufen und zwei Tage später

59 Feldman/Steinisch, *Industrie*, 35.

60 Raumer, *Unternehmer*, 428 ff.; Feldman, *Stinnes*, 517-524.

61 Hans von Raumer an Anton von Rieppel, 16.11.1918, abgedruckt in: Feldman/Steinisch, *Industrie*, 83; Feldman, *Stinnes*, 524.

62 Feldman, *Stinnes*, 524.

ein Waffenstillstand unterzeichnet worden war, schlossen sich zahlreiche Unternehmerverbände den Vereinbarungen mit den Gewerkschaften an. Während die neue, provisorische Regierung, der von Friedrich Ebert (SPD) geleitete Rat der Volksbeauftragten, noch kaum handlungsfähig war, schlossen Unternehmer und Gewerkschaften am 15. November ein Abkommen über die Errichtung einer Zentralarbeitsgemeinschaft der industriellen und gewerblichen Arbeitgeber und Arbeitnehmer Deutschlands (ZAG).[63] In dieser Vereinbarung, die auch als Stinnes-Legien-Abkommen bekannt wurde, erkannten die Unternehmer die Gewerkschaften als »berufene Vertretung der Arbeiterschaft« an und willigten in die Errichtung von Arbeiterausschüssen in allen größeren Betrieben ein. Beide Seiten bekannten sich zur Einführung des obligatorischen Tarifvertragsprinzips auf der Grundlage der Tarifautonomie und zu einem gemeinsamen Vorgehen bei der wirtschaftlichen Demobilmachung. Unter dem Druck der Revolution war es Legien kurzfristig gelungen, auch die Einführung des Achtstundentages als Regelarbeitszeit bei vollem Lohnausgleich in diesem Abkommen zu verankern. Die Regierung wurde von den Unterzeichnern über die Vereinbarung in Kenntnis gesetzt. Ihr blieb keine andere Wahl als die Bestimmungen dann in Verordnungen des Rats der Volksbeauftragten und des Demobilmachungsamts umzusetzen. Heute gilt das Abkommen über die Gründung der ZAG als »Vorläufer der Sozialpartnerschaft und Teil der deutschen Tradition einer korporativen Marktwirtschaft«.[64]

Unterzeichnet wurde dieses Abkommen auf Unternehmerseite von der VDA und zahlreichen ihrer Mitglieder einschließlich des Zechenverbands, aber auch vom ZVEI als einem Wirtschaftsverband. Zu den 29 namentlichen Unterzeichnern gehörten 23 Industrielle und Geschäftsführer von Wirtschaftsverbänden. Besonders zahlreich waren unter ihnen Repräsentanten der Schwer- bzw. Montanindustrie und der Elektroindustrie vertreten.[65]

63 Das ZAG-Abkommen ist u.a. abgedruckt in Feldman/Steinisch, *Industrie*, 135f.; *Gründung der »Arbeitsgemeinschaft der industriellen und gewerblichen Arbeitgeber und Arbeitnehmer Deutschlands«* [»Zentralarbeitsgemeinschaft«], 15. November 1918, in: 100(0) Schlüsseldokumente zur deutschen Geschichte im 20. Jahrhundert (2008), URL: https://www.1000dokumente.de/index.html?c=dokument_de&dokument=0132_zag&object=translation&st=&l=de [letzter Zugriff 28.12.2018].

64 Andrea Rehling, *Einführung zu: Gründung der »Arbeitsgemeinschaft der industriellen und gewerblichen Arbeitgeber und Arbeitnehmer Deutschlands«* (wie Anm. 63).

65 Sieben Unterzeichner kamen aus der Montanindustrie (in der Reihenfolge der Unterschriften: Kurt Sorge, Ewald Hilger, Hugo Stinnes, Wilhelm Beukenberg, Alfred Hugenberg, Albert Vögler, Friedrich Springorum. Die vier Letztgenannten

Im Unterschied zum VDA-Vorsitzenden Kurt Sorge gehörten die Vorsitzenden des CDI und des BdI, Max Rötger und Heinrich Friedrichs, ebenso wenig zu den Unterzeichnern des Abkommens wie Gustav Stresemann. ZVEI-Geschäftsführer Raumer warf ihnen deshalb »verletzte Eitelkeit« vor.[66] Tatsächlich ging es um mehr. Stinnes und Raumer machten keinen Hehl daraus, dass sie die bestehende Form der industriellen Spitzenverbände grundlegend verändern wollten. Stinnes verließ zum 1. Januar 1919 den Deutschen Industrierat, Raumer erklärte diesen für überflüssig.[67] Mit Unterstützung seines Verbandsvorsitzenden Carl Friedrich von Siemens plante Raumer, eine »neue und zeitgemäße Organisation der Industrie« zu bilden, die auf eine permanente Kooperation mit den Gewerkschaften ausgerichtet war.[68] Darauf zielte auch die von Raumer und Legien ausgearbeitete provisorische Satzung der ZAG vom 12. Dezember 1918. In § 1 dieses Reglements hieß es: »Die Zentralarbeitsgemeinschaft bezweckt die gemeinsame Lösung aller die Industrie und das Gewerbe Deutschlands berührenden wirtschafts- und sozialpolitischen Fragen sowie aller sie betreffenden Gesetzgebungs- und Verwaltungsangelegenheiten.«[69]

Eine derartige Regelung hätte bedeutet, dass die Unternehmer ihre wirtschaftspolitischen Interessen nur noch in Abstimmung mit den Gewerkschaften verfolgen konnten. Mit diesem Eingriff in die Autonomie der Wirtschaftsverbände hatten die Verfasser der Satzung den Bogen überspannt. Der ZAG schlug nun massive Kritik aus den Verbänden entgegen. Curt Hoff, ein Mitarbeiter der CDI-Geschäftsführung, polemisierte gegen die ZAG als eine dilettantisch ausgehandelte Schöpfung der Großindustrie. Scharfe Kritik am »Bürokratismus« der ZAG kam besonders aus mittelständisch geprägten Branchen wie der Textilindustrie,

hatten Stinnes beauftragt, für sie zu unterschreiben). Die Elektroindustrie war durch fünf Unterzeichner vertreten (Hans von Raumer, Carl Friedrich von Siemens, Walter Rathenau, Otto Henrich, Felix Deutsch).

66 Zitiert nach Feldman, *Stinnes*, 524.

67 Ebd.; Gerald D. Feldman/Irmgard Steinisch, *The Origins of the Stinnes-Legien-Abkommen. A Documentation*, in: Internationale wissenschaftliche Korrespondenz zur Geschichte der deutschen Arbeiterbewegung 19/20 (1973), 82 f.

68 Zitiert nach Friedrich Zunkel, *Die Gewichtung der Industriegruppen bei der Etablierung des Reichsverbandes der Deutschen Industrie*, in: Hans Mommsen u. a. (Hrsg.), Industrielles System und politische Entwicklung in der Weimarer Republik, unveränd. Nachdruck, Bd. 2, Kronberg im Taunus 1977, 639. Vgl. ferner Feldman/Steinisch, *Industrie*, 36.

69 Satzung der Zentralarbeitsgemeinschaft der industriellen und gewerblichen Arbeitgeber und Arbeitnehmer Deutschlands vom 12. Dezember 1918, zitiert nach Feldman/Steinisch, *Industrie*, 137 (Dok. Nr. 2).

wo wenig Bereitschaft für eine Zusammenarbeit mit den Gewerkschaften bestand.[70]

Schon am 20. Dezember 1918, eine Woche nach Verabschiedung der provisorischen ZAG-Satzung, reagierte die Führung des Deutschen Industrierats um Rötger und Friedrichs auf diese Herausforderung. Sie beschloss, den von CDI und BdI getragenen Industrierat aufzugeben und die beiden Verbände zu einem Spitzenverband zu fusionieren.[71] Die Bedrohung durch den Machtanspruch der ZAG dürfte dabei nur den letzten Anstoß gegeben haben. Die Wirtschaftsverbände konnten sich die Spaltung in zwei Spitzenorganisationen schon wegen der neuen politischen Rahmenbedingungen nicht mehr leisten. Der neue Staat ging daran, die im Ersten Weltkrieg geschaffenen Ansätze zu einer gestaltenden Wirtschaftspolitik auszubauen, das Demobilmachungsamt erließ bereits entsprechende Verordnungen, die Umwandlung des Reichswirtschaftsamts in ein Reichswirtschaftsministerium begann sich abzuzeichnen. Durch die Revolution waren die Industriellen auch politisch in die Defensive geraten. Ihre Verbände hatten es erstmals mit einer Regierung aus Politikern der Arbeiterparteien zu tun, an die sich große Erwartungen der revolutionären Arbeiterschaft richteten. Der Rat der Volksbeauftragten hatte schon im November eine Sozialisierungskommission eingesetzt. Obwohl sich frühzeitig abzeichnete, dass die SPD-Führung keine Sozialisierung anstrebte, stand außer Zweifel, dass der wirtschaftsliberale Staat der Vorkriegszeit Geschichte war. Hinzu kamen die wirtschaftlichen Folgen des Kriegs, deren Dimension sich noch gar nicht absehen ließ.

70 Feldman/Steinisch, *Industrie*, 37.
71 Zunkel, *Gewichtung*, 639.

2. Die Gründung des Reichsverbandes der Deutschen Industrie (RDI)

Das Jahr 1919 begann in Berlin mit einem Aufstand gegen die provisorische Regierung, der in blutige Straßenschlachten mündete. Schon im Dezember hatte die linkssozialistische USPD den Rat der Volksbeauftragten verlassen. Nun entlud sich die Enttäuschung ihrer Anhänger über den Verlauf der Revolution in Demonstrationen, Hausbesetzungen und einem Aufruf zum Generalstreik. Die Führer der zu Jahresbeginn gegründeten KPD, Karl Liebknecht und Rosa Luxemburg, nutzten die Protestwelle zu einem Versuch, die Regierung gewaltsam zu stürzen und die für 19. Januar angesetzte Wahl einer verfassunggebenden Nationalversammlung zu verhindern. Der Rat der Volksbeauftragten ließ den »Spartakus-Aufstand« durch Regierungstruppen und rechtsradikale Freiwilligenverbände niederschlagen, die in einem wahren Blutrausch wüteten und auch Liebknecht und Luxemburg ermordeten. Die Wahlen zur Nationalversammlung brachten dann die erwartete Niederlage der radikalen Linken. Die neue Regierung der »Weimarer Koalition« aus SPD, Zentrumspartei und Deutscher Demokratischer Partei (DDP) trat für eine parlamentarische Demokratie ein. Mit der linksliberalen DDP war nun auch eine wirtschaftsnahe Partei in der Regierung vertreten, der namhafte Industrielle wie Walther Rathenau und Carl Friedrich von Siemens angehörten. Die meisten Unternehmer sympathisierten freilich mit der rechtsliberalen Deutschen Volkspartei (DVP), ein kleinerer Teil stand der Deutschnationalen Volkspartei (DNVP) nahe.

Das CDI-Präsidium und der Vorstand des BdI bereiteten währenddessen den Zusammenschluss beider Verbände vor. Noch vor Konstituierung der verfassunggebenden Nationalversammlung sollte eine gemeinsame Delegiertenversammlung einberufen werden, um einen entsprechenden Beschluss zu fassen. In beiden Spitzenverbänden gab es allerdings auch Gegner der geplanten Fusion, vor allem im BdI lehnten wichtige Vorstandsmitglieder dieses Vorhaben ab. Robert Bosch, der dem CDI und dessen Bündnis mit der Landwirtschaft stets kritisch gegenübergestanden hatte, hielt den Zusammenschluss für »nicht zweckmäßig«. Aus seiner Sicht betrieb der CDI die Verschmelzung nur, um verloren gegangenen Einfluss wiederzugewinnen.[1] Auch andere Mitglie-

1 Theodor Heuss, *Robert Bosch, Leben und Leistung*, Stuttgart 2008 (1. Aufl. Tübingen 1946), 325 (mit Zitat).

der des BdI befürchteten, in einem gemeinsamen Spitzenverband von der Schwerindustrie dominiert zu werden.[2] Am schärfsten lehnte Gustav Stresemann die Fusion ab. Er warnte davor, sich durch den Zusammenschluss mit dem CDI über die Interessen der mittelständischen BDI-Mitglieder hinwegzusetzen und sich in den Konflikt um die Sozialisierung der Schwerindustrie hineinziehen zu lassen.[3] Im CDI gab es wiederum Befürchtungen, dass man sich mit der Verschmelzung einen »Klotz ans Bein« binden und durch die Verbindung mit dem breiten Spektrum der im BdI vertretenen Interessen an Handlungsfähigkeit verlieren würde.[4] Insgesamt drängte der CDI wohl mehr auf den Zusammenschluss als der BdI, zumal er als der größere Fusionspartner gute Chancen hatte, den Vorsitzenden des neuen Spitzenverbandes zu stellen.

Die im CDI dominierende Schwerindustrie konnte sich zunächst nicht auf einen Kandidaten für den Vorsitz einigen. Der Direktoriumsvorsitzende Rötger ließ offen, ob er sich zur Wahl stellen würde.[5] Er dürfte jedoch für den BdI nicht akzeptabel gewesen sein und hatte sich durch seine Kritik an der ZAG bei der Gruppe um Stinnes unbeliebt gemacht. Als Kompromisskandidat kam der VDA-Vorsitzende Kurt Sorge ins Gespräch. Sorge war Vorstandsvorsitzender der Krupp-Grusonwerke in Magdeburg und auch Vorsitzender des VDMA. Als Krupp-Manager und Repräsentant des Maschinenbaus schien er für die Rolle eines Mittlers zwischen Schwerindustrie und verarbeitender Industrie gut geeignet. Zudem konnte eine Personalunion zwischen dem Vorsitz der VDA und dem des neuen industriellen Dachverbands einen ersten Schritt zu einer Verschmelzung der sozial- und wirtschaftspolitischen Spitzenorganisationen bedeuten. Hugo Stinnes, der inzwischen wohl mächtigste deutsche Konzernchef, hatte dennoch einen anderen Favoriten für den Vorsitz. Er betrieb eine Kandidatur des deutschnationalen Schwerindustriellen Hugenberg gegen Sorge.[6]

Aus Rücksicht auf die süddeutschen Länder und wegen der unsicheren Lage in Berlin hatte die Reichsregierung Weimar zum Tagungsort der Nationalversammlung bestimmt. Vor diesem Hintergrund beschlossen die Spitzen von CDI und BdI, die gemeinsame Delegiertenversammlung

2 Herle, *Erinnerungen*, 285.
3 Stephanie Wolff-Rohé, *Der Reichsverband der Deutschen Industrie 1919-1924/25*, Frankfurt a. M. 2001, 50.
4 Herle, *Erinnerungen*, 285.
5 Alfred Hugenberg an Otto Wiedfeldt, 11.2.1919, in: Historisches Archiv Krupp [im Folgenden HA Krupp], WA 3/222, Bl. 164.
6 Telegramm Gustav Krupp von Bohlen und Halbach an Alfred Hugenberg, 31.1.1919, ebd., Bl. 162.

zur Vorbereitung der Fusion nach Jena einzuberufen, nicht weit vom zukünftigen Tagungsort der Nationalversammlung. Man wollte mit dem Zentrum der Politik in Fühlung bleiben, das sich nun für einige Zeit nach Weimar verlagerte. Politiker, Lobbyisten und Journalisten aller Couleur machten sich dorthin auf den Weg, zwischen Berlin und Weimar wurde schon bald der erste planmäßige Luftpostdienst Deutschlands eingerichtet. Dass die industriellen Spitzenverbände im nahe gelegenen Jena geeignete Tagungsräume finden konnten, ermöglichte der kaufmännische Geschäftsleiter der Firma Carl Zeiss, Max Fischer, ein liberaler Industrieller, der dem Vorstand des BdI angehörte. Fischer erreichte, dass die Universität Jena ihre Aula für die Versammlung zur Verfügung stellte. Die Firma Carl Zeiss übernahm die Organisation dieser bisher größten Tagung deutscher Industrieverbände.[7]

Einen Tag vor der Delegiertenversammlung kamen die Führungsspitzen von CDI und BdI im Jenaer Rathaus mit den Arbeitgebervertretern im Zentralvorstand der ZAG zusammen. Bei diesem Treffen ging es darum, vor Gründung des neuen Spitzenverbandes den Konflikt um die provisorische Satzung der ZAG auszuräumen. Man verständigte sich darauf, dass wirtschaftspolitische Fragen in die Zuständigkeit der Wirtschaftsverbände, sozialpolitische in die der Arbeitgeberverbände und der ZAG fallen sollten.[8] Am 4. Februar folgte die gemeinsame Tagung des CDI und des BdI in der Aula der Universität Jena. Zunächst fasste CDI-Geschäftsführer Schweighoffer die Argumente für den Zusammenschluss zusammen:

> »Der Mangel an Einheit ist es gewesen, der uns dem äußeren Feinde gegenüber schwach gemacht hat, und der gleiche Mangel war es auch, der uns innerlich in das Chaos hinabriss. Ein fester Zusammenschluss und eine einheitliche Organisation sind denn auch für die Unternehmerschaft die Vorbedingung, wenn es ihr gelingen soll, auf die

7 *Reichsverband der deutschen Industrie. Erste Tagung am 3. und 4. Februar 1919 in der Aula der Universität in Jena*, in: Bericht über die Gründungsversammlung des Reichsverbandes der deutschen Industrie. Berlin, den 12. April 1919. Bericht über die Jenaer Tagung des Centralverbandes Deutscher Industrieller und des Bundes der Industriellen vom 3. u. 4. Februar 1919 (Veröffentlichungen des Reichsverbandes der deutschen Industrie, 1. Heft, Mai 1919), Berlin 1919, Anlage, 24. Max Fischer war seit 1895 Geschäftsleiter von Zeiss und seit 1912 auch Vorstandsmitglied des BdI. Er gehörte zu den Gründern der Gesellschaft der Freunde der Universität Jena. Friedrich Stier, Dr. h. c. Max Fischer, Ms. o. J., Carl Zeiss Archiv, in: Betriebsarchiv Carl Zeiss [im Folgenden BACZ] 9916; Ullmann, *Bund*, 333.

8 Feldman/Steinisch, *Industrie*, 38.

Neugestaltung des Wirtschaftslebens einen entsprechenden Einfluss auszuüben.«[9]

Für den BdI erklärte das Vorstandsmitglied August Weber, Präsidium und Vorstand hätten »trotz aller Bedenken« der Verschmelzung zugestimmt. Weber machte auch deutlich, dass es dabei vor allem um die Bildung einer gemeinsamen Abwehrfront ging: »Gegenüber den Strömungen in der Arbeiterschaft und in der Regierung, überhaupt gegenüber den Einwirkungen der Linken, muss eine geschlossene Phalanx hergestellt werden.«[10] Schließlich wies Kurt Sorge noch auf die Dringlichkeit hin.[11] Die Teilnehmer nahmen daraufhin einstimmig die von den Verbandsspitzen vorgeschlagene Entschließung an:

> »Die am Dienstag, den 4. Februar 1919 in Jena zu einer gemeinsamen Tagung versammelten Mitglieder des Centralverbandes Deutscher Industrieller und des Bundes der Industriellen haben beschlossen, die Verbände zu einem ›Reichsverband der Deutschen Industrie‹ zu vereinigen, der, auf dem Unterbau der fachlich, landschaftlich oder örtlich organisierten Industriegruppen errichtet, sich die Wahrnehmung aller wirtschaftlichen Interessen der deutschen Industrie zur Aufgabe setzt.«[12]

Damit war die Entscheidung für den Zusammenschluss gefallen. Bis zur Gründung des Reichsverbandes mussten aber noch eine Satzung ausgearbeitet und die nach wie vor offenen Personalfragen geklärt werden. Für diese Aufgaben wurde ein Ausschuss unter der Leitung der Verbandsvorsitzenden Rötger und Friedrichs eingesetzt, dem insgesamt 22 Industrielle angehörten.[13] Im weiteren Verlauf der Jenaer Tagung ging es um das Verhältnis zur ZAG. Das Prinzip einer Parität zwischen den Arbeitsparteien wurde dabei nicht in Frage gestellt, doch gab es scharfe Kritik an der Satzung der Arbeitsgemeinschaft und an der Einführung des Achtstundentags. Der rheinische Textilfabrikant Bernhard Krawinkel nannte den Achtstundentag »das größte Unglück der Zukunft«.[14] In einer Entschließung bekannte sich die Versammlung lediglich zum »Grundgedanken der Arbeitsgemeinschaft«. Die Resolution enthielt zu-

9 Ebd., 18.
10 Ebd., 19 f.
11 Ebd., 21.
12 Ebd.
13 Ebd., 6; Wolff-Rohé, *Reichsverband*, 49.
14 *Reichsverband der deutschen Industrie. Erste Tagung am 3. und 4. Februar 1919*, 23.

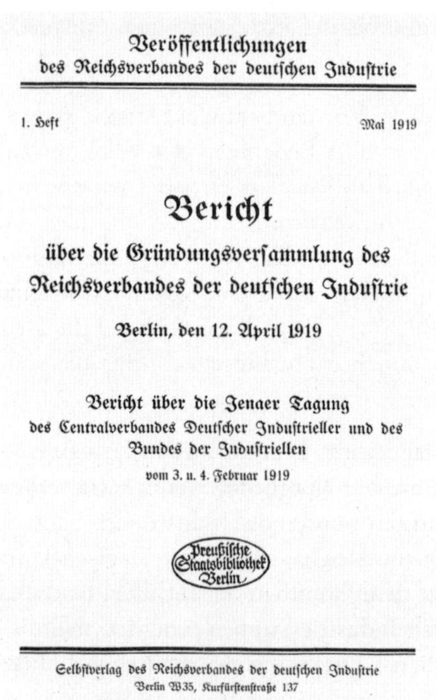

Veröffentlichungen
des Reichsverbandes der deutschen Industrie

1. Heft | Mai 1919

Bericht
über die Gründungsversammlung des
Reichsverbandes der deutschen Industrie
Berlin, den 12. April 1919

Bericht über die Jenaer Tagung
des Centralverbandes Deutscher Industrieller und des
Bundes der Industriellen
vom 3. u. 4. Februar 1919

Selbstverlag des Reichsverbandes der deutschen Industrie
Berlin W35, Kurfürstenstraße 137

Abbildung 1: Bericht über die Gründungsversammlung des RDI

gleich ein Bekenntnis zum Ziel der Verschmelzung von Wirtschafts- und Arbeitgeberverbänden.[15]

In der Öffentlichkeit fand der Beschluss zur Gründung des Reichsverbandes der Deutschen Industrie (RDI) kaum Beachtung. Das Interesse konzentrierte sich in diesen Tagen auf die bevorstehende Konstituierung der verfassunggebenden Nationalversammlung in Weimar. Selbst die Berliner Börsen-Zeitung berichtete am 5. Februar nur auf der vierten Seite in einem einspaltigen Artikel über die »Tagung der deutschen Industrie in Jena«.[16] Einem Mann wie Alfred Hugenberg entging freilich nicht, dass sich zwischen den Repräsentanten der deutschen Industrie eine neue Konstellation herausgebildet hatte. Am 11. Februar schrieb er Otto Wiedfeldt, dem Vorsitzenden des Krupp-Direktoriums: »Die Freundschaft zwischen dem Bunde der Industriellen und der Geschäfts-

15 Ebd., 24.
16 *Die Tagung der deutschen Industrie in Jena*, in: Berliner Börsen-Zeitung (5.2.1919, Morgenausgabe).

führung des Zentralverbandes ist so groß geworden, dass sie mir fast verdächtig erscheint.«[17]

Nachdem sich die Beratungen des Satzungsausschusses fast zwei Monate hingezogen hatten, konnte am 12. April 1919 in Berlin die Gründungsversammlung des RDI stattfinden. Im Unterschied zur Jenaer Tagung wurde diese Veranstaltung in einem festlichen Rahmen – im Großen Saal des Hotels Esplanade am Potsdamer Platz – und ohne längere Debatten durchgeführt.[18] CDI-Geschäftsführer Schweighoffer referierte die Satzung, die en bloc angenommen wurde. Anschließend stellte Rötger als Vorsitzender der Versammlung fest, dass der RDI dadurch konstituiert worden sei. Ebenso wie die Jenaer Tagung stand auch die Gründung des RDI nicht im Blickpunkt der Öffentlichkeit. Die Presse berichtete viel ausführlicher über den gleichzeitig in Berlin tagenden Rätekongress und die blutigen Straßenkämpfe in München, wo eine Räterepublik ausgerufen worden war.

Im Vorfeld der Gründungsversammlung des RDI hatte eine von CDI und BdI eingesetzte Wahlkommission die umstrittenen Personalfragen klären können. Dabei war ein vom Verband der Chemieindustriellen und AEG-Direktor Felix Deutsch eingebrachter Vorschlag, den RDI von einem hauptamtlichen Vorsitzenden leiten zu lassen, verworfen worden. Die Repräsentanten der Schwerindustrie hatten sich inzwischen darauf geeinigt, Kurt Sorge für den Vorsitz des RDI zu nominieren. Die Vertreter der Elektroindustrie und der chemischen Industrie in der Kommission hielten den 64-jährigen Sorge für zu alt und auch für zu kraftlos und unentschlossen, ihnen fehlte aber ein zugkräftiger Gegenkandidat.[19] Eine Woche vor der Gründungsversammlung schlugen sie Hugo Stinnes vor, doch Stinnes lehnte ab. Daraufhin einigte sich dieser Flügel auf Carl Friedrich von Siemens. Noch am 7. April wollte die Wahlkommission der Gründungsversammlung die Entscheidung zwischen Sorge und von Siemens überlassen.[20] Doch dazu kam es nicht. Sorge blieb schließlich als einziger Kandidat übrig. Siemens dürfte von der Kandidatur Abstand genommen haben, da auf ihn wegen der schweren Erkrankung seines älteren Halbbruders die Übernahme der Konzernleitung zukam.

17 Alfred Hugenberg an Otto Wiedfeldt, 11.2.1919, in: HA Krupp WA 3/222, Bl. 164.

18 *Reichsverband der Deutschen Industrie*, in: Berliner Börsen-Zeitung (12.4.1919, I. Beilage).

19 Zunkel, *Gewichtung*, 644.

20 Wolff-Rohé, *Reichsverband*, 61.

Erstes Präsidium des RDI (1919)

Dr. Robert Bosch, Stuttgart, Aufsichtsratsvorsitzender der Robert Bosch AG, Vorsitzender des Verbandes Württembergischer Industrieller

Carl Duisberg, Leverkusen, Generaldirektor der Farbenfabriken vorm. Friedr. Bayer & Co.; Vorsitzender des Vereins zur Wahrung der Interessen der chemischen Industrie Deutschlands

Dr. Max Fischer, Jena, Mitglied der Geschäftsleitung der Firma Carl Zeiss

Dr. Heinrich Friedrichs, Potsdam, Inhaber der Seidenfabrik Pignol & Heiland; 1912-1919 Vorsitzender des Bundes der Industriellen

Abraham Frowein, Elberfeld, Teilhaber der Frowein & Co. AG

Ewald Hilger, Berlin, Generaldirektor der Vereinigten Königs- und Laurahütte AG

Dr. Alfred Hugenberg, Essen, Hugenberg-Konzern; Vorsitzender des Vereins für die bergbaulichen Interessen im Oberbergamtsbezirk Dortmund und des Zechenverbandes

Dr. Hans Jordan, Schloss Mallinckrodt, Generaldirektor der Vereinigten Glanzstoff-Fabriken AG

Otto Moras, Zittau, Vorstand der Wagner & Moras AG (ab 1923 Vereinigte Deutsche Textilwerke AG); Vorsitzender des Verbandes Sächsischer Industrieller

Philipp Rosenthal, Selb/Bayern, Generaldirektor der AG Porzellanfabrik Philipp Rosenthal & Co.

Carl Friedrich von Siemens, Berlin, Aufsichtsratsvorsitzender der Siemens & Halske AG und der Siemens-Schuckertwerke GmbH

Dr. Kurt Sorge, Berlin (Vorsitzender), Vorsitzender des Direktoriums der Friedrich Krupp AG Grusonwerk; Vorsitzender der Vereinigung Deutscher Arbeitgeberverbände und der VDMA

Hugo Stinnes, Mülheim/Ruhr, Inhaber der Hugo Stinnes GmbH; Aufsichtsratsvorsitzender des RWE und der Deutsch-Luxemburgischen Bergwerks- und Hütten AG

In der Gründungsversammlung wurden die Vorschlagslisten der Wahlkommission für die Mitglieder des Präsidiums und des Vorstands zur Abstimmung gestellt. Nach der Satzung hatte die Mitgliederversammlung eigentlich kein Mandat, diese Gremien zu wählen. Da der dafür vorgesehene Hauptausschuss aber noch nicht gebildet worden war, entschied man sich, ein provisorisches Präsidium und einen provisorischen Vorstand wählen zu lassen. Die Gründungsversammlung wählte Kurt Sorge einstimmig zum Vorsitzenden des Präsidiums, Carl Friedrich von Siemens und den Elberfelder Textilindustriellen Abraham Frowein zu stellvertretenden Vorsitzenden. Ergänzt wurde das Präsidium durch Ewald Hilger, den Generaldirektor der Vereinigten Königs- und Laurahütte in Oberschlesien, als Schatzmeister. Einvernehmlich verlief auch die Wahl des 30-köpfigen vorläufigen Vorstands, dessen Zusammensetzung nach Branchen und Regionen austariert war. Eine Kandidatur Gustav Stresemanns für den provisorischen Vorstand war vom CDI bereits bei den Kommissionsberatungen abgeblockt worden. Stresemann wurde auch aus dem BdI nicht viel Unterstützung zuteil. Manche früheren Mitstreiter nahmen es ihm übel, mit der Gründung der DVP im Dezember 1918 das nationalliberale Lager gespalten zu haben. Auch seine Kritik am Zusammenschluss der industriellen Spitzenverbände dürfte hier eine Rolle gespielt haben. Nachdem die Nominierung gescheitert war, legte Stresemann tief enttäuscht seine Ämter im BdI und im Verband Sächsischer Industrieller nieder. Zunächst kündigte er noch an, eine Gegenorganisation zum RDI im Geist des früheren BdI gründen zu wollen. Doch dann konzentrierte er sich ganz auf seine Aufgaben als Abgeordneter und Parteivorsitzender.[21]

Der Leipziger Chemiefabrikant Karl August Fritzsche schilderte noch am Tag der Gründungsversammlung in einem Brief an Stresemann seine Eindrücke. Er berichtete, dass sich der RDI »vollkommen im Fahrwasser des Centralverbandes« bewegen würde. Auf der Versammlung sei geäußert worden, man habe den »Reichsverband der deutschen Schwerindustrie« gegründet.[22] Diese Formel wurde von den Bedenkenträgern im BdI aufgegriffen und diente auch später als Beleg für eine angebliche Dominanz der Schwerindustrie. Auf den ersten Blick scheint dafür zu sprechen, dass von den 13 Mitgliedern des vorläufigen Präsidiums sieben aus dem von der Schwerindustrie beherrschten CDI kamen, nur fünf dagegen aus dem BdI, und dass der erste Vorsitzende des RDI ein Manager des Krupp-Konzerns war.[23] Bei näherer Betrachtung zeigt sich eine andere Gewichtung. Im ersten Präsidium des RDI war die verarbeitende Industrie stärker vertreten als die Schwerindustrie, da zu ihr nicht nur die früheren BdI-Industriellen zählten, sondern auch Unternehmer

21 Stegmann, *Hugenberg*, 377; Wolff-Rohé, *Reichsverband*, 71 ff.

22 Karl August Fritzsche an Gustav Stresemann, 12.4.1919, zitiert nach Wolff-Rohé, *Reichsverband*, 64.

23 Im Einzelnen handelte es sich dabei um die CDI-Vertreter Ewald Hilger, Alfred Hugenberg, Hans Jordan, Philipp Rosenthal, Carl Friedrich von Siemens, Kurt Sorge und Hugo Stinnes. Für den BdI kamen Robert Bosch, Max Fischer, Heinrich Friedrichs, Abraham Frowein und Otto Moras in das erste RDI-Präsidium. Zudem war der Verband der Chemieindustriellen durch seinen Vorsitzenden Carl Duisberg in diesem Gremium vertreten. Vgl. Stegmann, *Hugenberg*, 376, Anm. 245.

aus dem Fertigindustrie-Flügel des CDI wie der Porzellanfabrikant Philipp Rosenthal und Carl Friedrich von Siemens. Hinzu kam noch Carl Duisberg als Vorsitzender des Chemieindustriellenverbands, der eine Sonderstellung zwischen CDI und BdI eingenommen hatte. Auch war Kurt Sorge nicht in erster Linie wegen seiner Zugehörigkeit zum Krupp-Konzern RDI-Vorsitzender geworden, sondern weil er sich als Kompromisskandidat anbot und bereits der VDA vorstand.[24] Die Schwerindustrie hatte im RDI zweifellos sehr großes Gewicht, doch sie war hier von Anfang an nicht dominant.[25]

Insgesamt entsprachen die Trennlinien zwischen den Repräsentanten der deutschen Industrie jetzt noch weniger als im Kaiserreich dem Modell der Lagertheorie oder der ebenfalls von zwei rivalisierenden Machtblöcken aus Vertretern der Schwerindustrie und der Fertigindustrie ausgehenden Monopolgruppentheorie. Innerhalb des RDI entstanden in dieser Zeit immer wieder neue Konstellationen, die sich zumeist mit einzelnen Personen verbanden und sich rasch ändern konnten. In der Schwerindustrie konkurrierte die Gruppe um Hugo Stinnes mit dem Krupp-Flügel und zwischen beiden agierte der eigensinnige Hugenberg. In der schon immer disparater aufgestellten verarbeitenden Industrie verfolgten die Elektro- und Chemieindustriellen wiederum andere Ziele als der mittelständisch geprägte Verband Sächsischer Industrieller. Keine dieser Gruppierungen hatte innerhalb des RDI eine dominierende Stellung. Um nach außen geschlossen auftreten zu können, bedurfte es daher eines laufenden Interessenausgleichs. Das politische Spektrum des ersten RDI-Präsidiums reichte von den linksliberalen Unternehmern Robert Bosch und Carl Friedrich von Siemens bis zu dem deutschnationalen Montan- und Medienunternehmer Alfred Hugenberg. Unstrittig war der RDI nach der Zusammensetzung seines Vorstands und seines Präsidiums freilich ein »Reichsverband der deutschen Großindustrie«. In diesem Punkt hatten die Kritiker um Stresemann recht. Von den 13 Mitgliedern

24 Siehe hierzu auch den Hinweis von Bernd Weisbrod, dass Sorge »kaum als Exponent der Schwerindustrie« anzusehen ist. Bernd Weisbrod, *Schwerindustrie in der Weimarer Republik. Interessenpolitik zwischen Stabilisierung und Krise*, Wuppertal 1978, 219.

25 Auch die These vom »Machtübergewicht von Schwer- und Textilindustrie« bei der Gründung des RDI (Zunkel, *Gewichtung*, 643) lässt sich nicht aufrechterhalten, wenn man das Profil der einzelnen Präsidiumsmitglieder berücksichtigt. So vertrat etwa der Textilindustrielle Otto Moras als Vorsitzender des Verbandes Sächsischer Industrieller mittelständische Interessen. Moras kam vom BdI und stand ebenso wenig wie der Seidenfabrikant und frühere BdI-Vorsitzende Friedrichs auf der Seite der Schwerindustrie.

des ersten Präsidiums kamen neun aus Konzernen oder großindustriell geprägten Verbänden.

Der Mitgliederzahl nach war der RDI ein imposantes Gebilde. Dem Spitzenverband gehörten 25 Fachgruppen mit rund 1.000 korporativen Mitgliedern und 17 regionale Verbände an. Da die Zahl der Wirtschaftsverbände in der Zeit der Weimarer Republik noch einmal stark zunahm, waren es 1932 schon 29 Fachgruppen mit über 1.500 korporativen Mitgliedern, 25 landschaftliche Verbände, 28 örtliche und allgemeine Verbände sowie 64 Industrie- und Handelskammern.[26] Nach einer späteren Schätzung deckten die Mitglieder des RDI 70 bis 80 Prozent aller deutschen Industriebetriebe ab.[27] In der Literatur werden diese Zahlen häufig als Beleg für die Macht und den Einfluss des Spitzenverbands angeführt. Ganz selbstverständlich wurde angenommen, dass diese »Zusammenballung der Verbandsmacht« größeren Einfluss auf die wirtschafts- und sozialpolitische Gesetzgebung hatte als die Vorgängerverbände im Kaiserreich.[28] Die DDR-Historiografie sah im RDI sogar eine Organisation, die »durch die Stärke des in ihr konzentrierten Kapitals eine entscheidende Bedeutung für die Gesamtwirtschaft erlangte«.[29]

Wenn man Wirtschaftsverbände nicht als monolithische Blöcke versteht, sondern als heterogene Gebilde, in denen unterschiedliche Interessen vertreten waren, dann legt die große Zahl der Mitgliedsverbände und deren Mitglieder einen anderen Schluss nahe. Für einen Spitzenverband konnte eine derartige Vielfalt von Interessen leicht zu einem Handicap werden, wenn zwischen den Interessen der verschiedenen Gruppierungen kein tragfähiger Ausgleich gefunden werden konnte. Inwieweit dies dem RDI-Präsidium gelang und wie groß die Macht des Verbandes tatsächlich war, wird in den folgenden Kapiteln näher zu untersuchen sein.

Die Geschäftsführer des RDI wurden paritätisch aus den beiden Vorgängerverbänden übernommen: Ferdinand Schweighoffer (CDI), Curt Hoff (CDI), Jacob Herle (BdI) und Rudolf Schneider (BdI). Schweighoffer und Herle hatten in diesem Quartett als bisherige Geschäftsführer des deutschen Kriegsausschusses eine gewisse Vorrangstellung, während der

26 Wolff-Rohé, *Reichsverband*, 75; Wehler, *Deutsche Gesellschaftsgeschichte*, Bd. 4, 373 f.; Karl Guth, *Die Reichsgruppe Industrie*, Berlin 1941, 19; Fritz Günther/Manfred Ohlsen, *Reichsverband der Deutschen Industrie 1919-1933*, in: Dieter Fricke u. a. (Hrsg.), Die bürgerlichen Parteien in Deutschland. Handbuch der Geschichte der bürgerlichen Parteien und anderer bürgerlicher Interessenorganisationen vom Vormärz bis zum Jahre 1945, Bd. 2, Leipzig 1970, 583.

27 Guth, *Reichsgruppe Industrie*, 19 f.

28 Wehler, *Deutsche Gesellschaftsgeschichte*, Bd. 4, 375.

29 Günther/Ohlsen, *Reichsverband*, 583.

frühere BdI-Geschäftsführer Schneider als Kriegsheimkehrer hinzukam. Mit vier Geschäftsführern war die Zentrale des RDI eigentlich gut besetzt, doch wollten sich Präsidium und Vorstand damit nicht begnügen. Sie entschieden, auch ein geschäftsführendes Präsidialmitglied einzustellen, das die Leitung der Geschäftsführung übernehmen, vor allem aber die Verbindungen zur Politik und zu den Ministerien pflegen sollte. Eine derartige Position hatte es in den Vorgängerverbänden nicht gegeben. Zwar war Henry Axel Bueck beim CDI einige Jahre lang geschäftsführendes Direktoriumsmitglied. Doch handelt es sich dabei mehr um eine Ehrung, die ihm am Ende seiner Laufbahn zuteilwurde.[30] Das Public-Affairs-Management stellte nun auch ganz andere Anforderungen als in der Zeit des Kaiserreichs. Der RDI hatte es mit Ministerien zu tun, in denen fast ständig wirtschaftspolitisch relevante Gesetzentwürfe ausgearbeitet wurden und in einer parlamentarischen Demokratie war auch eine kontinuierliche Beeinflussung der Parteien erforderlich. Das RDI-Präsidium wollte daher für diese Aufgabe einen hohen Beamten mit politischer Erfahrung einstellen.

In den Wochen nach der Gründungsversammlung wurden mehrere Kandidaten für die Stelle eines geschäftsführenden Präsidialmitglieds ins Spiel gebracht. In die engere Wahl kamen der frühere Bürgermeister von Straßburg, Rudolf Schwander, der ehemalige Staatssekretär im Reichswirtschaftsamt, August Müller, und Walter Simons, der Leiter der Rechtsabteilung des Auswärtigen Amtes, der damals der deutschen Delegation bei den Friedensverhandlungen in Versailles angehörte. Die Mehrheit des Vorstands tendierte zu Müller, den auch Sorge favorisierte.[31] Mit ihm hätte der RDI einen politischen Coup gelandet, da Müller SPD-Mitglied war und unter dem Rat der Volksbeauftragten das Wirtschaftsressort geleitet hatte. Er gehörte dem äußersten rechten Flügel der Sozialdemokratie an und hatte sich durch die entschiedene Ablehnung aller Sozialisierungsforderungen bei der Industrie einen guten Namen gemacht. Das von ihm bis Februar 1919 geleitete Reichswirtschaftsamt hatte offenbar auch dazu beigetragen, Vorbehalte im BdI gegen den Zusammenschluss mit dem CDI zu überwinden.[32]

30 Bueck wurde 1907 vom Geschäftsführer zum geschäftsführenden Direktoriumsmitglied befördert. Er schied 1910 aus der Geschäftsführung des CDI aus. Kaelble, *Interessenpolitik*, 47; Bührer, *Bueck*, 51.

31 Wolff-Rohé, *Reichsverband*, 65 f.; Zunkel, *Gewichtung*, 645.

32 Hans-Joachim Bieber, *Gewerkschaften in Krieg und Revolution. Arbeiterbewegung, Industrie, Staat und Militär in Deutschland 1914-1920*, Teil II, Hamburg 1981, 771.

Nachdem Schwander Mitte Juni Oberpräsident von Hessen-Nassau geworden war, schien die Wahl auf Müller zuzulaufen.[33] Doch dann drängte der Krupp-Direktoriumsvorsitzende Wiedfeldt darauf, Simons zum geschäftsführenden Präsidialmitglied zu wählen. Ihn beeindruckte, dass dieser hohe Beamte wenige Tage vorher beschlossen hatte, sich aus Protest gegen die Bedingungen des Versailler Friedensvertrags in den Ruhestand versetzen zu lassen. Während einer Bahnfahrt von Weimar nach Berlin gelang es Wiedfeldt, die RDI-Vorstandsmitglieder Cuno und Hilger für seinen Vorschlag zu gewinnen; Sorge stimmte bald darauf zu und nur eine Woche später, auf der Sitzung des Präsidiums am 1. Juli 1919, wurde Simons zum geschäftsführenden Präsidialmitglied gewählt.[34] In diesem Fall konnte ein Wunschkandidat von Krupp reibungslos installiert werden.

Der Geschäftsführung des RDI stand nun ein Jurist aus dem Auswärtigen Amt vor, der im Herbst 1918 für kurze Zeit Ministerialdirektor in der Reichskanzlei gewesen war. Simons brachte ein hohes Prestige und erstklassige politischen Verbindungen mit, er gehörte keiner Partei an und war auch nicht einer der verschiedenen Gruppierungen innerhalb des RDI zuzuordnen. Damit setzte er Maßstäbe für das Amt des geschäftsführenden Präsidialmitglieds. Dass er keinerlei Erfahrung in der Verbandsarbeit hatte und keine Wirtschaftskompetenz besaß, nahm man in Kauf. Die Leitung der Verbandszentrale blieb wohl weitgehend in der Hand der Geschäftsführer.

Die Satzungskommission hatte entschieden, dass der organisatorische Unterbau das RDI hauptsächlich aus Fachgruppen bestehen sollte, in denen jeweils mehrere Fach- bzw. Branchenverbände zusammengefasst waren. Damit setzte sich das Organisationsprinzip des CDI gegenüber der beim BdI bestehenden Gliederung nach Landesverbänden durch. Auch daraus wird man nicht auf eine Dominanz des CDI schließen können. Das Fachgruppenprinzip hatte sich schlichtweg als effizienter erwiesen. Neben den Fachgruppen bestanden die früheren Landesverbände des BdI wie der Verband Sächsischer Industrieller und der Verband Württembergischer Industrieller als regionaler Unterbau fort.

33 Wolff-Rohé, *Reichsverband*, 67.

34 Otto Wiedfeldt an Kurt Sorge, 23.6.1919, HA Krupp WA 3/223: Wolff-Rohé, *Reichsverband*, 67. Zur Biografie von Simons siehe Horst Gründer, *Walter Simons als Staatsmann, Jurist und Kirchenpolitiker*, Neustadt an der Aisch 1975; Martin Otto, *Simons, Walter*, in: Neue Deutsche Biographie 24 (2010), 441-443 [Online-Version]; URL: https://www.deutsche-biographie.de/pnd118614541.html#ndbcontent [letzter Zugriff 28.12.2918].

Abbildung 2: Kurt Sorge (Vorsitzender des RDI 1919-1925)

Nach der Satzung vom 12. April 1919 hatte der RDI vier Organe: Mitgliederversammlung, Hauptausschuss, Vorstand und Präsidium. Die zunächst jährlich abgehaltene Mitgliederversammlung hatte den Etat zu verabschieden und über Satzungsänderungen zu entscheiden. Wegen der großen Zahl der Mitglieder hatte sie den Charakter einer Heerschau mit 2.000 bis 3.000 Teilnehmern. Als Verbandsorgan war die Mitgliederversammlung wenig effizient. Aufgrund der hohen Kosten wurde sie ab 1927 nur noch alle zwei Jahre abgehalten.[35] Auch der Hauptausschuss war wegen seiner Größe ein recht schwerfälliges Gremium. Er bestand ursprünglich aus 190 Mitgliedern, später lag die Zahl noch deutlich höher. 140 Mitglieder wurden von den Fachgruppen nach Branchenproporz entsandt, 30 von den landschaftlichen Verbänden. Ergänzend kamen Vertreter der Einzelmitglieder und vom Vorstand gewählte Mitglieder hinzu. Der Satzung nach sollte der Hauptausschuss die Interessen des Spitzenverbands wahren und in dringenden Angelegenheiten selbstständig Beschlüsse fassen. Tatsächlich stellte er mehr ein Forum für die Fachgruppen dar, das diese in den RDI einband.[36]

Vorstand und Präsidium waren die eigentlichen Entscheidungsträger. Der Vorstand bestand aus zunächst 60, später 80 Industriellen, die zum größten Teil von den Fachgruppen, gestaffelt nach deren Größe, für die Dauer von drei Jahren entsandt wurden. Ähnlich wie ein Aufsichtsrat hatte dieses Gremium die Geschäftsführung zu überwachen und Ausgaben zu bewilligen. Das Präsidium setzte sich zunächst aus höchstens 15, später aus 35 Mitgliedern zusammen, die vom Vorstand gewählt wurden und aus ihren Reihen den Vorsitzenden wie auch die stellvertretenden Vorsitzenden wählten. Dieses höchste Gremium des RDI hatte einen aus-

35 Wolff-Rohé, *Reichsverband*, 78 f.; Max Metzner, *Der Reichsverband der Deutschen Industrie. Gründung und organisatorischer Aufbau*, in: Bundesverband der Deutschen Industrie (Hg.), Weg, 129 f.

36 Wolff-Rohé, *Reichsverband*, 78 ff.

gesprochen elitären Charakter. Anders als der Vorstand und der Hauptausschuss setzte es sich nicht nach Branchenproporz zusammen. Die Mitglieder wurden nach den Regeln einer Honoratiorengesellschaft aufgrund ihres Renommees gewählt. Ein langjähriger Mitarbeiter des RDI beschrieb das Präsidium rückblickend als eine »erlauchte Versammlung bekanntester Köpfe der Industrie«.[37] Dies war zumindest der Anspruch. In der Realität spiegelte sich auch hier wider, dass es einen gewissen Proporz zwischen den Branchen und den verschiedenen Industriellengruppen zu berücksichtigen galt.

Wie viele Mitarbeiter der RDI in den ersten Jahren hatte, ist nicht überliefert. Der Zahl der Abteilungen nach war die Geschäftsführung jedoch von Anfang an größer als die der beiden Vorgängerverbände zusammen. Die Mitarbeiter kamen nicht nur aus dem CDI und dem BdI, sondern auch aus dem öffentlichen Dienst und aus kriegswirtschaftlichen Institutionen. So hatte zum Beispiel der Leiter der Abteilung Sozialpolitik, Hermann Loening, zuvor bei einer Handelskammer, mehreren Stadtverwaltungen und der deutschen Zivilverwaltung in Flandern gearbeitet.[38]

Der aus sechs Abteilungen bestehenden Geschäftsführung waren mehrere Dienststellen und Sonderausschüsse angegliedert, die der Informationsvermittlung und der Beratung der Mitglieder dienten. Dazu gehörten eine Auskunftstelle, eine Steuerstelle, die 1920 gegründete Kartellstelle und eine eigene Geschäftsstelle für industrielle Abrüstung (Gefia), die eng mit der Reichswehr zusammenarbeitete. Vom CDI übernahm der RDI das Institut für ausländisches Recht, das die Zeitschrift »Auslandsrecht« herausgab. Durch die Folgen des Ersten Weltkrieges war die Expertise dieses Instituts jetzt noch stärker gefragt als im Kaiserreich. Erhebliche Bedeutung hatten auch der Reparationsausschuss und der Ausschuss für gewerblichen Rechtsschutz. Später kamen weitere Sonderausschüsse hinzu, darunter ein Ausschuss für Bank- und Kreditfragen (1924) und der Russlandausschuss der Deutschen Wirtschaft (1928).

Die ersten Büroräume des RDI in der Kurfürstenstraße 137 in Berlin-Schöneberg boten für die wachsende Geschäftstätigkeit der Verbandszentrale bald nicht mehr genügend Platz. Mitte 1921 gelang es, ein repräsentatives Gebäude in der Königin-Augusta-Straße 28 (heute Reichpietschufer), am Rande des repräsentativen Tiergartenviertels, zu erwerben.

37 Metzner, *Reichsverband*, 131.

38 http://www.bundesarchiv.de/aktenreichskanzlei/1919-1933/0pa/adr/adrhl/kap1_5/para2_186.html [letzter Zugriff 28.12.2018].

3. Die schwierigen Anfänge in den Krisen der frühen Weimarer Republik (1919-1924)

»Ein leider recht lockerer Spitzenverband«

Mitte Februar 1919, wenige Tage nach der gemeinsamen Mitgliederversammlung von CDI und BdI in Jena, legte die vom Rat der Volksbeauftragten eingesetzte Sozialisierungskommission einen vorläufigen Bericht vor, in dem die Vergesellschaftung des Kohlenbergbaus gefordert wurde. Bei den Industriellen löste dies keine besondere Besorgnis aus und auch auf der Gründungsversammlung des RDI spielte die Sozialisierungsfrage keine Rolle. Dafür gab es gute Gründe. Die Regierung ließ die zu Beginn der Revolution im November 1918 aufgekommenen Sozialisierungsforderungen ins Leere laufen. Sie wollte weitere Störungen der Wirtschaft vermeiden und befürchtete, dass die Siegermächte einen verstaatlichten Bergbau als Reparationspfand benutzen könnten. Statt einer Sozialisierung strebte Rudolf Wissell (SPD) der neue Leiter der Reichswirtschaftsamts und erste Reichswirtschaftsminister, die Errichtung einer sogenannten Gemeinwirtschaft an, eines Systems aus korporativer Selbstverwaltung und öffentlicher Kontrolle.[1] Damit konnte sich die Industrie unter den gegebenen Bedingungen abfinden. Als die Verfassunggebende Nationalversammlung am 14. März 1919 doch noch ein Sozialisierungsgesetz verabschiedete, war dies nicht mehr als ein verkapptes Gemeinwirtschaftsgesetz. Es sah vor, dass Unternehmen gegen Entschädigung in »Gemeinwirtschaft« überführt werden konnten. Eine Verpflichtung dazu enthielt das Gesetz nicht.[2]

Die wirtschaftspolitischen Auseinandersetzungen drehten sich nun um das Gemeinwirtschaftskonzept. Als Staatssekretär Wichard von Moellendorff auf einer Sondertagung des RDI am 12. Juni 1919 die Vorstellungen des Reichswirtschaftsministeriums erläuterte, stieß er dort auf wenig Zustimmung.[3] Aus der Sicht der Industrie enthielt das Gemeinwirtschaftsprogramm zu viel Planwirtschaft, in der SPD wurde es dagegen wegen des Verzichts auf eine Sozialisierung abgelehnt. Als sich Wissell

1 Siehe hierzu zusammenfassend: Heinrich August Winkler, *Weimar 1918-1933. Die Geschichte der ersten deutschen Demokratie*, München 1993, 85.

2 Sozialisierungsgesetz. Vom 23. März 1919, Reichsgesetzblatt 1919, Nr. 68, 341 f. Annahme des Kohlen- und Sozialisierungsgesetzes, in: Berliner Börsen-Zeitung (14.3.1919, Beilage).

3 Metzner, *Reichsverband*, 120.

und Moellendorff mit ihren Vorstellungen selbst innerhalb der Reichsregierung nicht durchsetzen konnten, traten beide im Juli 1919 zurück.[4] Ein Jahr später wurde auf Drängen der Gewerkschaften wieder eine Sozialisierungskommission eingesetzt. Deren Empfehlungen, die eine Sozialisierung des Kohlenbergbaus vorsehen, liefen schließlich ebenso ins Leere wie die der ersten Kommission.[5]

Für eine weitaus größere Gefahr als die Sozialisierungspläne hielten viele Industriellen den Entwurf für ein Betriebsrätegesetz. Das neue Reichsarbeitsministerium unter Gustav Bauer (SPD) reagierte damit auf eine Welle schwerer Arbeitskämpfe in Berlin, im Ruhrgebiet und in Mitteldeutschland. Die Betriebsräte sollten die bisherigen, seit 1916 offiziell anerkannten Arbeiter- und Angestelltenausschüsse ersetzen, aber auch die während der Revolution entstandenen Arbeiterräte in den Betrieben institutionalisieren und dadurch einer weiteren Radikalisierung der Arbeiterschaft entgegenwirken. Dabei enthielt der Gesetzentwurf keinerlei Ansätze zu einem Rätesystem. In seinem materiellen Kern knüpfte er an Vorstellungen bürgerlicher Sozialreformer an.[6]

Innerhalb der Industrie gingen die Positionen zum Entwurf des Betriebsrätegesetzes weit auseinander. Für einen sozial aufgeschlossenen Unternehmer wie Robert Bosch, den Vorsitzenden des Verbandes Württembergischer Industrieller, waren »die im Gesetz vorgesehenen Betriebsräte verwendbar«, da sie Vertrauen zwischen Arbeitgebern und Arbeitnehmern schaffen würden.[7] Der Verband Sächsischer Industrieller lehnte ein Betriebsrätegesetz dagegen kategorisch ab.[8] Die Führung des RDI war sich darüber im Klaren, dass die Regierung in dieser Frage weniger Spielraum hatte als bei den Sozialisierungsplänen, da die bestehenden Arbeiterausschüsse und Arbeiterräte nicht aufgelöst werden konnten. So verlegte man sich darauf, »die unvermeidlichen Schädigungen wenigs-

4 Vgl. hierzu Pascal Weimar, *Die Gemeinwirtschaft in der Anfangszeit der Weimarer Republik*, Berlin 2002.

5 Winkler, *Weimar*, 128, 137.

6 Werner Plumpe, *Betriebliche Mitbestimmung in der Weimarer Republik. Fallstudien zum Ruhrbergbau und zur Chemischen Industrie*, München 1999, 44.

7 *Der Gesetzentwurf über die Betriebsräte*, in: Betriebsräte. Mitbestimmungsrecht. Reichsarbeits-Gesetz. Selbstverwaltungskörper (Veröffentlichungen des Reichsverbandes der Deutschen Industrie, H. 2, Juni 1919), Berlin 1919, 5.

8 Petra Weber, *Gescheiterte Sozialpartnerschaft – Gefährdete Republik? Industrieller Konflikt, Arbeitskämpfe und der Sozialstaat. Deutschland und Frankreich im Vergleich (1918–1933/39)*, München 2010, 248.

tens zu mildern«, wie es Geschäftsführer Schneider als Berichterstatter in der Präsidiums- und Vorstandssitzung am 21./22. Mai 1919 formulierte.[9]

Verhindern wollte der RDI vor allem einige Bestimmungen des Gesetzentwurfs, die die Unternehmer als Eingriff in ihre Rechte ansahen. Dazu gehörte die Entsendung von Betriebsräten in die Aufsichtsräte, aber auch, dass die Betriebsräte ein Mitbestimmungsrecht bei Einstellungen und betrieblichen Lohn- und Arbeitszeitregelungen sowie ein Recht zur Einsichtnahme in die Bilanz erhalten sollten.[10] RDI und VDA konnten einige Änderungen durchsetzen. So wurde die Mitwirkung bei Einzeleinstellungen aus dem Gesetzentwurf gestrichen und Einsicht in betriebliche Unterlagen sollte nur noch in Großunternehmen möglich sein.[11] Gleichwohl nahm der Konflikt auch nach der Überarbeitung des Gesetzentwurfs zu. Im Unternehmerlager wuchs der Widerstand gegen die geplanten Regelungen und den Gewerkschaften gingen diese nicht weit genug. Die SPD, die mit Gustav Bauer inzwischen den Reichskanzler stellte, stand in dieser Frage unter massivem Druck der Linksopposition, die in dem geplanten Betriebsrätegesetz den »Totenschein des Rätesystems« sah.[12] Auf der anderen Seite musste der RDI in diesem ersten großen Konflikt seit seiner Gründung Handlungsfähigkeit beweisen.

Die Verbandsführung schlug auch deshalb eine härtere Gangart ein und erhob das Betriebsrätegesetz in den Rang einer Grundsatzfrage der Wirtschaftsordnung, was es gewiss nicht war. In einer Eingabe vom September kritisierte der RDI das geplante Gesetz als politisch motivierten Eingriff in die Wirtschaft. Der wirtschaftsnahen DDP drohte der Verband mit der Einstellung der Spenden, falls sie im Reichstag für die Vorlage der von ihr mitgetragenen Regierung stimmte.[13] Am 11. Dezember folgte eine gemeinsame Protestkundgebung von RDI und VDA im Plenarsaal des Preußischen Abgeordnetenhauses. Bei dieser Veranstaltung war nun von einem »Ausnahmegesetz gegen die Industrie« die Rede und sogar von einer »Diktatur des Proletariats«.[14] Die Reichsregierung ließ sich davon nicht beeindrucken. Ohne weitere Änderungen wurde das Betriebsrätegesetz in der Nationalversammlung angenommen. Es wurde am 4. Februar 1920 verkündet und trat noch am selben Tag in

9 *Betriebsräte. Mitbestimmungsrecht*, 8.
10 Ebd., 6-8; Wolff-Rohé, *Reichsverband*, 133.
11 Weber, *Sozialpartnerschaft*, 249; Wolff-Rohé, *Reichsverband*, 133.
12 Zitiert nach Bieber, *Gewerkschaften*,Teil II, 694.
13 Weber, *Sozialpartnerschaft*, 248 f.
14 Zitiert nach: Wolff-Rohé, *Reichsverband*, 138 f.

Kraft.[15] Die umstrittene Entsendung von Betriebsräten in den Aufsichtsrat wurde zwei Jahre später durch ein eigenes Gesetz näher geregelt. Die Wirtschaftsverbände wollten unbedingt verhindern, dass dieses Gesetz die Betriebsratsvertreter mit den anderen Aufsichtsräten gleichstellte, konnten sich aber auch in dieser Frage nicht durchsetzen.[16]

Im Konflikt um das Betriebsrätegesetz und das Aufsichtsratsgesetz zeigte sich, dass die Industrie auch unter den Regierungen der Weimarer Koalition in der Defensive blieb. Ein Teil des Unternehmertums reagiert darauf mit radikaler Verweigerung. So gab es Überlegungen, aus Protest gegen das Gesetz Betriebe stillzulegen.[17] Gemäßigte Industrielle sahen dagegen gerade in der Verweigerungshaltung vieler Standesgenossen den Grund für die Schwäche der industriellen Interessenvertretung. Carl Friedrich von Siemens, der den RDI in der Kommission zur Begutachtung des Gesetzentwurfs vertreten hatte, klagte darüber, »dass die Herren Arbeitgeber durch Abwesenheit glänzten«.[18] In einem Brief an den einflussreichen bayerischen Industriellen Oskar von Petri, den stellvertretenden Aufsichtsratsvorsitzenden der Siemens-Schuckertwerke, schrieb Siemens:

> »Ich fürchte, die Not der Industrie ist noch nicht groß genug, um das Verständnis zu wecken, dass auch die Industriellen sich mehr zusammenschließen müssen und einheitliche Organisationen zu bilden haben. Der neu gegründete Reichsverband hat bisher in dieser Beziehung auch nichts geleistet, das Interesse an der Arbeitsgemeinschaft schwindet.«[19]

Bei den Beratungen über das Betriebsrätegesetz war die ZAG kaum konsultiert worden. Ihre Befürworter gerieten in den Industrieverbänden zunehmend zu einer Minderheit. Nicht anders verhielt es sich bei den Gewerkschaften. Ende Oktober 1919 trat die größte Einzelgewerkschaft, der Deutsche Metallarbeiterverband, aus der ZAG aus, die fortan keine größere Rolle mehr spielte und im Januar 1924 aufgelöst wurde.

Dass die internen Gegensätze den RDI bis zur Handlungsunfähigkeit lähmen konnten, zeigte sich während des Kapp-Putschs. Am 13. März

15 *Betriebsrätegesetz. Vom 4.2.1920*, in: Reichsgesetzblatt 1920, Nr. 26, 147-174.

16 *Gesetz über die Entsendung von Betriebsratsmitgliedern in den Aufsichtsrat. Vom 15.2.1922*, in: Reichsgesetzblatt I 1922, Nr. 17, 209 f. Zum Konflikt um dieses Gesetz siehe Plumpe, *Mitbestimmung*, 51-55.

17 Wolff-Rohé, *Reichsverband*, 140.

18 Carl Friedrich von Siemens an Oskar von Petri, 13.6.1919, in: SHI, SAA A 1889.

19 Ebd.

1920 unternahmen rechtsradikale Militärs und Freiwilligenverbände unter der Führung von General Walther von Lüttwitz einen Staatsstreich, um das demokratische System der Weimarer Republik zu beseitigen. Da die Reichswehrführung nicht bereit war, gegen die Putschisten vorzugehen, konnten diese das Regierungsviertel besetzen und den ostpreußischen Landschaftsdirektor Wolfgang Kapp zum Reichskanzler ausrufen. Der Allgemeine Deutsche Gewerkschaftsbund (ADGB), die Dachorganisation der sozialistischen Freien Gewerkschaften, reagierte auf den Staatsstreich mit einem Aufruf zum unbefristeten Generalstreik. Die rechtmäßige Regierung, die zunächst nach Dresden floh und später nach Stuttgart umzog, schloss sich nach anfänglichem Zögern an. Den Gewerkschaften gelang es, durch den größten Generalstreik der deutschen Geschichte die Wirtschaft und das öffentliche Leben lahmzulegen. Auch von der Berliner Ministerialbürokratie wurde die Clique um Kapp boykottiert. Schon am 17. März brach der Putsch zusammen, Kapp und Lüttwitz flohen aus Berlin.[20]

Auch prominente Industrielle stellten sich gegen die Putschisten. Hugo Stinnes, der Kapp gut kannte, drohte damit, sämtliche Lieferungen des Rheinisch-Westfälischen Kohlensyndikats nach Berlin einzustellen.[21] Carl Duisberg nannte den Staatsstreich ein Verbrechen am Vaterland, die Putschisten waren für ihn »Narren und Verrückte«.[22] Der Spitzenverband der deutschen Industrie hielt sich dagegen bedeckt. Als der ADGB-Vorsitzende Carl Legien am 15. März vom RDI eine Solidaritätserklärung einforderte, antworteten Sorge und das geschäftsführende Präsidialmitglied Simons zwar mit einem Schreiben, in dem sie eine gewaltsame Regierungs- und Verfassungsänderung ablehnten.[23] Das Präsidium konnte sich zu einer derartigen Erklärung aber nicht durchringen. Mehrere Mitglieder lehnten eine politische Stellungnahme des RDI ab. Hugenberg trat sogar für Kapp ein. Das Ergebnis war eine Entschließung, die einer Neutralitätserklärung gleichkam.[24]

Der RDI-Vorsitzende Kurt Sorge wurde für dieses Zögern schon bald heftig kritisiert. Auf der Mitgliederversammlung am 14. April 1920 gab er sein Versagen offen zu, indem er erklärte, er habe »nicht den Mut

20 Winkler, *Weimar*, 121-127.
21 Feldman, *Stinnes*, 604f.
22 Zitiert nach Wolff-Rohé, *Reichsverband*, 195.
23 Ebd., 196; Weber, *Sozialpartnerschaft*, 388.
24 Haltung des Reichsverbandes der Deutschen Industrie zu den politischen Vorgängen vom 12./13. März bis 24. März 1920, in: Geschäftliche Mitteilungen für die Mitglieder des Reichsverbandes der Deutschen Industrie 10 (1920); Wolff-Rohé, *Reichsverband*, 192.

gehabt«, den RDI auf eine klare Position festzulegen.[25] Hinter dieser Führungsschwäche stand wohl die Befürchtung, dass der Verband sonst einer Zerreißprobe ausgesetzt würde, da auf dem rechten Flügel keine Bereitschaft bestand, den Generalstreik zu unterstützen. Ein ähnliches Kalkül dürfte den DVP-Vorsitzenden Stresemann bewogen haben, sich während des Kapp-Putschs »neutral« zu verhalten.[26]

Nach der Reichstagswahl vom Juni 1920 schied beim RDI das geschäftsführende Präsidialmitglied Walter Simons aus. Der parteilose Jurist wurde zum Außenminister der neuen Reichsregierung unter Constantin Fehrenbach (Zentrumspartei) ernannt – ein Karrieresprung wie ihn weder vorher noch nachher ein Verbandsgeschäftsführer erfuhr. Simons hatte dies freilich nicht dem RDI zu verdanken, sondern seiner früheren Tätigkeit als Leiter der Rechtsabteilung des Auswärtigen Amtes. Für die bevorstehenden Friedens- und Reparationsverhandlungen auf der Konferenz von Spa benötigte die deutsche Delegation einen versierten Fachmann, der nicht durch die innenpolitischen Grabenkämpfe um die Reparationsfrage belastet war.[27]

Das RDI-Präsidium tat sich schwer, einen Nachfolger für Simons zu finden. Erst im Frühjahr 1921 konnte diese Schlüsselposition neu besetzt werden. Wieder entschied man sich für einen hohen Beamten des Auswärtigen Amtes: den Vortragenden Legationsrat Hermann Bücher. Der Fabrikantensohn Bücher war freilich ein anderer Typ als Simons. Er hatte Botanik studiert und war bis 1919 im Reichskolonialamt tätig gewesen. Mit dem Wechsel zum RDI schied Bücher bewusst aus dem Staatsdienst aus. Seine neue Tätigkeit sah er als Sprungbrett für eine Karriere in der Wirtschaft an, wie sie ihm später fast nahtlos gelang.[28]

Anders als Simons ging Bücher daran, die Geschäftsführung des RDI zu straffen. Erstmals versuchte er auch, den Dachverband nach außen hin auf einen stringenten Kurs zu bringen. An den RDI-Vorsitzenden Sorge schrieb Bücher im Februar 1923:

25 Zitiert nach Wolff-Rohé, *Reichsverband*, 202. Vgl. auch den Bericht über die Vorstandssitzung des Reichsverbandes der Deutschen Industrie am 13,4,1920, in: Archiv des Bundesverbandes der Deutschen Industrie [im Folgenden; BDI-Archiv] N 30/2.

26 Vgl. Weber, *Sozialpartnerschaft*, 389; Wright, *Stresemann*, 158 f.

27 Nachdem das Kabinett Fehrenbach nur elf Monate später wegen des Konflikts um das Londoner Ultimatum zurückgetreten war, wurde Simons zum Präsidenten des Reichsgerichts ernannt.

28 Hermann Bücher wurde 1928 Vorstandsmitglied der AEG. Von 1930 bis 1947 war er Vorstandsvorsitzender der AEG.

»Mit fortschreitender Orientierung habe ich jedoch versucht, den übernommenen großen Apparat zu einem besseren Nutzeffekt der Leistung zu bringen und auch nach außen hin sowohl für die gesamte Wirtschaftspolitik als auch bei dem Vorgehen in einzelnen akuten Fragen feste Linien aufzustellen, und mich für deren konsequente Durchführung konsequent einzusetzen.«[29]

Im Vordergrund der Tätigkeit Büchers standen die inzwischen drängendsten Fragen der deutschen Politik: die Reparationsregelungen und der beschleunigte Verfall der Währung. Bücher war gerade erst im Amt, als das Londoner Ultimatum der Reparationsgläubigermächte die Reichsregierung in eine schwere Krise stürzte und auch zwischen den Repräsentanten der Industrie neue Gräben aufriss. Die DVP lehnte das Londoner Ultimatum ab und verließ aus Protest die Regierung. Am 11. Mai 1921 akzeptierte ein neues Kabinett unter Reichskanzler Josef Wirth (Zentrumspartei) schließlich die Forderungen der Siegermächte, um eine Besetzung des Ruhrgebiets zu verhindern. Viele Industrielle, darunter die RDI-Präsidialmitglieder Carl Duisberg und Hugo Stinnes, lehnten die Annahme des Ultimatums ab, während andere Unternehmer wie das RDI-Vorstandsmitglied Wilhelm Cuno, der Generaldirektor der HAPAG, für die Annahme eintraten.[30]

Ungeklärt blieb, wie Deutschland die jährlichen Reparationen in Höhe von zwei Mrd. Goldmark (inflationsbereinigte Mark zum Dollarkurs von 1913) aufbringen sollte, die es nach dem Zahlungsplan der Siegermächte leisten musste. Aus Steuern und Abgaben ließen sich die Raten nicht finanzieren und auch eine Steigerung der bereits sehr hohen Staatsverschuldung war keine Lösung, da die Reparationszahlungen in Devisen bzw. Goldmark erfolgen mussten, der Kurs der deutschen Währung aber nach Bekanntgabe der hohen Reparationsverpflichtungen immer weiter abstürzte. Bei den Gewerkschaften und den Arbeiterparteien wurde der Ruf laut, die Industrie durch eine »Erfassung der Sachwerte« in die Pflicht zu nehmen. Reichswirtschaftsminister Schmidt (SPD) wollte 20 Prozent des privaten Produktivvermögens durch Zwangshypotheken und Kapitalbeteiligungen unter staatliche Kontrolle bringen, um auf dieser Basis dem Reich Devisen zu verschaffen.[31] Die Unternehmerverbände und die bürgerlichen Parteien lehnten derartige Pläne entschieden ab,

29 Hermann Bücher an Kurt Sorge, 19.2.1923 (Abschrift), in: SHI, SAA 4.Lf 665.5.
30 Feldman, *Inflation*, 359.
31 Feldman, *Stinnes*, 709.

doch war sich die Industrie darüber im Klaren, dass sie die die Regierung nicht im Stich lassen konnte.

Das RDI-Vorstandsmitglied Hans Kraemer, der Generaldirektor des Tiefdrucksyndikats, entwickelte vor diesem Hintergrund einen Plan, der vorsah, den Exportüberschuss der Industrie zu nutzen, um der Regierung die Aufnahme einer Auslandsanleihe in Höhe von 1,5 Mrd. Goldmark zu ermöglichen, die dann mit zukünftigen Steuern verrechnet werden sollte. Bücher unterstützte dieses Projekt, womit erstmals eine wirtschaftspolitische Initiative von der Geschäftsführung des RDI mitgetragen wurde. Am 13. September stimmten Präsidium und Vorstand des RDI mit nur einer Gegenstimme dem Plan zu. Wenige Wochen später segnete die Mitgliederversammlung des RDI in München das Projekt mit einer deutlichen Mehrheit ab und beauftragte das Präsidium, Verhandlungen mit der Regierung aufzunehmen.[32]

Doch dann drohte dem RDI auch in dieser Frage eine Zerreißprobe. Hugo Stinnes forderte, dass erst tiefgreifende Reformen durchgeführt werden müssten, bevor Gelder aus dem Ausland in Anspruch genommen würden. Was er sich darunter vorstellte, hatte Stinnes schon am 10. August 1921 in einem Schreiben an Bücher dargelegt. Darin vertrat er den Standpunkt, »dass der demokratische Staat zunächst die Hauptursachen seiner Defizitwirtschaft beseitigt, indem er die Staatsbetriebe in Privatbetriebe umwandelt«.[33] Nur unter dieser Bedingung sollte die Regierung einen Kredit der Industrie erhalten, den Stinnes mit einer Zwangsanleihe aufbringen wollte.

Dabei wussten sowohl Stinnes als auch Bücher, dass ein Kredit der Industrie die Reichsregierung nur für kurze Zeit in die Lage versetzen würde, die Reparationszahlungen zu leisten. Beide gingen – erkennbar unter dem Eindruck der vielbeachteten Kritik des britischen Ökonomen John Maynard Keynes an den Reparationsregelungen – davon aus, dass eine Steigerung des deutschen Exports die britische und französische Wirtschaft in eine Krise stürzen würde. Man spekulierte darauf, dass die Reparationsgläubigerländer unter diesem Druck zu einem Entgegenkommen gezwungen wären.[34]

Anders als Bücher und die RDI-Führung wollte Stinnes das Kreditangebot jedoch nutzen, um daraus für die Privatwirtschaft und seinen eigenen Konzern Vorteile zu schlagen. Dabei hatte er vor allem

32 Wolff-Rohé, *Reichsverband*, 232-237.

33 Feldman, *Stinnes*, 714.

34 Feldman, *Inflation*, 361. Zu Keynes' Kritik an den Reparationen: John Maynard Keynes, *The Economic Consequences of the Peace*, London 1919.

eine Privatisierung der Reichsbahn im Blick, was wegen der zu erwartenden Massenentlassungen zu einer scharfen Konfrontation mit den Gewerkschaften und der SPD führen musste. Im Herbst 1921 gelang es Stinnes, andere einflussreiche Schwerindustrielle, vor allem Alfred Hugenberg, für seine Position zu gewinnen. Carl Duisberg, der den Kraemer-Plan unterstützte, war dagegen über Stinnes verantwortungsloses Verhalten so aufgebracht, dass er nur mit Mühe von einem Austritt des Chemieindustriellenverbandes aus dem RDI abgehalten werden konnte.[35] In einer für den 5. November anberaumten Sondermitgliederversammlung des RDI kam es zum »Showdown«. Dabei verlief die Front auch quer durch die Schwerindustrie. Der RDI-Vorsitzende Sorge und der Vorsitzende des Krupp-Direktoriums Wiedfeldt unterstützten gemeinsam mit den Vertretern der Chemie- und Elektroindustrie den Kraemer-Plan, doch brachte Stinnes mit einem energischen Auftritt und einer Austrittsdrohung den Spitzenverband an den Rand der Spaltung. Gerald D. Feldman bemerkt dazu in seinem großen Werk über die Inflationszeit:

> »Finally, it was a critical day for the young Reich Association of German Industry, the leadership of which faced the prospect of disavowal. German industry was threatened with division and its peak association with disintegration.«[36]

Um ein Auseinanderbrechen des RDI zu verhindern, beschloss die Versammlung einen Kompromiss, der eine deutliche Korrektur des Kreditangebots im Sinne der Stinnes-Gruppe darstellte. Zwei Tage später legte Wiedfeldt Sorge den Rücktritt nahe und empfahl, Stinnes die Führung zu überlassen (»Die Stinnesgruppe, als der größte Konzern, mag den Vorsitz übernehmen, oder sie müssen Hugenberg wählen«).[37] Dazu kam es nicht. Sorge blieb Vorsitzender und Stinnes genügte es, dass der RDI in den folgenden Verhandlungen mit der Reichsregierung das Kreditangebot von einer Privatisierung der Reichsbahn abhängig machte.[38]

Damit war das Scheitern des Kreditangebots freilich vorprogrammiert. Das Diktat des RDI rief nicht nur bei den Gewerkschaften und den Arbeiterparteien einen Proteststurm hervor, auch Politiker der bürgerlichen Parteien waren nicht bereit, sich von der Industrie derart

35 Werner Plumpe, *Carl Duisberg 1861-1935. Anatomie eines Industriellen,* München 2016, 610 f.

36 Feldman, *Inflation*, 369.

37 Feldman, *Stinnes*, 725.

38 *Reichsregierung und Kreditangebot der Industrie,* in: Berliner Tageblatt (12.11.1921).

Abbildung 3: Geschäftsstelle des RDI in Berlin-Tiergarten, Königin-Augusta-Str. 28

vorführen zu lassen. Zu offensichtlich war der Versuch, die Notlage des Landes zur Durchsetzung von Partikularinteressen zu instrumentalisieren. Das Scheitern des Kreditangebots verwies einmal mehr auf die Führungsschwäche der RDI-Spitze, die nicht in der Lage war, die Beschlüsse des Präsidiums und der Münchner Mitgliederversammlung gegen einen mächtigen Großindustriellen durchzusetzen. In der Öffentlichkeit beschädigte der Vorgang das ohnehin nicht gute Image des RDI nachhaltig. Hier machte sich der Eindruck breit, dass es der Industrie nur darum ging, von der Inflation zu profitieren.

Nach dem Desaster des Kreditangebots ging Hermann Bücher daran, ein wirtschaftspolitisches Programm auszuarbeiten, das dem RDI zu größerer Geschlossenheit und Schlagkraft verhelfen sollte. Der Verband sollte nicht länger in der Unsicherheit bleiben, dass – wie es Kurt Sorge damals formulierte – »wir selbst nicht recht wissen, was wir wollen«.[39]

Im Juni 1922 legte Bücher einen Programmentwurf vor. Geschickt verband er darin die Argumente der Befürworter und der Kritiker des im Vorjahr gescheiterten Kraemer-Plans. Davon ausgehend, dass die deutsche Wirtschaftspolitik unter den gegebenen Bedingungen von außenpolitischen Erwägungen abhängig sei, hielt er eine Lösung des Reparationsproblems nur mit Hilfe einer internationalen Anleihe für möglich. Der Entwurf betonte aber auch, dass eine Gesundung der deutschen Wirtschaft nur eintreten würde, wenn zugleich »im Innern Schritte unternommen werden, die eigenen Leistungen zu steigern und sie weitmöglichst von produktionshemmenden Belastungen zu befreien«. Ganz im Sinne von Stinnes sollten die »Zwangswirtschaft« und die »Defizitwirtschaft« der Staatsbetriebe beseitigt werden. Am Prinzip der Zentralarbeitsgemeinschaft wollte Bücher festhalten, doch verband sich damit auch die Absicht, die Gewerkschaften für die Durchsetzung des RDI-Programms einzuspannen.[40]

Nachdem Bücher den Entwurf vorgelegt hatte, setzte das Präsidium des RDI einen Sonderausschuss für ein Wirtschaftsprogramm ein, der wirtschaftspolitische Leitsätze aufstellen sollte. Diesem elfköpfigen Gremium gehörten mit Paul Silverberg als Vorsitzendem und Albert Vögler zwei gewichtige Vertreter des Stinnes-Flügels an, aber auch gemäßigte Industrielle und Verbandsvertreter wie Carl Duisberg, Abraham Frowein und Hans von Raumer. Schon in den ersten Sitzungen wurde deutlich, dass Silverberg entschlossen war, massive Korrekturen am Entwurf Büchers durchzusetzen. Mit dem Credo »Wir müssen erst in unserem Inneren Ordnung schaffen«, setzte er durch, dass der Ausschuss Überlegungen zur Reparations- und Währungsfrage zurückstellte.[41] Einig waren

39 Zitiert nach Gerald D. Feldman/Heidrun Homburg, *Industrie und Inflation. Studien und Dokumente zur Politik der deutschen Unternehmer 1916-1923* (Historische Perspektiven, 5), Hamburg 1977, 334.

40 Der Programmentwurf ist abgedruckt in Feldman/Homburg, Industrie, 328-332; vgl. hierzu auch Hermann J. Rupieper, *The Cuno Government and Reparations 1922-1923. Politics and Economics*, Den Haag 1979, 36f.

41 Niederschrift über die zweite Sitzung des beim Reichsverband der Deutschen Industrie eingesetzten Sonderausschusses für ein Wirtschaftsprogramm am 9.8.1922, in: Feldman/Homburg, *Industrie*, 335.

sich die Ausschussmitglieder darin, dass der RDI seine programmatische Offensive mit einer aktiveren Öffentlichkeitsarbeit verbinden musste.[42]

Silverberg steigerte seine Forderungen im Herbst 1922 zu einem Programm für den »Wiederaufbau der deutschen Wirtschaft«, das tiefe Eingriffe in die sozialpolitischen Grundlagen von Weimar vorsah und auf eine offene Konfrontation mit der SPD zielte.[43] Dieses Programm deckte sich weitgehend mit den Vorstellungen von Stinnes, stieß aber bei anderen Großindustriellen fast durchweg auf Unverständnis und scharfe Kritik. Carl Duisberg sah darin einen Rückfall ins »Manchestertum« und selbst der rechtskonservative Schwerindustrielle Paul Reusch hielt Silverbergs Forderungen für realitätsfremd.[44]

Dabei gab es zwischen den Mitgliedern der Leitungsgremien des RDI durchaus einen Minimalkonsens. Sie waren sich, mit Ausnahme vielleicht von Robert Bosch, in der Forderung nach einer Zurückdrängung des staatlichen Einflusses auf die Wirtschaft einig und wollten ein Auseinanderbrechen des RDI unbedingt vermeiden. Eine pragmatisch eingestellte Mehrheit folgte dem Kurs Büchers, der eine Verständigung mit der Regierung und den Reparationsgläubigern anstrebte. Zu diesen Industriellen gehörten auch der RDI-Vorsitzende Sorge, seine Stellvertreter Frowein und von Siemens, sowie die Präsidialmitglieder Duisberg und Kraemer. Eine radikale Minderheit um Silverberg, Stinnes und Vögler setzte dagegen auf offene Konfrontation. Von einem »Konzept der sozioökonomischen Konterrevolution« (Feldman/Homburg) kann nur in Bezug auf diese Gruppe die Rede sein.[45] Die Mehrheit des RDI-Präsidiums hatte gar kein festes Programm. Im Unterschied zum Silverberg/Stinnes-Flügel stellte sie aber den politischen Rahmen nicht in Frage, auch wenn sie ebenfalls einen Abbau staatlicher Eingriffe in die Wirtschaft und eine Verlängerung der gesetzlichen Arbeitszeit anstrebte. Die Trennlinien zwischen beiden Seiten verliefen nicht unbedingt entlang der geläufigen Unterteilung in »reaktionäre« Schwerindustrielle und »gemäßigte« Elektro- und Chemieindustrielle. So stand Reusch, der Chef des Gutehoffnungshütte-Konzerns, in der Kontroverse um Silverbergs

42 Ebd., 340.

43 Siehe hierzu Reinhard Neebe, *Großindustrie, Staat und NSDAP 1930-1933. Paul Silverberg und der Reichsverband der Deutschen Industrie in der Krise der Weimarer Republik*, Göttingen 1981, 27-31; Boris Gehlen, *Paul Silverberg (1876-1959). Ein Unternehmer*, Stuttgart 2007, 239-243.

44 Neebe, *Großindustrie*, 32.

45 Feldman/Homburg, *Industrie*, 128.

Programm dem Chemieindustriellen Duisberg näher als dem Braunkohlenindustriellen Silverberg.[46]

An den Dissonanzen innerhalb des Spitzenverbands waren inzwischen auch die Bestrebungen zu einem Zusammenschluss mit der VDA gescheitert. Sorge hatte darauf schon in der Präsidiumssitzung vom 5. Juli 1921 hingewiesen:

> »Die Schwierigkeiten einer Verständigung zwischen den verschiedenen Richtungen innerhalb der Vereinigung und des Reichsverbandes sei[en] zur Zeit außerordentlich groß. Die Personalunion sei nach Ansicht der Vereinigung nicht haltbar. In der Vereinigung sei man sich vielfach über die Ziele des Reichsverbandes nicht klar.«[47]

Durchaus treffend fragte Silverberg im Dezember 1922 in der Kölnischen Zeitung, wen linke Kritiker eigentlich meinten, wenn sie Vorwürfe an die Industrie richteten:

> »Etwa den Reichsverband der Deutschen Industrie? Der ist nichts anderes als ein leider recht lockerer Spitzenverband, der seinen Mitgliedern, Fachverbänden und Einzelfirmen recht wenig Vorschriften machen, sie zu nichts verpflichten kann und in dem recht viel geredet wird.«[48]

Bis Ende 1922 konnte sich der Programmausschuss des RDI auf einige Leitsätze einigen, die von der Verbandsspitze genehmigt wurden. Dann musste der Ausschuss seine Tätigkeit einstellen, weil sich die Ereignisse durch die Besetzung des Ruhrgebiets und den völligen Verfall der Währung überschlugen.[49] Erst zwei Jahre später konnte die Programmarbeit weitergeführt werden. Als der RDI 1925 erstmals ein Programm veröffentlichte, enthielt dieses große Übereinstimmungen mit dem Entwurf Büchers von Juni 1922.[50]

Während das Land durch die galoppierende Inflation in eine immer tiefere Krise geriet, fiel der RDI in der Öffentlichkeit vor allem durch in-

46 Darauf wies in diesem Zusammenhang bereits Hermann J. Rupieper hin: »This differences show that any attempt to categorize industry under headings like »iron-coal-steel« or »chemical-electrical« blocks are as problematic as the terms »abenteuerlich-militaristisch« or »wendig-parlamentarisch.« Rupieper, *Cuno*, 40f.

47 Niederschrift über die Sitzung des Präsidiums des Reichsverbandes der Deutschen Industrie am 5.7.1921, in: Carl Zeiss Archiv, BACZ 1989.

48 Zitiert nach Wolff-Rohé, *Reichsverband*, 325.

49 *Abschlussbericht über die Arbeit des Sonderausschusses für ein Wirtschaftsprogramm des Reichsverbandes der Deutschen Industrie*, in: Feldman/Homburg, Industrie, 344.

50 Siehe Kapitel 4, 78f.

terne Auseinandersetzungen und Querschüsse gegen die Regierung auf. Ein realistisches Konzept zur Inflationsbekämpfung konnte der Spitzenverband nicht bieten. Angesichts monatlicher Preissteigerungen von über 90 Prozent wirkte es geradezu zynisch, wenn Silverberg erklärte, man könne »die Währungsfrage nur lösen, nachdem die Produktionsfragen gelöst sind, wenn wir die Regierung soweit haben, innenwirtschaftlich Ordnung zu schaffen«.[51] Als Alternative dazu schlug der stellvertretende RDI-Vorsitzende Frowein vor, erst eine Neuregelung der Reparationszahlungen zu erreichen und dann eine stabile Währung einzuführen.[52] Auch diese Überlegung war vor dem Hintergrund des rasanten Währungsverfalls reichlich realitätsfremd. Die Repräsentanten der Industrie manövrierten sich damit selbst ins Abseits. Dies änderte sich auch nicht, nachdem im November 1922 eine neue Regierung unter dem parteilosen HAPAG-Direktor und RDI-Vorstandsmitglied Wilhelm Cuno gebildet worden war, die als »Kabinett der Wirtschaft« galt. Vielmehr kam es zu weiteren Dissonanzen. Als Cuno den Siegermächten ein neues Reparationsangebot unterbreitete, kritisierte ein von Hugo Stinnes lancierter Artikel, dass die Industrie dabei übergangen worden sei. Das Presseecho war so verheerend, dass der RDI öffentlich seine Distanz bekunden und sich zur Unterstützung der Regierung bekennen musste.[53]

Währungsstabilisierung und Dawes-Plan: Der RDI als Stütze der Politik

Im Januar 1923 eskalierte der Reparationskonflikt durch den »Ruhrkampf«. Französische und belgische Truppen besetzten das Ruhrgebiet, um angeblich ausgebliebene Reparationslieferungen aus der laufenden Produktion zu entnehmen. Die Reichsregierung rief zum passiven Widerstand auf, die Gewerkschaften zum Generalstreik. Zur Unterstützung des »Ruhrkampfs« erhielten die Streikenden zwei Drittel ihrer Löhne und Gehälter aus dem Reichshaushalt, was die Hyperinflation noch einmal entscheidend beschleunigte. Die Unternehmerverbände und die Gewerkschaften fanden nun vorübergehend in nationaler Solidarität zusammen und spendeten für die »Ruhrhilfe«. Der RDI versuchte, den

51 *Niederschrift über die zweite Sitzung des beim Reichsverband der Deutschen Industrie eingesetzten Sonderausschusses für ein Wirtschaftsprogramm am 9.8.1922*, in: Feldman/Homburg, *Industrie*, 337.

52 Ebd., 336.

53 Wolff-Rohé, *Reichsverband*, 322ff.; Rupieper, *Cuno*, 56f.

Waren- und Geldverkehr durch die Erstellung von Richtlinien mit dem Ruhrgebiet zu regeln. Die Industrie wurde z. B. angehalten, Unternehmen im besetzten Gebiet keine Kunden abzuwerben.[54] Als dem RDI vorgeworfen wurde, sich nicht genügend für den Ruhrkampf zu engagieren, und das geschäftsführende Präsidialmitglied Hermann Bücher zugleich auf eine Vergrößerung des Präsidiums drängte, wurden gezielt Ruhrindustrielle in das oberste Leitungsgremium gewählt. Unter den zwölf zusätzlichen Präsidialmitgliedern befanden sich einflussreiche Vertreter der Schwerindustrie wie Paul Reusch, Paul Silverberg und Albert Vögler, die bereits dem Vorstand angehört hatten, aber auch Fritz Thyssen, der als Wortführer der Zechen im Ruhrkampf wenige Wochen vorher von einem französischen Militärgericht verurteilt worden war und nun als »Nationalheld« galt.[55]

Am 25. Mai 1923 unterbreitete der RDI Reichskanzler Cuno einen von Bücher, Silverberg und Lammers ausgearbeiteten Vorschlag für ein neues Reparationsangebot. Darin erklärte der Spitzenverband die Bereitschaft der Industrie, sich an einer Zusatzbürgerschaft zur Sicherung der Reparationen durch Obligationen auf Sachwerte in Höhe von 200 Mio. Goldmark (zum Dollarkurs von 1913) zu beteiligen. Dieses Angebot war freilich an Voraussetzungen geknüpft, die dem seit längerem vorgetragenen Forderungskatalog der Industrie entsprachen. Eine privatwirtschaftliche Ausrichtung der Staatsbetriebe, Einsparungen im Haushalt und eine Steuerreform zählten dazu ebenso wie ein neues Arbeitszeitgesetz und eine Begrenzung der staatlichen Intervention in Tarifkonflikten.[56] Das Reparationsangebot des RDI wurde in weiten Teilen der deutschen Öffentlichkeit als anmaßend wahrgenommen. Dem Verband wurde vorgeworfen, mit der Regierung »wie eine Macht mit der anderen Macht zu verhandeln«.[57] Das war nicht ganz falsch, doch konnte die Regierung dadurch wenige Wochen später den Reparationsgläubigern einen neuen

54 Wolff-Rohé, *Reichsverband*, 329.

55 Bericht über die Vorstandssitzung am 9.3.1923, in: Geschäftliche Mitteilungen für die Mitglieder des Reichsverbandes der Deutschen Industrie 7 (1923), in: BDI-Archiv; Rundschreiben des RDI an die Herren Mitglieder des Präsidiums, 15.3.1923, in: Carl Zeiss Archiv, BACZ 1990, Teil 1, Bl. 9; Wolff-Rohé, *Reichsverband*, 330. Zum Prozess gegen Fritz Thyssen vgl. Felix de Taillez, *Zwei Bürgerleben in der Öffentlichkeit. Die Brüder Fritz Thyssen und Heinrich Thyssen-Bornemisza*, Paderborn 2017, 71-84.

56 Der Reichsverband der Deutschen Industrie an den Reichskanzler, 25.5.1923, in: BA Berlin, R 43 I/37, Bl. 208ff.; http://www.bundesarchiv.de/aktenreichskanzlei/1919-1933/001/cun/cun1p/kap1_2/para2_ 168. html [letzter Zugriff 28.12.2018]; Wolff-Rohé, *Reichsverband*, 338 f.

57 Zitiert nach Wolff-Rohé, *Reichsverband*, 341.

Vorschlag übermitteln. Die Initiative scheiterte schließlich, da Frankreich zu keinen Konzessionen bereit war.[58]

Inzwischen führte die Hyperinflation zu einem Chaos, in dem die Weimarer Republik unterzugehen drohte. Ein Kilogramm Roggenbrot kostete in Berlin am 4. Juli 1923 bereits 1.895 Mark, am 22. Oktober dann fast 1,4 Mrd. Mark.[59] Obwohl die Städte und Gemeinden Notgeld ausgaben, verlor das Geld seine Funktion als Zahlungsmittel. Im RDI drängte nun die Angst vor einer sozialen Revolution alle anderen Überlegungen in den Hintergrund. Anfang August beschloss das Präsidium, der Reichsregierung in einer koordinierten Aktion der Industrie 50 Mio. Goldmark in Form von Dollarschatzanweisungen zur Verfügung zu stellen.[60]

Wenige Tage später wurde ein neues Kabinett der Großen Koalition unter Gustav Stresemann, dem DVP-Vorsitzenden und früheren Präsidialmitglied des BdI, gebildet, das in letzter Stunde daranging, die Staats- und Wirtschaftskrise zu überwinden. Stresemann brach den passiven Widerstand an der Ruhr ab. Unter größtem Zeitdruck wurden Pläne für eine Stabilisierung der Währung ausgearbeitet. Der RDI beteiligte sich daran und bildete einen Währungsausschuss, der am 6. September 1923 Richtlinien für die Einführung einer Goldwährung vorlegte. Darin wurde die Gründung einer vom Reich und der Reichsbank unabhängigen Goldnotenbank auf Aktienbasis vorgeschlagen. Das Aktienkapital sollte durch Devisen der privaten Wirtschaft und eine Beteiligung des Auslands aufgebracht werden. Als Währung war ein Goldtaler auf Parität zum US-Dollar vorgesehen.[61]

Dieser vor allem von Hermann Bücher vertretene Vorschlag stand im Gegensatz zu dem von der Regierung zunächst favorisierten Plan des DNVP-Politikers Karl Helfferich, eine Roggenmark einzuführen, die durch eine fünfprozentige Hypothek auf das Grundeigentum der Wirtschaft gesichert werden sollte.[62] Der parteilose Reichsfinanzminister Hans

58 Ebd., 340-343. Das Memorandum der Reichsregierung vom 7.6.1923 enthielt das Angebot, durch eine Belastung der Reichsbahn, Hypotheken auf den Grundbesitz und die Verpfändung von Einnahmen des Reichs eine jährliche Reparationszahlung in Höhe von einer Milliarde Goldmark aufzubringen.

59 Fritz Blaich, *Der Schwarze Freitag. Inflation und Wirtschaftskrise*, München 1985, 31.

60 Wolff-Rohé, *Reichsverband*, 345.

61 *Richtlinien des Reichsverbandes der Deutschen Industrie zur Errichtung einer Goldnotenbank*, in: Paul Beusch, Währungszerfall und Währungsstabilisierung, hg. von Götz Briefs und Carl August Fischer, Berlin 1928, 139 f. (Anlage 14). Vgl. ferner Rainer Tross, *Die Wirtschaftspolitik des Reichsverbandes der Deutschen Industrie*, in: Bundesverband der Deutschen Industrie (Hg.), Weg, 148 f.

62 Tross, *Wirtschaftspolitik*, 148.

Luther setzte schließlich durch, dass als neue Währung provisorisch die Rentenmark eingeführt wurde, die durch Hypotheken und Grundschulden auf Immobilien der gesamten Wirtschaft und Landwirtschaft gesichert war. Eine entsprechende Verordnung erließ der Reichspräsident am 15. Oktober auf der Grundlage eines zwei Tage zuvor erlassenen Ermächtigungsgesetzes. Erst am 15. November kam die neue Währung dann in Umlauf. Die Umstellung erfolgte im Verhältnis von einer Billion (Papier-)Mark zu einer Rentenmark.[63] Nachdem zuvor die erste deutsche Demokratie dem Untergang geweiht schien – in München hatte Hitler einen Putsch versucht, in Hamburg hatte die KPD einen bewaffneten Aufstand vorbereitet –, gelang es mit der Währungsumstellung, die Verhältnisse zu stabilisieren. Wirtschaft und Verbraucher vertrauten der neuen Währung.

Die schwere Krise in Deutschland hatte bei den Siegermächten des Ersten Weltkrieges und vor allem in den USA zu der Einsicht geführt, dass die Reparationsleistungen neu geregelt werden mussten. Schon Ende November 1923 setzte die Reparationskommission zwei Sachverständigenkomitees ein, die die Finanzlage Deutschlands untersuchen und auf dieser Grundlage ein Gutachten erstellen sollten. Beim RDI setzte sich Hermann Bücher nachdrücklich dafür ein, die Arbeit der Sachverständigen durch eine umfassende Bereitstellung von Informationen zu unterstützen. Bücher reiste auf Einladung der Sachverständigen auch zweimal zu Verhandlungen nach Paris.[64]

Am 9. April 1924 wurde der Bericht der Sachverständigenkomitees veröffentlicht. Das für die Reparationsfragen zuständige Komitee unter der Leitung des amerikanischen Finanzexperten Charles Dawes empfahl, Deutschland durch eine internationale Anleihe in Höhe von 800 Mio. Goldmark zur Ausstattung der Reichsbank zu unterstützen, die jährliche Zahlung auf eine Mrd. Goldmark abzusenken und dann schrittweise auf den früheren Stand zu erhöhen. Die Reichsbahn und die Reichsbank sollten unter internationale Verwaltung gestellt, die Zahlungen von einem Reparationsagenten der Gläubigerstaaten überwacht werden. Im

63 *Verordnung über die Errichtung einer Deutschen Rentenbank. Vom 15.10.1923*, in: Reichsgesetzblatt I 1923, Nr. 100, 963-966; Protokoll der Kabinettssitzung vom 15. Oktober 1923, in: *Akten der Reichskanzlei, Weimarer Republik – Die Kabinette Stresemann I und II*, Bd. 2, bearb. von Karl Dietrich Erdmann und Martin Vogt, Boppard 1978. Dok. Nr. 136, 573 ff. Vgl. hierzu Blaich, *Freitag*, 50; Friedrich Ramhorst, *Die Entstehung der Deutschen Rentenbank*, Berlin 1924.

64 Wolff-Rohé, *Reichsverband*, 355 ff.

Gegenzug sollten die Besetzung des Ruhrgebiets beendet und die wirtschaftliche Souveränität Deutschlands wiederhergestellt werden.[65]

Schon einen Tag später teilte der RDI-Vorsitzende Kurt Sorge der Nachrichtenagentur Reuter mit, dass die Vorschläge der Sachverständigen angenommen werden müssten.[66] Dies war ein bemerkenswerter Schritt, wenn man bedenkt, wie oft Sorge gezögert hatte, in kontroversen Fragen Position zu beziehen. Präsidium und Vorstand des RDI fassten am 24. April 1924 einen Beschluss, in dem sie die Absicht der Reichsregierung unterstützten, auf der Grundlage des Dawes-Plans Verhandlungen aufzunehmen. Ausdrücklich erkannten sie an, »dass das Gutachten des Ersten Sachverständigen-Komitees eine auf volkswirtschaftlichen Erkenntnissen aufgebaute und geeignete Grundlage zur Lösung des Reparationsproblems darstellt.«[67] In den folgenden Wochen warben Bücher und sein enger Mitarbeiter Erwin Respondek bei den Mitgliedsverbänden intensiv für Zustimmung zu diesem Beschluss. Respondek verfasste auch gleich noch eine Broschüre, in der die Vorteile des Dawes-Plans für die deutsche Wirtschaft dargelegt wurden.[68]

Innerhalb des Präsidiums und des Vorstands war der Beschluss vom 24. April keineswegs unumstritten. Mindestens vier Präsidiumsmitglieder (von Borsig, Hugenberg, Reusch und Thyssen) lehnten die Haltung der Mehrheit um Sorge und Bücher ab. Sie kritisierten nun heftig, dass sich Sorge frühzeitig in der Presse festgelegt hatte und der Spitzenverband in einer politischen Frage, in der die Industrie geteilter Meinung war, eindeutig Partei ergriff.[69] Tatsächlich hatte der RDI damit auch erstmals eine klare politische Position bezogen, da Wahlen zum Reichstag bevorstanden und die deutschnationale Opposition den Wahlkampf zu

65 *Die Sachverständigen-Gutachten – Der Dawes- und Mc.Kenna-Bericht. Nach dem Originaltext redigierter Wortlaut*, Frankfurt a. M. 1924.

66 Wolff-Rohé, *Reichsverband*, 360.

67 Stellungnahme des Vorstandes des Reichsverbandes der Deutschen Industrie zu dem Sachverständigen-Gutachten, in: Geschäftliche Mitteilungen für die Mitglieder des Reichsverbandes der Deutschen Industrie 10 (1924), 72. Vgl. hierzu Wolff-Rohé, *Reichsverband*, 361.

68 Wolff-Rohé, *Reichsverband*, 361 f.

69 Ebd., 361; Erwin Respondek, *Grundlagen und Kritik des Reparations-Gutachtens* (1. Sachverständigen-Bericht), Berlin 1924. Bücher hatte den promovierten Ökonomen Respondek 1924 aus dem Auswärtigen Amt ins Präsidialbüro der Geschäftsführung geholt. Später wurde Respondek ein Vertrauter Reichskanzler Brünings und Reichstagsabgeordneter der Zentrumspartei. Während des Krieges erfuhr er durch seine Kontakte zum Stabschef des Heeres frühzeitig von den Plänen für den Angriff auf die Sowjetunion und informierte darüber die amerikanische Botschaft in Berlin.

Abbildung 4: Hermann Bücher (geschäftsführendes Präsidialmitglied des RDI 1921-1925)

einer Kampagne gegen den Dawes-Plan als »zweitem Versailles« nutzte. Die der DNVP angehörenden Industriellen im RDI, vor allem Alfred Hugenberg und der Hamburger Werftunternehmer Rudolf Blohm, wüteten nun geradezu gegen Bücher, in dem sie – nicht zu Unrecht – den Hauptverantwortlichen für den Kurs des RDI in der Reparationspolitik sahen. Die Geschäftsführung hätte den Beschluss vom 24. April »durchgedrückt« und alle Einwände »totgeschwiegen«, schrieb Blohm. Auch von »Links-Politik« und einer »Syndici-Wirtschaft« war hier die Rede.[70] Doch blieb diese Kritik ohne Wirkung. In der Sitzung des RDI-Hauptausschusses vom 2. Juli 1924 hatten die Befürworter des Dawes-Plans eine überwältigende Mehrheit. Zu groß waren die Vorteile, die diese Neuregelung der Reparationsfrage bot. Eine Resolution, die sich im Wesentlichen mit dem Beschluss vom 24. April deckte, wurde mit 100 gegen 10 Stimmen bei 12 Enthaltungen angenommen.[71]

Der Vertrag über den Dawes-Plan wurde vier Monate später in London unterschrieben und trat am 1. September 1924 in Kraft. Bei der Schlussabstimmung im Reichstag hatte eine breite Mehrheit für die Annahme der entsprechenden Gesetze gestimmt. Mit Inkrafttreten des Dawes-Plans wurde die Rentenmark von einer »Goldkernwährung«, der Reichsmark, abgelöst. Die neuen Banknoten mussten, wie es den Empfehlungen des RDI-Währungsausschusses vom September 1923 entsprach, zu 40 Prozent durch Gold oder harte Devisen gedeckt sein.

Das eindeutige Votum des Hauptausschusses für die Annahme des Dawes-Plans zeigte, dass sich innerhalb des RDI die Gewichte verschoben hatten. Eine breite Mehrheit stand hinter dem Kurs des geschäftsführenden Präsidialmitglieds und des Vorsitzenden, der mit tatkräftiger

70 Zu den Zitaten mit Belegstellen siehe Wolff-Rohé, *Reichsverband*, 365.
71 Ebd., 368.

Unterstützung Büchers erstmals Führungsstärke bewies. Möglich wurde dies nicht zuletzt auch dadurch, dass der schärfste Kritiker der »Erfüllungspolitik«, Hugo Stinnes, im April 1924 an den Folgen einer Operation gestorben war. Durch Stinnes' Tod hatten sich die Machtverhältnisse geändert. Die Proteste der deutschnationalen Industriellen konnten Sorge und Bücher in Kauf nehmen. Wegen des Konflikts um den Dawes-Plan trat kein namhafter Industrieller aus dem RDI aus.

Nur eine kleine Gruppe völkisch-alldeutsch eingestellter Unternehmer spaltete sich im Mai 1924 ab und trat einem neuen Interessenverband, der Deutschen Industriellen-Vereinigung, bei. Die Gründer dieses Verbands warfen dem RDI vor, sich zum »freiwilligen Helfer der marxistisch-pazifistischen Erfüllungspolitik« gemacht zu haben.[72] Nennenswerte Resonanz erzielten sie damit nicht. Die Deutsche Industriellen-Vereinigung, die sich 1926 in Bund für Nationalwirtschaft und Werkgemeinschaft umbenannte, blieb ein rechtes Splittergrüppchen.[73]

Wenige Wochen nach Unterzeichnung des Dawes-Plans teilte Kurt Sorge den anderen Präsidiumsmitgliedern am 20. September 1924 mit, dass er sich entschlossen hatte, den Vorsitz des RDI abzugeben.[74] Überraschend kam dieser Schritt nicht. Sorge hatte schon zwei Jahre zuvor aus Altersgründen zurücktreten wollen und war nur auf Drängen Büchers und des gesamten Präsidiums noch im Amt geblieben. Den Vorsitz der VDA hatte er bereits abgegeben, nun wollte er vor seinem 70. Geburtstag im Juli 1925 auch beim RDI einen Schlussstrich ziehen. Für die Nachfolge hatte Sorge drei Kandidaten im Blick: den VDA-Vorsitzenden Ernst von Borsig, Carl Friedrich von Siemens und Albert Vögler, den Vorstandsvorsitzenden der zum Stinnes-Konzern gehörenden Deutsch-Luxemburgischen Bergwerks- und Hütten-AG (Deutsch-Lux). Anders als bei der Wahl Sorges sollte nun ein prominenter Konzernchef den Vorsitz übernehmen, wobei die politische Ausrichtung und die Branchenzugehörigkeit offenbar keine entscheidende Rolle spielten. Der Maschinenbauunternehmer Borsig gehörte der rechtsstehenden DNVP

72 Zitiert nach dem Rundschreiben des RDI an die Mitglieder des Vorstands vom 10.5.1924 (Tgb.-Nr. 451), Carl Zeiss Archiv, BACZ 1990, Teil 1, Bl. 144. Zu den Initiatoren dieser Gründung gehörten neben Paul Bang, einem Mitarbeiter des Alldeutschen Verbands, und Alfred Möllers, einem Vorstand der Rütgerswerke AG, noch der Zeitungsherausgeber W. Bacmeister und Friedrich Carl vom Bruck, der Inhaber der Bruck-Werke.

73 Siehe hierzu Christa Thieme, *Deutsche Industriellenvereinigung (DI) 1924-1934*, 1926-1934 Bund für Nationalwirtschaft und Werkgemeinschaft (BNW), in: Fricke u. a. (Hrsg.), Die bürgerlichen Parteien, Bd. 1, Leipzig 1968, 387 ff.

74 Wolff-Rohé, *Reichsverband*, 387 f.

an, der Schwerindustrielle Vögler der rechtsliberalen DVP und Siemens der linksliberalen DDP.

Siemens schied rasch aus, weil er zum Verwaltungsratsvorsitzenden der nunmehr unter internationaler Kontrolle stehenden Deutschen Reichsbahn-Gesellschaft gewählt wurde. Der von Bücher favorisierte Vögler lehnte Anfang Dezember 1924 wegen Arbeitsüberlastung ab. Daraufhin entschied sich das RDI-Präsidium am 11. Dezember einstimmig für Borsig. Mit ihm wäre die Personalunion zwischen den Vorsitzen von VDA und RDI wiederhergestellt worden. Doch Borsig nahm die Wahl nicht an. Er nannte dafür private Gründe und verwies auch auf die Beanspruchung im eigenen Unternehmen wie für »allgemein wirtschaftliche Dinge«.[75] Vermutlich wusste Borsig sehr genau, dass ihn nicht alle Präsidialmitglieder für eine gute Wahl hielten und einige nur mangels Alternative für ihn gestimmt hatten.[76] Borsig gehörte nicht nur der DNVP an, die den RDI im Konflikt um die Annahme des Dawes-Plans angefeindet hatte. Er hatte sich auch als VDA-Vorsitzender mit scharfmacherischen Tönen profiliert, zuletzt bei der großen gemeinsamen Industrietagung von RDI und VDA im März 1924.[77] Nach Borsigs Absage wurde Carl Duisberg von mehreren Präsidialmitgliedern geradezu flehentlich gebeten, sich zur Verfügung zu stellen. Duisberg war damals 63 Jahre alt, stand vor dem Ende seiner Tätigkeit an der Spitze des Bayer-Konzerns und hatte mit Sicherheit andere Pläne. Er war denn auch zunächst entschlossen, eine Kandidatur abzulehnen, ließ sich aber nach einiger Bedenkzeit *überreden.*[78] In einem sinnigerweise an Heiligabend verfassten Brief an Sorge teilte er seine Bereitschaft mit, alle persönlichen Belange zurückzustellen, da es um das »Wohl und Wehe« des Reichsverbandes ginge: »Gilt es doch die verschiedenen Fachgruppen der deutschen Industrie, deren Interessen so oft untereinander kollidieren, zum Wohle des ganzen zusammen zu halten und nicht auseinanderfallen zu lassen.«[79]

Inzwischen zeichnete sich auch ein Wechsel an der Spitze der Geschäftsführung ab. Hermann Bücher nahm ein Angebot Carl Boschs, des BASF-Vorstandsvorsitzenden und zukünftigen Konzernchefs der IG Farben, an, in den wirtschaftlichen Beirat der BASF bzw. der IG Farben zu wechseln. Da sich Bosch und Bücher schon länger gut kannten, war

75 Kurt Sorge an Carl Friedrich von Siemens, 5.1.1925, in: SHI, SAA 4.Lf 665.5 (Zitat); Wolff-Rohé, *Reichsverband*, 389.

76 Vgl. hierzu Plumpe, *Carl Duisberg*, 723.

77 *Der Tag der Industrie*, in: Berliner Tageblatt (28.3.1924).

78 Wolff-Rohé, *Reichsverband*, 390; Plumpe, *Carl Duisberg*, 723 f.

79 Zitiert nach Plumpe, *Carl Duisberg*, 722.

dieses Angebot sicher nicht überraschend gekommen.[80] Möglicherweise sollte es Bücher nur einen standesgemäßen Ausstieg aus der Geschäftsführung ermöglichen. Duisberg gegenüber begründete Bücher den Wechsel mit einem »großen Widerwillen gegen Vorträge und Sitzungen«.[81] Einem Brief an Sorge vom Februar 1923 lässt sich entnehmen, dass es dafür wohl noch andere Gründe gab und dass Bücher vermutlich schon zu diesem Zeitpunkt einen Rücktritt erwogen hat:

> »Ich habe mich in meiner bisherigen Tätigkeit damit abgefunden, dass eine Harmonie der Auffassungen, in der gesamten Industrie herzustellen, eine Utopie sei. Wenn aber die leitenden Persönlichkeiten maßgebender Gruppen im entscheidenden Augenblick ihre eigene Organisation übergehen und mir dadurch die Erfüllung meiner Aufgaben unmöglich machen, so entfällt für mich die Grundlage meiner Tätigkeit.«[82]

Damals stellte Bücher »Forderungen für die Herbeiführung einer ersprießlichen Zusammenarbeit zwischen den Mitgliedern und den führenden Organen« auf, die das Präsidium am 8. März 1923 akzeptierte. Dazu gehörten die Erweiterung des Präsidiums auf 35 Mitglieder und eine Verbesserung der kritischen Finanzlage des RDI, die es Bücher ermöglichte, die Geschäftsführung »den Erfordernissen entsprechend« auszubauen.[83] Kein Reglement konnte aber verhindern, dass eigensinnige Präsidialmitglieder wie Silverberg oder Hugenberg die Geschäftsführung übergingen.

Auch innerhalb der Geschäftsführung war es zu heftigen Konflikten gekommen. Curt Hoff, einer der vier ersten Geschäftsführer des RDI, war im April 1924 nach einem Zerwürfnis mit Bücher ausgeschieden.[84] Einen Monat zuvor hatten der Geschäftsführer Ferdinand Schweighoffer und der Leiter des Instituts für ausländisches Recht beim RDI, Felix Meyer, gekündigt. Die Gründe für Schweighoffers Weggang wurden vom RDI vertraulich behandelt. Möglicherweise dürfte es auch in diesem

80 Vgl. Ulrike Kohl, *Die Präsidenten der Kaiser-Wilhelm-Gesellschaft im Nationalsozialismus. Max Planck, Carl Bosch und Albert Vögler zwischen Wissenschaft und Macht*, Stuttgart 2002, 123.

81 Zitiert nach Wolff-Rohé, *Reichsverband*, 388.

82 Hermann Bücher an Kurt Sorge, 19.2.1923 (Abschrift), in: SHI, SAA 4.Lf 665.5.

83 Rundschreiben des RDI an die Mitglieder des Präsidiums, 15.3.1923, in: Carl Zeiss Archiv, BACZ 1990 Teil 1, Bl. 9.

84 Besprechung mit Herrn Dr. Hoff, 12.4.1923, in: SHI, SAA 4.Lf 665.5.; Rundschreiben an die Mitglieder Tgb.Nr. 385/II, 3.5.1924 (gez. Bücher), in: ebd. (zum Ausscheiden Schweighoffers und Meyers).

Fall um den Kurs in der Reparationspolitik gegangen sein, da Schweighoffer dem Alldeutschen Verband nahestand und dem von Hugenberg angeführten Berliner Nationalclub von 1919 angehörte. Meyer begründete sein Ausscheiden wiederum mit dem Weggang Schweighoffers, der gemeinsam mit ihm die angesehene Zeitschrift »Auslandsrecht« herausgegeben hatte.[85] Mit Schweighoffer und Meyer gab es nach ihrem Ausscheiden noch einen Konflikt, weil beide ein Unternehmen gründeten, das in der Presse als »eine neue Interessenvertretung der verarbeitenden Industrie« gehandelt wurde.[86]

Hermann Bücher schied zum 1. April 1925 als geschäftsführendes Präsidialmitglied aus. Während die Bilanz des zeitgleich mit einer großen Feier verabschiedeten Vorsitzenden Sorge zwiespältig war, hatte das geschäftsführende Präsidialmitglied entscheidend dazu beigetragen, innerhalb des häufig zerstrittenen Spitzenverbands einen tragfähigen Konsens herzustellen. Darauf ließ sich aufbauen. Anders als Sorge gehörte Bücher weiterhin dem RDI-Präsidium an, nun als Beirat der IG Farben.

85 Felix Meyer an den Verein Deutscher Maschinenbau-Anstalten, März 1924, in: Rheinisch-Westfälisches Wirtschaftsarchiv [im Folgenden: RWWA] 130-30019320/3b.

86 Zitiert nach dem Rundschreiben des RDI an die Mitglieder vom 3.5.1924 (Tgb. Nr. 385/II), in: Carl Zeiss Archiv, BACZ 1990 Teil 1, Bl. 135. Unter Berufung auf Angaben Schweighoffers teilte Bücher Silverberg mit, »dass Herr Litwin das Konkurrenzunternehmen der Herren Schweighoffer und Meyer […] mit ungewöhnlich reichlichen Mitteln versehen hätte«. Hermann Bücher an Paul Silverberg, 29.3.1924, in: BA Koblenz, N 1013/240, Bl. 2. Was aus diesem Unternehmen wurde und wie der weitere Werdegang Schweighoffers verlief, lässt sich nicht mehr ermitteln. Paul Litwin, der Leiter des Berliner Entsorgungsunternehmens Deutsche Evaporator GmbH, hatte gute Beziehungen zu Stresemann. Ihm wurden dubiose Geschäftspraktiken nachgesagt.

4. Auf Kurs: Der RDI unter Carl Duisberg und Ludwig Kastl (1925-1931)

Stabilisierung und programmatische Orientierung

Der neue RDI-Vorsitzende Carl Duisberg, der am 1. April 1925 dieses Amt antrat, hatte ein anderes Format als sein Vorgänger. Der studierte Chemiker war maßgeblich am Aufstieg der Farbenfabriken vorm. Friedr. Bayer & Co. beteiligt gewesen, hatte dieses Weltunternehmen seit 1912 geleitet und zählte zweifellos zu den profiliertesten und prominentesten deutschen Industriellen. Als langjähriger Vorsitzender des Verbands zur Wahrung der Interessen der Chemischen Industrie und RDI-Präsidialmitglied seit 1919 verfügte er auch über reichlich Verbandserfahrung.[1]

Der Wechsel von Sorge zu Duisberg wurde verschiedentlich nach dem Muster der Monopolgruppentheorie als Machtzuwachs der »gemäßigten« Chemie- und Elektroindustriellen gegenüber den »reaktionären« Schwerindustriellen gedeutet.[2] Doch die damalige Konstellation innerhalb des RDI war weitaus differenzierter. Dies wird schon daran deutlich, dass Duisberg erst nach den Absagen Vöglers und von Borsigs gebeten wurde, zu kandidieren. Hätte Borsig zugesagt, dann wäre der RDI von einem Deutschnationalen geleitet worden, und mit Vögler wäre ein Schwerindustrieller neuer RDI-Vorsitzender geworden, der noch wenige Monate zuvor, bei der Industrietagung am 27. März 1924, mit »scharfmacherischen Entgleisungen« (Berliner Tageblatt) aufgefallen war.[3] Da die beiden stellvertretenden RDI-Vorsitzenden Abraham Frowein und Carl Friedrich von Siemens weiterhin im Amt bleiben wollten, war die Schwerindustrie seit April 1925 nicht mehr in der engeren RDI-Führung vertreten. Hinter dieser Verschiebung stand keine Strategie, sie war durch persönliche Entscheidungen bedingt, doch lag der Anteil der Schwerindustrie im Präsidium nun erheblich niedriger als in den ersten Jahren des Verbands.[4] Vor allem hatten sich die Machtverhältnisse innerhalb des

1 Zur Biografie Duisbergs siehe die umfassende Studie von Plumpe, *Carl Duisberg.*

2 Vgl. u.a. Winkler, *Weimar*, 293; Günther/Olsen, *Reichsverband*, 593.

3 *Der Tag der Industrie*, in: Berliner Tageblatt (28.3.1924). Zur Biografie Vöglers vgl. Alfred Reckendrees, *Albert Vögler (1877-1945)*, in: Patrick Bormann u.a. (Hrsg.), Unternehmer in der Weimarer Republik, Stuttgart 2016, 259-275; Kohl, *Präsidenten.*

4 Mitte 1925 kamen von 34 Mitgliedern des Präsidiums nur acht aus der Schwerindustrie. Einschließlich des Schwermaschinenbaus waren es zehn. 1919 hatten vier von 13 Mitgliedern des ersten RDI-Präsidiums der Schwerindustrie angehört. Organisa-

Abbildung 5: Carl Duisberg
(Vorsitzender des RDI 1925-1931)

RDI gegenüber der Inflationszeit verändert. Der neue Vorsitzende konnte sich in der Reparationsfrage auf einen breiten Konsens stützen, die rechte Opposition hatte an Rückhalt verloren, der unberechenbare Stinnes lebte nicht mehr. Zur Dämpfung der Konflikte trug auch bei, dass in der deutschen Innenpolitik eine relative Stabilisierung eintrat und das Land durch den neuen Reichsaußenminister Stresemann aus der internationalen Isolation geführt wurde.

Duisberg verstand es, die Chancen dieser Jahre zu nutzen. Durch seine unbestrittene Autorität war er in der Lage, einen konsequenten Kurs zu verfolgen und zugleich integrierend zu wirken. Ebenso wie seine Stellvertreter stand Duisberg, der keiner Partei angehörte, auf dem Boden der Weimarer Verfassung. Schon in seiner ersten Rede nach der Wahl zum Vorsitzenden bekannte er sich dazu vor der Mitgliederversammlung des RDI: »Ich stehe zur Verfassung, wie sie in Weimar beschlossen ist, und wünsche nur, dass sie sich den Zeitverhältnissen entwicklungsgemäß anpasst, dass die Verwaltung immer besser und vollkommener wird.«[5]

Noch bevor Duisberg den Vorsitz übernahm, hatte beim RDI die Suche nach einem Nachfolger für das geschäftsführende Präsidialmitglied Hermann Bücher begonnen. Auch jetzt kamen für die Position nur hohe Ministerialbeamte mit politischen Verbindungen in Betracht. Bücher hatte drei Kandidaten vorgeschlagen: Karl Ritter, den Leiter des Referats für Wirtschaft und Reparationen im Auswärtigen Amt, Gustav Brecht, einen früheren Beamten des Reichswirtschaftsministeriums, der nun dem Vorstand des Reichskohlenverbandes angehörte, und Ludwig Kastl, den Leiter der Reparationsabteilung des Reichsfinanzministeriums. Ministerialdirektor Hans Posse vom Reichswirtschaftsministerium brachte

torischer Aufbau des Reichsverbandes der Deutschen Industrie. Nach dem Stande vom 15. Juni 1925, Berlin 1925; Weisbrod, *Schwerindustrie*, 223 f. Zur Zusammensetzung des ersten RDI-Präsidiums siehe Kapitel 2, 42 ff.

5 Zitiert nach Neebe, *Großindustrie*, 35.

sich noch selbst als Kandidat ins Spiel. Alle vier hatten gemeinsam, dass sie über eine hohe Expertise in Reparationsfragen verfügten. Schließlich lief die Entscheidung auf Ludwig Kastl zu, da die anderen Kandidaten entweder abgesagt hatten oder aufgrund einer neuen Sachlage nicht mehr in Betracht kamen.[6]

Wie seine Vorgänger Simons und Bücher trug auch Kastl den Titel Geheimrat. Der Jurist hatte während des Kaiserreichs in der Kolonialabteilung des Auswärtigen Amtes Karriere gemacht und leitende Positionen in Deutsch-Südwestafrika übernommen. Von 1915 bis 1920 hatte er dann für die Mandatsmacht Südafrika die Kolonialverwaltung in Windhoek geleitet. Nach seiner Rückkehr nach Deutschland hatte er das Reichsfinanzministerium bei den Reparationsverhandlungen vertreten. Auch an den an den Verhandlungen um den Dawes-Plan hatte Kastl teilgenommen.[7] Ähnlich wie Bücher war der 46-jährige Kastl ein selbstständiger Kopf mit großer Erfahrung. Dies kam Duisberg sehr entgegen, der fest entschlossen war, sich am Ende seiner blendenden Karriere nicht noch im Vorsitz des RDI verschleißen zu lassen und die Übernahme des Amtes an die Bedingung geknüpft hatte, nicht nach Berlin ziehen zu müssen. Nach dem Urteil seines Biografen Werner Plumpe beeinflusste Duisberg die Politik des RDI »vor allem dadurch, dass er Ludwig Kastl relativ große Handlungsspielräume verschaffte, wofür dieser ihm wiederum die eigentliche Führungsarbeit abnahm«.[8]

Kastl konnte Duisberg nicht nur arbeitsökonomisch entlasten. Beide harmonierten auch in der Sache wie im Stil. Ebenso wie Duisberg stand Kastl auf dem Boden der Weimarer Verfassung. Innerhalb des RDI traten beide für ein kooperatives Verhältnis zur Politik und eine Verständigung mit dem Ausland ein. In der Verbandsarbeit hatte Kastl keinerlei Erfahrung. Die hatte seinen Vorgängern Simons und Bücher bei ihrem Amtsantritt zwar ebenfalls gefehlt, doch inzwischen war der Apparat der

6 Wolff-Rohé, *Reichsverband*, 392f.; Weisbrod, *Schwerindustrie*, 222, Anm. 15. Karl Ritter schied als Kandidat aus, nachdem der RDI Gerüchten um seinen Wechsel entgegengetreten war, um seine Beförderung zum Ministerialdirektor nicht zu gefährden. Gustav Brecht zog es vor, ein Angebot Paul Silverbergs zum Wechsel in den Vorstand der Rheinischen AG für Braunkohlenbergbau und Brikettfabrikation anzunehmen, wo er wenig später Vorstandsvorsitzender wurde. Hans Posse kam nicht mehr in Betracht, nachdem bekannt geworden war, dass er als Ministerialdirektor eine Denkschrift der Handelspolitischen Kommission des RDI verfasst hatte.

7 Zur Biografie Kastls liegt nur ein unveröffentlichtes, sehr persönlich geschriebenes Manuskript seines Sohns vor: Jörg Kastl, *Ein verlässlicher Mann in verworrener Zeit. Ludwig Kastl, der »Geheimrat« 1878-1969. Zu seinem 125. Geburtstag*, Ms. Berlin 2003.

8 Plumpe, *Carl Duisberg*, 742.

RDI-Zentrale in der Königin-Augusta-Straße größer geworden und die Zahl der Geschäftsführer hatte abgenommen. Aus der Zeit Büchers war nur noch Jacob Herle übriggeblieben. Er nahm nun als alleiniger Stellvertreter Kastls die Rolle eines Majordomus ein. Die Koordination und Leitung der sechs Abteilungen dürfte weitgehend in seiner Hand gelegen haben. Herle, der der DVP nahestand, war innerhalb der Geschäftsführung der rechtskonservative Gegenpol zu Kastl,[9] Unter Duisberg, den er verehrte, verhielt sich Herle noch recht gemäßigt.[10] Dies sollte sich später ändern. Insgesamt herrschte in der RDI-Zentrale »ein konservativer Ton«, wie auch Plumpe feststellt: »Wahrscheinlich war in der Berliner Geschäftsstelle das geschäftsführende Präsidialmitglied Ludwig Kastl der Liberalste«.[11]

Carl Duisberg hatte sich vor der Wahl die Zusage geben lassen, dass zu seiner Entlastung im Vorsitz Präsidiums- und Vorstandsbeiräte geschaffen würden. Es entstanden dann zwölf derartige Beiräte, die jeweils für ein bestimmtes Aufgabengebiet zuständig waren. Dem größten von ihnen, dem Beirat für Außenhandelsfragen, gehörten 25 Präsidial- und Vorstandsmitglieder an, während kleine Beiräte wie der Beirat für Reparationsfragen nur drei Mitglieder hatten. Der Bedeutung nach stand der Beirat für Allgemeine Politik und Wirtschaftspolitik an erster Stelle. Die Schwerindustrie war hier zunächst stärker vertreten als im Präsidium. Geleitet wurde dieser Ausschuss aber vom IG-Farben-Beirat und früheren geschäftsführenden Präsidialmitglied Hermann Bücher.[12]

9 Vgl. Neebe, *Großindustrie*, 149; Kastl, *Ludwig Kastl.*

10 Vgl. Jacob Herle, *Carl Duisberg. Ein deutscher Industrieller*, Berlin 1931.

11 Plumpe, *Carl Duisberg*, 742.

12 Präsidial- und Vorstandsbeiräte (Stand 17.12.1925), in: SHI, SAA 4.Lf 665.5; Weisbrod, *Schwerindustrie*, 222 f.

Aufbau der Geschäftsführung des RDI (Stand 15. Juni 1925)[13]

	Abteilung/Funktion	Leiter	Aufgabengebiet
Leitung	Geschäftsführendes Präsidialmitglied	Ludwig Kastl	Leitung der Geschäftsstelle nach innen und außen
	Geschäftsführer	Dr. Jacob Herle	Unterstützung des geschäftsführenden Präsidialmitglieds; Überwachung sämtlicher Arbeitsgebiete
	Präsidialbüro	Dr. Respondek Dr. Heinecke	Unterstützung des geschäftsführenden Präsidialmitglieds
Abteilungen	I. Abteilung	Dr. Ramhorst	Währungs-, Reparations-, Sachleistungsfragen, Industriebelastung, Reicheigene Unternehmungen, Koloniales, Presse, Sitzungsberichte, Grundstücksangelegenheiten
	II. Abteilung	Hartmann	Handelsverträge, Zollfragen, Handelsverkehr mit dem Ausland. Angegliedert: Zollauskunftsstelle
	III. Abteilung	Dr. Singer	Bank- und Börsenwesen, Devisengesetzgebung, Kredit- und Finanzierungsfragen
	IV. Abteilung	Dr. Loening	Sozialpolitik, Zusammenarbeit mit der VDA, Versicherungswesen, Verkehrswesen, Arbeitsrecht, Rechtsfragen, Handwerker- und Lehrlingswesen, Statistik
	V. Abteilung	Dr. Döring	Gewerblicher Rechtsschutz, Fachpresse, Propagandawesen, Bibliothek. Angegliedert: Auskunftsstelle

13 Organisatorischer Aufbau des Reichsverbandes der Deutschen Industrie. Nach dem Stande vom 15. Juni 1925, 21-22.

	Abteilung/Funktion	Leiter	Aufgabengebiet
	VI. Abteilung	Schauke	Finanzen, Organisation und Verwaltung; Personalien, Vorbereitung von Sitzungen und Tagungen; »Geschäftliche Mitteilungen«; Sowjetunion und Randstaaten; Zahlungs- und Lieferungsbedingungen der Behörden.
Besondere Dienststellen	Kartellstelle	Metzner/ Schencker	Kartellpolitik; Kartell-einigungsstelle
	Steuerstelle	Dr. Herrmann	Steuerberatung
	Institut für ausländisches Recht	Prof. Dr. Titze/ Prof. Dr. Wolff	Rechtsfragen
	Geschäftsstelle für industrielle Abrüstung (Gefia)	Dr. von Düring	Durchführung der industriellen Abrüstung; Konsular- und Passwesen
	Ausstellungs- und Messeamt der deutschen Industrie	Dr. Döring	
	Industrie-Pensionsverein	Brandt/ Dr. Singer	

Duisberg war entschlossen, das angeschlagene Image des RDI zu verbessern und den Verband in der Lobbyarbeit neu aufzustellen. Neben der Bearbeitung der Ministerialbürokratie sollte die Beeinflussung der Meinungsbildung in den Parteien, im Parlament und in der Presse stärker gewichtet werden.[14] Als weitere vordringliche Aufgabe nahm sich Kastl der Ende 1922 abgebrochenen Arbeiten an einem Programm des Spitzenverbands an. Bereits im Dezember 1925 ging der RDI erstmals mit einer großen Denkschrift an die Öffentlichkeit. Das unter dem Titel »Deutsche Wirtschafts- und Finanzpolitik« vorgelegte Programm machte deutlich, dass der Verband vor allem die Finanzpolitik und die Sozialpolitik im Visier hatte. Zu den vordringlichen Forderungen gehörten eine Senkung der öffentlichen Ausgaben um »mindestens 20 Prozent«, eine Vereinfachung des Steuersystems, die Orientierung der Löhne an

14 Plumpe, *Carl Duisberg*, 727.

der Produktivitätsentwicklung und flexible Arbeitszeitregelungen. Die Denkschrift plädierte ferner für einen »Abbau der internationalen Zollmauern« und Handelsverträge mit gegenseitigen Tarifermäßigungen, hielt jedoch Kartelle für unentbehrlich und auch für »ein geeignetes Mittel, Ordnung auf dem Weltmarkt zu erreichen«.[15]

Die Vorschläge des RDI waren nicht neu, doch wurden sie erstmals in geschlossener Form präsentiert und der Zeitpunkt war günstig, um in Politik und Öffentlichkeit Gehör zu finden. Die deutsche Wirtschaft war im zweiten Halbjahr 1925 in eine Krise geraten. Wie auch in der Einleitung der Denkschrift dargelegt wurde, hatte sich die Zahl der unterstützten Arbeitslosen (Hauptunterstützungsempfänger) innerhalb weniger Monate verdreifacht und lag im Dezember 1925 bei rund 670.000. Bis März 1926 stieg sie sogar auf 2,056 Mio.[16]

In der »Zwischenkrise« von 1925/26 wurden die strukturellen Schwächen der deutschen Wirtschaft besonders offensichtlich. Dazu gehörte der Kapitalmangel, der als Folge der Inflation bestand. Der deutsche Kapitalmarkt konnte sich wegen der Hochzinspolitik der Reichsbank nicht erholen und durch die reichlich fließenden Kredite aus dem Ausland, besonders aus den USA, entstanden neue Risiken. Auch waren die Kapazitäten der Industrie durch die während der Inflation eingetretene Flucht in Sachwerte größer als die Absatzmöglichkeiten. Die RDI-Denkschrift von 1925 konnte nicht umhin festzustellen, dass »unser Produktionsapparat einem Einschrumpfungsprozess unterworfen werden muss, um das bestehende Missverhältnis zu beseitigen«.[17] Aus der Sicht der Industrie war die Gewinnspanne der Unternehmen aber zu gering, um die Rationalisierung im erforderlichen Umfang durchführen zu können. Als Haupthindernis sah der RDI die »übertriebene Ausgabenwirtschaft der öffentlichen Hand«, die zu einer übermäßigen Steuerbelastung führen würde. Die Denkschrift rechnete vor, dass die öffentliche Belastung des Volkseinkommens durch Steuern und Sozialabgaben zwischen 25 und 30 Prozent lag, gegenüber 14,2 Prozent vor dem Krieg.[18] Allerdings

15 *Deutsche Wirtschafts- und Finanzpolitik* (Veröffentlichungen des Reichsverbandes der Deutschen Industrie, Heft 29, Dezember 1925), Berlin 1925. Zitate auf 20, 22 f., 30. Zu dieser Denkschrift vgl. Werner Plumpe, *Der Reichsverband der Deutschen Industrie und die Krise der Weimarer Wirtschaft*, in: Andreas Wirsching (Hg.). Herausforderungen der parlamentarischen Demokratie. Die Weimarer Republik im europäischen Vergleich, München 2007, 129-157, 145 ff.

16 *Deutsche Wirtschafts- und Finanzpolitik*, 13; *Deutsche Wirtschaftszahlen*, in: Wirtschaft und Statistik 13 (1926), 405.

17 *Deutsche Wirtschafts- und Finanzpolitik*, 10.

18 Ebd. 10 ff. (Zitat auf 10).

wurde das Volkseinkommen damals zu niedrig geschätzt. Nach heutigem Kenntnisstand ergibt sich ein Anteil von 23 Prozent.[19]

Die Behörden des Reichs, der Länder und Kommunen sahen dies natürlich anders. Die höhere Steuerbelastung war im Wesentlichen eine Folge der Erzbergerschen Finanzreform von 1921, die ein reichseinheitliches Steuersystem eingeführt hatte, dem Reich erstmals ertragsstarke Steuern erschloss, aber mit einer erheblichen Erhöhung der Steuersätze verbunden war, da sowohl die Aufgaben des Reichs als auch die Staatsverschuldung stark zugenommen hatten.[20] Nach der Währungsstabilisierung mussten die Länder und die Kommunen den dringend erforderlichen Ausbau der Infrastruktur angehen, der während des Krieges und der anschließenden Inflationsjahre vernachlässigt worden war.[21] Die Gewerkschaften wiederum empfanden die Forderungen des RDI nach einer Verlängerung der Arbeitszeit und einer Beseitigung der staatlichen Zwangsschlichtung von Tarifkonflikten, die durch eine Verordnung vom 30. Oktober 1923 ausgebaut worden war, als Provokation. Schließlich hatte die Inflation nicht nur viel Kapital der Wirtschaft vernichtet, sondern auch die Ersparnisse der Arbeitnehmer, und die realen Wochenlöhne lagen auch aufgrund der Arbeitszeitverkürzung deutlich unter dem Stand von 1913.[22] Im Gegensatz zum RDI hatten die Gewerkschaften nicht den Eindruck, dass sich die Schiedssprüche der staatlichen Schlichter einseitig gegen die Arbeitgeber richteten.[23]

Nach Veröffentlichung der Denkschrift beschloss das RDI-Präsidium, einen Vorstoß beim neuen Reichspräsidenten Paul von Hindenburg zu unternehmen. Der ehemalige kaiserliche Generalfeldmarschall war im Frühjahr 1925 zum obersten Repräsentanten der Republik gewählt worden. Am 29. Dezember empfing Hindenburg eine zehnköpfige

19 Der RDI schätzte das Volkseinkommen im Jahr 1925 auf 43-48 Mrd. RM. Die »Gesamtbelastung« wurde mit 13,12 Mrd. RM angegeben. Ebd., 11 f. Nach dem heutigen Forschungsstand lag das Volkseinkommen 1925 bei 57 Mrd. RM. Albrecht Ritschl, *Deutschlands Krise und Konjunktur 1924-1934. Binnenkonjunktur, Auslandsverschuldung und Reparationsproblem zwischen Dawes-Plan und Transfersperre*, Berlin 2002, Tabelle B.1.

20 Vgl. hierzu u. a. Winkler, *Weimar*, 109 f.

21 Vgl. Karl-Heinrich Hansmeyer (Hg.), *Kommunale Finanzpolitik in der Weimarer Republik*, Stuttgart 1973.

22 Albrecht Ritschl, *Zu hohe Löhne in der Weimarer Republik? Eine Auseinandersetzung mit Holtfrerichs Berechnungen zur Lohnposition der Arbeiterschaft 1925-1932*, in: Geschichte und Gesellschaft 3 (1990), 375-402, 401.

23 Vgl. hierzu Johannes Bähr, *Staatliche Schlichtung in der Weimarer Republik. Tarifpolitik, Korporatismus und industrieller Konflikt zwischen Inflation und Deflation*, Berlin 1989.

Abordnung des RDI. Die Geschäftsführung war durch Kastl und Herle vertreten.[24] Nachdem Duisberg die wichtigsten Anliegen zusammengefasst und die »allgemeine Krisis« geschildert hatte, brachten andere Präsidialmitglieder bittere Klage über die Belastung durch Steuern und Sozialabgaben, die hohen Zinsen, die Zwangsschlichtung und Eingriffe in das Kartellwesen vor. Ernst von Borsig berichtete gar: »Wir sind am Ende mit unserer Kraft und unserem Kapital.«[25] Die Industriellen überreichten dem Reichspräsidenten ein Memorandum, das die Forderung nach einem Vetorecht des Reichsfinanzministers für alle öffentlichen Ausgaben enthielt und damit über die veröffentlichte Denkschrift hinausging.[26] Nach dem Empfang konnte Kastl Silverberg mitteilen, der Reichspräsident sei »besonders angenehm berührt von unserem Wunsche eines Vetorechts für den Reichsfinanzminister auf dem gesamten Gebiete der öffentlichen Ausgaben«.[27] Da der Reichsfinanzminister nach § 20 der Reichshaushaltsordnung vom 31. Dezember 1922 bereits ein Vetorecht für alle Ausgaben des Reichs hatte, konnte damit nur eine Erweiterung dieser Befugnis auf die Länder und Kommunen gemeint sein, was verfassungsrechtlich wiederum nur mit Notverordnungen des Reichspräsidenten nach Artikel 48 möglich gewesen wäre. Wie aus Kastls Brief an Silverberg hervorgeht, hat Reusch beim Empfang am 29. Dezember Hindenburg nahegelegt, häufiger von diesem Artikel Gebrauch zu machen und unter Umgehung des Parlaments Notverordnungen zu erlassen: »Der Reichspräsident meinte [...] zustimmend zu den Ausführungen des Herrn Reusch, dass die Not der Zeit eine stärkere Anwendung des Artikel 48 auf der Grundlage eines Ermächtigungsgesetzes notwendig mache.«[28]

Rückblickend erscheint dies wie die Ankündigung eines Programms, das in den letzten Jahren der Weimarer Republik umgesetzt wurde. Doch aus der Perspektive vom Dezember 1925 stellte es sich anders dar.

24 Der Delegation des RDI gehörten Ernst von Borsig, Walter G. Clairmont, Carl Duisberg, Abraham Frowein, Oscar Funcke, Jacob Herle, Ludwig Kastl, Hans Kraemer, Otto Moras und Paul Reusch an. Empfang einer Abordnung des Reichsverbandes der Deutschen Industrie beim Reichspräsidenten, 29.11.1925, in: BA Berlin, R 43 I/1136, Bl. 214.

25 Siehe hierzu das Protokoll in: ebd.. Bl. 214-224.

26 Memorandum des Reichsverbandes der Deutschen Industrie an Reichspräsident von Hindenburg, 29.12.1925, in: RWWA 130-400101220/2a.

27 Ludwig Kastl an Paul Silverberg, 30.12.1925, in: BA Koblenz, N 1013/235, zitiert nach Neebe, *Großindustrie*, 33.

28 Zitiert nach Neebe, *Großindustrie*, 33 f. Vgl. hierzu Christian Marx, *Paul Reusch und die Gutehoffnungshütte. Leitung eines deutschen Großunternehmens*, Göttingen 2013, 309; Weisbrod, *Schwerindustrie*, 244 f.

Den Referenzrahmen bildeten aus damaliger Sicht das Ermächtigungsgesetz vom 13. Oktober 1923, auf dessen Grundlage die Große Koalition unter Stresemann unter anderem die Verordnung zur Einführung der Rentenmark erließ, und das ähnlich gelagerte Ermächtigungsgesetz vom 8. Dezember 1923. Während sich bei Reusch die Forderung nach einem Ermächtigungsgesetz mit einer antidemokratischen Grundhaltung verband, war dies bei der RDI-Führung gewiss nicht der Fall. Duisberg lag es fern, eine »Kurswende zu einer ›autoritären Politik‹« einzuleiten.[29] Die Vorstellung, in Krisenzeiten vorübergehend auf den Notstandsartikel zurückzugreifen, wurde damals auch Demokraten wie Ludwig Kastl geläufig. Er schrieb in dem bereits erwähnten Brief an Silverberg vom 30. Dezember 1925: »Wenn die Regierung keine Dummheiten macht, soll mir ein Ermächtigungsgesetz und der Artikel 48 sehr recht sein. Dann muss sie aber mehr als bisher auf das hören, was die Wirtschaft verlangt.«[30]

Bewirkt hat der RDI mit seinem Programm vom Dezember 1925 nur sehr wenig. Zwar wurde im folgenden Jahr ein Steuermilderungsgesetz verabschiedet, das die Umsatzsteuer und die bei Unternehmensfusionen anfallende Steuer senkte. Zugleich wurde aber ein aufwendiges Arbeitsbeschaffungsprogramm aufgelegt, das nicht gerade dem Austeritätskonzept des RDI entsprach. Obwohl die Kabinette der Reichskanzler Marx (Zentrumspartei) und Luther (parteilos) von Parteien getragen wurden, denen der RDI nahestand, während sich die SPD in der Opposition befand, fanden die Forderungen der Industrie in der Politik kaum Gehör. Eine parlamentarische Mehrheit ließ sich für das Programm des RDI zu keiner Zeit finden. Die Forderungen des Verbands waren im Grunde politisch nicht vermittelbar. Obwohl mehrere Präsidialmitglieder dem Reichstag angehörten (Rudolf ten Hompel, Zentrumspartei; Alfred Hugenberg, DNVP; Clemens Lammers, Zentrumspartei; Philipp Wieland, DDP), konnte der Spitzenverband nur auf einzelne Gesetzesvorlagen Einfluss nehmen, nicht aber auf die Richtung der Regierungspolitik.

Auf der Mitgliederversammlung des RDI in Dresden am 4. September 1926 überraschte das Präsidialmitglied Paul Silverberg mit einer Rede, die nach fast übereinstimmender Meinung der Presse »eine völlige Wandlung in der Politik und den Anschauungen der Großindustrie« ankündigte.[31] Silverberg hatte lange im Schatten seines Förderers Hugo Stinnes gestanden. Seit seinem radikalen Programm vom Dezember 1922 galt er als »Scharfmacher«. Umso größer war das Echo, als er nun eine Versöhnung

29 So Neebe, *Großindustrie*, 33; ähnlich: Weisbrod, *Schwerindustrie*, 244 f.
30 Zitiert nach Neebe, *Großindustrie*, 33 f.
31 Nach der Dresdener Rede Silverbergs, in: Berliner Tageblatt (5.9.1926).

der Wirtschaft mit dem Weimarer Staat verkündete: »Das deutsche Unternehmertum steht heute restlos auf staatsbejahendem Standpunkt.«[32] Silverberg ging noch weiter und trat für eine Regierungsbeteiligung der SPD ein, die sich seit fast drei Jahren in der Opposition befand:

> »Man sagte einmal, es kann nicht gegen die Arbeiterschaft regiert werden. Das ist nicht richtig: es muss heißen: nicht ohne die Arbeiterschaft regiert werden. Und wenn das richtig ist, muss man den Mut zur Konsequenz haben, es soll nicht ohne die Sozialdemokratie, in der die überwiegende Mehrheit der deutschen Arbeiterschaft ihre politische Vertretung sieht, regiert werden.«[33]

In Wirtschaft und Politik schlugen diese Sätze hohe Wellen. Wie in einem Brennglas werden im Echo auf die Dresdner Rede Silverbergs die unterschiedlichen politischen Positionen innerhalb des RDI sichtbar. Duisberg hielt sich bewusst mit einer öffentlichen Stellungnahme zurück, doch war es kein Geheimnis, dass er Silverbergs Standpunkt im Wesentlichen teilte. Der gesamte, von Bücher geleitete Präsidial- und Vorstandsbeirat für Allgemeine Wirtschaftspolitik hatte vor der Tagung den Text der Rede zustimmend zur Kenntnis genommen, Kastl hatte Silverberg ausdrücklich gratuliert.[34]

Nach der Dresdner Mitgliederversammlung gingen beim RDI fast gleichermaßen zustimmende wie ablehnende Stellungnahmen zur Silverberg-Rede ein. Zuspruch kam vor allem aus dem Maschinenbau, der elektrotechnischen und chemischen Industrie. Viele Schwerindustrielle waren dagegen empört und auch der Gastgeber der Dresdner Tagung, der Verband Sächsischer Industrieller, war »unangenehm berührt«.[35] Dabei ging es den Kritikern nicht um Silverbergs Bekenntnis zum Weimarer Staat, sondern ausschließlich um die Aussagen zur Arbeiterbewegung und zur Sozialdemokratie – und damit indirekt um den »Klassenkompromiss«, auf dem die Weimarer Republik gegründet worden war. Schwerindustrielle wie Reusch – der wie Silverberg der DVP angehörte – lehnten eine Regierungsbeteiligung der SPD kategorisch ab. Schon gar nicht wollte der rechte Industrieflügel Silverbergs Gleichsetzung von

32 Paul Silverberg, *Das industrielle Unternehmertum Deutschlands in der Nachkriegszeit (1926)*, in: ders., Reden und Schriften, Köln 1951, 50.

33 Ebd., 67 f.

34 Plumpe, *Carl Duisberg*, 739; Stegmann, *Silverberg-Kontroverse*, 602.

35 Übersicht über die schriftlichen Äusserungen zur Rede von Dr. Silverberg auf der Dresdener Mitgliederversammlung, in: Carl Zeiss Archiv, BACZ 1991, Teil 1, Bl. 12 ff.

Sozialdemokratie und Arbeiterschaft hinnehmen. Für alle Anhänger der Werksgemeinschaftsidee wie auch für die christlichen und liberalen Gewerkschaften war dies ein Schlag ins Kontor.

Verwirrung herrschte nach der Dresdner Mitgliederversammlung zunächst über die Frage, inwieweit es sich bei dieser Rede um eine offizielle Stellungnahme des RDI handelte – besonders nachdem das SPD-Organ Vorwärts berichtet hatte, dass Silverbergs Aussagen zur Sozialdemokratie auf einem einmütigen Beschluss des RDI-Präsidiums beruhten.[36] Präsidium und Geschäftsführung dementierten umgehend. Kastl gab die Sprachregelung aus, dass die Mitglieder des Präsidiums das Recht hätten, ihre Meinung frei zu äußern. Doch konnte er dadurch nicht die Vermutung ausräumen, dass eine Grundsatzrede eines Präsidialmitglieds auf einer Mitgliederversammlung mehr war als eine private Meinungsäußerung und mit den Prinzipien des RDI war es eben nicht vereinbar, in einem derartigen Rahmen eine Koalitionsempfehlung auszusprechen.

Silverberg selbst dürfte vom Echo seiner Dresdner Rede überrascht gewesen sein, da diese keineswegs als Hommage an die Sozialdemokratie angelegt war. Sie enthielt auch Passagen, in denen Silverberg die »Überspannung sozialer Fürsorge« kritisierte und der Sozialdemokratie die Fähigkeit zu politischer Führung absprach.[37] Reinhard Neebe zufolge ging es Silverberg vor allem darum, die Sozialdemokratie für den Abbau des Fürsorgestaates einzuspannen.[38] So gesehen kann von einem Kurswechsel nicht wirklich die Rede sein. Silverberg plädierte nur für eine andere Strategie, die eine breite Basis bot und sich im September 1926 vor allem aus außen- und reparationspolitischen Gründen empfahl. Reichsaußenminister Stresemann, der mit Silverberg in engem Kontakt stand, benötigte im Reichstag eine Mehrheit für die Ratifizierung der Locarno-Verträge. Zwei Monate später kam diese Mehrheit durch die Stimmen der oppositionellen SPD zustande.

Duisberg war in der »Silverberg-Kontroverse« bemüht, ein Auseinanderdriften des RDI zu verhindern. Auf der entscheidenden Präsidial- und Vorstandssitzung am 12. Oktober konnte man sich jedoch nur auf den Minimalkonsens einigen, alle Bestrebungen zu fördern, »die geeignet sind, die Zusammenarbeit zwischen Unternehmern und Arbeitern zu fördern«.[39] Dabei waren die Kritiker Silverbergs so disparat aufgestellt –

36 *Die Sozialdemokratie soll mitregieren. Überraschende Bekenntnisse Silverbergs auf der Industrietagung*, in: Vorwärts (4.9.1926, Abendausgabe).

37 Silverberg, *Unternehmertum*, 65 f., 68.

38 Neebe, *Großindustrie*, 41.

39 Ebd., 48.

von der Norddeutschen Wollkämmerei und Kammgarnspinnerei bis zum Bayerischen Industriellenverband –, dass eigentlich nicht von einem Lager gesprochen werden kann. Nicht einmal innerhalb des Langnam-Vereins konnte man sich auf eine gemeinsame Position einigen. Der RDI-Führung gelang es jedoch nicht, diese Opposition zu integrieren. In der Ruhrindustrie verfestigte sich die Überzeugung, die eigenen Interessen im RDI nicht durchsetzen zu können. Silverbergs Dresdner Rede diente hier als Beweis, dass man von der Berliner Verbandsführung um Duisberg und Kastl nichts zu erwarten hatte. Der Verein für die bergbaulichen Interessen (Bergbauverein) ging fortan unter der Führung des RDI-Präsidialmitglieds Ernst Brandi in Fundamentalopposition und Paul Reusch begann, in den schwerindustriellen Verbänden im Westen eine Art Gegenmacht aufzubauen. Er war entscheidend daran beteiligt, dass der Arbeitgeberverband Nordwest im so genannten Ruhreisenstreit vom Spätherbst 1928 über 200.000 Arbeiter mehr als vier Wochen lang aussperrte und sich dabei auch über den bindenden Schiedsspruch eines staatlichen Schlichters hinwegsetzte.[40] Durch Reuschs Radikalisierung veränderte sich die Konstellation innerhalb des RDI. Er war innerhalb des Verbands nicht isoliert wie Thyssen oder Hugenberg, der Ende 1928 aus dem Präsidium ausschied, sondern einer der einflussreichsten und am besten vernetzten Präsidialmitglieder. Als nach dem Wahlsieg der SPD am 20. Mai 1928 wieder eine Große Koalition unter dem Sozialdemokraten Hermann Müller gebildet wurde, befürwortete Duisberg den Regierungswechsel. Auf eine entsprechende Stellungnahme des RDI musste er aber wegen des starken Widerstands aus der Schwerindustrie verzichten. Duisberg, der den RDI-Vorsitz mit dem Ziel der Integration übernommen hatte, konnte das Auseinanderdriften nicht verhindern und wurde amtsmüde. Von einem Rücktritt sah er nur ab, weil er so kurzfristig keinen Nachfolger finden konnte.[41]

Die Geschäftsstelle des RDI baute in diesen Jahren ihre Aktivitäten weiter aus. Da es nicht möglich ist, die Vielfalt der von der Öffentlichkeit weniger beachteten Tätigkeitsfelder des Verbands hier im Detail darzustellen, soll zumindest stichwortartig auf einige markante Beispiele verwiesen werden. Von gar nicht zu überschätzender Bedeutung war die von Max Metzner geleitete Kartellstelle des RDI, die rund 1.000 Kartelle betreute. Wer immer sich über Kartelle informieren wollte, kam an der Kartellstelle des RDI nicht vorbei, zumal es kein Kartellamt gab. Die

40 Marx, *Paul Reusch*, 313 ff.
41 Plumpe, *Carl Duisberg*, 745.

Kartellstelle verfügte über ein Verzeichnis von rund 1.500 Kartellen, eine Kartei der Satzungen und eine große Literaturkartei.[42] Diese Abteilung war aber keineswegs nur als Dienstleister konzipiert. Nicht weniger bedeutend waren ihre öffentliche Kommunikation und ihre aktive Lobbyarbeit für das Kartellwesen. Dazu gehörten wiederholt durchgeführte Kartelltage mit bis zu 600 Teilnehmern wie 1925 in Berlin,[43] regelmäßige Publikationen und eine vom Präsidialmitglied Lammers geleitete Kartellenquete. Für Kartellstreitigkeiten hatte die Kartellstelle des RDI eine wesentlich größere Bedeutung als die Gerichte. Zwischen 1923 und 1928 wurden vor ihr 1.141 Streitfälle verhandelt. Das Kartellgericht hat dagegen bis Anfang 1930 insgesamt nur 130 Entscheidungen erlassen.[44] Der Politik gegenüber ließ der RDI nichts unversucht, um jeden Eingriff in das Kartellwesen abzuwehren. Der Verband vertrat kompromisslos den Standpunkt, »dass Kartelle ein unvermeidliches Instrument gegen Übertreibungen und Ausartungen im marktwirtschaftlichen Wettbewerb sind«.[45] Als im November 1923 mit der »Verordnung gegen Missbrauch wirtschaftlicher Machtstellungen« das Missbrauchsprinzip eingeführt wurde, geschah dies auf der Grundlage eines Ermächtigungsgesetzes und ohne Abstimmung mit dem RDI. Die neue Regelung führte im Übrigen keineswegs zu einem Rückgang der Kartelle. Vielmehr verdoppelt sich deren Zahl bis 1926 auf rund 3.000, weil nun keine Rechtsunsicherheit mehr bestand und die Voraussetzungen für ein legales Kartell fest umrissen waren.[46]

In der Handelspolitik spielten während der 20er Jahre die Branchenverbände eine größere Rolle als der RDI, der nur eine Mittlerposition zwischen seinen freihändlerischen Mitgliedern aus verarbeitender Industrie und den Schutzzollinteressen der schwerindustriellen Verbände einnehmen konnte. Als zum 10. Januar 1925 die einseitige Meistbegünstigungsregelung des Versailler Vertrags endete, begann ein Tauziehen zwischen der Arbeitsgemeinschaft der Eisen verarbeitenden Industrie im RDI (AVI) und der Rohstahlgemeinschaft. Beide Seiten einigten sich jedoch rasch auf ein Exportrückvergütungsabkommen, in dem sich die

42 Max Metzner, *Die Kartellstelle des Reichsverbandes der Deutschen Industrie*, in: Bundesverband der Deutschen Industrie (Hg.), Weg, 234.

43 Max Metzner, *Die Kartellpolitik in Deutschland*, in: Georg Jahn/Kurt Junckerstorff (Hrsg.), Handbuch der Kartellpolitik, Berlin 1958, 89-155, 104.

44 Klaus J. Bremer, *Die Kartellverordnung von 1923*, in: Hans Pohl (Hg.), Kartelle und Kartellgesetzgebung in Praxis und Rechtsprechung vom 19. Jahrhundert bis zur Gegenwart, Stuttgart 1985, 111-128, 127.

45 Metzner, *Kartellstelle*, 230.

46 Bremer, *Kartellverordnung*, 120.

Abbildung 6: Ostpreußenfahrt des RDI, 1927

Rohstahlgemeinschaft bereit erklärte, der AVI den für die Ausfuhr benötigten Bedarf zu Weltmarktpreisen zu liefern. Im Gegenzug stimmte die AVI der Einführung von Eisenzöllen zu.[47]

Intensiv unterstützte der RDI jedoch die seit 1925 wieder möglich gewordene Exportförderung. In der Denkschrift vom Dezember 1925 war erstmals auch von dem »an sich durchaus begrüßenswerten Gedanken einer europäischen Zollunion« die Rede.[48] Der RDI setzte damals eine Kommission beim Handelspolitischen Ausschuss ein, die sich mit dieser Frage beschäftigte. In dem vertraulichen Fragebogen warnte der RDI die Mitgliedsverbände jedoch vor zu großen Erwartungen, wie sie die damals aufkommende Paneuropa-Bewegung wecken würde. Das Ergebnis der Umfrage spiegelte die unterschiedlichen Positionen in der Handelspolitik wider. Der Chemieindustriellenverband trat für einen allmählichen Abbau der Einfuhrzölle ein, während der VDEStI und der Fachgruppenausschuss der Eisen schaffenden Industrie beim RDI von einer Beseitigung der Eisenzölle einen »ungeheuren Schaden« erwarte-

47 Vgl. Ulrich Nocken, *Interindustrial Conflicts and Alliances as Exemplified by the AVI-Agreement*, in: Mommsen u.a. (Hrsg.), Industrielles System, 693-704.
48 *Deutsche Wirtschafts- und Finanzpolitik*, 57.

ten.[49] Angesichts dieser Spaltung verfolgte der RDI den Gedanken einer europäischen Zollunion nicht weiter.

Dagegen übernahm der Spitzenverband der deutschen Industrie im Osthandel eine Pionierrolle. Schon 1921 – also noch vor dem Vertrag von Rapallo – gründete der RDI ein Deutsch-Russisches Komitee, aus dem 1928 der Russlandausschuss der Deutschen Wirtschaft hervorging.[50] Zu diesem Zeitpunkt hatte der Handel mit der Sowjetunion bereits rund 40 Prozent des deutsch-russischen Handels von 1913 erreicht. Der Russlandausschuss sollte der deutschen Wirtschaft ein einheitliches Auftreten gegenüber dem sowjetischen Außenhandelsmonopol ermöglichen. Eine dynamische Entwicklung nahm das Geschäft mit der Sowjetunion freilich erst während der Weltwirtschaftskrise der frühen 1930er Jahre. Vorsitzender des Russlandausschusses war bis 1933 das Präsidialmitglied Hans Kraemer, für die Geschäftsführung war RDI-Geschäftsführer Jacob Herle zuständig, der 1933 von Gerhard Schauke, einem ebenfalls langjährigen RDI-Mitarbeiter abgelöst wurde.[51] 1931 entstand beim RDI auch für kurze Zeit ein China-Ausschuss. Er diente hauptsächlich der Vor- und Nachbereitung einer China-Reise, die eine Studienkommission des RDI damals unternahm. Da in China Bürgerkrieg herrschte, konnte man nicht mit einer Entwicklung der Handelsbeziehungen rechnen. Chinesische Stellen beschwerten sich bei der Delegation, »dass Studenten aus Deutschland häufig als Kommunisten zurückkehren«.[52]

Im Rahmen der im Januar 1926 gemeinsam mit dem Heereswaffenamt gegründeten Statistischen Gesellschaft (Stega) beteiligte sich der RDI an geheimen Rüstungsaktivitäten, die gegen den Versailler Vertrag verstießen.[53] Zu erwähnen ist auch ein Verlust, den der RDI in diesen Jahren nahezu unausweichlich erfuhr. Das Institut für ausländisches Recht, das nach dem Weggang des langjährigen Leiters Felix Meyer im Jahr 1924 von renommierten Professoren der Berliner Universität geleitet wurde,

49 Reinhard Frommelt, *Paneuropa oder Mitteleuropa. Einigungsbestrebungen im Kalkül deutscher Wirtschaft und Politik 1925-1933*, Stuttgart 1977, 39 ff.

50 Rundschreiben an die Mitglieder des Präsidiums betr. Deutsch-Russisches Komitee, 4.7.1921, in: Carl Zeiss Archiv, BACZ 1989.

51 Hans-Jürgen Perrey, *Der Russlandausschuss der Deutschen Wirtschaft. Die deutsch-sowjetischen Wirtschaftsbeziehungen der Zwischenkriegszeit. Ein Beitrag zur Geschichte des Ost-West-Handels*, München 1985, 91 f.

52 Aussprache über den Reisebericht der China-Studienkommission, in: BA Koblenz, N 1013/248.

53 Geschäftsführer der Stega war der Leiter der RDI-Geschäftsstelle für industrielle Abrüstung (Gefia), Arbogast von Düring. Vgl. hierzu Ernst Willi Hansen, *Reichswehr und Industrie. Rüstungswirtschaftliche Zusammenarbeit und wirtschaftliche Mobilmachungsvorbereitungen 1932-1932*, Boppard 1978, 82 ff.

konnte vom Verband nicht länger gehalten werden, zumal es sich zunehmend zu einer reinen Forschungseinrichtung entwickelte. 1926 ging dieses Institut in dem zwei Jahre zuvor gegründeten Kaiser-Wilhelm-Institut für ausländisches öffentliches Recht und Völkerrecht auf.[54]

Der Apparat der RDI-Zentrale in der Königin-Augusta-Straße 28 nahm durch die wachsende Zahl der Abteilungen, Dienststellen und Ausschüsse deutlich zu. Anfang Juni 1928 beschäftigte die Geschäftsstelle 93 Mitarbeiter, von denen 28 den Status eines dem Staatsdienst angeglichenen »Beamten« hatten und 65 als Angestellte geführt wurden.[55] Im Vergleich dazu hatte der CDI vor dem Ersten Weltkrieg lediglich zwölf Mitarbeiter. Das Wachstum der Wirtschaftsverbände trug zur Entfaltung der Angestelltenkultur im Berlin der 20er Jahre bei, wurde aber auch durchaus kontrovers in der Öffentlichkeit diskutiert. Im Fokus stand dabei der neue Stand der Verbandsgeschäftsführer, die in nahezu allen Organisationen der Wirtschaft an Bedeutung gewannen.[56] Der badische Staatspräsident Willy Hellpach sprach von einer »syndikalen Zeitepoche« und warf den Verbandsgeschäftsführern vor, von der Verschärfung der Konflikte zu leben.[57] Besonders scharf kritisierte der Berliner Oberbürgermeister Gustav Böß (DDP) 1926 den Typ des »modernen Interessenvertreters«, der

> »aus dem Verband etwas macht, ihn vertritt, überall hinreist, alles hinter sich hat, [...] und zuletzt in den meisten Fällen doch nur um seiner selbst willen da ist; überall, in Wirtschaftsverbänden, Parlamenten, Gewerkschaften, Arbeitgeber- und Beamtenverbänden, herrscht jener spitzfindige Typus, der alles schwierig macht, der viel schlimmer ist als der Bürokrat«.[58]

RDI-Geschäftsführer Herle antwortete auf diese Kritik des Berliner Oberbürgermeisters mit einem Vortrag vor der gemeinsamen Geschäftsführerkonferenz von RDI und VDA, der dann in erweiterter Form als

54 Das Institut für ausländisches Recht war nach dem Ausscheiden Meyers von dem Berliner Ordinarius für Rechtsgeschichte Professor Josef Partsch geleitet worden, der schon ein Jahr später starb. Danach übernahmen die Professoren Heinrich Titze und Martin Wolff die Leitung. Vgl. hierzu Rolf-Ulrich Kunze, *Ernst Rabel und das Kaiser-Wilhelm-Institut für ausländisches und internationales Privatrecht 1926-1945*, Göttingen 2004, 53 f.

55 Ludwig Kastl an Paul Reusch, 9.6.1928, in: RWWA 130-254-7.

56 Siehe hierzu auch Weisbrod, *Schwerindustrie*, 183.

57 Jacob Herle, *Die Stellung des Verbandsgeschäftsführers in der Wirtschaft*, Berlin 1926.

58 Gustav Böß, *Wie helfen wir uns. Wege zum wirtschaftlichen Wiederaufstieg*, Berlin 1926. Zitiert nach: Herle, *Stellung*, 18.

Broschüre erschien. Darin ging er ausführlich auf die Probleme des Geschäftsführerstands ein, der so attraktiv war, dass auf Ausschreibungen selbst nicht leitender Positionen stets 300 bis 400 Bewerbungen von Personen aus den verschiedensten Berufen eingingen.[59] Herle formulierte klare Kriterien für die Auswahl von Geschäftsführern, forderte, nur nach der persönlichen Eignung zu entscheiden und nicht – wie es offenbar sehr verbreitet war – nach verwandtschaftlichen Beziehungen, persönlichen Verbindungen oder akademischen Titeln. Als Aufgabe des Verbandssyndikus sah er im Gegensatz zu den Kritikern gerade die »ausgleichende Tätigkeit«.[60] Für das Anforderungsprofil eines Geschäftsführers fand Herle goldene Worte, die man auch als Seitenhieb auf die herausgehobene Position eines geschäftsführenden Präsidialmitglieds verstehen konnte:

> »Unser Beruf erfordert eben im größten Umfange die Gabe zur Einfühlung, ferner Takt und schließlich persönliche Zurückhaltung. Wer dafür nicht geeignet ist, soll lieber die Hände fortlassen.«[61]

Divergenzen und Krisenpolitik: Der RDI in der Weltwirtschaftskrise

Im Frühjahr 1929 wurde beim RDI wieder die Reparationsfrage akut. Nachdem Deutschland nicht in der Lage gewesen war, die erste volle Rate der im Dawes-Plan festgelegten Zahlungsverpflichtungen aufzubringen, hatte der Reparationsagent Parker Gilbert die Erstellung eines neuen Reparationsplans durch eine unabhängige Expertenkommission unter dem Vorsitz des amerikanischen Industriellen Owen Young durchgesetzt. Der RDI erreichte, dass von deutscher Seite neben dem Delegationsleiter Reichsbankpräsident Hjalmar Schacht auch das Präsidialmitglied Albert Vögler dem 14-köpfigen Sachverständigenausschuss angehörte. Ludwig Kastl und der Hamburger Privatbankier Carl Melchior wurden als Stellvertreter benannt. Der im Mai 1929 vorgelegte Bericht der Experten sah Reparationen in Höhe von insgesamt 112 Mrd. Reichsmark mit einer Laufzeit bis 1988 vor, zahlbar in durchschnittlichen Jahresraten von zwei Mrd. Reichsmark. Ferner sollten alle Beschränkungen der deutschen Souveränität aufgehoben und das besetzte Rheinland geräumt werden. Da diese Regelung

59 Ebd., 13.
60 Ebd., 21.
61 Ebd., 23.

Abbildung 7: Ludwig Kastl (geschäftsführendes Präsidialmitglied des RDI 1925-1933)

einen erheblichen Nachlass bei der Gesamtsumme und den jährlichen Zahlungen bedeutete, sprach sich die neue Regierung der Großen Koalition unter Hermann Müller (SPD) für die Annahme aus. Die antidemokratische Rechte von Hugenberg bis Hitler begann daraufhin eine beispiellose Hetzkampagne. Während Hjalmar Schacht von der Reichsregierung angewiesen wurde, das Abkommen zu unterschreiben, lehnte Vögler dies ab und trat als Delegierter zurück.[62] Nun sollte Kastl, der als stellvertretendes Mitglied der deutschen Delegation in Paris für Vögler nachrückte, den Young-Plan unterschreiben. Seine Haltung dazu legte er in einem längeren Telefonat mit Reusch dar, über das dieser anschließend eine Notiz verfasste. Darin heißt es: »Herr Vögler sei eben so eingestellt, dass er jetzt die Katastrophe wolle. Er – Kastl – sei gegenteiliger Meinung [...] Über die Konsequenzen, die sich durch die Leistung dieser Unterschrift – auch persönlich – für ihn ergeben könnten, sei er sich durchaus klar.«[63] Kastl war sich bewusst, dass er durch die Unterschrift unter den Young-Plan zum Hassobjekt der gesamten Rechten würde und er nahm dies zum Wohle des Landes in Kauf. Von Duisberg wurde er darin unterstützt. Am 7. Juni 1929 unterschrieb Kastl, ein Angestellter eines Wirtschaftsverbandes, für Deutschland das Abkommen, zusammen mit Reichsbankpräsident Schacht. Kastl war sich sicher, dass der Young-Plan nicht bis 1988 in Kraft bleiben würde: »Aus der Geschichte ergebe sich, dass politische Schulden niemals über so lange Fristen abbezahlt würden.«[64]

Hugenberg stellte nun einen Reichsausschuss für einen Volksentscheid gegen die Unterzeichnung des Young-Plans zusammen, in dem die DNVP und die rechten Verbände erstmals Arm in Arm mit den

62 Christopher Kopper, *Hjalmar Schacht. Aufstieg und Fall von Hitlers mächtigstem Bankier*, München 2006, 155.

63 Zitiert nach der Aufzeichnung Reuschs über die telefonische Aussprache mit Kastl am 20.5.1929, in: RWWA 130-254-7.

64 Ebd.

Nationalsozialisten agierten. Ebenso wie beim Dawes-Plan machte auch die radikale Rechte im RDI gegen das Reparationsabkommen Front, mit Vögler und Thyssen an vorderster Stelle. Doch die große Mehrheit befürwortete eine Annahme des Young-Plans durch den Reichstag. Gespalten war nun eher die Schwerindustrie. Aber auch im Langnam-Verein konnte sich der radikale rechte Flügel nicht durchsetzen. Reusch wies seinen Berliner Vertreter Martin Blank an, aus dem Vorbereitungskomitee für das Volksbegehren auszutreten.[65] Auch das Volksbegehren scheiterte recht kläglich. Nur 13 Prozent der Wahlberechtigten stimmten zu. Doch die Massenmobilisierung, die mit dieser Kampagne im rechten Lager erreicht wurde, trug erheblich zum Aufstieg der NSDAP bei.

Nach dem am 24. Oktober 1929 einsetzenden Crash an der Wallstreet begann eine Weltwirtschaftskrise, die rasch auch Deutschland erreichte. Die deutsche Wirtschaft hatte in den Jahren davor schon unter Krisensymptomen gelitten, doch mit einem derartigen Einbruch hatte niemand gerechnet. Der RDI berief nur wenige Monate nach seiner Mitgliederversammlung in Düsseldorf im September 1929 eine außerordentliche Mitgliederversammlung ein, die am 12. Dezember in Berlin stattfand. Zehn Tage vorher wurde eine neue, von Kastl verfasste Denkschrift der Öffentlichkeit übergeben. Ihr Titel »Aufstieg oder Niedergang?« wurde wohl bewusst so dramatisch gewählt, um den Ernst der Lage zu verdeutlichen. In der Sache deckte sich die neue Denkschrift weitgehend mit der vom Dezember 1925, doch war der Ton jetzt schärfer: »Die deutsche Wirtschaft steht am Scheidewege. Wenn es nicht endlich gelingt, das Steuer umzulegen und unserer Wirtschafts-, Finanz- und Sozialpolitik eine entscheidende Wendung zu geben, dann ist der Niedergang der deutschen Wirtschaft besiegelt.«[66]

Diese dramatische Prognose spiegelte die tiefe Frustration wider, die beim RDI angesichts der Wirkungslosigkeit seiner seit Jahren gebetsmühlenartig vorgetragenen Forderungen herrschte. Die Ausgaben der öffentlichen Haushalte hatten seit 1925 um rund ein Drittel zugenommen, die realen Wochenlöhne waren stärker gestiegen als die Produktivität und lagen um rund 25 Prozent über dem Stand von 1925.[67] In der Politik hatten

65 Neebe, *Großindustrie*, 54.

66 *Aufstieg oder Niedergang? Deutsche Wirtschafts- und Finanzreform 1929. Eine Denkschrift des Reichsverbandes der Deutschen Industrie*, Berlin 1929. Vgl. hierzu Plumpe, *Reichsverband*, 150 ff.

67 *Aufstieg oder Niedergang?*, 6 (Steigerung des »öffentlichen Bedarfs« von 14,9 auf 19,9 Mrd. RM). Zu Lohnentwicklung und kumulierter Reallohnposition: Ritschl, *Löhne*, 391, 401.

die Forderungen des RDI wenig Anklang gefunden. Sie wurden lediglich von den rechtsbürgerlichen Parteien DVP und DNVP unterstützt, auf die bei der Reichstagswahl von 1928 weniger als 20 Prozent entfielen. Zu einer Kurswende in der Finanz- und Sozialpolitik waren aber auch die Mitte-rechts-Regierungen der vergangenen Jahre nicht bereit gewesen. Nun gingen die Einnahmen des Reichs durch die Weltwirtschaftskrise zurück, während die Ausgaben durch die Zuschüsse an die Reichsanstalt für Arbeitsvermittlung und Arbeitslosenversicherung stiegen.

Unter dem Druck der Krise und der Radikalisierung der schwerindustriellen Verbände hatte Kastl in der Denkschrift vom Dezember 1929 einige der bisherigen Forderungen zugespitzt. So sollten alle öffentlichen Anleihen der Genehmigung durch eine zentrale Kontrollinstanz unterliegen und die staatliche Zwangsschlichtung von Tarifkonflikten sollte auf »lebenswichtige« Betriebe beschränkt werden. Die Denkschrift enthielt auch einen Anhang mit »Richtlinien für die Neugestaltung des Haushaltsrechts des Reichs«, der im Reichsfinanzministerium auf wenig Verständnis gestoßen sein dürfte.[68] Vor der Mitgliederversammlung am 12. Dezember vertiefte Silverberg die Forderungen der Denkschrift in einer Grundsatzrede über Steuer- und Finanzpolitik, in der er unter anderem die Höhe der steuerlichen Belastung vorrechnete und eine Kürzung der öffentlichen Ausgaben um jährlich fünf Prozent verlangte.[69]

In der historischen Forschung wird die Denkschrift »Aufstieg oder Niedergang?« häufig mit dem Attribut »berühmt-berüchtigt« versehen. Sie gilt als Beleg dafür, dass sich im Spitzenverband der deutschen Industrie nach Beginn der Großen Weltwirtschaftskrise »die Präferenzen zugunsten eines autoritären Regimes« weiter ausgebreitet hätten.[70] Dabei wird übersehen, dass der Verfasser ein liberaler Demokrat war, der wenige Monate zuvor den Young-Plan unterschrieben hatte, und die zentrale Rede auf der Mitgliederversammlung des RDI von einem Industriellen gehalten wurde, der wegen seines Eintretens für die Regierungsbeteiligung der SPD heftig kritisiert worden war. Von den Zeitgenossen wurde die Denkschrift keineswegs als Ruf nach einem autoritären Staat gedeutet. Die liberale Vossische Zeitung kommentierte das »Reformprogramm der Industrie« distanziert, aber durchaus verständnisvoll: »Alles in allem: ein umfassendes, sorgfältig durchgearbeitetes Programm, dessen Zielsetzung – Rentabilität und Kapitalbildung – ebenso anzuerkennen

68 Ebd., 13, 34, 47 ff.

69 Paul Silverberg, *Steuer- und Finanzpolitik*, in: ders., Reden und Schriften, 107-136. Vgl. hierzu Gehlen, *Silverberg*, 389-394.

70 Wehler, *Deutsche Gesellschaftsgeschichte*, Bd. 4, 374.

ist wie manche seiner Einzelvorschläge.«[71] Für Schwerindustrielle wie Paul Reusch war die Denkschrift hingegen ein nutzloses Produkt der Verbandsbürokratie.[72] Nicht zufällig kursierten nach der Mitgliederversammlung vom 12. Dezember Pressemeldungen, wonach Kastl durch Max Schlenker, den Geschäftsführer des Langnam-Vereins, ersetzt würde.[73] Die rechte Opposition im RDI wollte sich nicht mit Denkschriften beschäftigen. Hier arbeitete man auf ein rasches Ende der Großen Koalition hin.

Kastl wollte hingegen erreichen, dass der Reichstag in einem Junktim mit dem Young-Plan eine Steuer- und Finanzreform verabschiedete.[74] Diese Position vertraten außer dem RDI auch der DIHT sowie Spitzenverbände des Handels, des Handwerks, der Banken und der Landwirtschaft. Gemeinsam initiierten sie im Februar 1930 einen öffentlichen Aufruf für eine Finanz- und Steuerreform, den 220 Persönlichkeiten aus Wirtschaft und Wissenschaft unterschrieben.[75] Als Reichsfinanzminister Moldenhauer, ein Vertreter des gemäßigten DVP-Flügels, dann den Haushaltsplan für 1930/31 einbrachte, gingen die Wirtschaftsverbände zum Angriff über. In einer gemeinsamen Erklärung vom 7. März lehnten sie das Finanz- und Steuerprogramm der Regierung ab. Für besondere Empörung sorgte beim RDI, dass der Reichsfinanzminister den Haushalt unter anderem durch eine »Industriebelastung« in Höhe von 350 Mio. Reichsmark decken wollte.[76] Manches spricht dafür, dass die Geschäftsführung des RDI nicht geschlossen hinter der Erklärung vom 7. März stand. Kastl hatte sie nicht unterschrieben und war eigentümlicherweise an diesen entscheidenden Tagen vor der Abstimmung über den Young-Plan im Reichstag nicht in Berlin. Herle hatte die Stellungnahme der Spitzenverbände dagegen mitbetrieben und wurde dabei von Duisberg und Silverberg unterstützt.[77]

Mit der Annahme des Young-Plans durch den Reichstag am 11. März 1930 war klar, dass die Große Koalition nicht mehr lange bestehen würde. Die Stimmen der SPD waren für die Verabschiedung des Young-Plans noch benötigt worden, doch hatte sich die DVP, die seit dem plötzlichen Tod ihres Vorsitzenden Stresemann am 3. Oktober 1929

71 *Reformprogramm der Industrie*, in: Vossische Zeitung (3.12.1929, Morgenausgabe).

72 Vgl. Weisbrod, *Schwerindustrie*, 466 f.

73 Neebe, *Großindustrie*, 56, 223 Anm. 59.

74 Michael Grübler, *Die Spitzenverbände der Wirtschaft und das erste Kabinett Brüning. Eine Quellenstudie*, Düsseldorf 1982, 83.

75 Ebd, 85 ff.

76 Ebd., 87 f.

77 Ebd., 86 f.; Neebe, *Großindustrie*, 56.

nach rechts abdriftete, längst zum Bruch mit der SPD entschlossen. Auch Reichspräsident von Hindenburg lehnte es ab, die Regierung Hermann Müller (SPD) nach Verabschiedung des Young-Plans noch im Amt zu belassen.[78] Dabei waren sich alle bewusst, dass eine Regierung ohne Beteiligung der SPD im Reichstag keine Mehrheit haben würde. Als die Große Koalition am 27. März zerbrach, bedeutete dies rückblickend gesehen das Ende der letzten parlamentarischen Regierung der Weimarer Republik. Aus der Perspektive der Zeitgenossen stand die weitere Entwicklung keineswegs fest. Doch waren die Wirtschaftsverbände nun entschlossen, zur Durchsetzung ihrer Forderungen neue Wege zu gehen. Kastl hielt dies wohl für einen Fehler. Er hatte zuletzt noch vergeblich versucht, mit Hilfe der Gewerkschaften einen Ausweg zu finden.[79] Allerdings hatte auch er schon wenige Monate zuvor in einer Geschäftsführerkonferenz des RDI erklärt, »dass es mit den Kompromissen mit dem Sozialismus aufhören muss«.[80]

Die Erklärung vom 7. März bedeutete freilich nicht, dass sich im RDI die radikalen Kräfte durchgesetzt hatten. Vielmehr zeigt die Mitte 1930 vorgenommene Neuordnung des Präsidiums, dass die gemäßigte Mehrheit um Duisberg hier vollständig dominierte. Den Anstoß zum Umbau des Präsidiums gab der Rücktritt des stellvertretenden Vorsitzenden Carl Friedrich von Siemens. In den Jahren davor hatte Siemens schon zwei Mal vergeblich ein Rücktrittsgesuch eingereicht, da er sich neben seinen Aufgaben als Chef eines der größten deutschen Konzerne und als Verwaltungsratsvorsitzender der Deutschen Reichsbahn-Gesellschaft nicht auch noch beim RDI betätigen konnte.[81] Ein drittes Mal konnte Duisberg ihm den Rücktritt nicht verwehren. Um Siemens beim RDI weiterhin in einer herausgehobenen Position halten zu können, wurde im Mai 1930 ein neues, beratendes Gremium mit der Bezeichnung Senat geschaffen. Außer Siemens wurden noch Max Fischer, Gustav Krupp von Bohlen und Halbach, Philipp Rosenthal, Ernst Poensgen und Fritz Thyssen in den Senat berufen. Zugleich wurde die Zahl der stellvertretenden Vorsitzenden erhöht und mit der Errichtung eines Engeren Präsidiums ein Führungszirkel gebildet, der Duisberg entlasten, aber auch eine straffere Kontrolle der Geschäftsführung ermöglichen sollte. Der RDI-Vorsitzen-

78 Winkler, *Weimar*, 363.
79 Udo Wengst, *Unternehmer und Gewerkschaften in Deutschland im Jahr 1930*, in: Vierteljahrshefte für Zeitgeschichte 1 (1977), 102.
80 Zitat aus einer Ansprache Kastls vor der Geschäftsführerkonferenz des RDI am 2.12.1930, zitiert nach Grübler, *Spitzenverbände*, 71.
81 Carl Friedrich von Siemens an Carl Duisberg, 14.5.1930, in: SHI, SAA A2156.

de war entschlossen, nicht mehr lange im Amt zu bleiben. Neben dem bisherigen stellvertretenden Vorsitzenden Abraham Frowein wurden die Präsidialmitglieder Hans Kraemer, Georg Müller-Oerlinghausen und Paul Silverberg in dieses Amt gewählt. Gemeinsam mit Duisberg und dem Schatzmeister Ewald Hilger bildeten sie das Engere Präsidium.

Die Zusammensetzung des neuen Führungsgremiums spiegelte nicht das Spektrum der Positionen innerhalb des RDI, ja nicht einmal innerhalb seines Präsidiums wider. Die stellvertretenden Vorsitzenden gehörten durchweg zu den Unterstützern des Kurses von Duisberg und Kastl, während die Schwerindustrie außen vor blieb und im Engeren Präsidium nicht vertreten war. Tatsächlich war dies aber nicht von Anfang an beabsichtigt. Dass dem Gremium kein Vertreter der Schwerindustrie angehörte, ergab sich erst durch die Weigerung Paul Reuschs, stellvertretender Vorsitzender zu werden.[82] Duisberg band die Schwerindustrie auch ein, indem er durchblicken ließ, dass Albert Vögler sein Wunschkandidat für die Nachfolge im Vorsitz war. Wie ernst es ihm damit war, zeigte sich, als er den Vorstand am 22. Mai 1930 darüber informierte, dass er den Vorsitz anlässlich seines 70. Geburtstags im September 1931 abgeben wird.[83] Gleichwohl ist es auffällig, dass an Stelle Reuschs nicht ein anderer Vertreter der Schwerindustrie ins Engere Präsidium gewählt wurde. Dagegen gehörten drei der bekanntesten Ruhrindustriellen dem einflusslosen Senat an, darunter Fritz Thyssen, der zu den entschiedensten Gegner Duisbergs zählte. Die Reorganisation vom Mai 1930 ließ daher durchaus den Eindruck aufkommen, dass sich die gemäßigte Mehrheit um Duisberg nun stärker als zuvor von der radikalen Opposition abgrenzte.

Die Regierung des neuen Reichskanzlers Heinrich Brüning (Zentrumspartei) verfügte im Reichstag über keine Mehrheit. Sie stützte sich auf die Zusage Hindenburgs, mit Notverordnungen nach Artikel 48 der Weimarer Reichsverfassung regieren zu können. Brüning ging den vom RDI und den bürgerlichen Rechtsparteien geforderten Kurswechsel in der Finanz- und Sozialpolitik an, durch Einsparungen im Haushalt und staatlich verordnete Lohn- und Preissenkungen. Für diese Politik gab es im RDI breite Zustimmung, doch war das Engere Präsidium zugleich bereit, eine Verständigung mit den Gewerkschaften zu sondieren. Nach dem Ausscheiden der SPD aus der Regierung hatten Gewerkschaftsvertreter im Frühjahr 1930 ZVEI-Geschäftsführer Hans von Raumer

82 Neebe, *Großindustrie*, 65 f., 229, Anm. 43; Plumpe, *Carl Duisberg*, 761.

83 Plumpe, *Carl Duisberg*, 761.

gebeten, ein Treffen mit Repräsentanten der Unternehmerverbände zu vermitteln, »um nach gemeinsamen Wegen zur Behebung der Not zu suchen«.[84] Raumer war 1918 maßgeblich am Zustandekommen der ZAG beteiligt gewesen und auch jetzt wieder bereit, sich für die Bildung einer Arbeitsgemeinschaft zwischen Unternehmern und Gewerkschaften einzusetzen. Durch seine Vermittlung kamen Verhandlungen zustande, an denen von Unternehmerseite die RDI-Präsidialmitglieder Kastl, Müller-Oerlinghausen und Pietrkowski sowie VDA-Hauptgeschäftsführer Brauweiler teilnahmen. Ende Mai verständigten sich beide Seiten auf den Entwurf einer gemeinsamen Erklärung zur Steuer- und Preissenkung. In einer gemeinsamen Sitzung von RDI und VDA lehnten dann jedoch der VDA-Vorsitzenden Ernst von Borsig, Fritz Thyssen und Wilhelm Wittke vom Verband Sächsischer Industrieller eine gemeinsame Resolution mit den Gewerkschaften ab. Schließlich endeten die Verhandlungen im Juni 1930 ohne Ergebnis.[85]

Am 18. Juli hob der Reichstag mit den Stimmen der SPD eine zwei Tage zuvor erlassene »Notverordnung zur Sicherung von Wirtschaft und Finanzen« auf, die zur Deckung des Haushalts ein »Notopfer« der Beamten und der Angestellten des öffentlichen Diensts vorsah. Hindenburg löste daraufhin den Reichstag auf und setzte Neuwahlen an. In dem nun beginnenden Wahlkampf bezog der RDI eindeutig Position. In einem veröffentlichten Rundschreiben vom 17. August 1930 wurden die Mitglieder aufgefordert, sich nur für Parteien zu entscheiden, die für das Privateigentum eintreten und »auf dem Boden der Verfassung stehen«.[86] Entsprechend groß war das Entsetzen, als die NSDAP dann am 14. September einen sensationellen Wahlsieg errang und zweitstärkste Partei wurde. Am Tag nach der Wahl rief Kastl besorgt den Chef der Reichskanzlei, Hermann Pünder, an, um ihm mitzuteilen, »dass der Reichsverband der Deutschen Industrie absolut der Auffassung sei, dass die Regierung dafür sorgen müsse, ihr gutes Reformprogramm parlamentarisch im neuen Reichstag zu verankern. Das sei aber nach Lage der Dinge nur nach links hin möglich«.[87] Pünder konnte Kastl versichern, dass diese Einschätzung von der Regierung geteilt würde.

84 Raumer, *Unternehmer*, 434

85 Rundschreiben des Reichsverbandes der Deutschen Industrie vom 27.6.1930, in: *Politik und Wirtschaft in der Krise, Quellen zur Ära Brüning*. Eingeleitet von Gerhard Schulz, bearb. von Ilse Maurer und Udo Wengst, Erster Teil, Düsseldorf 1980, 260f. (Dok. 99a). Vgl. hierzu Grübler, *Spitzenverbände*, 160-168; Neebe, *Großindustrie*, 68ff.; Wengst, *Unternehmer*, 101.

86 Zitiert nach Neebe, *Großindustrie*, 75.

87 Vermerk des Staatssekretärs Pünder über ein Telefongespräch mit dem geschäftsführenden Präsidiumsmitglied des RDI, Kastl, 15.9.1930, in: *Akten der Reichskanz-*

Brüning regierte nun mit Tolerierung der SPD weiter, die eine Regierungsbeteiligung der NSDAP unbedingt verhindern wollte und dafür bereit war, das Sparprogramm des Kanzlers mitzutragen. Aus diesem Grund kamen im Oktober 1930 auch wieder Gespräche zwischen den Spitzen der Gewerkschaften und der Industrie zustande. Eine gemeinsame Resolution scheiterte dieses Mal an der Opposition im ADGB, die der KPD keine Angriffsfläche bieten wollte.[88]

Die RDI-Führung sah in dem von Brüning im Oktober 1930 vorgelegten »Sanierungsplan« die lange angemahnte Wende in der Finanz- und Sozialpolitik. Kastl warb vor dem Vorstand eindringlich für Zustimmung zu diesem Programm. Lediglich Thyssen sprach sich offen dagegen aus.[89] Die rechte Opposition im RDI hatte der einhelligen Unterstützung Brünings durch die Verbandspitze um Duisberg, Kastl und Silverberg aber wenig entgegenzusetzen. Die Vertreter der Schwerindustrie forderten zwar weitergehende Einschnitte und einen klaren Bruch mit der SPD – und damit auch mit dem parlamentarischen Regierungssystem –, doch die wenigsten von ihnen waren bereit, sich wegen dieses Konflikts vom RDI zu trennen. Der Bergbauverein drohte mit einem Austritt, fand dafür aber selbst innerhalb der Ruhrindustrie keine Unterstützung. Die Ruhrlade beschloss im Februar 1931 mit einer Gegenstimme – die natürlich von Fritz Thyssen kam –, »unter allen Umständen« an einer einheitlichen Spitzenorganisation der deutschen Industrie festzuhalten.[90] Das Kalkül, das Duisberg mit der Ankündigung seines Ausscheidens verfolgt hatte, ging auf. Jakob Wilhelm Reichert, der einflussreiche Hauptgeschäftsführer der VdEStI, mahnte die Eisen- und Stahlindustriellen zur Geduld. Er setzte darauf, nach Duisbergs Verabschiedung im September Kastl zu einem »freiwilligen« Rücktritt bewegen zu können, etwa durch die Ernennung zum Wirtschaftsminister im Kabinett Brüning.[91]

Reichert wusste natürlich, dass der nächste RDI-Vorsitzende aus der Schwerindustrie kommen würde. Duisberg wollte damit den Zusammenhalt des Verbands sichern, der ihm wichtiger war als der Konflikt mit dem rechten Lager. Schließlich hatte er das Amt des RDI-Vorsitzenden einmal übernommen, um den Verband nicht auseinanderfallen

lei, Weimarer Republik, Die Kabinette Brüning I und II, Bd. 1, bearb. von Tilmann Koops, Boppard 1982, 427 f.

88 Reinhard Neebe, *Unternehmerverbände und Gewerkschaften in den Jahren der Großen Krise 1929-33*, in: Geschichte und Gesellschaft 2 (1983), 315 ff.

89 Neebe, *Großindustrie*, 85.

90 Zitiert nach ebd., 88.

91 Jakob Wilhelm Reichert an Max Schlenker, 4.12.1930, in: *Politik und Wirtschaft in der Krise,* Erster Teil, 478 f. (Dok. 168).

Abbildung 8: Rede Brünings bei der Verabschiedung Duisbergs, 25. September 1931

zu lassen. Nur so lässt sich erklären, warum Duisberg ausgerechnet den deutschnationalen Young-Plan-Gegner Albert Vögler zum Nachfolger ausersehen hatte.[92] Vögler lehnte offenbar ebenso ab wie 1924, als er Nachfolger des ersten RDI-Vorsitzenden Sorge werden sollte. Im Dezember 1930 versuchte Kastl dann vergeblich, Reusch für die Nachfolge Duisbergs gewinnen. Reusch redete wiederum wochenlang auf Gustav Krupp von Bohlen und Halbach ein und konnte ihn schließlich dazu

92 Carl Duisberg an Carl Friedrich von Siemens, 19.5.1930, in: SHI, SAA 4.Lf 665.6; Plumpe, *Carl Duisberg*, 761. Zu Vögler siehe Reckendrees, *Vögler*.

bewegen, für die Nachfolge Duisbergs zu kandidieren.[93] Damit war die Nachfolgefrage rechtzeitig geregelt.

Der RDI stand auch weiterhin hinter der Politik Brünings, obwohl die Wirtschaftskrise unvermindert anhielt und die Zahl der Arbeitslosen im März 1931 bereits bei 4,7 Mio. lag.[94] Für Duisberg und Kastl gab es zu dieser Regierung keine Alternative, da Brünings Sparprogramm weitgehend den Vorstellungen des RDI entsprach und die Tolerierung durch die SPD zugleich eine parlamentarische Verankerung bedeutete. Als Erfolg rechnete man es Brüning auch an, dass die Reparationszahlungen aufgrund eines Moratoriums des amerikanischen Präsidenten Herbert C. Hoover für ein Jahr ausgesetzt wurden.[95] Der Glauben an die Fähigkeiten des Kanzlers wurde dann jedoch durch die schwere Bankenkrise vom Juli 1931 und deren Folgen erschüttert. Eine von Reusch verfasste Eingabe an Brüning, die auch von Hermann Bücher, Carl Friedrich von Siemens und Paul Silverberg unterschrieben wurde, mahnte ein entschiedeneres Vorgehen bei der »Umleitung der Wirtschaftspolitik in gesundere Bahnen« an.[96]

Während Duisberg sich in der Sommerfrische von der Verbandsarbeit zu verabschieden begann, wurden im Engeren Präsidium des RDI unter der Regie von Silverberg neue Konzepte ausgearbeitet. Silverberg drängte nun auf eine expansive Geldpolitik und Arbeitsbeschaffungsmaßnahmen. Entsprechende Vorschläge reichte der RDI Ende Juli 1931 vergeblich bei der Reichsbank ein. Reichsbankpräsident Hans Luther hielt trotz heftiger Kritik an seiner Fixierung auf die Golddeckung fest, die zu einer restriktiven Kreditvergabe zwang und zur Bankenkrise beigetragen hatte. Kastl fasste daraufhin, zweifellos auf Initiative Silverbergs, die Vorschläge zur Kreditschöpfung und einer aktiven Konjunkturpolitik in einer Denkschrift zusammen, die der Regierung am 20. August 1931 vorgelegt wurde.[97] Doch Brüning lehnte derartige Ansätze zur Krisenbekämpfung ebenso wie Luther als »Inflationspolitik« ab – ein Schlagwort, gegen das die Befürworter einer antizyklischen Politik angesichts des Inflationstraumas in Deutschland nicht ankamen.[98]

93 Marx, *Paul Reusch*, 315, Anm. 310.

94 Heinrich August Winkler, *Der Weg in die Katastrophe. Arbeiter und Arbeiterbewegung in der Weimarer Republik 1930 bis 1933*, Berlin 1987, 26.

95 Neebe, *Großindustrie*, 95 f.

96 Zitiert nach ebd., 98.

97 Gehlen, *Paul Silverberg*, 399 ff.; Plumpe, *Carl Duisberg*, 771.

98 Neebe, *Großindustrie*, 113.

Als sich abzeichnete, dass die Regierung ihre Politik auch weiterhin nicht ändern wollte und sich die Depression durch die Folgen der Bankenkrise nochmals verschärfte, begann auch das Engere Präsidium des RDI zu Brüning auf Distanz zu gehen. Kastl, Silverberg und Reusch rückten nun näher zusammen.[99] Auch Duisberg zweifelte inzwischen ernsthaft an der Handlungsfähigkeit der Regierung. Bei einer Besprechung mit Brüning teilte er dies dem Kanzler unverblümt mit.[100] Den offenen Bruch mit Brüning vermied der RDI-Vorsitzende jedoch bis zuletzt.

Am 25. September 1931 gab Duisberg den Vorsitz ab, vier Tage vor seinem 70. Geburtstag. An der großen Abschiedsfeier nahm die halbe Reichsregierung teil. Brüning hielt eine Rede, in der er sich gegen »Radikallösungen« aussprach, womit wohl auch die Vorschläge des RDI gemeint waren.[101] Zuvor hatte das Präsidium des RDI einstimmig Krupp von Bohlen zum Vorsitzenden gewählt. Erst einmal nahm Duisberg die Leitung des Verbandes noch einige Wochen lang kommissarisch wahr, da sich der neue Vorsitzende anlässlich seiner silbernen Hochzeit auf eine längere Auslandsreise begab.[102] Wie Duisberg war es auch dem bereits 61-jährigen Krupp von Bohlen schwergefallen, sich für das Amt des RDI-Vorsitzenden zu entscheiden. Bisher hatte er sich in der Verbandsarbeit nicht besonders engagiert. Doch auch für ihn war letztlich das Wohl des Spitzenverbandes ausschlaggebend gewesen. In einem Brief an die Witwe Kurt Sorges begründete er seine Entscheidung damit, dass »die Wahl irgend einer anderen Persönlichkeit weniger Aussicht auf Zusammenhalt des Reichsverbandes auch für die Zukunft geboten haben dürfte«.[103] Später soll er Vertrauten gegenüber oft geäußert haben: »Hätte ich doch nur nicht angenommen.«[104]

99 Ludwig Kastl an Paul Reusch, 17.9.1932, in: *Politik und Wirtschaft in der Krise, Quellen zur Ära Brüning*. Eingeleitet von Gerhard Schulz, bearb. von Ilse Maurer und Udo Wengst, Zweiter Teil, Düsseldorf 1980, 966 (Dok. 316).

100 Plumpe, *Carl Duisberg*, 773.

101 *Führung in schwerer Stunde. Brüning spricht auf dem Duisberg-Empfang der Industrie*, in: Vossische Zeitung (26.9.1931, Morgenausgabe).

102 *Krupp von Bohlen und Halbach. Der neue Vorsitzende des Reichsverbandes der Deutschen Industrie*, in: Deutsche Allgemeine Zeitung (25.9.1931); *Krupp Industrie-Präsident*, in: Vossische Zeitung (25.9.1931, Abendausgabe).

103 Gustav Krupp von Bohlen und Halbach an Helene Sorge, 29.9.1931, in: HA Krupp, FAH 4E 176b, Bl. 46.

104 Zitiert nach: Louis P. Lochner, *Die Mächtigen und der Tyrann. Die deutsche Industrie von Hitler bis Adenauer*, Darmstadt 1955, 181.

5. Der RDI und das Ende der Weimarer Republik (1931-1933)

Der neue RDI-Vorsitzende gehörte wie sein Vorgänger zu den bekanntesten deutschen Großindustriellen. Im Kaiserreich war er nach einem Studium der Rechtswissenschaft in den diplomatischen Dienst eingetreten, hatte dann auf persönliche Vermittlung Kaiser Wilhelms II. Bertha Krupp, die Alleinerbin der Firma Friedr. Krupp, geheiratet, und war anschließend in die Leitung des Unternehmens eingetreten. Als Krupp von Bohlen den Vorsitz des RDI übernahm, hatte er bereits 22 Jahre lang als Aufsichtsratsvorsitzender an der Spitze des Krupp-Konzerns gestanden. Nach Sorge leitete nun zum zweiten Mal ein Krupp-Industrieller den RDI. Auch die Zusammensetzung des Präsidiums näherte sich wieder mehr dem Muster der ersten Jahre an. Mit Krupp von Bohlen und Silverberg waren zwei Schwerindustrielle im sechsköpfigen Engeren Präsidium des RDI vertreten. Innerhalb des gesamten Präsidiums lag der Anteil der Schwerindustrie mit zehn von 37 Präsidialmitgliedern (27 Prozent) höher als 1925 (24 Prozent), aber immer noch niedriger als 1919 (31 Prozent).[1] Obwohl Krupp von Bohlen der Ruhrlade angehörte, kann er nicht zur schwerindustriellen Rechtsopposition im RDI gezählt werden. Seine Wahl fand breite Zustimmung. Politisch gehörte Krupp von Bohlen der DVP an. Ebenso wie Reusch setzte er auf eine Sammlung der Parteien, die zwischen dem Zentrum und der NSDAP standen.[2] Doch politisch vernetzt war er nicht und anders als Reusch und Silverberg war er auf dem politischen Parkett in Berlin auch nur selten präsent.

Viele hatten damit gerechnet, dass Ludwig Kastl nach der Verabschiedung Duisbergs ausscheiden würde. In der Provinzpresse war schon mehrfach sein Rücktritt gemeldet worden, zuletzt im Mai 1931. Im Rahmen einer gezielten Kampagne veröffentlichten mehrere Zeitungen damals bereits ein Foto des angeblichen Nachfolgers Max Schlenker, eines entschiedenen Antidemokraten, der die Geschäftsführung des Langnam-Vereins leitete.[3] Doch Kastl blieb auch unter Krupp von Boh-

1 *Der Reichsverband der Deutschen Industrie und sein Aufbau* (Sonderdruck aus: Seibt Export-Katalog. Offizieller Bezugsquellennachweis des Reichsverbandes der Deutschen Industrie, München 1932), in: BA Koblenz, N 1013/221, Bl. 136 (Stand 1.12.1932). Zu den Anteilen von 1919 und 1925 siehe Kapitel 2, 42ff., und Kapitel 4, 73.

2 Neebe, *Großindustrie*, 122; Richard J. Overy, »*Primacy always belongs to Politics*«: *Gustav Krupp and the Third Reich*, in: ders., War and Economy in the Third Reich, Oxford 1994, 119-143, 126f.

3 Ludwig Kastl an Dr. Raemisch, Geschäftsführer des Vereins deutscher Seidenwebereien, 30.5.1931, in: RWWA 338-424-3.

Abbildung 9: Gustav Krupp von Bohlen und Halbach, 1930
(Vorsitzender des RDI 1931-1933 und des Reichsstandes
der Deutschen Industrie 1933/34)

len geschäftsführendes Präsidialmitglied. Dafür dürfte es gleich mehrere Gründe gegeben haben. Zum einen konnte der neue Vorsitzende Kastls Erfahrung kaum entbehren, da er den RDI zumeist von der Villa Hügel aus leitete. Kastl war sich dessen bewusst. Zu Krupp von Bohlens Amtsantritt schrieb er ihm: »Ich werde alles daran setzen, um Ihnen die Arbeit als Vorsitzender des Reichsverbandes zu erleichtern.«[4] Zum anderen dürfte es auch um die Balance innerhalb des RDI gegangen sein. Mit der

4 Ludwig Kastl an Gustav Krupp von Bohlen und Halbach, 10.10.1931, in: HA Krupp, FAH 4E 176a, Bl. 133.

Kombination aus Krupp von Bohlen und Kastl war die Verbandsspitze ausgewogen aufgestellt. Ein Mann wie Schlenker, der mit Hugenberg gemeinsame Sache machte, kam für Krupp von Bohlen dagegen nicht in Betracht.

Auch wenn Krupp von Bohlen an Kastl festhielt, war dessen Position innerhalb der Geschäftsführung nicht mehr so dominant wie unter Duisberg. Der konservative Flügel um Jacob Herle gewann nun an Einfluss und knüpfte eigene Verbindungen in die Politik. So umwarb Herle den DVP-Vorsitzenden Eduard Dingeldey, der die Mehrheit seiner Partei gegen Brüning eingeschworen hatte. Herle sah »in vielen Punkten eine sachliche Übereinstimmung«.[5] Im Herbst 1932 kam es zu einem Treffen mit Dingeldey, von dem sich Herle »eine noch engere Form der Zusammenarbeit« erhoffte.[6] In der Geschäftsführung bestand inzwischen eine Politische Abteilung unter der Leitung des DVP-Mitglieds Gunther Erfrid Heinecke, den Herle als Verbindungsmann zu dieser Partei aufbaute.[7] Heinecke verfasste 1931 eine Schrift mit dem Titel »Schluß mit den Reparationen!«, die im Selbstverlag des RDI erschien. Darin kritisierte er den von Kastl unterschriebenen Young-Plan als unerfüllbar.[8] Auf Initiative des Bergbau-Vereins war beim RDI nach den Wahlen vom September 1930 eine »Wirtschaftspropagandistische Abteilung« eingerichtet worden, die sich unter anderem mit den Wirtschaftsprogrammen der Parteien, besonders der NSDAP, beschäftigte. Der eng mit der Schwerindustrie verbundene Wirtschaftsjournalist August Heinrichsbauer setzte sich über diese Abteilung für eine Annäherung der Wirtschaft an die NSDAP ein.[9] In diesem Zusammenhang sind wohl auch die Veröffentlichungen von Hans Reupke zu sehen, einem Mitarbeiter der Geschäftsführung, der zwei Bücher über die kapitalistische Ausrichtung des italienischen Faschismus und des Nationalsozialismus verfasste. Reupke agitierte freilich nur publizistisch. Innerhalb des RDI bearbeitete er juristische Fragen des Außenhandels und zog es angeblich vor, seine NSDAP-Mitgliedschaft geheim zu halten.[10]

5 Jacob Herle an Eduard Dingeldey, 25.4.1932, in: BA Koblenz, N 1002/44, Bl. 3. Zu Herles politischer Position siehe Kapitel 4, 76.

6 Jacob Herle an Eduard Dingeldey, 11.11.1932, in: BA Koblenz, N 1002/44, Bl. 7.

7 Ebd.

8 Gunther Erfrid Heinecke, *Schluß mit den Reparationen!*, Berlin 1931.

9 Neebe, *Großindustrie*, 117 ff..

10 Henry A. Turner, *Die Großunternehmer und der Aufstieg Hitlers*, Berlin 1985, 167 ff. Angeblich wurde Reupke 1932 wegen seiner Nähe zum Strasser-Flügel aus der NSDAP ausgeschlossen und 1939 wieder aufgenommen. In den Mitgliedskarteien der NSDAP findet sich sein Name nicht. Vgl. BA Berlin, R 9361-VIII (Zentralkartei

Schon wenige Tage nach der Verabschiedung Duisbergs, am 29. September 1931, gingen elf führende Wirtschaftsverbände mit einer gemeinsamen Erklärung an die Öffentlichkeit, die einem Generalangriff auf die Regierung Brüning gleichkam. Darin wurden eine radikale Beseitigung aller Reste der »Zwangswirtschaft«, eine weitere Senkung der öffentlichen Ausgaben, eine Anpassung der Löhne und Gehälter an die »Wettbewerbsverhältnisse« wie auch eine Senkung der Tarife von Reichsbahn und Reichspost gefordert. Diese Forderungen waren aus der Wirtschaft noch nie von einer derart geschlossenen Front in so scharfer Form vorgebracht worden. Zu den Unterzeichnern gehörten neben RDI und VDA auch der DIHT, der Hansabund und der Centralverband des Deutschen Bank- und Bankiergewerbes.[11]

Gleichwohl gab es für die Mehrheit des RDI-Präsidiums auch unter Krupp von Bohlen keine Alternative zu Brüning. Die Versuche, eine Sammlung der rechtsbürgerlichen Parteien zu bilden, scheiterten an Hugenberg, der den Weg dafür nicht frei machen wollte, und mehr noch an den Wählern. DVP und DNVP hatten bei den Reichstagswahlen vom September 1930 zusammen gerade noch 11,5 Prozent der Stimmen erhalten. Es bedurfte keiner Rechenkünste, um zu erkennen, dass ohne eine der beiden größten Parteien, der SPD und der NSDAP, keine Abstimmung im Reichstag gewonnen werden konnte. Die Regierung Brüning als ein von der SPD toleriertes Präsidialkabinett erschien da trotz aller Kritik immer noch als das kleinere Übel. Für die im Oktober 1931 auf Initiative von Hugenberg hin gegründete Harzburger Front aus NSDAP, DNVP und rechtem DVP-Flügel, gab es im RDI kaum Sympathien. Das Senatsmitglied Fritz Thyssen war in den Spitzengremien des Verbands nach wie vor der einzige namhafte Industrielle, der die NSDAP massiv mit Spenden unterstützte.[12]

Unter dem Druck seiner zahlreichen Gegner trat Brüning im Oktober 1931 zurück, doch wurde er von Hindenburg anschließend erneut mit der Regierungsbildung beauftragt. Um die Industrie einzubinden, wollte Brüning Silverberg als Verkehrsminister in das neue Kabinett aufnehmen. Der stellvertretende RDI-Vorsitzende lehnte ab. Er war nicht bereit,

der NSDAP) und R 9361-IX (Gaukartei der NSDAP). Zu seinen Veröffentlichungen vgl. Hans Reupke, *Das Wirtschaftssystem des Faschismus. Die faschistische Wirtschaft: Ein Experiment der Planwirtschaft auf privatkapitalistischer Grundlage*, Berlin 1930; ders., *Der Nationalsozialismus und die Wirtschaft*, Berlin 1931.

11 *Sofortprogramm der Wirtschaft*, in: Vossische Zeitung (30.9.1931, Morgenausgabe).

12 Turner, *Großunternehmer*. An der Gründungsversammlung der Harzburger Front konnte Thyssen nicht teilnehmen, weil er zu dieser Zeit in den USA war. Ebd., 473, Anm. 48.

sich in den Konflikten zwischen dem Kanzler und Schwerindustrie zu zerreiben.[13] Die RDI-Führung stand jedoch auch weiterhin hinter Brüning. Mit Rücksicht auf die Deflationspolitik des Kanzlers wurden nun sogar Silverbergs Vorschläge zur Kreditschöpfung abgelehnt. Erst im April 1932 begann sich dies zu ändern.[14]

Im Februar 1932 erreichte die Zahl der gemeldeten Arbeitslosen einen Höchststand von 6,1 Mio. Hinzu kamen rund 1,5 Mio. »unsichtbare« Arbeitslose, die nicht gemeldet waren. Die Industrieproduktion sank in Deutschland 1932 der Menge nach auf weniger als 60 Prozent, dem Wert nach sogar auf nur 44 Prozent des Stands von 1929.[15] Vor diesem Hintergrund fand am 13. März 1932 die Wahl zum Reichspräsidenten statt. Der 83-jährige Hindenburg kandidierte dabei für eine weitere Amtszeit von sieben Jahren gegen Hitler als den aussichtsreichsten Herausforderer. In der RDI-Führung stand eine klare Mehrheit einschließlich des Vorsitzenden Krupp von Bohlen hinter Hindenburg. Duisberg übernahm gar den Vorsitz im Kuratorium zur Finanzierung der Wahlkampagne für Hindenburg.[16] Hitler und die NSDAP wurden dagegen bis zum Ende der Weimarer Republik weder vom RDI noch von Krupp von Bohlen mit einer Spende bedacht.[17] Nachdem Hindenburg im ersten Wahlgang keine Mehrheit erreicht hatte, fand wenige Wochen später eine Stichwahl statt. Reusch wollte in völliger Überschätzung seines Einflusses Hitler überreden, gar nicht erst anzutreten. Bei einem Treffen in München vereinbarte er mit ihm, dass sich die NSDAP mit Angriffen auf die konservativen Parteien zurückhalten sollte und die recht bedeutenden Zeitungen des Gutehoffnungshütte-Konzerns im Gegenzug die NSDAP schonen würden. Reusch hielt sich daran, Hitler nicht. Der Historiker Henry A. Turner bemerkt dazu: »Mit einer einzigen Lüge hat er Deutschlands bestinformierten und einflussreichsten Industriellen hinters Licht geführt.«[18] Reusch, der zuvor

13 Neebe, *Großindustrie*, 105 f.

14 Gehlen, *Paul Silverberg*, 402; Hak-Ie Kim, *Industrie, Staat und Wirtschaftspolitik. Die konjunkturpolitische Diskussion in der Endphase der Weimarer Republik 1930-1932/33*, Berlin 1997, 146, 165.

15 Winkler, *Weg*, 23 f.; Blaich, *Freitag*, 168.

16 Plumpe, *Carl Duisberg*, 780.

17 Zu Krupp von Bohlen vgl.: Werner Abelshauser, *Rüstungsschmiede der Nation? Der Kruppkonzern im Dritten Reich und in der Nachkriegszeit 1933 bis 1951*, in: Lothar Gall (Hg.), Krupp im 20. Jahrhundert. Die Geschichte des Unternehmens vom Ersten Weltkrieg bis zur Gründung der Stiftung, Berlin 2002, 267-472, 290.

18 Turner, *Großunternehmer*, 292. Vgl. hierzu Bähr u.a., *MAN*, 264 f.; Marx, *Paul Reusch*, 272 ff.

durchaus Sympathien für eine Regierungsbeteiligung der NSDAP gehabt hatte, war seitdem Hitler gegenüber kritischer eingestellt.

Am 30. Mai 1932 wurde Brüning entlassen, nicht auf Druck der Industrie, sondern weil der Kanzler mit dem Entwurf einer Siedlungsverordnung, die auch die Zwangsversteigerung überschuldeter Güter vorsah, die ostelbischen Großagrarier gegen sich aufgebracht hatte. Diese hatten durch Hindenburg nahestehende Gutsherren beim Reichspräsidenten interveniert, der selbst ein großes Gut in Ostpreußen besaß. Als Hindenburg dann Franz von Papen beauftragte, ein überparteiliches Kabinett zu bilden, hatte der Zerfall der Weimarer Republik ein neues Stadium erreicht. Papen, der daraufhin aus der Zentrumspartei austrat, hatte im Unterschied zu Brüning praktisch keinen Rückhalt im Parlament. Er konnte nur mit Notverordnungen des Reichspräsidenten regieren und war entschlossen, diese zu einer radikalen Klientelpolitik für die Industrie und die Großlandwirtschaft zu nutzen. Innerhalb des RDI gingen die Einstellungen gegenüber der neuen Regierung auseinander. Krupp von Bohlen bedauerte den Sturz Brünings und stand Papen distanziert gegenüber.[19] Ähnlich dürfte Kastls Haltung gewesen sein. Die meisten Vertreter der Schwerindustrie bejubelten dagegen die Entlassung Brünings und sahen in Papen eine Art Heilsbringer. Der stellvertretende RDI-Vorsitzende Silverberg zog aus der Entlassung Brünings wiederum eine andere Konsequenz und kam zu der Überzeugung, dass eine Regierung mit einer stabilen Basis nur noch mit der NSDAP möglich war.[20]

Als Papen zwei Wochen nach seiner Ernennung ein umfangreiches Arbeitsbeschaffungsprogramm verkündete, sahen sich die Skeptiker im RDI bestätigt. Der Verband erklärte dazu, dass mit solchen Maßnahmen die Konjunktur nicht beeinflusst werden könne.[21] Dagegen fand die Tariflockerungsverordnung vom 5. September 1932, die einer Zertrümmerung des Tarifvertragssystems gleichkam, in der Wirtschaft breite Zustimmung. In den Wochen davor hatten die Wirtschaftsverbände die Regierung praktisch an Stelle der Parteien bei der Ausarbeitung des »Papen-Plans« beraten, der die Konjunktur durch die Ausgabe von Steuerverrechnungsscheinen an die Unternehmen beleben sollte. Dieses Programm, das nicht mit hohen Staatsausgaben verbunden war, entsprach ganz der Position des RDI.[22] Doch löste Papen bei der RDI-Führung nicht so viel Begeisterung aus wie bei der Schwerindustrie. Die exportorientier-

19 Neebe, *Großindustrie*, 109.
20 Ebd., 159-168.
21 Ebd., 128.
22 Ebd., 128 f.

ten Branchen sahen mit Sorge, dass der neue Kanzler für die protektionistischen Forderungen und Autarkiebestrebungen des Reichslandbunds sehr aufgeschlossen war. Überdeckt wurde der Konflikt zwischen Industrie und Landwirtschaft zunächst noch von einem spektakulären Erfolg, der Papen in den Schoß fiel. Nach langen Verhandlungen beschloss die Lausanner Konferenz am 9. Juli 1932, die Reparationsforderungen gegen Deutschland bis auf eine Restzahlung von drei Mrd. Goldmark zu streichen. Über Nacht entfiel damit eine der am umstrittensten Fragen der deutschen Politik, die auch innerhalb der Industrieverbände über zehn Jahre lang zu scharfen Konflikten geführt hatte.

Trotz dieses Erfolgs kam Papens Politik bei den Wählern nicht gut an. Die Reichstagswahl vom 31. Juli 1932 führte zu einem weiteren Erdrutsch zugunsten der NSDAP, die mit 37,4 Prozent der Stimmen zur mit Abstand größten Partei des Landes wurde. Im Reichstag bestand nun eine negative Majorität aus NSDAP und KPD. Die drei wirtschaftsnahen Parteien (DVP, DNVP, Deutsche Staatspartei ehem. DDP) brachten es zusammen nur auf gut acht Prozent. Als der neue Reichstag zusammentrat, suchten NSDAP und KPD die offene Konfrontation mit der Regierung Papen. Obwohl Hindenburg schon angeordnet hatte, das Parlament sofort aufzulösen, ließ der neue Reichstagspräsident Hermann Göring noch über einen Misstrauensantrag der KPD abstimmen. Von 560 Abgeordneten stimmten nur 42 gegen den Antrag.[23]

Dieses Ergebnis zeigt überaus deutlich, wie eng der Spielraum für die Interessenpolitik der Industrieverbände nun war. Angesichts der bestehenden Mehrheitsverhältnisse blieb ihnen im Grunde nur noch die Wahl, auf eine dauerhafte Präsidialregierung, eine Militärdiktatur oder ein nationalsozialistisches Regime zu setzen. Die meisten Unternehmer entschieden sich für Ersteres. Doch von den Repräsentanten des RDI trat inzwischen nicht mehr nur Thyssen für Hitler ein. Auch Silverberg und Vögler plädierten zumindest für eine Regierungsbeteiligung der NSDAP.[24] Als im November 1932 wieder ein neuer Reichstag gewählt wurde, schien sich das Blatt zu wenden. Die NSDAP erlitt erstmals deutliche Verluste, während die bürgerlichen Parteien leicht zunahmen. Die Unterstützer Hitlers befürchteten, dass damit auch die Aussicht auf eine nationalsozialistische Regierung schwand. Hjalmar Schacht verfasste daher eine Eingabe von Unternehmern an den Reichspräsidenten, in der Hindenburg gebeten wurde, Hitler einen Auftrag zur Regierungsbildung zu erteilen. Bemerkenswert war bei

23 Winkler, *Weimar*, 523.
24 Neebe, *Großindustrie*, 136, 160.

dieser Aktion vor allem, wer nicht unterschrieb. Nur sechs der 19 Unterzeichner waren Industrielle, der einzige namhafte unter ihnen war wieder einmal Fritz Thyssen. Kein Mitglied des RDI-Vorstands hatte die Eingabe unterschrieben, auch nicht Reusch oder Silverberg oder Vögler.[25]

Was selbst den rechten Flügel im RDI von den Nationalsozialisten trennte, wird an einem Exposé deutlich, das Geschäftsführer Jacob Herle im September 1932 verfasste. Herle stand damals mit Adrian von Renteln, einem Mitarbeiter der Wirtschaftspolitischen Abteilung der NSDAP-Reichsleitung, in Kontakt. Renteln war vor der Reichstagswahl im Juli an die Geschäftsführung des RDI herangetreten. Man vereinbarte einen Gedankenaustausch, den Renteln dann damit bestritt, dass er Herle das »Wirtschaftliche Sofortprogramm« der NSDAP zukommen ließ. Dieses Programm war von der Reichsorganisationsleitung der Partei als Rednermaterial für den Wahlkampf erstellt worden. Verantwortlich zeichnete Gregor Strasser, ein Exponent des sogenannten linken NSDAP-Flügels, doch der Verfasser war Adrian von Renteln.[26] Das Sofortprogramm war durch das darin enthaltene Arbeitsbeschaffungsprogramm bekannt geworden, das der NSDAP viele Stimmen einbrachte. Weitere Punkte waren u. a. die Forderung nach wirtschaftlicher Autarkie, nach Steigerung der Agrarproduktion und nach Förderung kleiner und mittlerer Betriebe zu Lasten der Großindustrie.[27]

Herle antwortete Renteln mit einer über 30-seitigen Ausarbeitung. Es war ein in verbindlichem Ton gehaltener Verriss. Herle erkannte an, dass das Programm keine Einwände gegen das marktwirtschaftliche Wirtschaftssystem enthielt, warf Renteln aber vor, er würde »genau den Weg weitergehen, den die marxistischen Machthaber bisher mit katastrophalem Erfolg beschritten hatten, nämlich die planmäßige Weiterführung des behördlichen Eingriffs, an dessen Ende nur die Sozialisierung und der Staatskapitalismus stehen kann«. Eine »künstliche Arbeitsbeschaffung« hielt der Geschäftsführer – der im RDI vorherrschenden Auffassung entsprechend – für nutzlos. Gegenüber der Forderung, wirtschaftliche Abhängigkeit vom Ausland zu vermeiden, gab Herle zu bedenken, dass dies den deutschen Export gefährden würde. Er setzte auf einen »zukünftigen Vorstoss auf den Weltmarkt« und merkte schließlich noch an, dass die mittelständische Ausrichtung des Programms »Ressentiments gegen den Unternehmer-Kapitalisten« erkennen ließ.[28] Herle

25 Turner, *Großunternehmer*, 365.

26 Ebd., 343 f.

27 Udo Kissenkötter, *Gregor Strasser und die NSDAP*, Stuttgart 1978, 118 ff.

28 Jacob Herle an Adrian von Renteln, 8.9.1933, in: RWWA 130-400 101 220/13b, 4, 6, 11, 15, 23. Herles Stellungnahme findet sich abgedruckt in: Dirk Stegmann, *Zum*

Abbildung 10: Jacob Herle (Geschäftsführer des RDI 1919-1933 und des Reichsstandes der Deutschen Industrie 1933/34)

witterte hinter dem Programm den Geist eines Staatskapitalismus, der die Wirtschaft behördlich reglementiert, viel Geld für nichts ausgibt und den Außenhandel stranguliert. Aus diesen und ähnlichen Gründen zogen es die meisten Industriellen vor, gegenüber der NSDAP auf Distanz zu bleiben und Papens wirtschaftsliberale Politik zu unterstützen. Hitler entging natürlich nicht, dass das Sofortprogramm die Beziehungen seiner Partei zur Wirtschaft belastete. Er teilte Schacht mit, dass das Programm eingestampft würde; Schacht informierte Reusch und von Reusch erfuhr es dann Herle.[29] Beim RDI glaubte man, dass Herles Kritik im »Braunen Haus« Eindruck gemacht hätte, zumal Renteln und sein Chef Wagener bald darauf versetzt wurden. Tatsächlich wurde das Sofortprogramm aber auch noch im nächsten Wahlkampf verteilt.[30]

Nach der Reichstagswahl im November 1932 hatten die NSDAP und die KPD immer noch eine Sperrmajorität. Papen plante nun einen Staatsumbau und wollte jeden Widerstand dagegen mit der Reichswehr bekämpfen. Reichswehrminister Kurt von Schleicher verhinderte diesen Plan und überredete Hindenburg, ihn mit der Bildung einer neuen Regierung zu beauftragen. Schleicher glaubte die Blockade durch die Parlamentsmehrheit mit der Bildung einer »Querfront« auflösen zu können, die sowohl die Gewerkschaften als auch den Strasser-Flügel der NSDAP umfassen sollte. Die Industrie hatte auch Schleicher gegenüber keine einheitliche Position; selbst innerhalb der RDI-Geschäftsführung war man sich uneins. Krupp von Bohlen und Kastl begrüßten den Regierungswechsel, weil Papen zu sehr auf die Forderungen der Landwirtschaft eingeschwenkt war und Schleicher den Interessen der Exportindustrie Vorrang gab. Beide hielten

Verhältnis von Großindustrie und Nationalsozialismus 1930–1933. Ein Beitrag zur Geschichte der sog. Machtergreifung, in: Archiv für Sozialgeschichte Jg. 1973, 452-465.

29 Hjalmar Schacht an Paul Reusch, 12.9.1932, in: Stegmann, *Verhältnis*, 465 f.; Paul Reusch an Jacob Herle, 22.9.1932, in: ebd., 466 f.

30 Neebe, *Großindustrie*, 133 f.; Kissenkötter, *Gregor Strasser*, 119, Anm. 200.

aber auch Schleichers Ansatz für richtig, wieder mit einer breiteren Basis zu regieren.[31] Der schwerindustrielle Flügel um Paul Reusch lehnte es dagegen entschieden ab, dass die Gewerkschaften wieder Einfluss auf die Regierung haben sollten. Schleicher galt hier als »Sozialist in Uniform«. Als der neue Reichskanzler Teile der Papenschen Tariflockerungsverordnung aufhob, sah man sich in den schlimmsten Befürchtungen bestätigt.

RDI-Geschäftsführer Herle teilte diese Einschätzung und stellte sich damit gegen Kastl und Krupp von Bohlen. In einem Vortrag vor der Gemeinschaft Neusser Industrieller rechnete er am 2. Januar 1933 mit Schleicher ab. Er warf dem Kanzler vor, sich nicht zur privaten Wirtschaft zu bekennen und bezog sich dabei auf eine Rundfunkansprache, in der es Schleicher abgelehnt hatte, »sich als Anhänger des ›Kapitalismus oder Sozialismus‹ zu bezeichnen«. Dem stellte er Papen als leuchtendes Vorbild gegenüber: »Das gesamte Volk muss dem letzten Reichskanzler von Papen immer dankbar dafür sein, dass er die Grundtendenzen seines Programms in klarer Weise auf die wirtschaftlichen Notwendigkeiten abgestellt hat.«[32] Doch das »Volk« war Papen eben keineswegs dankbar. Dass ein Politiker mit einem derartigen Programm bei den Wahlen unterging, wollte und konnte Herle nicht verstehen.

Schleichers »Querfront«-Konzept erwies sich schon bald als eine Schimäre. Die Gewerkschaften und die SPD lehnten es ab, die neue Regierung zu tolerieren. Bei der NSDAP wurde Strasser kurzerhand von Hitler entmachtet. Papen war inzwischen fest entschlossen, an Schleicher Revanche zu üben und sich dafür mit Hitler zu verbünden. Am 4. Januar kamen beide Politiker in Köln zusammen, um sich auf eine künftige Koalition zu verständigen. Damals ging Papen wohl noch davon aus, Hitler als Juniorpartner einbinden zu können. Drei Tage später traf sich Papen in Dortmund mit Krupp von Bohlen. Er berichtete ihm von dem Gespräch mit Hitler und bat um Unterstützung für die Bildung einer Regierung Papen/Hitler. Krupp von Bohlen lehnte dies ab.[33] Am 11. Januar traf sich der RDI-Vorsitzende mit Reichskanzler von Schleicher. Auch bei diesem Gespräch dürfte es um einen möglichen Regierungswechsel gegangen sein.[34] Anschließend reiste Krupp von Bohlen zur Kur ins Engadin.[35]

31 Neebe, *Großindustrie*, 142.

32 Auszug aus dem Vortrag von Dr. Herle »Schicksalsverbundenheit der deutschen Wirtschaft«, gehalten in Neuss am 2.1.1933 (Anlage zum Schreiben von Jacob Herle an Paul Silverberg vom 5.1.1933), in: BA Koblenz, N 1013/223, Bl. 14.

33 Abelshauser, *Rüstungsschmiede*, 290.

34 Neebe, *Großindustrie*, 151.

35 Abelshauser, *Rüstungsschmiede*, 290.

Kastl erhielt erst sehr spät genaue Informationen über einen Regierungswechsel. Am 26. Januar berichtete ihm der Staatssekretär der Reichskanzlei Erwin Planck, ein mit Schleicher befreundeter Sohn des Physikers Max Planck, dass die NSDAP und die DNVP eine Regierung der Harzburger Front bilden wollten, mit Papen als Reichskanzler, Hitler als Reichswehr- und Reichsinnenminister, Schacht als Finanzminister und Hugenberg als Wirtschafts- und Ernährungsminister.[36] Kastl schrieb sofort an Krupp von Bohlen und versuchte dann mit dessen Zustimmung, das drohende Unheil in letzter Stunde zu verhindern. Gemeinsam mit dem Hauptgeschäftsführer des DIHT, Eduard Hamm, schrieb er am 28. Januar einen Brandbrief an den Staatssekretär im Büro des Reichspräsidenten, Otto Meissner. Das Schreiben wurde bewusst als persönliche Meinungsäußerung ausgegeben. Kast und Hamm nannten auch keine Namen, sondern äußerten nur ihre Besorgnis über eine weitere »politische Beunruhigung« der Wirtschaft.[37] Ergänzend teilte Kastl Meissner in einem weiteren Schreiben mit, dass Krupp von Bohlen seine Auffassung teile und die ständigen politischen Krisen als für die Wirtschaft »höchst verhängnisvoll« ansehen würde.[38]

Verehrter Herr Staatssekretär Meissner!

Zu den bevorstehenden Entscheidungen bitten wir in persönlicher Eigenschaft, jedoch gestützt auf Beobachtungen und Erfahrungen in weiten Kreisen der Wirtschaft, das Folgende darlegen zu dürfen.

Die Erholung der Wirtschaft hängt von nichts mehr ab als vom Vertrauen auf die politische Ruhe und Stabilität. Die fortgesetzten Beunruhigungen durch politische Krisen vernichten alle Keime der wirtschaftlichen Besserung und machen Arbeitsaufträge für die Zukunft unmöglich. Die politischen Schwierigkeiten dieser Zeit mit der geringstmöglichen politischen Beunruhigung unseres Volkes zu überwinden, scheint uns daher das wichtigste Gebot einer auf Arbeitsbeschaffung gerichteten Politik, verbunden mit einer klaren Aufzeigung wirtschaftspolitischer Grundlagen der Staatsführung.[39]

36 Neebe, *Großindustrie*, 152 (mit Auszug aus dem Schreiben Kastls an Krupp von Bohlen vom 26.1.1933).

37 Ludwig Kastl/Eduard Hamm an Otto Meissner, 28.1.1933, in: BA Berlin, R 601/405, Bl. 517.

38 http://www.bundesarchiv.de/aktenreichskanzlei/1919-1933/001/vsc/vsc1p/kap1_2/para2_74.html [letzter Zugriff 28.12.2018].

39 Ludwig Kastl/Eduard Hamm an Otto Meissner, 28.1.1933, in: BA Berlin, R 601/405, Bl. 517.

Kastl und Hamm setzten sich über die Regeln ihrer Verbände hinweg, indem sie in den Prozess einer Regierungsbildung intervenierten. Das Schreiben war auch deshalb so formuliert worden, dass man ihnen später wegen des Inhalts keinen Vorwurf machen konnte. Dass geschäftsführende Präsidialmitglieder von Spitzenverbänden der Wirtschaft über mögliche Störungen der Wirtschaft besorgt sind, wird ja von ihnen erwartet. Der erfahrene Meissner wusste natürlich genau, was mit »der geringstmöglichen politischen Beunruhigung unseres Volkes« gemeint war. Er legte das Schreiben Hindenburg vor. Der mittlerweile 85-jährige Reichspräsident hat den Sinn möglicherweise nicht verstanden, vielleicht wollte er auch nicht darauf eingehen, weil die Entscheidung längst gefallen war. Hindenburg ließ Kastl und Hamm ausrichten, dass auch ihm nicht an einer Beunruhigung der Wirtschaft gelegen sei.[40] Zwei Tage später ernannte er Hitler zum Reichskanzler. Als Krupp von Bohlen davon erfuhr, schrieb er an Kastl: »Es ist doch denkbar traurig, wie leichtfertig mit den Interessen eines großen Volkes gespielt wird.«[41]

40 Otto Meissner an Ludwig Kastl, 28.1.1933, in: BA Berlin, R 601/405, Bl. 518.

41 Gustav Krupp von Bohlen und Halbach an Ludwig Kastl, 1.2.1933, in: HA Krupp FAH 4 E 203. Zitiert nach Abelshauser, *Rüstungsschmiede*, 290.

6. Gleichschaltung und Anpassung: Die Umwandlung nach der nationalsozialistischen Machtübernahme (1933/34)

Die Geschäftsführung des RDI verhielt sich nach der Machtübernahme der Nationalsozialisten am 30. Januar 1933 anders als nach den vorangegangenen Regierungswechseln. Man wartete nicht erst die Ankündigungen des neuen Kabinetts ab, sondern ging sofort daran, sich mit anderen Spitzenverbänden der Wirtschaft abzustimmen und »Essentials« zu formulieren. Der Grund dafür waren vor allem die Besorgnisse vor einer Wende in der Handelspolitik. RDI und DIHT befürchteten, dass die Regierung Hitler/Papen unter dem Einfluss nationalsozialistischer Funktionäre und landwirtschaftlicher Interessenverbände eine Abkehr vom Weltmarkt betreiben würde. Für den RDI war es zudem ein Schlag ins Kontor, dass nun ausgerechnet Alfred Hugenberg an der Spitze des Reichswirtschaftsministeriums stand – ein früheres Präsidialmitglied, mit dem sich die Verbandsführung jahrelang bekriegt hatte.

Schon am 9. Februar 1933 legte Kastl bei einer ersten Besprechung mit dem neuen Reichswirtschaftsminister ein Memorandum gegen die geplante Einführung von Handelskontingenten vor. Gemeinsam mit Silverberg und Frowein trat er für multilaterale, weltmarktorientierte Handelsbeziehungen ein.[1] In seiner ersten Presseerklärung zum Regierungswechsel betonte der RDI wenige Tage später, dass die Haltung des Spitzenverbands gegenüber der neuen Regierung »von ihren wirtschaftspolitischen Maßnahmen abhängig bleiben müsse«.[2] Es stand außer Zweifel, dass der Prüfstein dafür die Außenhandelspolitik war. Dass Hindenburg auf Drängen Hitlers den Reichstag auflöste und die Bürgerrechte durch Notverordnungen eingeschränkt wurden, kommentierte der Verband nicht. In einer Erklärung des Präsidiums wurden lediglich »Störungen der inneren Ruhe und des sozialen Friedens« beklagt, was sich auf Übergriffe der SA und der Nationalsozialistischen Betriebszellenorganisation (NSBO) in Unternehmen bezog.[3]

1 Neebe, *Großindustrie*, 176.

2 Zitiert nach ebd., 177.

3 Zitiert nach Werner Abelshauser, *Gustav Krupp und die Gleichschaltung des Reichsverbandes der Deutschen Industrie, 1933-1934*, in: Zeitschrift für Unternehmensgeschichte 1 (2002), 1-26, 8; vgl. ferner Udo Wengst, *Der Reichsverband der Deutschen Industrie in den ersten Monaten des Dritten Reiches. Ein Beitrag zum Verhältnis von Großindustrie und Nationalsozialismus*, in: Vierteljahrshefte für Zeitgeschichte 1 (1980), 94-110, 96.

Als Hermann Göring 28 Repräsentanten der Wirtschaft zu einem Geheimtreffen mit Hitler am 20. Februar einlud, war Krupp von Bohlen entschlossen, bei dieser Gelegenheit für eine Stärkung des Exports, einen Abbau der öffentlichen Ausgaben und eine Nichteinmischung des Staats in die Wirtschaft einzutreten.[4] Doch es sollte anders kommen. Als Hitler die Runde nach einem eineinhalbstündigen Monolog verließ, dankte ihm Krupp von Bohlen im Namen der anwesenden Unternehmer und erklärte, »dass es höchste Zeit sei, endlich einmal in Deutschland Klarheit in innenpolitischen Fragen zu schaffen«.[5] Nachdem Hitler gegangen war, machte Hjalmar Schacht unmissverständlich den eigentlichen Zweck des Treffens deutlich, indem er eine Millionenspende der Wirtschaft für den Wahlkampf der Regierungsparteien vor den Reichstagswahlen vom 5. März einforderte. Angeblich soll Schacht dabei gerufen haben: »Und nun, meine Herren, an die Kasse!«[6] Schacht nannte auch gleich den Betrag – drei Mio. Reichsmark – und gab an, in welchem Umfang sich die einzelnen Branchen daran beteiligen sollten. Nur wenige der Anwesenden waren von sich aus zu einer Wahlkampfspende in dieser Größenordnung bereit, doch keiner wagte es, sich gegen die dreiste politische Erpressung durch Hitler, Göring und Schacht zu verwahren, auch Krupp von Bohlen willigte ein.[7]

Im RDI hielt es Kastl für skandalös, dass der Wirtschaft eine derart hohe Wahlkampfspende abgepresst wurde. Daraus machte er auch in einem Brief an Krupp von Bohlen keinen Hehl: »Ich finde es eine große, um nicht zu sagen unerhörte Zumutung an die Industrie, in kürzester Frist 3 Millionen aufzubringen. Über den Verteilungsschlüssel (nur 20 % an den schwarz-weiß-roten Block) bin ich empört. Ich kann aber an der Sache nichts ändern. Nach den Wahlen wird man in dem Kreise der Teilnehmer noch einmal über die Sache sprechen müssen.«[8] Doch nach der Wahl hatte der RDI andere Sorgen. Die Ablösung des Reichsbank-

4 Abelshauser, *Gustav Krupp*, 8.

5 Zitiert nach ebd., 9.

6 Zitiert nach Lochner, *Tyrann*, 172.

7 Vgl. hierzu u. a. Kopper, *Schacht*, 204 f.; Karl Dietrich Bracher, *Stufen der Machtergreifung*, in: ders. u. a., Die nationalsozialistische Machtergreifung. Studien zur Errichtung des totalitären Herrschaftssystems in Deutschland 1933/34, Wiesbaden 1960, 30-370, 71. Von den eingeladenen Unternehmern war Robert Bosch wegen angeblicher Anreiseprobleme nicht zu diesem Treffen erschienen, Carl Friedrich von Siemens hatte sich durch seinen Bürochef vertreten lassen. Auch Paul Reusch nahm nicht teil.

8 Zitiert nach Joachim Petzold, *Franz von Papen. Ein deutsches Verhängnis*, Berlin 1995, 174.

präsidenten Hans Luther durch Hjalmar Schacht ließ Befürchtungen über eine Ausweitung der Staatsausgaben und Währungsexperimente aufkommen. Vor allem aber mehrten sich die Anzeichen, dass die neuen Machthaber einen grundlegenden Umbau der Wirtschaftsverbände zu ständischen Organisationen planten. Vor diesem Hintergrund versuchten die RDI-Präsidialmitglieder Lammers und von Siemens mit Unterstützung Krupp von Bohlens, das Konzept einer Arbeitsgemeinschaft mit den Gewerkschaften wiederzubeleben. Sie trafen sich mit Gewerkschaftsvertretern, um die Möglichkeiten einer Zusammenarbeit zu sondieren.[9] Mit Blick auf den starken Mittelstandsflügel der NSDAP wurde zugleich beschlossen, das Präsidium um mehrere Repräsentanten aus der mittelständischen Industrie zu erweitern.[10]

Am 23. März kam das RDI-Präsidium zusammen, um ein Memorandum zur Wirtschafts-, Finanz- und Sozialpolitik zu verabschieden, auf dessen Grundlage Verhandlungen mit der Regierung aufgenommen werden sollten. Nicht weit von der Verbandszentrale entfernt, in der Kroll-Oper im Tiergarten, debattierte währenddessen der Reichstag in Anwesenheit bewaffneter Rollkommandos der SA und der SS das von Hitler eingebrachte Ermächtigungsgesetz. Die Entmachtung des Parlaments dürfte Fritz Thyssen beflügelt haben, die Präsidialsitzung des RDI auf der anderen Seite des Tiergartens – an der er als Mitglied des Senats teilnahm – zu einem Generalangriff auf die Verbandsführung zu nutzen. Er warf ihr vor, mit den Gewerkschaften zusammen eine Front gegen die Regierung bilden zu wollen, bei der Eröffnung des Reichstags am »Tag von Potsdam« nicht die Hakenkreuzfahne gehisst zu haben und schoss sich gezielt auf Kastl wegen dessen Intervention gegen die Ernennung Hitlers zum Reichskanzler ein. Als Thyssen dann einen Umbau des RDI »entsprechend den geänderten politischen Verhältnissen« und Konsequenzen bei den Neuwahlen zum Präsidium forderte, wurde deutlich, dass es hier nicht nur um Kastl, sondern um die zukünftigen Verbandsstrukturen ging.[11] Es nützte wenig, dass das Präsidium anschließend auf Antrag Paul Reuschs seinem Vorsitzenden einstimmig das Vertrauen aussprach und die Geschäftsführung einen Tag später Hitler eine Loyalitätsbekundung des RDI übermittelte.[12]

9 Neebe, *Großindustrie*, 179 f.
10 Verein deutscher Seidenwebereien an Dr. Legers, Arbeitgeberverband Eisen- und Metallindustrie, und andere, 23.3.1933, in: RWWA 338-201-3.
11 Wengst, *Reichsverband*, 99 (mit Zitat); Neebe, *Großindustrie*, 182.
12 Wengst, *Reichsverband*, 99.

Für den 1. April hatten Gustav Krupp von Bohlen und Halbach und Carl Friedrich von Siemens einen Termin in der Reichskanzlei bekommen. Beide waren vom Präsidium beauftragt, Hitler das auf der letzten Präsidialsitzung verabschiedete Memorandum zu erläutern – wie man das auch schon bei den Vorgängerregierungen gemacht hatte.[13] Den Notizen von Siemens für diese Besprechung zufolge wollten die beiden Industriellen den Verdacht einer Fronde mit den Gewerkschaften zerstreuen und die Bedeutung der wirtschaftlichen Selbstverwaltung betonen: »Was der größte Teil der Wirtschaft möchte, ist die Entpolitisierung, also auch der Gewerkschaften, und unter der überwachenden Kontrolle des Staates möglichste Selbstverwaltung.«[14]

Während Krupp von Bohlen und Siemens bei Hitler vorsprachen, wurde in der Geschäftsstelle des RDI in der Königin-Augusta-Straße die Selbstverwaltung mit Füßen getreten. Dort erschien Otto Wagener, der neu ernannte Leiter des Wirtschaftspolitischen Hauptamtes der NSDAP, in Begleitung des NSDAP-Funktionärs Hans von Lucke und des DNVP-Abgeordneten Alfred Möllers. Aus der Aktennotiz Kastls über die anschließende »Besprechung« geht hervor, dass Wagener ultimativ den Rücktritt Kastls, die Entlassung aller jüdischen Mitarbeiter der Geschäftsführung und das Ausscheiden der jüdischen Präsidialmitglieder forderte. Ferner teilte er mit, dass seine Begleiter befugt seien, als Vertrauensleute der Regierung den RDI auf die Wirtschaftspolitik des Reichs auszurichten. Das geschäftsführende Präsidialmitglied spielte auf Zeit, wies darauf hin, dass nur der RDI-Vorsitzende Krupp von Bohlen über Entlassungen entscheiden könne und versuchte in den folgenden Tagen, Unterstützung zu erhalten.[15]

Für Wageners Aktion gab es keinerlei rechtliche Grundlage, sie war illegal. Doch der Parteifunktionär verlieh seinen Forderungen Nachdruck, indem er mit Gewalt drohte: Die sofortige Beurlaubung der jüdischen Mitarbeiter solle verhindern, »dass womöglich noch im Laufe des heutigen Tages von außen her eine Aktion erfolge, die den Herren persönlich und dem Reichsverband Unannehmlichkeiten bereiten könnte«.[16] Wie das gemeint war, musste Wagener nicht erklären. An diesem 1. April begann ein von Hitler angeordneter »Judenboykott«. SA-Trupps riegelten

13 Abelshauser, *Gustav Krupp*, 12.

14 Notizen für die Besprechung mit Herrn von Bohlen beim Reichskanzler, 1.4.1933, in: SHI, SAA A2367.

15 Aktennotiz Kastl über eine Besprechung im Reichsverband der Deutschen Industrie am 1.4.1933, in: HA Krupp FAH 4E 193, Bl. 355.

16 Ebd.

Geschäfte, Praxen und Kanzleien jüdischer Bürger ab, vielfach kam es zu Plünderungen und Misshandlungen.

Vor diesem Hintergrund konnte später eine Legende um Wageners Auftritt beim RDI entstehen. Ausgehend von älteren Darstellungen aus der Geschichtswissenschaft der DDR wird in der Literatur immer wieder behauptet, die Geschäftsstelle des Verbandes sei damals von einem SA-Trupp besetzt worden.[17] In der einzigen authentischen Quelle zu diesem Vorgang, der unmittelbar danach verfassten Aktennotiz Kastls, findet sich darauf kein Hinweis. Eindeutige Indizien sprechen dafür, dass es sich nicht um einen der zahlreichen spontanen, unkontrollierten Übergriffe in den ersten Monaten nach der nationalsozialistischen Machtübernahme handelte, sondern um eine vom Parteiapparat initiierte Aktion. So erfuhr Kastl später vom Staatssekretär im Reichswirtschaftsministerium, dass Wagener und von Lucke ihn vor dem 1. April über ihre Pläne informiert hatten.[18] Es dürfte auch kein Zufall gewesen sein, dass die Aktion ausgerechnet zu einem Zeitpunkt erfolgte, an dem Krupp von Bohlen und Siemens bei Hitler in der Reichskanzlei waren. Wahrscheinlich gab es einen Zusammenhang zwischen Thyssens Tirade in der Präsidialsitzung vom 23. März und dem Entschluss zur Durchführung der Aktion vom 1. April.[19]

Die Entscheidung zu »Gleichschaltung« und Umbau der Industrieverbände war bei einem Treffen am 28. März im Reichstagspräsidentenpalais gefallen, an dem mehrere Minister, zahlreiche Parteifunktionäre

17 Zur Legende von der Besetzung durch einen SA-Trupp hat vermutlich eine Aufzeichnung des langjährigen RDI-Justiziars Gustav Schwartz für den Krupp-Prozess vor dem Internationalen Militärgerichtshof in Nürnberg angeregt. Dort heißt es, dass am 1. April 1933 »SA-Leute in Uniform« in der RDI-Zentrale erschienen wären. Zitiert nach Gerhard Schulz, *Die Anfänge des totalitären Maßnahmenstaates*, in: Bracher u. a., Machtergreifung, 371-684, 631. Da Wagener hoher SA-Führer war, könnte es so gewesen sein, angesichts des anlaufenden »Judenboykotts« muss dies sogar als wahrscheinlich angenommen werden. In der DDR-Forschung wurde daraus während des Kalten Krieges eine »zeitweilige(n) Besetzung der RDI-Geschäftsstelle durch einen Trupp SA-Männer«. Günther/Ohlsen, *Reichsverband*, 612. Von dort wurde die Legende in verschiedene Veröffentlichungen übernommen, bewusst oder auch nur ungeprüft, und mitunter auch weiter ausgemalt. Die Legende vom SA-Trupp und der Besetzung des Hauses findet sich besonders in Darstellungen mit marxistischem Ansatz, die davon ausgehen, dass das nationalsozialistische Regime die Interessen der Industrie vertreten hat. Aus dieser Perspektive kann es sich nur um einen spontanen, unkontrollierten Übergriff gehandelt haben, der ohne Wissen und Billigung der NS-Führung erfolgte. Siehe hierzu Neebe, *Großindustrie*, 184 (mit Belegen aus der Literatur).

18 Wengst, *Reichsverband*, 103.

19 Neebe, *Großindustrie*, 185.

und auch einige Vertreter der Wirtschaft, darunter Thyssen und Vögler sowie der VDA-Vorsitzende Köttgen und VDA-Hauptgeschäftsführer Brauweiler, teilgenommen hatten. Bei der Besprechung ging es eigentlich um die Zerschlagung der Gewerkschaften. Thyssen hatte bei dieser Gelegenheit aber auch noch die Auflösung der Unternehmerverbände vorgeschlagen.[20]

Obwohl Wageners Anweisungen keinerlei Rechtskraft hatten und er nach eigenen Angaben bei der Aktion am 1. April ohne amtliche Befugnisse gehandelt hat, wurden Kastl und die drei jüdischen Mitarbeiter Geschäftsstelle, Loening, Singer und Veit umgehend beurlaubt. Herle rückte an die Spitze der Geschäftsführung, ohne aber geschäftsführendes Präsidialmitglied zu werden. Diese Position machte unter den veränderten Gegebenheiten keinen Sinn mehr. Die Kommissare von Lucke und Möllers zogen beim RDI ein, ließen sich von der Belegschaft ein »Gelöbnis unbedingter Gefolgschaftstreue« leisten und von Krupp von Bohlen die Geschäfte übergeben.[21] Der RDI-Vorsitzende gab in diesen Tagen ein klägliches Bild ab. Er versuchte gar nicht erst, sich über die illegale Aktion vom 1. April zu beschweren und sich hinter Kastl und die jüdischen Mitarbeiter zu stellen, sondern bat Hitler am 4. April in einem devot gehaltenen Schreiben, ihm mitzuteilen, an wen er sich »in allen die Neuorganisation des Reichsverbandes der Deutschen Industrie berührenden Fragen als Ihren Beauftragten wenden könnte«.[22]

Auf der außerordentlichen Sitzung des Präsidiums am 6. April wurde Krupp von Bohlens Verhalten scharf kritisiert. Ein großer Teil der Mitglieder war offenbar der Meinung, ein RDI-Vorsitzender dürfe sich nicht widerspruchslos von drittklassigen Parteifunktionären vorführen lassen und nicht im Alleingang über die Zukunft des Verbands entscheiden. Auch die Entlassung der jüdischen Mitarbeiter wurde moniert. Krupp von Bohlen konnte sich nur mit einer Rücktrittsdrohung durchsetzen, erhielt aber daraufhin Vollmachten zur Durchführung einer Reorganisation des Verbands.[23] Der Textilindustrielle Georg Müller-Oerlinghausen, einer der fünf stellvertretenden RDI-Vorsitzenden, schrieb wenige Tage später an Herle: »Für Mangel an Mut haben gerade die maßgebenden Leute des neuen Regimes am wenigsten Verständnis.« Müller-Oerlinghausen warnte vor einem voreiligen Umbau des Verbandes, wollte

20 Wengst, *Reichsverband*, 100 ff.

21 Zitiert nach Neebe, *Großindustrie*, 185 (mit Zitat); Abelshauser, *Gustav Krupp*, 12.

22 Gustav Krupp von Bohlen und Halbach an Adolf Hitler, 4.4.1933, in: BA Berlin, R 43 II/362, Bl. 13.

23 Abelshauser, *Gustav Krupp*, 13 f.

355

Abschrift.

A k t e n n o t i z

über eine Besprechung im Reichsverband der Deutschen Industrie am 1. April 1933, vormittags 10 Uhr 30.

Auf Wunsch von Herrn Dr.h.c. W a g e n e r fand am 1. April vormittags eine Besprechung bei Herrn Geheimrat Kastl statt, an der in Begleitung von Herrn Dr. Wagener die Herren Dr. von L u c k e und M ö l l e r s und von Seiten des Reichsverbandes neben Geheimrat Kastl Dr. Herle und Dr.Heinecke teilnahmen.

Dr. Wagener machte Ausführungen über die Notwendigkeit der Zusammenarbeit des Reichsverbandes der Deutschen Industrie und der nationalen Bewegung in Deutschland und den Regierungsstellen. In den meisten wirtschaftlichen Verbänden habe man sich schon umgestellt oder sei in der entsprechenden Umstellung begriffen. Nur der Reichsverband habe es bisher vermieden, irgendwelche Notiz von der Revolution zu nehmen und tue so, als ob alles beim alten geblieben sei. Das sei schädlich für die Industrie und infolgedessen sei in den zahlreichen Kreisen der Industrie, die hinter der nationalen Bewegung stehen, eine grosse Beunruhigung entstanden. In den Regierkungskreisen sei man unter Umständen entschlossen, bei der Bildung des neuen Reichswirtschaftsrats den Reichsverband völlig zu übergehen und ihm auch nicht die Rolle in dem kommenden berufsständischen Aufbau, die die Industrie haben müsse, zuzuweisen. Das könnten aber die Industriekreise, die anders eingestellt seien, nicht hinnehmen und man müsse Abhilfe schaffen. Dr. Wagener überbrachte dann folgende Forderungen:

./.

Historisches Archiv Krupp

Abbildung 11: Auszug aus der Aktennotiz Ludwig Kastls vom 1. April 1933

356

- 2 -

1.) Die der Rasse nach jüdischen Mitglieder der Geschäftsführung, nämlich Dr. Loening, Dr. Singer und Dr. Veit, seien sofort zu beurlauben. Die Herren möchten in ihrem eigenen Interesse sobald wie möglich diesem Wunsche Rechnung tragen. Es solle durch die Form der schnellen Beurlaubung verhindert werden, dass womöglich noch im Laufe des heutigen Tages von aussen her eine Aktion erfolge, die den Herren persönlich und dem Reichsverband Unannehmlichkeiten bereiten könnte.

2.) Die nationalsozialistische Bewegung halte eine Zusammenarbeit zwischen dem Reichsverband und der Regierung und auch mit der nationalsozialistischen Bewegung, auf die grundsätzlich grosser Wert gelegt werde, z.B. auch hinsichtlich der Berücksichtigung des Reichsverbandes bei der Zusammensetzung des neuen Reichswirtschaftsrates - nicht für möglich, wenn nicht auch das Geschäftsführende Präsidialmitglied von seinem Amte zurücktrete oder mindestens zunächst einen Urlaub antrete. Dr. Wagener betonte ausdrücklich, dass darin keinerlei persönlicher Vorwurf gegen Herrn Geheimrat Kastl läge.

3.) Die Geschäftsführung möge den Herren Dr. von Lucke (N.S.D.A.P.) und Möllers (D.N.V.P.) Gelegenheit geben, im Hause selbst als "Vertrauensleute" mit der Geschäftsführung zu arbeiten. Diese Regelung wurde als "einstweilig" bezeichnet. Der Ausdruck "Kommissare" solle nicht angewandt werden. Die Vertrauensleute seien nicht berechtigt, in die Geschäftsführung als solche einzugreifen. Sie sollten vielmehr eine Uebereinstimmung zwischen der Wirtschaftspolitik des Reichsverbandes und der Weltanschauung und der Wirtschaftspolitik der nationalsozialistischen Bewegung sicherstellen. Die Leitung der Geschäftsführung bleibt in Händen von Herrn Dr. Herle.

Historisches Archiv Krupp

./.

die Reichskommissare wegschicken und zumindest zwei der jüdischen Präsidialmitglieder zurückholen. Zur »Judenfrage« merkte er an: »Der Rv kann und darf niemals eines Einverständnisses mit der unerhörten Disqualifikation und Bedrückung des deutschen Judentums geziehen werden, wenn er noch ein moralisches ›standing‹ beanspruchen will.«[24]

Kastl hatte inzwischen versucht, Unterstützung für seinen Verbleib beim RDI zu gewinnen. Doch Krupp von Bohlen war nicht bereit, sich für ihn einzusetzen, und unter den neuen Machthabern hatte der RDI keine politische Lobby. Von Hugenberg hatte Kastl nichts zu erwarten, auch bei mehreren Staatssekretären blitzte er ab. Vom Chef der Reichskanzlei, Hans Heinrich Lammers, erfuhr er schließlich, dass Hitler ihm »nicht die geringste Sympathie entgegenbringe«.[25] Schließlich gab es Kastl auf, sich um eine Revision der Entlassung zu bemühen. Formal schied er erst Mitte Juli 1933 aus. In einem Rundschreiben an die Fachgruppen und landschaftlichen Verbände wurde dies in der offiziellen Sprachregelung mitgeteilt: »Herr Geheimrat Kastl, der seit nahezu einem Jahrzehnt als Geschäftsführendes Präsidialmitglied des Reichsverbandes der deutschen Industrie tätig war, hat den Wunsch ausgesprochen, ihn von dieser Funktion zu entbinden.«[26] Kastl zog sich auf sein Gut in Oberbayern zurück und rechnete täglich mit einer Verhaftung. Er wurde beschuldigt, Gelder der Industrie für die Bekämpfung der NSDAP verwendet zu haben. Da sich die Vorwürfe als haltlos erwiesen, konnte er sich später als Rechtsanwalt beim Berliner Kammergericht niederlassen. Seine Mandanten waren zu einem großen Teil Verfolgte des Regimes. 1936 holte ihn Paul Reusch in die Leitung der Bayerischen Vereinsbank, die er schon zwei Jahre später wegen der »Gleichschaltung« dieses Instituts verlassen musste.[27]

Die drei jüdischen Mitarbeiter der RDI-Geschäftsführung, Hermann Loening, Egon Singer und Fritz Veit, wurden Anfang Mai 1933 entlassen.[28] Loening, der die Abteilung Sozialpolitik geleitet hatte und seit Gründung des RDI in der Geschäftsstelle tätig gewesen war, emigrierte

24 Zitiert nach Neebe, *Großindustrie*, 186 f.

25 Zitiert nach Neebe. *Großindustrie*, 183; Kastl, *Ludwig Kastl*, 101.

26 Rundschreiben des Reichsstands der deutschen Industrie, Wirtschaftspolitische Abteilung, an die Fachgruppen und landschaftlichen Verbände, 15.7.1933, in: SHI, SAA 11.Lb 118.

27 Kastl, *Ludwig Kastl*, 103-112; Marx, *Reusch*, 405 ff.; Horst Möller, *Regionalbanken im Dritten Reich. Bayerische Hypotheken- und Wechsel-Bank, Bayerische Vereinsbank, Vereinsbank in Hamburg, Bayerische Staatsbank 1933 bis 1945*, Berlin 2015, 161, 176 f.

28 Wengst, *Reichsverband*, 107.

noch im Laufe des Jahres 1933 nach Südwestafrika.[29] Singer, der bisherige Leiter der Abteilung Bank- und Börsenwesen, emigrierte nach Großbritannien. Herle und Krupp von Bohlen setzten sich bei den Behörden dafür ein, dass Singer einen größeren Betrag dorthin transferieren konnte, um sich mit der Gründung einer Exportförderungsstelle in London eine neue Existenz aufzubauen.[30] Zu Veit, einem Mitarbeiter des Russlandausschusses, konnten keine Angaben ermittelt werden.

Aus dem Präsidium des RDI mussten sechs von Wagener namentlich benannte Mitglieder ausscheiden. Betroffen waren die stellvertretenden Verbandsvorsitzenden Kraemer und Silverberg[31] sowie die Präsidialmitglieder Piatschek, Pietrkowski, von Simson und Sobernheim. Vier von ihnen gingen in die Emigration. Paul Silverberg, der Christ war, aber jüdische Eltern hatte, lebte ab 1934 in der Schweiz.[32] Der IG Farben-Manager Edmund Pietrkowski zog ebenfalls in die Schweiz und unterstützte von dort aus auf der Basis eines Beratervertrags das Exportgeschäft der IG Farben.[33] Der IG Farben-Beirat und ehemalige Staatssekretär Ernst von Simson emigrierte 1938 nach Großbritannien.[34] Walter Sobernheim, der Vorstandsvorsitzende der Schultheiss-Brauerei, emigrierte 1933 zunächst nach Frankreich, dann über Südamerika in die USA, wo er 1945 starb.[35] Hans Kraemer – der Initiator und Vorsitzende des Russlandausschusses – blieb in Deutschland. Er musste 1937 seinen Firmenbesitz verkaufen und starb ein Jahr später an Krebs.[36] Bei Konrad Piatschek handelte es sich um einen speziellen Fall. Er war kein Jude und hatte auch keine jüdischen Vorfahren. Als Repräsentant des Petschek-Konzerns, der einer jüdischen Industriellenfamilie gehörte, stand er trotzdem auf der Liste

29 http://www.bundesarchiv.de/aktenreichskanzlei/1919-1933/opa/adr/adrhl/kap1_5/para2_186.html [letzter Zugriff 28.12.2018].

30 Jacob Herle an Gustav Krupp von Bohlen und Halbach, 9.5.1933, in: HA Krupp FAH 4E 174, Bl. 31.

31 Silverberg hatte Krupp von Bohlen schon Ende März seinen Rücktritt mitgeteilt, allerdings in Form einer »Vorratsbeschlusses«, von dem der RDI-Vorsitzende zu einem passenden Zeitpunkt Gebrauch machen konnte. Paul Silverberg an Gustav Krupp von Bohlen und Halbach, 29.3.1933, in: BA Koblenz, N 1013/324, Bl. 48.

32 Gehlen, *Silverberg*, 515 ff.

33 Peter Hayes, *Industry and Ideology. IG Farben in the Nazi Era*, ²Cambridge 2001, 93.

34 http://www.bundesarchiv.de/aktenreichskanzlei/1919-1933/0000/adr/adrsz/kap1_1/para2_354.html [letzter Zugriff 28.12.2018].

35 *Biographisches Handbuch der deutschsprachigen Emigration nach 1933*, Bd. I: Politik, Wirtschaft, Öffentliches Leben, bearb. von Werner Röder und Herbert A. Strauss, München 1980, 706,

36 http://www.postkarten-archiv.de/die-rotophot-gesellschaften-und-die-kunst-der-polygraphie.html [letzter Zugriff 28.12.2018].

Wageners. Piatschek gehörte bis Kriegsende weiterhin dem Aufsichtsrat der Ilse Bergbau AG an.

Am 24. April 1933 wurden Otto Wagener und Alfred Möllers von Hugenberg auch förmlich zu Reichskommissaren »für den Reichsverband der Deutschen Industrie und für die übrige Wirtschaft, mit Ausnahme der Landwirtschaft« ernannt.[37] Wagener wiederum berief Hans von Lucke zu seinem Stellvertreter für den RDI. Vor allem die Ernennung von Möllers war für den Verband eine bittere Pille. Leitete dieser deutschnationale Jurist doch seit zehn Jahren den Bund für Nationalwirtschaft und Werksgemeinschaft, der im Konflikt um den Dawes-Plan als Konkurrenz zum RDI gegründet worden war.[38] Den Ton gab freilich Wagener an und bald war es kein Geheimnis mehr, dass der NSDAP-Funktionär mit Krupp von Bohlen besser harmonierte als mit vielen Parteigenossen. Der RDI-Vorsitzende vertrat offensiv das von Wagener propagierte Konzept eines berufsständischen Aufbaus der deutschen Wirtschaft und gestaltete den Umbau des Spitzenverbands zu einer berufsständischen Organisation mit. Krupp von Bohlen arbeitete auch eigene Vorschläge für die Reorganisation der industriellen Selbstverwaltung aus, die er am 25. April Hitler schickte.[39] Beachtung fanden sie nicht.

Als Krupp von Bohlen am 3. Mai die Richtlinien über die Umgestaltung des industriellen Verbandswesens vorstellte, bekannte er sich zur Übertragung des Führerprinzips auf die Industrieverbände und dem Ziel, »die neue Organisation in volle Übereinstimmung mit den politischen Zielen der Reichsregierung zu bringen«.[40] Von da an war die Auflösung des RDI nur noch eine Frage der Zeit. Die meisten Mitglieder des Restpräsidiums fanden sich damit ab, dass der Vorsitzende den Verband nun nach dem Führerprinzip ohne Beschlüsse des Präsidiums und des Vorstands leitete. Anders sah es das langjährige Präsidialmitglied Clemens Lammers. Am 4. Mai schrieb er an Krupp von Bohlen:

> »Hiermit erkläre ich meinen Austritt aus dem Präsidium des Reichsverbandes der Deutschen Industrie. [...] Als jedoch der Zwang drohte, zeigte sich eine Willigkeit, die ich verachten muss. Der gestern von Ihnen herbeigeführte Abschluss entspricht nicht dem Ihnen vom Präsidium erteilten Mandat. Er bedeutet das Ende der Spitzenorgani-

37 Ernennungsschreiben des Reichswirtschaftsministers, 24.4.1933, in: HA Krupp, FAH 4E 193.

38 Siehe Kapitel 3, 69.

39 Lochner, *Tyrann*, 188.

40 Zitiert nach Kahn, *Reichsgruppe*, 158.

> sation jenes deutschen Unternehmertums, das einst auf seine geistige Freiheit stolz war, ein Ende, über das ich tiefe Scham empfinde.«[41]

Am 22. Mai forderte Krupp von Bohlen sämtliche noch verbliebenen Gremienmitglieder des RDI auf, ihre Ämter zur Verfügung zu stellen, um die Reorganisation des Spitzenverbands einleiten zu können. Bald darauf ging die ereignisreiche Geschichte des RDI nach nur 14 Jahren zu Ende. Der RDI und VDA schlossen sich am 19. Juni 1933 zum Reichsstand der Deutschen Industrie zusammen.[42]

Wie war es möglich, dass der Spitzenverband der deutschen Industrie, dessen Präsidium einige der bekanntesten Köpfe der deutschen Wirtschaft angehörten, ein derart unrühmliches Ende fand? Gewiss war der Handlungsspielraum für den Verband gering, der RDI hätte im »Dritten Reich« nicht in seiner bisherigen Form fortbestehen können, das ergab sich aus dem System der nationalsozialistischen Diktatur. Man hätte aber ein Zeichen setzen können, durch einen geschlossenen Rücktritt des Vorstands und des Präsidiums samt Vorsitzendem. Ein Paul Reusch wäre wahrscheinlich so verfahren. Doch Krupp von Bohlen wollte die Ausgestaltung der Nachfolgeorganisation beeinflussen können, sie nicht Wagener und Hugenberg überlassen. Wie sich dann zeigte, hatte er offenbar auch das Ziel, eine industrielle Spitzenorganisation zu erhalten. Dies erklärt freilich nicht die devote Haltung, die er sämtlichen Funktionsträgern des Regimes gegenüber an den Tag legte und die wohl nicht nur Lammers als unwürdig empfand. Joseph Goebbels notierte in seinem Tagebuch: »Krupp von Bohlen. Netter Mann aber kein Heros«.[43] Die Gründe für die Unterwürfigkeit des letzten RDI-Vorsitzenden lagen vor allem in seiner Persönlichkeit. Hermann Bücher hat diese 1948 recht treffend beschrieben:

> »In normalen Zeiten war er ein hervorragender Präsident. Aber den Verhältnissen, wie sie sich im Jahre 1932/33 entwickelten, war er nicht gewachsen. Er war kein Unternehmertyp, Er konnte die Erziehung im Obrigkeitsstaate und in seiner früheren Laufbahn nicht abschütteln,

41 Clemens Lammers an Gustav Krupp von Bohlen und Halbach, 4.5.1933, in: HA Krupp, FAH IVE 1024.

42 *Reichsstand der Industrie gegründet*, in: Vossische Zeitung (20.3.1933); Christopher Kopper, *Das Ministerium Schacht und sein Einfluss*, in: Albrecht Ritschl (Hg.), in: Das Reichswirtschaftsministerium in der NS-Zeit. Wirtschaftsordnung und Verbrechenskomplex (Wirtschaftspolitik in Deutschland 1917-1990, Bd. 2), Berlin 2016, 83.

43 Elke Fröhlich (Hg.), *Die Tagebücher von Joseph Goebbels*, Teil 1, Bd. 2/III, bearb. von Angela Hermann, München 2006, 222 (Tagebucheintrag vom 6.7.1933).

sondern fühlte sich – wie er selbst des öfteren zum Ausdruck brachte – als Verwalter des Vermögens seiner Frau und als Wahrer der Tradition des Kruppschen Hauses.
Obwohl starrköpfig und durch Dritte nahezu unbeeinflussbar, war er keine Kämpfernatur. Nachdem Hitler zur Macht gekommen war, ordnete er sich unter, obwohl er – wie mir bekannt – Hitler vorher strikt abgelehnt hatte.«[44]

Zu berücksichtigen ist auch ein Aspekt, der hier nur zwischen den Zeilen durchklingt, aber für ehrenamtlich geleitete Wirtschaftsverbände ein generelles Problem darstellt: Im Zweifelsfall werden sich ehrenamtliche Vorsitzende eher für die Interessen ihres Unternehmens als für die des Verbands entscheiden. Krupp von Bohlen war nicht nur der Verwalter des Vermögens seiner Frau, er stand auch an der Spitze eines Konzerns, der nach der nationalsozialistischen Machtübernahme mit umfangreichen Rüstungsaufträgen rechnen konnte. Warum sollte er sich da wegen des RDI beim Regime unbeliebt machen? Man kann es freilich auch von der anderen Seite sehen. Hitler war für die Aufrüstung auf die Kooperation der Großindustrie angewiesen, das eröffnete auch Spielräume, die Männer wie Bosch und Reusch wahrnahmen. Aber das hätte ein Naturell erfordert, das Krupp von Bohlen nicht hatte und über das Vorsitzende von Spitzenverbänden wohl auch selten verfügen. Von ihnen wird eben erwartet, mehr ausgleichend als streitbar zu sein.

Mit der Gründung des Reichsstandes der Deutschen Industrie [im Folgenden: Reichsstand] am 19. Juni 1933 gelang unter Zwang, was in der Weimarer Republik gescheitert war: »Ein Zusammenschluss der Spitzenverbände der Industriellen und der Arbeitgeber.«[45] Allerdings handelte es sich keineswegs um eine vollständige Fusion. Der Reichsstand bildete praktisch nur das Dach, unter dem die beiden fusionierten Spitzenorganisation als eigene Säulen bestehen blieben: Aus dem RDI wurde die Wirtschaftspolitische Abteilung des Reichstandes, aus der VDA die Sozialpolitische Abteilung. Beide Abteilungen hatten nicht einmal eine gemeinsame Anschrift, da sie in den Büros ihrer jeweiligen Vorgängerinstitutionen arbeiteten.

44 Zitiert nach Lochner, *Tyrann*, 197.

45 Gründung des Reichsstandes der Deutschen Industrie, in: Korrespondenz Reichsindustrie, 19.6.1933, in: HA Krupp, FAH 4E 193, Bl. 195. Zur Gründung des Reichsstandes der Deutschen Industrie vgl, Kahn, *Steuerung*, 163 ff.; Kopper, *Ministerium*, 83 ff.

Die Reichsstände – neben dem für die Industrie gab es einen für den Handel und einen für das Handwerk – hatten keine Verbandsautonomie. Ihre Leiter wurden nicht gewählt, sondern vom Reichswirtschaftsminister ernannt. Sie ernannten wiederum die Leiter der Wirtschaftspolitischen Reichsfachverbände, die nun auf der Branchenebene entstanden und zumeist aus den früheren Branchenverbänden hervorgingen. Da die Reichsgruppen nach dem nationalsozialistischen Führerprinzip geleitet wurden, hatten sie keinen Vorstand und auch keinen Vorsitzenden, nur einen Leiter. Das Reichswirtschaftsministerium wollte jedoch nicht allein auf das Führerprinzip setzen – zu gut waren die Erfahrungen mit dem Kollegialprinzip in den Verbänden – und setzte die Errichtung von Beiräten durch.[46]

Von Anfang an war unstrittig, dass der letzte RDI-Vorsitzende Krupp von Bohlen Leiter des Reichsstandes der deutschen Industrie würde. Diese Entscheidung hing sicher mit der Anpassungsbereitschaft des RDI-Vorsitzenden zusammen, aber auch mit der geringen Neigung des VDA-Vorsitzenden Carl Köttgen von den Siemens-Schuckertwerken, diese Position zu übernehmen. Zudem dürfte der Name mit hineingespielt haben – ein Krupp ist eben etwas anderes als ein Köttgen. Schon durch die Gesamtleitung Krupp von Bohlens war der RDI innerhalb des Reichsstands der dominante Part. Als stellvertretender Leiter wurde Krupp von Bohlen Albert Pietzsch zugeordnet, der neue Präsident der Industrie- und Handelskammer München-Oberbayern; ein alter Kämpfer der Partei, der seit 1930 Mitglied der NSDAP war und über politische Verbindungen verfügte, die Krupp von Bohlen nicht hatte. Die Geschäftsführung der Wirtschaftspolitischen Abteilung wurde von Jacob Herle geleitet, der inzwischen seit 19 Jahren Geschäftsführer war, die der Sozialpolitischen Abteilung vom früheren VDA-Geschäftsführer Roland Brauweiler.

Mit der Bildung der Reichsstandes-Gliederung konnte sich die Industrie erst einmal den Begehrlichkeiten der im Mai 1933 nach der Zerschlagung der Gewerkschaften gebildeten Deutschen Arbeitsfront entziehen, die eine wirkliche berufsständische Ordnung durch den Zusammenschluss von Unternehmern und Arbeitnehmern anstrebte. Die VDA war bereits im Mai 1933 und somit noch vor Entstehung des Reichsstandes in die DAF eingetreten, ohne freilich in ihr aufzugehen. Ein halbes Jahr später beklagte der Geschäftsführer der Sozialpolitischen Abteilung des Reichsstandes Roland Brauweiler, der Verband sei dazu gezwungen

46 Schulz, *Anfänge*, 631.

worden, es sei »ein ausdrücklicher Wunsch des Reichskanzlers mitgeteilt worden«.[47] Brauweiler war offenbar davon ausgegangen, dass der RDI bzw. die Wirtschaftspolitische Abteilung des Reichsstandes seinem Verband in die DAF folgen würde. Er berief sich später auf eine Absprache mit Herle. Doch Krupp von Bohlen konnte sich zu diesem Schritt nicht entschließen, weder bei Bildung des Reichsstandes noch später. Lieber nahm er einen Konflikt mit Brauweiler in Kauf. Dies deutet darauf hin, dass Krupp von Bohlen tatsächlich das Ziel verfolgte, eine eigene Spitzenorganisation der Industrie zu erhalten. Die Sozialpolitische Abteilung des Reichsstandes ging im Dezember 1933 im Gesamtverband deutscher Unternehmer der DAF auf, die Wirtschaftspolitische Abteilung blieb dagegen bestehen.

Unübersehbar stand die Wirtschaftspolitische Abteilung in einer starken Kontinuität zum RDI, was angesichts des überstürzt vorgenommenen Umbaus nicht verwunderlich ist. Nicht nur der Leiter und der Hauptgeschäftsführer des Reichsstandes kamen vom RDI, auch die meisten Abteilungsleiter, etwa Max Ferdinand Freiherr von Brackel (seit 1924 beim RDI) oder Gustav Schwartz von der Rechtsabteilung. Für die Beschäftigten insgesamt dürfte Ähnliches gegolten haben. Die meisten mussten vielleicht nicht einmal die Büroräume wechseln, sondern nur das Türschild, da der Reichsstand auch das Gebäude des RDI in der Königin-Augusta-Straße übernahm. Nicht zuletzt glich das Logo des Reichsstandes dem des RDI fast wie ein Ei dem anderen. Abgesehen von der Satzung gab es eigentlich keine Zäsur beim Übergang zwischen RDI und Reichsstand. In der Wahrnehmung der meisten Mitarbeiter war die Wirtschaftspolitische Abteilung des Reichsstandes der Deutschen Industrie wohl nur ein RDI in anderem Gewand.

So führte der Reichsstand auch die vielfältigen Aktivitäten der Kartellstelle des RDI weiter, nun allerdings auch mit einer Ausrichtung auf neue staatliche Lenkungsinstrumentarien. Sein Kartellausschuss wirkte an der Ausarbeitung des Gesetzes über die Errichtung von Zwangskartellen vom 15. Juli 1933 und des Gesetzes zur Änderung der Kartellverordnung vom selben Tag entscheidend mit. Beide Gesetze beruhten auf Entwürfen des Kartellausschusses. Das Zwangskartellgesetz befugte den Reichswirtschaftsminister Unternehmen zu Kartellen oder Syndikaten zusammenzuschließen bzw., sie an bestehende Kartelle anzugliedern. Damit wurde ein Instrumentarium geschaffen, das für die Wirtschaftsverbände im

47 Aufzeichnung über eine Besprechung zwischen Herrn von Bohlen und Präsident Brauweiler am 27.9.1933, in: HA Krupp, FAH 4E 196, Bl. 22ff.

»Dritten Reich« sehr bedeutsam werden sollte. Allein im ersten Jahr wurden beim Reichswirtschaftsministerium schon 133 Anträge auf Zwangskartellierung gestellt. Die Kartellverordnung wiederum übertrug die Zuständigkeit für Kartellgerichte auf den Reichswirtschaftsminister.[48]

Sehr viel stärker machte sich die Neuausrichtung in den Publikationen des Reichsstandes bemerkbar. »Die Zeit wirtschaftspolitischer Resolutionen und großer Protestkundgebungen wird vorüber sein«, schrieb Geschäftsführer Herle am 22. Juli 1933 an Paul Reusch und es klang nicht so, als ob er darüber unglücklich gewesen wäre.[49] Zwar erschienen die Geschäftlichen Mitteilungen für die Mitglieder im gleichen Layout wie beim RDI weiter, doch war der Reichsstand nun auch Teil der Propagandamaschinerie. So empfahl er Ende Juni 1933 seinen Mitgliedern eine antisemitische Hetzschrift zur »Abwehr ausländischer Boykottbestrebungen«, die Daten zum Anteil von Juden in einzelnen Berufsgruppen enthielt.[50] Herle arbeitete im Juli eine Aufzeichnung über die Reorganisation der deutschen Wirtschaftsverbände aus, die ausländischen Besuchern den Aufbau der Reichsstände erklären sollte. Dabei verfiel der Geschäftsführer in platteste Propagandaphrasen. Die Broschüre enthielt Sätze wie diesen: »Die deutsche Staatsform unter der Führung unseres Reichskanzlers Adolf Hitler ist die des Führerstaates. Man kann dieses Prinzip auch die germanische Form der Demokratie nennen.«[51] Weder Herle noch Krupp von Bohlen traten damals in die NSDAP ein, doch Krupp von Bohlens rhetorische Bücklinge vor Hitler wurden immer tiefer. Ein Beispiel dafür ist das Treuebekenntnis, das er dem »Führer« anlässlich der konstituierenden Sitzung des Ausschusses für Allgemeine Wirtschafts- und Sozialpolitik am 18. Oktober 1933 telegrafierte:

> »Vertreter alle Industrien aus allen Teilen des Reiches zusammengetreten, um durch Rat und Tat die Reichsregierung in ihrem bewundernswürdigen Kampf gegen die Arbeitslosigkeit zu unterstützen, bekennen sich zu meinem im Namen des Deutschen Volkes gegebenen Mannes-

48 Wilfried Feldenkirchen, *Das Zwangskartellgesetz von 1933. Seine wirtschaftliche Bedeutung und seine praktischen Folgen*, in: Pohl (Hg.), Kartelle, 145-166, 147 ff.

49 Jacob Herle an Paul Reusch, 22.7.1933, RWWA 130-400101220/146.

50 Rundschreiben des Vereins zur Wahrung der Interessen der Chemischen Industrie Deutschlands, 29.6.1933, in: RWWA 130-400101220/14a (mit Berufung auf den Reichsstand). Vgl. Neebe, *Großindustrie*, 195 f.

51 Zitiert nach Jacob Herle an Gustav Krupp von Bohlen und Halbach, in: HA Krupp, FAH 4E 193, Bl. 180.

worte der bedingungslosen Treue im Kampfe für unseres Volkes Ehre, Frieden und Gleichberechtigung«.[52]

Noch vor Entstehung des Reichsstandes hatte Krupp von Bohlen die Initiative zur Gründung einer Spendenorganisation der Wirtschaft für die NSDAP ergriffen, die dann die Bezeichnung »Adolf-Hitler-Spende der deutschen Wirtschaft« erhielt. Wie aus einem Schreiben Krupp von Bohlens an Hjalmar Schacht hervorgeht, hat er dies Hitler bereits im Mai 1933 in einer Besprechung vorgeschlagen. Das Motiv für die Gründung war nicht die unterwürfige Haltung des Krupp-Chefs gegenüber Hitler, sondern ein handfestes Interesse der Wirtschaft. Die Unternehmen wurden seit der nationalsozialistischen Machtübernahme von allen nur möglichen Gliederungen der Partei mit Spendenwünschen belagert, von der SA wie von der SS, von der DAF, der Nationalsozialistischen Volkswohlfahrt, dem Nationalsozialistischen Kraftfahrkorps und anderen mehr. Die ausufernden Spenden waren für einige Unternehmen bereits zu einer ernsthaften Belastung geworden. Krupp von Bohlen hatte deshalb Hitler den Vorschlag unterbreitet, »alle Sammlungen seiner Partei in einer großen Sammlung zu konzentrieren«.[53] Unternehmen, die für die Adolf-Hitler-Spende zahlten, durften von den Gliederungen der Partei nicht mehr um Spenden angegangen werden. Hitler war damit sehr einverstanden. Bald entwickelte sich aus der ursprünglich auf Freiwilligkeit beruhenden Spendenpraxis eine Zwangsabgabe zum festen Satz von fünf Promille der Lohn- und Gehaltssumme von 1932.[54] Die Gelder wurden zunächst von den Branchenverbänden eingesammelt, die sie dann einmal im Jahr an die Adolf-Hitler-Spende abführten. Da für jede Branche ein bestimmter Betrag festgesetzt wurde, der erreicht werden musste, handelte es sich praktisch um eine Zwangsabgabe. Allein bis September 1933 ging bei der Adolf-Hitler-Spende schon ein Betrag von rund zehn Mio. Reichsmark ein. Diese Mittel wurden von einem Kuratorium unter dem Vorsitz von Krupp von Bohlen verwaltet.[55] Das Kuratorium gehörte nicht zum Reichsstand, Krupp von Bohlen hatte daher auch später den Vorsitz.

52 Zitiert nach: Rundschreiben des Reichsstandes der Deutschen Industrie, Wirtschaftspolitische Abteilung, an die Mitglieder aller Ausschüsse, Fachgruppen und landschaftlichen Verbände, 19.10.1933, RWWA 130-400101220/14b.

53 Gustav Krupp von Bohlen und Halbach an Hjalmar Schacht, 29.5.1933, in: HA Krupp, FAH 23/761, Bl. 6.

54 *Adolf-Hitler-Spende der deutschen Wirtschaft*, in: Frankfurter Zeitung (13.6.1933).

55 Niederschrift über die Sitzung des Kuratoriums der »Adolf-Hitler-Spende der deutschen Wirtschaft« am 23.5.1933, in: HA Krupp, FAH 23/761, Bl. 63.

Abbildung 12: Kundgebung von Vertretern der deutschen Wirtschaft am 7. November 1933 in Berlin (von links: Albert Vögler, Adrian von Renteln, Gustav Krupp von Bohlen und Halbach)

Schon wenige Wochen nach Gründung des Reichsstands verloren die Befürworter eines berufsständischen Aufbaus der deutschen Wirtschaft entscheidend an Einfluss. Otto Wagener fiel Ende Juni 1933 durch eine Intrige Görings bei Hitler in Ungnade und wurde entmachtet. Er kam für die Nachfolge des kurz zuvor zurückgetretenen Hugenberg nicht mehr in Betracht. Neuer Reichswirtschaftsminister wurde mit Kurt Schmitt ein erfahrener und prominenter Vertreter der privaten Wirtschaft. Schmitt, der zwölf Jahre lang den Allianz-Konzern geleitet hatte, ging nun mit Rückendeckung Görings daran, das Gewicht des Ministeriums gegenüber der DAF zu stärken und im Reichswirtschaftsministerium den Einfluss des Parteiapparats zurückzudrängen. Ein berufsständischer Aufbau der deutschen Wirtschaft war nicht mehr gewünscht, alle darauf abzielenden Planungen wurden Anfang Juli 1933 gestoppt. Schmitt strebte einen »organischen Aufbau« der Wirtschaft an, womit eine öffentlich-rechtliche Verbandsstruktur in Form einer systematisch gegliederten Hierarchie gemeint war.[56] Die neuen Planungen des Reichswirtschafts-

56 Kopper, *Ministerium*, 82 ff.

ministeriums führten zu dem am 27. Februar 1934 erlassenen Gesetz zur Vorbereitung des organischen Aufbaus der deutschen Wirtschaft.[57] Das Gesetz übertrug dem Reichswirtschaftsministerium weitreichende Befugnisse zur Umgestaltung der bestehenden Wirtschaftsverbände. Auf dieser Basis wurde nun eine behördenartig gegliederte Organisation der gewerblichen Wirtschaft (OGW) errichtet. Die Verbände der OGW beruhten auf den Prinzipien Ausschließlichkeit und Zwangsmitgliedschaft sowie auf dem bereits faktisch übernommenen Führerprinzip. Sie wurden zwölf neu geschaffenen Hauptgruppen zugeordnet, von denen sieben auf die Industrie entfielen. Über den Hauptgruppen wurde als Lenkungszentrale der OGW eine Institution mit der Bezeichnung »Führer der Wirtschaft« gebildet.

Zum Führer der Wirtschaft ernannte Schmitt den wenig bekannten Industriellen Philipp Keßler, der den Reichsfachverband Elektrotechnische Industrie leitete. Keßler war Vorstandsvorsitzender der Bergmann Elektrizitätswerke in Berlin. Er galt innerhalb der Branche als konzernnah und gehörte seit Mai 1933 der NSDAP an.[58] Für das Reichswirtschaftsministerium hatte diese Lösung den Vorteil, dass ein derart blasser »Führer der Wirtschaft« leicht handhabbar war. Beim Reichsstand führte sich Keßler am 24. April 1934 mit einem Vortrag über »Organisatorische Grundlagen der Wirtschaftslenkung« ein.[59]

Für Krupp von Bohlen und den Reichsstand der Deutschen Industrie war die neue Gliederung der Wirtschaftsverbände ein schwerer Schlag. Durch die Aufteilung der Industrie in sieben, dem Führer der Wirtschaft direkt unterstellte Hauptgruppen verlor der Reichsstand seine bisherige Funktion. Er blieb zwar noch eine Zeit lang bestehen, hatte aber praktisch keine Bedeutung mehr. Als Kompensation wurde Krupp von Bohlen zum Leiter der Hauptgruppe I (Bergbau, Eisen- und Metallgewinnung) ernannt. Zusätzlich erhielt er den Ehrentitel »Führer der deutschen Industrie« verliehen. Krupp von Bohlen sah es als demütigend an, dass er als Leiter des Reichsstandes und früherer RDI-Vorsitzender jetzt

57 Gesetz zur Vorbereitung des organischen Aufbaus der deutschen Wirtschaft. Vom 27.2.1934, in: Reichsgesetzblatt I 1934, Nr. 28, 185 f. Vgl. hierzu Kahn, *Steuerung*, 205 ff.; Kopper, *Ministerium*, 87.

58 Vermerk Schauke betr. Wahl des Führers des Einheitsverbandes der elektrotechnischen Industrie, 21.8.1933, in: SHI, SAA 4.Lf 817.

59 Philipp Keßler, Organisatorische Aufgaben der Wirtschaftslenkung, in: Wirtschaftslenkung. Tagung des Ausschusses für Allgemeine Wirtschafts- und Sozialpolitik des Reichsstandes der Deutschen Industrie, 24.4.1934, in: BDI-Archiv Z 95 (8 v. 14). Vgl. hierzu Ingeborg Esenwein-Rothe, *Die Wirtschaftsverbände von 1933 bis 1945*, Berlin 1965, 58.

nur noch einer der vielen Hauptgruppenleiter unter Keßler war. Unter den Hauptgruppenleitern galt er zwar als »primus inter pares«, aber keiner der anderen war bereit, sich ihm unterzuordnen. Besonders bitter war für Krupp von Bohlen auch, dass nun kein gesamtindustrieller Spitzenverband mehr bestand. Er hatte sich dafür eingesetzt, dass ein derartiger Verband nach dem Ende des RDI erhalten blieb und nicht wie die VDA von der DAF vereinnahmt wurde. Die Sicherung des Fortbestandes einer gesamtindustriellen Spitzenorganisation dürfte für ihn ein wichtiger Grund gewesen sein, im Amt zu bleiben. Dazu war Krupp von Bohlen jetzt nicht länger bereit. Er reichte noch im April 1934 seinen Rücktritt ein und schob dafür gesundheitliche Gründe vor. Keßler nahm jedoch den Rücktritt nicht an.[60]

Schon wenig später begann sich das Blatt wieder zu wenden. Reichswirtschaftsminister Schmitt brach am 26. Juni bei einer Rede ohnmächtig zusammen, musste einen langen Genesungsurlaub antreten und kehrte danach nicht mehr ins Amt zurück. Zum Nachfolger wurde, zunächst kommissarisch, Reichsbankpräsident Hjalmar Schacht ernannt. Schacht hatte andere Vorstellungen von der Gliederung der Wirtschaftsverbände als sein Vorgänger und berief schon am 11. Juli den Führer der deutschen Wirtschaft, Keßler, ab. Im Reichswirtschaftsministerium wurde nun ein neues Modell entworfen, das Schacht dann im November mit einer Ausführungsverordnung zum Gesetz zur Vorbereitung des organischen Aufbaus der deutschen Wirtschaft umsetzte. Alle Wirtschaftsverbände wurden nun Teil einer »Organisation der gewerblichen Wirtschaft« (OGW), an deren Spitze eine Reichswirtschaftskammer stand. Nachgeordnet wurden Reichsgruppen für die einzelnen Wirtschaftsbereiche gebildet, darunter wiederum Wirtschaftsgruppen für die Branchen. Damit entstand nun wieder eine gesamtindustrielle Dachorganisation, wie sie Krupp von Bohlen und die allermeisten Industriellen für unverzichtbar hielten. Das Amt »Führer der deutschen Wirtschaft« wurde aufgelöst.[61]

Am 12. Januar 1935 ordnete Schacht die Überführung des Reichsstandes der deutschen Industrie auf die Reichsgruppe der Deutschen Industrie an. Krupp von Bohlen hatte dem Minister schon im Herbst mitgeteilt, dass er sich anlässlich der Reorganisation aus der Verbandstätigkeit zurückziehen wird. Er dürfte das Amt nun mit der Genugtuung

60 Abelshauser, *Gustav Krupp*, 23.

61 Erste Verordnung zur Durchführung des Gesetzes zur Vorbereitung des organischen Aufbaues der deutschen Wirtschaft. Vom 27.11.1934, in: Reichsgesetzblatt 1934 I, Nr. 131, 1194-1199.

abgegeben haben, dass die deutsche Industrie wieder eine einheitliche Spitzenorganisation erhielt.

In den letzten Wochen seiner Amtszeit war Krupp von Bohlen noch von einem Drama in der Geschäftsführung des Reichsstandes in Anspruch genommen worden. Der Geschäftsführer Jacob Herle musste am 10. Dezember zurücktreten. Auslöser waren offenbar Unregelmäßigkeiten in der Buchführung des Reichstandes, die Rechtsanwalt Roland Risse, der später Syndikus der Reichsgruppe Industrie wurde, bei einer Buchprüfung festgestellt hatte. Herle hatte 31.500 Reichsmark aus einem Dispositionsfonds erhalten und konnte nicht erklären, wofür dieser Betrag verwendet worden war.[62] Bei Nachprüfungen kam heraus, dass Herle neben seinem Gehalt in Höhe von 32.570 Reichsmark noch einmal rund doppelt so viel aus Nebenbezügen einnahm – aus dem Dispositionsfonds, aus Aufwandsentschädigungen, Reisebeihilfen und Wohnungsgeld, aber auch aus Vergütungen für die Tätigkeit im Russlandausschuss, im Deutschen Ausstellungs- und Messeamt und im Industriepensionsverein. In Absprache mit Schatzmeister Hilger war dies stets so gehandhabt worden, nicht nur bei Herle, sondern auch bei einigen Abteilungsleitern und früher auch bei Kastl. Die Leitung der Geschäftsführung hatte ihr Gehalt offenbar zu einem erheblichen Teil nach Art eines Honoratiorenclubs auf der Basis mündlicher Absprachen mit dem Schatzmeister bezogen. Herle hatte aber nun das Problem, dass Hilger ihn nicht mehr entlasten konnte, weil er im August 1934 gestorben war. Beiratsmitglied Eugen Vögler, der Vorstandsvorsitzende von Hochtief, und Leiter der Hauptgruppe IV, sprang Herle zur Seite, ließ die Unterlagen nochmals prüfen und konnte dem Geschäftsführer am 16. November mitteilen, »dass auch nicht der Schein eines Verdachtes übrig geblieben ist«.[63]

Doch Vögler musste sich dann vom kommissarischen Führer der Wirtschaft, dem nationalsozialistischen Juristen Rüdiger von der Goltz, belehren lassen, dass es damit nicht getan sei. Das Finanzgebaren Herles dürfe in einer nach nationalsozialistischen Grundsätzen geführten Wirtschaft nicht geduldet werden.[64] Herle entwarf nun ein Rücktrittsgesuch, doch Krupp von Bohlen riet ihm, noch im Amt zu bleiben, bis der neue Vorsitzende installiert war. Ihm selbst kam diese Affäre in den letzten Wochen seiner Amtszeit zweifellos höchst ungelegen.[65] Doch am

62 Eugen Vögler an Jacob Herle, 16.11.1934, in: HA Krupp, FAH 4E 209, Bl. 224.
63 Ebd.
64 Der Führer der Wirtschaft an Eugen Vögler, 19.11.1934, in: ebd.
65 Jacob Herle an Gustav Krupp von Bohlen und Halbach, 29.11.1934 (Entwurf), in: ebd., Bl. 194

8. Dezember bat Freiherr Max Ferdinand von Brackel Krupp von Bohlen um eine persönliche Unterredung. Brackel war von 1924 bis 1933 Abteilungsleiter des RDI gewesen, vom Reichsstand übernommen worden und zuletzt als Verbindungsmann des Reichsstandes zum Führer der Wirtschaft delegiert worden. Möglicherweise spielte dabei eine Rolle, dass er seit dem 1. Mai 1933 der NSDAP angehörte.[66] Jetzt kehrte Brackel zum Reichsstand zurück, weil das Amt des Führers der Wirtschaft aufgelöst wurde und bedrängte Krupp von Bohlen, nicht länger an Herle festzuhalten. Brackel forderte die »Wiederherstellung straffster Disziplin« und empfahl Krupp von Bohlen auch gleich noch einen geeigneten Nachfolger für Herle: »Die Persönlichkeit muss m. E. in erster Linie nach dem Gesichtspunkte der charakterlichen Eignung, der Tatkraft und der Verwaltungserfahrung ausgesucht werden. Als eine solche in Frage kommende Persönlichkeit kenne ich selbst nur Herrn Dr. Guth, den jetzigen Geschäftsführer des bisherigen Stabes des Führers der Wirtschaft.«[67]

Zwei Tage später teilte der Reichsstand in einer Presseerklärung mit, dass Herle sein Amt »im Zuge der Neuordnung der gewerblichen Wirtschaft« zur Verfügung gestellt und Vögler im Einvernehmen mit Krupp von Bohlen »als interimistischen Geschäftsführer Herrn Dr. Guth bestellt« habe.[68] Guth war zweifellos ein fähiger Geschäftsführer, der über große Verbandserfahrung verfügte. Doch wäre die Wahl vielleicht nicht gerade auf ihn gefallen, wenn nicht Brackel die Notlage seines langjährigen Vorgesetzten Herle ausgenutzt hätte. Brackel selbst wurde wenig später zum Stellvertreter Guths ernannt.

Jacob Herle arbeitete nach seinem Ausscheiden zunächst als Leiter des Deutschen Ausstellungs- und Messeamtes, das eng mit dem Reichsstand bzw. der Reichsgruppe Industrie verbunden war. Im Mai 1935 wurde er Vorsitzender und Geschäftsführer der Anzeigen-Aktien-Gesellschaft, ein Jahr später trat er in die NSDAP ein. Während des Krieges war Herle als Leiter der Industrieabteilung der Haupttreuhandstelle Ost (HTO) maßgeblich an den Enteignungen in den annektierten polnischen Gebieten beteiligt.[69]

66 BA Berlin, R 9361-VIII (Zentralkartei der NSDAP).

67 Max Ferdinand von Brackel an Gustav Krupp von Bohlen und Halbach, 8.12.1934, in: HA Krupp, FAH 4E 209, Bl. 185 ff.

68 Für die Presse, 10.12.1934, in: ebd., Bl. 188.

69 Niederschrift über die Sitzung der Haupttreuhandstelle Ost am 4.1.1940, 13.1.1940, BA Berlin, R 13 V/236. Herle wurde zum 1.4.1936 in die NSDP aufgenommen. BA Berlin, R 9361-IX (Gaukartei der NSDAP).

7. Lenkungsorgan und Dienstleister: Die Reichsgruppe Industrie in der Rüstungskonjunktur des »Dritten Reichs« (1935-1939)

Mit der Einführung der neuen »Organisation der gewerblichen Wirtschaft« (OGW) machte das Reichswirtschaftsministerium im großen Stil von seiner im Februar 1934 erhaltenen Ermächtigung Gebrauch, Wirtschaftsverbände zu errichten und aufzulösen.[1] Die OGW gliederte sich unter dem Dach der Reichswirtschaftskammer in Reichsgruppen mit nachgeordneten Hauptgruppen und Wirtschaftsgruppen. Für die Industrie entstand als neue, einheitliche Dachorganisation die Reichsgruppe Industrie. Weitere Reichsgruppen wurden für Handel, Handwerk, Banken, Versicherungen und Energiewirtschaft gebildet. Später kam noch die Reichsgruppe Fremdenverkehr hinzu.

Die Reichsgruppe Industrie als die bei Weitem größte war als einzige in Hauptgruppen unterteilt, die dann im Rahmen einer Reorganisation 1938/39 aufgelöst wurden. Den Hauptgruppen waren jeweils mehrere Wirtschaftsgruppen für einzelne Branchen nachgeordnet. Zunächst bestanden 28, später 31 Wirtschaftsgruppen, denen wiederum Fachgruppen nachgeordnet waren. Zusätzlich entstanden Bezirksstellen als regionale Gliederungen der Hauptgruppen und der Wirtschaftsgruppen.[2] Durch den sogenannten Reformerlass vom 7. Juli 1936 wurden die Bezirksgruppen in Industrieabteilungen der Wirtschaftskammern – regionale Zusammenschlüsse der bis 1942 bestehenden IHKs – umgewandelt.[3] Damit gewann die Reichsgruppe Industrie auch Einfluss auf die Wirtschaftskammern.

Die von Schacht verordnete Struktur der OGW bedeutete mehr als nur eine Umgruppierung der Verbandslandschaft innerhalb der deutschen Wirtschaft. Die Wirtschaftsgruppen entsprachen zwar häufig den früheren Branchenverbänden. Ein Teil der Branchenverbände und regionalen Verbände ging aber auch in neuen Formationen auf. Vielfach kam es dabei zu einer personellen Zäsur, indem die Vorsitzenden und Geschäftsführer aus der Weimarer Zeit ausschieden. Im Unterschied zu den im Frühjahr 1933 gebildeten Reichsständen waren die Reichsgruppen Kör-

1 Erste Verordnung zur Durchführung des Gesetzes zur Vorbereitung des organischen Aufbaues der deutschen Wirtschaft. Vom 27.11.1934, in: Reichsgesetzblatt I, Nr. 131, 1194-1199.

2 Kahn, *Steuerung*, 219-222; Guth, *Reichsgruppe*, 26; Ullmann, *Interessenverbände*, 196.

3 Vgl. Esenwein-Rothe, *Wirtschaftsverbände*, 67f.

perschaften öffentlichen Rechts, bei den Wirtschafts- und Fachgruppen der OGW handelte es sich dagegen um rechtsfähige Vereine.[4]

Industrielle Gruppen in der Organisation der gewerblichen Wirtschaft (1935)

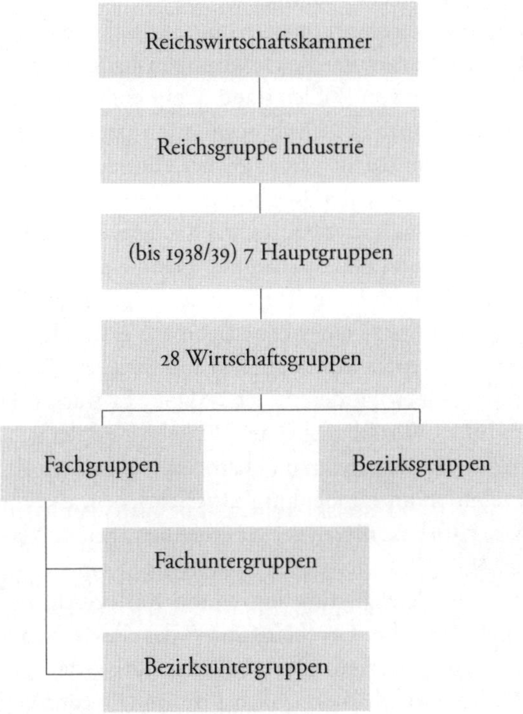

Die Reichsgruppe Industrie war eine Zwangsorganisation der gesamten Industrie mit ausschließlich korporativen Mitgliedern. Ebenso wie der Reichsstand wurde sie nach dem Führerprinzip geleitet.[5] Ihre Aufgabe war es, Mitglieder »zu beraten und zu betreuen«. Von Interessenvertretung war nicht mehr die Rede. Die ehrenamtlichen Leiter der Reichsgruppen waren verpflichtet, sie »im Sinne des nationalsozialistischen

4 Vgl. hierzu Kahn, *Steuerung,* 235 ff.
5 Esenwein-Rothe, *Wirtschaftsverbände*,68 ff.

Staates zu führen«.[6] Wegen des Führerprinzips gab es bei der RGI kein Präsidium und keinen Vorstand, nur einen Beirat, der zunächst aus den Leitern der Hauptgruppen bestand. Dem Großen Beirat gehörten die Mitglieder des Beirats, die Leiter der Wirtschaftsgruppen und der regionalen Gruppen sowie die Vorsitzenden der Ausschüsse an. Mitgliederversammlungen waren in der OGW nur noch bei den untersten Gruppen mit bis zu 200 Mitgliedern zulässig.

Zum Leiter der Reichsgruppe ernannte Schacht Ewald Hecker, dem zuvor bereits der Vorsitz der Reichswirtschaftskammer übertragen worden war. Statt Krupp von Bohlen stand damit ein wenig bekannter IHK-Präsident an der Spitze der Dachorganisation der deutschen Industrie. Während Krupp einmal in verbandlicher Autonomie gewählt worden war, wurde Hecker von der Regierung eingesetzt. Er verdankte diese Position in erster Linie seiner politischen Karriere. Zwar hatte er als Präsident der Industrie- und Handelskammer Hannover schon vor 1933 einen gewissen Rang, doch im Unterschied zu den früheren RDI-Vorsitzenden hatte er nie an der Spitze eines Unternehmens gestanden und war auch nicht in den Netzwerken der deutschen Industriellen verankert. Hecker gehörte zu den frühen Förderern der NSDAP. Er war im Frühjahr 1932 einem von Hitlers Wirtschaftsberater Wilhelm Keppler gebildeten Kreis von Unternehmern beigetreten und hatte im November 1932 die Eingabe von Unternehmern an Hindenburg unterschrieben, die den Reichspräsidenten bat, Hitler zum Kanzler zu ernennen. Seit 1. Mai 1933 war er Mitglied der NSDAP, später trat er auch in die SS ein.

Als Leiter der Geschäftsführung wurde Karl Guth, der letzte, nur kommissarisch bestellte Geschäftsführer des Reichsstandes, von der Reichsgruppe übernommen. Der 46-jährige Jurist, der seit 1. Mai 1933 der NSDAP angehörte, hatte reichlich Erfahrung in der Verbandsarbeit. 1923 war er bei der Vereinigung Bayerischer Spiel- und Metallwarenfabrikanten als Geschäftsführer eingestellt geworden, ein Jahr später hatte er zur Bing-Werke AG in Nürnberg gewechselt, war anschließend aber von 1927 bis 1934 wieder Geschäftsführer, jetzt bei der Gesamtvereinigung der Weiß- und Schwarzblech verarbeitenden Industrie.[7] Wie er

6 § 16 der Ersten Verordnung zur Durchführung des Gesetzes zur Vorbereitung des organischen Aufbaues der deutschen Wirtschaft. Vom 27.11.1934, in: Reichsgesetzblatt I, Nr. 131, 1195. Vgl. hierzu Guth, *Reichsgruppe*, 26.

7 Rainer Eckert, *Die Leiter und Geschäftsführer der Reichsgruppe Industrie, ihrer Haupt- und Wirtschaftsgruppen (I). Dokumentation über ihre Stellung in Monopolen, monopolistischen Verbänden und bei der staatsmonopolistischen Wirtschaftsregulierung*, in: Jahrbuch für Wirtschaftsgeschichte IV (1979), 243-277, 266.

1934 für kurze Zeit Geschäftsführer des Führers der Wirtschaft wurde, lässt sich den überlieferten Quellen nicht entnehmen. Doch dürfte die Parteimitgliedschaft bei diesem, für Guths weitere Karriere entscheidenden Sprung in eine Dachorganisation eine Rolle gespielt haben.

Die Geschäftsführung der Reichsgruppe Industrie (Stand 1936)[8]

	Abteilung/Funktion	Leiter	Aufgabengebiet
Leitung	Geschäftsführer	Karl Guth	Leitung der Geschäftsstelle nach innen und außen
	Stellv. Geschäftsführer	Freiherr Max Ferdinand von Brackel	
	Büro der Geschäftsführung	Dr. Betz	z. B. V. des Geschäftsführers und des stellv. Geschäftsführers
Abteilungen	Abteilung I.	Dr. Schwartz	Organisation, Rechtswesen
	Abteilung II.	Dr. Houben	Personalien, Haushalt, Verkehr, Verwaltungswesen, Reichsgewerbeordnung
	Abteilung III.	Dr. Koppen	Außenhandel
	Abteilung IV.	Dr. Herrmann	Finanz- und Steuerwesen
	Abteilung V.	Dr. Döring	Patentwesen, Werbung, Fachpresse, Auskunftswesen; Allgemeines Bildungswesen; Verbindung Reichskulturkammer
	Abteilung VI.	Dr. Metzner	Marktordnung und Betriebswirtschaft
Besondere Dienststelle	Ausfuhrgemeinschaft für Kriegsgerät (AGK)	Dr. Freiherr von Lupin	

8 *Gliederung der Reichsgruppe Industrie*, hg. von der Geschäftsführung, Dezember 1936, Berlin 1936.

Abbildung 13: Karl Guth (Hauptgeschäftsführer der Reichsgruppe Industrie 1935-1945)

Den größten Teil der Mitarbeiter ihrer Geschäftsführung hat die Reichsgruppe zweifellos vom Reichsstand übernommen. Neben Guths bereits erwähntem Stellvertreter von Brackel hatten die ersten sechs Abteilungsleiter ausnahmslos zuvor beim Reichsstand gearbeitet. Vier von ihnen waren beim Reichsstand noch stellvertretende Abteilungsleiter oder Leiter besonderer Dienststellen. Der Leiter der Abteilung für gewerblichen Rechtsschutz, Walter Döring, hatte diese Position bereits 1925 beim RDI.[9] Wie ausgeprägt die Kontinuität auch im Selbstverständnis der Mitarbeiter war, zeigte sich beispielsweise bei einem Betriebsausflug der Reichsgruppe nach Rheinsberg im Mai 1935. Es war für Ausflügler einschließlich des Geschäftsführers Karl Guth selbstverständlich, dem früheren RDI- und Reichsstand-Vorsitzenden Krupp von Bohlen einen Kartengruß zu schicken.[10] Übernommen wurde auch das Geschäftsgebäude des Reichsstandes und des früheren RDI. Die Anschrift hatte sich allerdings geändert, da die Königin-Augusta-Straße im Dezember 1933 in Tirpitzufer umbenannt worden war.

In der historischen Forschung besteht Übereinstimmung, dass die Reichsgruppe Industrie eine »organisatorische Zwitterstellung« einnahm, da sie einerseits ein Lenkungsorgan des Staates war, andererseits aber viele Dienstleistungen für die Mitglieder bot und dabei an die früheren Spitzenverbände anknüpfte.[11] Ähnlich hat Karl Guth 1941 das »Wesen der Reichsgruppe und ihrer Gliederungen« beschrieben: »Sie sind, wenn wir die entscheidenden Punkte zusammenfassen, Träger der Selbstverwaltung der industriellen Wirtschaft mit dem Hauptziel der Beratung

9 Siehe Kapitel 3, 77.

10 Gustav Krupp von Bohlen und Halbach an Karl Guth, 21.5.1935, in: HA Krupp, FAH 4E 221a, Bl. 206.

11 Ullmann, *Interessenverbände*, 197; ähnlich. Hans-Erich Volkmann: *Ökonomie und Expansion. Grundzüge der NS-Wirtschaftspolitik*. Ausgewählte Schriften, München 2003, 76.

und Betreuung ihrer Mitglieder und zugleich Führungsinstrument in der Hand des Staates.«[12] Die Gewichtung zwischen diesen beiden Säulen verschob sich in der Zeit des »Dritten Reichs« zunehmend von den Dienstleistungen für die Mitglieder zu den Ausführungen für die Exekutive, die während des Krieges ganz im Vordergrund standen.

Die Verortung der OGW in der Polykratie des NS-Staates war von Anfang an umstritten. Die DAF versuchte, nach den Arbeitgeberverbänden auch die OGW zu vereinnahmen, konnte sich aber gegen das Reichswirtschaftsministerium nicht durchsetzen. Schacht einigte sich mit DAF-Chef Ley und Reichsarbeitsminister Seldte in der sogenannten Leipziger Vereinbarung vom 21. März 1935 auf einen Kompromiss. Diese Regelung sah vor, dass die OGW als korporatives Mitglied der DAF beitrat, dieser aber nicht unterstellt wurde. Als Pendant zur Reichswirtschaftskammer wurde eine Reichsarbeitskammer gebildet. Beide Kammern sollten die Säulen eines Reichsarbeits- und -wirtschaftsrats bilden.[13] Da die Reichswirtschaftskammer nun auch zum Wirtschaftsamt der DAF wurde, war die Reichsgruppe Industrie als nachgeordnete Organisation mit dem DAF-Apparat verbunden. Praktische Auswirkungen ergaben sich daraus nicht.[14]

Es war bezeichnend für das System des »Dritten Reichs«, dass die Reichswirtschaftskammer und die Reichsgruppen keinen institutionalisierten politischen Einfluss hatten. Solche Kanäle ergaben sich nur über persönliche Verbindungen der Leiter. Ein gutes Beispiel ist dafür Franz Hayler, der die Wirtschaftsgruppe Einzelhandel leitete und 1938 auch Leiter der Reichsgruppe Handel wurde. Hayler war »alter Kämpfer« der NSDAP und SS-Offizier. Dadurch hatte er eine unangreifbare Stellung und vielfältige Einflussmöglichkeiten. 1943 wurde er sogar Staatssekretär im Reichswirtschaftsministerium. Die Leiter der Reichsgruppe Industrie hatten dagegen keine politische Hausmacht und wechselten in den ersten Jahren rasch. Hauptgeschäftsführer Karl Guth konnte dies nicht kompen-

12 Guth, *Reichsgruppe*, 34.

13 Kahn, *Steuerung*, 245 ff.; Dieter von Lölhöffel, *Die Umwandlung der Gewerkschaften in eine nationalsozialistische Zwangsorganisation*, Anlage 1 zu Esenwein-Rothe, *Wirtschaftsverbände*, 176 f.

14 In der Literatur wird gelegentlich darauf verwiesen, dass die DAF nach dem Rücktritt Schachts noch einen vergeblichen Versuch unternommen hätte, die OGW durch die Installierung des früheren Leiters ihrer Personalabteilung, Rudolf Schmeer, im Reichswirtschaftsministerium unter ihre Kontrolle zu bringen. Tatsächlich hatte sich Schmeer zu diesem Zeitpunkt aber bereits mit dem DAF-Chef Ley überworfen. Vgl. Lölhöffel, *Umwandlung*, 177; Stefan Fisch, *Willkür und Regelhaftigkeit. Personal und Organisation des Reichswirtschaftsministeriums im Dritten Reich*, in: Ritschl (Hg.), *Reichswirtschaftsministerium*, 51.

sieren; er war ein Geschäftsführer im klassischen Sinn, kein geschäftsführendes Präsidialmitglied mit politischen Verbindungen. Bei Ewald Hecker, dem ersten Leiter der Reichsgruppe Industrie, kam noch hinzu, dass er nicht gerade eine starke Persönlichkeit war. Die Häufung von Ämtern bei der Reichswirtschaftskammer, der Reichsgruppe und der Industrie- und Handelskammer Hannover überforderte ihn. Schon nach wenigen Monaten trat Hecker im April 1935 von der Leitung der Reichsgruppe zurück. Er begründete dies mit den gewachsenen Aufgaben der Reichswirtschaftskammer durch die Leipziger Vereinbarung mit der DAF, trat aber ein Jahr später auch als Leiter der Reichswirtschaftskammer zurück.[15]

Schacht ernannte den bisherigen Stellvertreter Heckers, Ernst Trendelenburg, zum Nachfolger. Trendelenburg war noch weniger als Hecker ein Unternehmer und hatte einen Werdegang, der für eine Leitungsposition in der NS-Wirtschaft ausgesprochen ungewöhnlich war. Im Kaiserreich war Trendelenburg unter anderem fünf Jahre lang Generalsekretär der Kaiser-Wilhelm-Gesellschaft gewesen, in der Weimarer Republik hatte er von 1923 bis 1932 als Staatssekretär im Reichswirtschaftsministerium gewirkt. Unter Brüning war er zweimal zum kommissarischen Reichswirtschaftsminister ernannt worden. 1934 hatte Trendelenburg aus dem Amt des Vize-Generalsekretärs beim Völkerbund in die Wirtschaft gewechselt, als Aufsichtsratsvorsitzender der reichseigenen Vereinigte Industrieunternehmen AG (VIAG) und der Reichs-Kredit-Gesellschaft AG. Während er früher der linksliberalen DDP angehört hatte, wurde er nun zu einem Anhänger Hitlers. Gegenüber seinem langjährigen Weggefährten Hans Schäffer, der 1933 nach Schweden emigriert war, begründete Trendelenburg dies damit, dass er sein Leben lang im öffentlichen Dienst gestanden hätte und bei einem Ausscheiden ein »armer Haufen« würde.[16]

Als Leiter der Reichsgruppe Industrie war ein Mann mit einer derart gebrochenen Biografie, der weder in der Industrie noch im Parteiapparat Rückhalt hatte, eine Fehlbesetzung. Auch ein anderer Leiter hätte freilich nicht verhindern können, dass die Reichsgruppe bei den wirtschaftspolitischen Weichenstellungen dieser Jahre außen vor blieb. Die Verkündung des Vierjahresplans im September 1936, der damit verbundene Übergang zu Hochrüstung und verstärkten Autarkiebestrebungen, die Erosion der Macht Hjalmar Schachts und der Aufstieg Hermann Görings zum neuen

15 *Dr. Trendelenburg Leiter der Reichsgruppe Industrie*, in: Der Deutsche Volkswirt (12.4.1935); Eckert, *Leiter*, 263.

16 Zitiert nach *Erinnerungen Hans Schäffers an Ernst Trendelenburg*, in: Vierteljahrshefte für Zeitgeschichte 4 (1977), 886 f.

»Wirtschaftsdiktator« – all dies konnte man bei der Reichsgruppe nur zur Kenntnis nehmen. Die Spitzenorganisation der deutschen Industrie arbeitete dazu keine Memoranden aus und wurde von den Akteuren auch nicht konsultiert.

Trendelenburg trat im Dezember 1936, nur eineinhalb Jahre nach seiner Ernennung zum Leiter der Reichsgruppe, zurück. Nach den Erinnerungen Schäffers waren für diese Entscheidung erneute Auseinandersetzungen mit der DAF ausschlaggebend.[17] Wahrscheinlicher ist, dass der Wechsel in der Leitung der Reichsgruppe mit einer Verfügung des Reichswirtschaftsministers vom 12. November 1936 zusammenhing, die der Spitzenorganisation der Industrie Aufgaben auf dem Gebiet der Kartellaufsicht übertrug.[18] Vieles spricht auch dafür, dass Trendelenburgs Ausscheiden vor dem Hintergrund des Machtkampfs zwischen Schacht und Göring zu sehen ist, und dass die Reichsgruppe damit in die Politik hineingezogen wurde.

Trendelenburg musste offenbar gehen, weil Schacht die Leitung der Reichsgruppe mit einem Mann seines Vertrauens, dem Industriellen Gottfried Dierig, besetzen wollte. Dierig war Mitinhaber des größten deutschen Textilunternehmens, der Christian Dierig AG im niederschlesischen Langenbielau. Innerhalb der Reichsgruppe Industrie hatte er bisher die Hauptgruppe Textilindustrie geleitet. Aus der Chronik der Christian Dierig AG geht hervor, dass Gottfried Dierig die Leitung der Reichsgruppe »auf Verlangen des damaligen Reichswirtschaftsministers Dr. Schacht übernommen hatte, obwohl ihm die Schwierigkeiten, denen er sich damit aussetzte, klar vor Augen standen«.[19] Dierig hatte sich auf mehreren Ebenen aktiv an dem von Schacht 1934 verkündeten Nationalen Faserstoffprogramm beteiligt. Durch den Ausbau der Produktion von Zellwolle sollte dieses Programm die Abhängigkeit von importierter Baumwolle verringern. Im Juli 1934 hatte Dierig eine Denkschrift über den Ersatz ausländischer Textilrohstoffe verfasst, die als Blaupause für das Faserstoffprogramm diente und von Schacht auch Hitler vorgelegt wurde. Später hat sich sein Unternehmen durch die Gründung der Schlesischen Zellwolle AG in Hirschberg (heute Jelenia Góra) am Ausbau der Zellwolleproduktion beteiligt.[20] Von

17 *Erinnerungen Hans Schäffers*, 867.

18 Vgl. hierzu Gottfried Dierig, *An alle Betriebsführer der deutschen Industrie und alle Gliederungen der Reichsgruppe. Rundschreiben des Leiters der Reichsgruppe Industrie zum Jahreswechsel 1936/37*, Berlin 1936.

19 Christian Dierig AG (Hg.), *Das Werk von fünf Generationen. 150 Jahre Dierig*, Augsburg 1955, 64.

20 Gottfried Dierig, Ersatz ausländischer Textilrohstoffe durch einheimische Erzeugung und Kunstfaserstoffe, Denkschrift vom Juli 1934, in: BA Berlin, R 43 II/372; Gerd Höschle, *Die deutsche Textilindustrie zwischen 1933 und 1939. Staatsinterven-*

Abbildung 14: Gottfried Dierig (Leiter der Reichsgruppe Industrie 1936-1938)

Dierig als Leiter der Reichsgruppe dürfte Schacht sich einen Rückhalt im Machtkampf mit Göring versprochen haben. Anlässlich des Wechsels an der Spitze der Reichsgruppe Industrie teilte das Reichswirtschaftsministerium am 8. Dezember 1936 der Presse mit, »dass jetzt mit Dierig zum ersten Male ein erfahrener Vertreter der mittelständischen Wirtschaft auf einen leitenden Posten gekommen sei«.[21] Der Dierig-Konzern war zweifellos kein mittelständisches Unternehmen, doch lässt sich daraus schließen, dass Schacht mit dieser Personalie auch den starken Mittelstandsflügel der NSDAP ansprechen wollte. Gottfried Dierig war damals entgegen anderer Darstellungen in der Literatur kein Mitglied der NSDAP.[22]

Der Konflikt zwischen Schacht und Göring spitzte sich durch die Gründung des Staatskonzerns Reichswerke Hermann Göring im Juli 1937 weiter zu. Um die Fertigung von Stahl für die Kriegsrüstung zu steigern, setzte Göring gegen den Reichswirtschaftsminister und den Leiter der Wirtschaftsgruppe Eisen schaffende Industrie die Errichtung eines gigantischen Stahlwerks der Reichswerke in Salzgitter und den Entzug von Erzfeldern in diesem Gebiet durch. Gottfried Dierig stand in diesem Konflikt auf der Seite Schachts. Nach den Erinnerungen seines Sohns Christian Gottfried Dierig hatte er »Streit mit Hermann Göring

tionismus und ökonomische Rationalität, Stuttgart 2004, 97 ff.; Jonas Scherner, *Die Logik der Industriepolitik im Dritten Reich. Die Investitionen in die Autarkie- und Rüstungsindustrie und ihre staatliche Förderung*, Stuttgart 2008, 185, 188.

21 Hans Bormann (Hg.), *NS-Presseanweisungen aus der Vorkriegszeit. Edition und Dokumentation*, Bd. IV, bearb. von Gabriele Toepser-Ziegert, München 1993, 1527.

22 Dierig beantragte erst am 30.3.1940 die Aufnahme in die NSDAP, die am 1.6.1940 erfolgte. Vgl. BA Berlin, R 9361-VIII (Zentralkartei der NSDAP). Dass Dierig in neueren Darstellungen gelegentlich als Wirtschaftsberater Hitlers und Staatssekretär im Reichspropagandaministerium beschrieben wird, beruht auf einem Fehler im biografischen Anhang der Dissertation von Daniela Kahn. Hier wurde Dierig die Biografie des NS-Wirtschaftsfunktionärs und Reichswirtschaftsministers Walther Funk untergeschoben. Kahn, *Steuerung*, 505.

und Schwerindustrie wegen Salzgitter«.[23] Noch zur Jahreswende 1936/37 hatte der Leiter der Reichsgruppe Industrie die Mitglieder dazu aufgerufen, sich Göring als dem Beauftragten für den Vierjahresplan, »voll zur Verfügung zu stellen«.[24]

Nachdem Schacht den Machtkampf gegen Göring verloren hatte, trat er im November 1937 als Reichswirtschaftsminister zurück. Göring leitete das Ministerium zwei Monate selbst und übergab es dann an den bisherigen Staatssekretär im Propagandaministerium und nationalsozialistischen Wirtschaftsjournalisten Walther Funk. Faktisch war das Ministerium fortan ein verlängerter Arm der Göring unterstellten Vierjahresplanbehörde. Seit dem Rücktritt Schachts war absehbar, dass Dierig nicht mehr lange Leiter der Reichsgruppe bleiben würde. Im Oktober 1938 wurde er schließlich von Funk abberufen und durch den Generaldirektor der Mannesmannröhren-Werke, Wilhelm Zangen, ersetzt.

In den Reden bei der Amtseinführung Zangens betonte Funk die Einheit von Staat und Wirtschaft, während Zangen von der »Selbstverwaltung« der Wirtschaft sprach.[25] Wie bei der Ernennung Dierigs zeigte sich auch jetzt, dass die Leiter der Reichsgruppe nicht wie die früheren RDI-Vorsitzenden aus innerverbandlichem Kalkül ausgewählt wurden. Ausschlaggebend waren die Prioritäten der Politik. Für Funk und Göring war Zangen eine ideale Besetzung. Der Chef des Mannesmann-Konzerns gehörte zu den führenden Köpfen der Schwerindustrie, deren Bedeutung durch die Kriegsrüstung zunahm, stand aber zugleich in Distanz zum Kreis der Ruhrlade um Reusch, Poensgen und Krupp von Bohlen.[26] Im Konflikt um die Reichswerke Hermann Göring hatte sich Zangen gegen Poensgen gestellt und mit Göring arrangiert.[27] Es wäre aber falsch, ihn zu den Industriellen zu zählen, die sich frühzeitig für den Nationalsozialismus engagierten.[28] Dass Zangen in der Literatur mitunter eine NSDAP-Mitgliedschaft seit 1927 zugeschrieben wird, geht auf eine falsche Datierung in einem

23 Lebensgeschichtliches Interview mit Christian Gottfried Dierig, 10.12.2003, in: Haus der Bayerischen Geschichte, Zeitzeugen berichten zz0874. https://www.hdbg.eu/zeitzeugen/video_druckansicht. php?id=51 [letzter Zugriff 28.12.2018].

24 Dierig, *An alle Betriebsführer.*

25 Sitzung der Reichsgruppe Industrie anlässlich der Einführung ihres Leiters Generaldirektor Zangen am 15.11.1938, in: BDI-Archiv Z 95 (1 v. 14).

26 Vgl. Wilhelm Zangen, *Aus meinem Leben*, Düsseldorf 1968, 125.

27 Ebd., 126. Vgl. hierzu Kim Christian Priemel, *Flick. Eine Konzerngeschichte vom Kaiserreich bis zur Bundesrepublik*, Göttingen 2007, 363; Dietmar Petzina, *Autarkiepolitik im Dritten Reich. Der nationalsozialistische Vierjahresplan*, Stuttgart 1968, 104.

28 So in Matt Bera, *Lobbying Hitler. Industrial Associations between Democracy and Dictatorship*, New York 2016, 33.

Bericht des US-Geheimdiensts Office of Strategic Services (OSS) vom April 1945 zurück.[29] Tatsächlich ist er erst zum 1. Mai 1937 in die NSDAP eingetreten.[30] Etwa ab diesem Zeitpunkt lässt sich bei Zangen, der zuvor nicht politisch in Erscheinung getreten war, eine ausgeprägte Nähe zum Regime feststellen. Dafür spricht nicht nur seine Rolle im Konflikt um die Reichswerke Hermann Göring, sondern auch sein Verhalten in mehreren großen »Arisierungs«-Fällen (Hahn'sche Werke; Wolf, Netter & Jacobi). Nach eigenen Angaben hat sich Zangen dennoch nicht danach gedrängt, Leiter der Reichsgruppe Industrie zu werden. Die Übernahme dieses Amtes sei ihm von Funk und einigen Industriellen nahegelegt worden. Auch das Militär dürfte diese Lösung unterstützt haben. Zangen erklärte sich schließlich bereit, die Reichsgruppe zwei Jahre lang zu leiten; daraus wurden durch den Krieg sechseinhalb Jahre.

Eine politische Hausmacht hatte Zangen weder bei seiner Ernennung noch zu einem späteren Zeitpunkt. In seinem Entnazifizierungsverfahren konnte er später unwidersprochen erklären, dass er »nie eine Unterredung gehabt hat mit Hitler, Himmler, Göbbels [sic!], Ribbentrop und Göring, abgesehen von einer einzigen Aussprache mit Göring bei Übernahme das Amtes als Leiter der Reichsgruppe Industrie am 12. Oktober 1938«.[31] Über den Stellenwert der Reichsgruppe im politischen Kräftefeld des »Dritten Reichs« sagt dies viel aus. Die Rüstungsminister Todt und Speer hat Zangen allerdings bei dieser Aufzählung tunlichst nicht erwähnt. Mit ihnen stand er in engem Kontakt, zumal er auch Generalbevollmächtigter für die Rationalisierung der deutschen Industrie war.

Obwohl sie keinen Einfluss auf das Reichswirtschaftsministerium und die Vierjahresplanbehörde hatte, war die Reichsgruppe Industrie ein wichtiges Rad im Getriebe der NS-Wirtschaft. Durch die zunehmende Regulierung der Wirtschaft wurden ihr viele weitere Aufgaben übertragen, von denen hier nur einige genannt werden können. So wurde sie bereits durch den Marktregelungs-Erlass des Reichswirtschaftsministers vom 12. November 1936 zusammen mit anderen Spitzenverbänden der

29 Office of Strategic Services, Research and Analysis Branch, Biographical Report, Zangen, Wilhelm, 11.4.1945, in: Cornell Law Library, Donovan Nuremberg Trials Collection, Vol. XVII., Section 53.106. https://lawcollections.library.cornell.edu/nuremberg/catalog/nur:01949 [letzter Zugriff 28.12.2018].

30 BA Berlin, R 9361-IX (Gaukartei der NSDAP); Military Government of Germany, Fragebogen Wilhelm Zangen, 2.1.1948, in: Landesarchiv Nordrhein-Westfalen, Abteilung Rheinland [im Folgenden: LA NRW, Abt. Rheinland], NW 1002-I/43432/001; Erklärung Wilhelm Zangen, o. D., in: ebd./026.

31 Wilhelm Zangen, Verhältnis der Reichsgruppe Industrie zur Rüstungsorganisation, 21.3.1947, in: LA NRW, Abt. Rheinland, NW 1002-I/43432/057.

Wirtschaft in die Kartellaufsicht eingeschaltet. Da allein in der Industrie rund 2.000 Kartelle bestanden, sah sich das Ministerium nicht in der Lage, die Kartellaufsicht allein zu übernehmen.[32] Die Reichsgruppe hatte jetzt auch die Kartelle und Kartellabsprachen innerhalb der Industrie zu kontrollieren, Stellungnahmen dazu abzugeben und Anträge auf Errichtung von Zwangskartellen vorzuprüfen.[33] Schon zuvor wurde die Reichsgruppe in die berufliche Ausbildung eingebunden. Durch eine gemeinsam mit dem Reichsinstitut für Berufsausbildung durchgeführte Berufsausbildungsplanung sollte sie dazu beitragen, der Industrie in Zukunft genügend qualifizierte Arbeitskräfte zu sichern.[34] Dafür entstand 1937 bei der Reichsgruppe eine eigene Abteilung Berufsausbildung unter der Leitung von Herbert Studders. Diese Aufgabe war für die Reichsgruppe auch deshalb so wichtig, weil sie damit einen von der DAF beanspruchten Bereich besetzen konnte.

Weitere Tätigkeitsfelder ergaben sich aus der Aufrüstung. So führte die Aufhebung des Verbots von Rüstungsexporten 1935 zur Errichtung einer neuen Dienststelle bei der Reichsgruppe, der Ausfuhrgemeinschaft für Kriegsgerät.[35] Die Erste Durchführungsverordnung zum Luftschutzgesetz übertrug der Reichsgruppe 1937 die Koordination des Werkluftschutzes – ein Gebiet, auf dem sich bereits der RDI betätigt hatte. Zu dieser Aufgabe gehörten u. a. die Aufstellung von Werkluftschutzplänen und die Errichtung von Werkluftschutzschulen.[36]

Von großer Bedeutung war die Übertragung der technischen Durchführung der Industrieberichterstattung vom Statistischen Reichsamt an die Reichsgruppe Industrie im Jahr 1938. Die monatliche Industrieberichterstattung konnte dadurch auf eine sehr viel breitere Grundlage gestellt werden. Über die Wirtschafts- und Fachgruppen erfasste die Reichsgruppe Daten aus 80.000 der insgesamt 120.000 Industriebetriebe. Für diese neue Aufgabe wurde bei der Abteilung VIII ein Sonderreferat Statistik unter der Leitung von Georg Bickert gebildet.[37] Die

32 Esenwein-Rothe, *Wirtschaftsverbände*, 69 f.; Kahn, *Steuerung*, 280 ff.

33 Feldenkirchen, *Zwangskartellgesetz*, 152 f.

34 Guth, *Reichsgruppe*, 61

35 Ebd., 55.

36 Ebd., 57 ff.

37 Vgl. ebd., 48 f.; Rainer Fremdling, *Wirtschaftsstatistik 1933–1945*, in: Ritschl (Hg.), *Reichswirtschaftsministerium*, 273 ff. Bickert war von 1926 bis 1930 zusammen mit Ludwig Erhard Assistent am Institut für Wirtschaftsbeobachtung in Nürnberg gewesen und wurde von Erhard zur Reichsgruppe vermittelt. Nach eigenen Angaben war er vor 1933 Mitglied der SPD. Vernehmung von Dipl. Kfm. Georg Bickert, 24.10.1946, in: Institut für Zeitgeschichte, Archiv, ZS 1015.

Reichsgruppe nutzte ihren statistischen Apparat auch für die Erfassung jüdischer Firmen und für Auskünfte über diese Unternehmen. So stellte sie im Februar 1938 für das Reichswirtschaftsministerium eine Übersicht über den Stand der »Arisierung« innerhalb der Industrie zusammen. Die Wirtschafts- und Fachgruppen wurden von ihr auch angehalten, einem Erlass des Reichswirtschaftsministers entsprechend Anfragen zu jüdischen Unternehmern zu beantworten.[38]

Die Expertise der Reichsgruppe war bei der Ausarbeitung vieler wirtschaftsrechtlicher Regelungen und Gesetze gefragt, auf dem Gebiet der Rohstoffbewirtschaftung, bei der Neufassung des Aktienrechts und des Patentgesetzes wie auch bei der Vereinheitlichung der industriellen Kostenrechnung. Die Spitzenorganisation der Industrie war auch an der Ausarbeitung der Reichsstraßenverkehrsordnung beteiligt und spielte weiterhin eine wichtige Rolle im Ausstellungs- und Messewesen.[39] Nach Angaben von Guth wurde die Reichsgruppe auch rechtsgestaltend tätig, etwa indem sie Grundsätze über die Anwendung des Eigentumsvorbehalts herausgab.[40]

Auf vielen Gebieten, besonders bei der Industrieberichterstattung, stützte sich die Reichsgruppe auf die Wirtschaftsgruppen, die insgesamt noch stärker für staatliche Belange eingespannt wurden, besonders durch die neuen Prüfstellen für das von Schacht eingeführte Zusatzausfuhrverfahren.

Als Wilhelm Zangen im Oktober 1938 zum Leiter der Reichsgruppe bestellt wurde, war die OGW zu einem Moloch herangewachsen. Aufgrund der Zwangsmitgliedschaft gab es Wirtschaftsgruppen mit rund 13.000 (Textilindustrie) oder gar 27.000 (Lebensmittelindustrie) Mitgliedern.[41] Auch die Zahl der Fach- und Fachuntergruppen war kaum noch zu überblicken. Durch die Annexion Österreichs kam jetzt noch eine territoriale Expansion hinzu.

Vor diesem Hintergrund ging Zangen nach seiner Bestellung zum Leiter der Reichsgruppe eine organisatorische Straffung an. Im Rahmen dieser Reorganisation wurden die sieben vom Reichsstand übernommenen Hauptgruppen beseitigt und 72 Fachgruppen sowie 323 Fachuntergruppen aufgelöst.[42] 1941 gehörten zur Reichsgruppe Industrie 31

38 Rundschreiben der Reichsgruppe Industrie an die Wirtschaftsgruppen und Industrieabteilungen der Wirtschaftskammern, 4.1.1938, in: BA Berlin, R 13 V/245; Rundschreiben der Reichsgruppe Industrie betr. Statistik der jüdischen Gewerbebetriebe, 14.3.1939, ebd.

39 Siehe hierzu die Überblicksdarstellung in Guth, *Reichsgruppe*, 42-63.

40 Ebd., 44

41 Ebd., 38.

42 Ebd., 37.

Wirtschaftsgruppen, 26 Industrieabteilungen von Wirtschaftskammern mit 63 Zweig- und Nebenstellen, 161 Fachgruppen, 137 Fachuntergruppen, 332 Bezirksgruppen sowie 83 Zweigstellen von Wirtschaftsgruppen, Fachgruppen und Fachuntergruppen.[43]

Durch die Auflösung der Hauptgruppen war auch eine Reorganisation des Beirats erforderlich. So wurden nun ein Engerer Beirat und ein Großer Beirat gebildet. Während der Engere Beirat aus berufenen Mitgliedern bestand, gehörten dem Großen Beirat neben den Mitgliedern des Engeren Beirats alle Leiter der Wirtschaftsgruppen, der Industrieabteilungen und der Ausschüsse an.[44]

Am 24. September 1938 wurde die OGW im früheren Österreich eingeführt, einen Monat später auch im annektierten Sudetenland.[45] Der erst vier Jahre zuvor, in der Zeit des Ständestaats gegründete Bund der Österreichischen Industriellen ging in einer regionalen Gliederung der Reichsgruppe Industrie für die Ostmark (ab 1942: Donau- und Alpengaue) und einer größeren Zahl von Bezirksgruppen auf. Nur mit großer Mühe konnten die österreichischen Industriellen die Errichtung einer Geschäftsstelle der Reichsgruppe in Wien durchsetzen.[46] In dem nach der vollständigen Zerschlagung der Tschechoslowakei gebildeten Protektorat wurde dagegen der Zentralverband der tschechischen Industriellen in einen Zentralverband der Industrie für Böhmen und Mähren (ZVI) umgewandelt, der eng mit der Reichsgruppe Industrie zusammenarbeitete. Geleitet wurde der ZVI von Bernhard Adolf, dem Sonderbeauftragten für Industrie beim Reichsprotektor. Adolf spielte eine wichtige Rolle bei der »Arisierung« und Germanisierung der tschechischen Industrie. Im Frühjahr 1943 holte er Hanns Martin Schleyer als seinen persönlichen Referenten zum ZVI. Der spätere BDA- und BDI-Präsident, der seit 1933 der SS angehörte, leitete dort bis Kriegsende das Präsidialbüro.[47]

43 Ebd., 36.
44 Eckert, *Leitung*, 252.
45 Ebd., 252.
46 Theodor Faulhaber, *Die Vereinigung österreichischer Industrieller*, hg. vom Institut für Angewandte Sozial- und Wirtschaftsforschung, Wien 1980, 18 f.; Stefan Karner, *Die Grazer Industrie 1938 (1988)*, in: ders., Krieg. Folgen. Forschung. Politische, wirtschaftliche und soziale Transformationen im 20. Jahrhundert, Köln 2018, 325-348, 331.
47 Lutz Hachmeister, *Hanns Martin Schleyer. Eine deutsche Geschichte*, München 2004, 187-226.

8. Ausbau und Aushöhlung in der Kriegswirtschaft

Unmittelbar nach Kriegsbeginn wurde die Leitung der Reichsgruppe Industrie um Rudolf Stahl, den Vorstandsvorsitzenden der Salzdetfurth AG, erweitert. Stahl sollte als stellvertretender Leiter – eine Position, die es bei der Reichsgruppe nicht gegeben hatte – Zangen entlasten. Er war zweifellos Zangens Wunschkandidat, da sich beide schon lange gut kannten. Zangen hatte 1929 die Nachfolge Stahls im Vorstand der Deutschen Maschinenbau AG (Demag) angetreten.[1] Wie viele Mitarbeiter der Reichsgruppe zur Wehrmacht einberufen wurden, ist nicht dokumentiert. Wegen der zentralen kriegswirtschaftlichen Aufgaben des Verbands dürfte ihr Anteil geringer gelegen haben als bei den meisten anderen Wirtschaftsverbänden.

Am System der Kriegswirtschaft war die Reichsgruppe bis März 1940 freilich nur ausführend beteiligt. Die Vorgaben kamen von den militärischen Beschaffungsstellen und auch von den Generalbevollmächtigten des Vierjahresplans für einzelne Branchen der Rüstungsindustrie. Schon im Winter 1939/40 fielen die Heeresbürokraten bei Hitler in Ungnade. Zunächst blieben die Lieferungen der Rüstungsindustrie an die Wehrmacht wegen einer Überlastung der Reichsbahn hinter den Vorgaben zurück. Dann erließ Hitler ein Munitionsprogramm mit hohen Produktionssteigerungen, für das nicht genügend Rohstoffe und Arbeitskräfte zugeteilt werden konnten. Hitler machte das Heereswaffenamt verantwortlich. Er beschloss, die Zuständigkeit für das Munitionsprogramm der Militärbürokratie zu entziehen und einem neuen Reichsministerium für Bewaffnung und Munition zu übertragen, das am 17. Mai 1940 gegründet wurde. An die Spitze dieser Behörde berief er Fritz Todt, den bisherigen Generalinspektor für das Straßenwesen. Anders als das Heereswaffenamt suchte Todt die Unterstützung der Industrie. Er traf sich laufend mit Unternehmern und berief namhafte Industrielle in einen neu errichteten Rüstungsbeirat. Vorsitzender dieses Gremiums wurde der frühere Führer der Wirtschaft, Philipp Keßler. Zangen gehörte ebenfalls dem Rüstungsbeirat an. Er wurde zudem von Todt beauftragt, Vorschläge zur Änderung des Preisbildungssystems auszuarbeiten. Verbindungsmann der Reichsgruppe Industrie beim Ministerium für Bewaffnung und Munition wurde Ernst Wolf Mommsen, ein von Karl Guth besonders geförderter Mitarbeiter der Geschäftsführung, der spä-

1 Zangen, *Leben*, 64. Zur Biografie Stahls siehe Andreas Weigelt u.a. (Hrsg.), *Todesurteile sowjetischer Militärtribunale gegen Deutsche (1944-1947). Eine historisch-biographische Studie*, Göttingen 2015, 677 f.

ter in der Bundesrepublik eine steile Karriere machte. Mommsen wurde damals auch Geschäftsführer des Rüstungsbeirats.[2]

Abbildung 15: Wilhelm Zangen (Leiter der Reichsgruppe Industrie 1938-1945)

Für die wichtigsten Rüstungsschwerpunkte wurden Hauptausschüsse zur Koordination zwischen dem Todt-Ministerium und den Gliederungen der beteiligten Branchen errichtet. Ferner entstanden mehrere Ausschüsse, u. a. für Betriebswirtschaft, Absatz und Kontingentierung, denen Ministerialbeamte, Offiziere aus der Militärbürokratie und Vertreter der Reichsgruppe Industrie angehörten.[3]

Nachdem die Reichsgruppe und ihre Gliederungen beim Ausbau der kriegswirtschaftlichen Lenkung zunächst außen vor geblieben waren, spielten sie in dem neuen System, das nach und nach landesweit ausgebaut wurde, eine tragende Rolle. Entsprechend euphorisch wurde die Reorganisation bei der Industrie begrüßt. Das Todt-Ministerium war keineswegs durch eine Initiative der Industrie entstanden, wie es in einem Teil der Literatur dargestellt wird, und fungierte auch nicht als verlängerter Arm der Reichsgruppe.[4] Doch hatte die Industrie hier zweifellos erheblichen Einfluss. Der rasche Anstieg der deutschen Rüstungsproduktion im ersten Halbjahr 1940 schien für die Effizienz der neuen Strukturen zu sprechen. Tatsächlich hatte der Aufschwung aber bereits im Februar begonnen, als das Todt-Ministerium noch gar nicht bestand. Der Anstoß ging wohl vor allem von der vorangegangenen Steigerung der Stahlproduktion aus.[5]

2 Karsten Rudolph, *Wirtschaftsdiplomatie im Kalten Krieg. Die Ostpolitik der deutschen Großindustrie 1945-1991*, Frankfurt a. M. 2004, 259.

3 Adam Tooze, *Ökonomie der Zerstörung. Die Geschichte der Wirtschaft im Nationalsozialismus*, München 2007, 399-410; Dietrich Eichholtz, *Geschichte der deutschen Kriegswirtschaft 1939-1945*, Bd. I: 1939-1941, München 1999, 122 ff.

4 Eichholtz, *Geschichte*, Bd. I, 12 ff. Vgl. dagegen Tooze, *Ökonomie*, 406 f.

5 Tooze, *Ökonomie*, 404-409.

Durch die Besetzung der Niederlande, Belgiens und Frankreichs eröffnete sich für die Reichsgruppe ein neues Betätigungsfeld. Ihr Außenhandelsausschuss beschäftigte sich nun im Auftrag des Reichswirtschaftsministeriums mit Planungen für einen europäischen Großwirtschaftsraum unter deutscher Hegemonie. Nach dem Waffenstillstand im Westen rückten derartige Zielvorstellungen schlagartig auf die Tagesordnung. Die Initiative zu den Großraumplanungen ging eindeutig nicht von der Reichsgruppe, sondern vom Reichswirtschaftsministerium aus. Dies zeigen die Vorträge, die Ministerialdirektor Gustav Schlotterer vom Reichswirtschaftsministerium vor Gremien der Reichsgruppe hielt. Am 19. Juni 1940, drei Tage vor Unterzeichnung des Waffenstillstands von Compiègne, skizzierte Schlotterer vor dem Außenhandelsausschuss der Reichsgruppe erstmals die Absicht seines Ministeriums, unter Einbeziehung der OGW-Pläne zur europäischen Großraumwirtschaft auszuarbeiten. Das Ausschussmitglied Karl Albrecht hielt Schlotterers Aussagen in einem Aktenvermerk fest. Darin heißt es:

> »Noch sei die politische Entscheidung offen. Spekulationen lehne er ab. Eine Diskussion über die Frage einer europäischen Währungs- oder Zollunion halte er für bedenklich und auch für überflüssig. Notwendig sei eine ernste Beratung über die künftige europäische Wirtschaft in großen Kreisen von Sachverständigen. Die Organisation der gewerblichen Wirtschaft wurde von Herrn Dr. Schlotterer zur Mitarbeit aufgerufen.«[6]

Das vorgesetzte Ministerium hätte auch eine Weisung erteilen können, statt zur »Mitarbeit« aufzurufen. Aus einer Aktennotiz Schlotterers über zwei Besprechungen mit zahlreichen Vertretern der OGW vom September 1940 geht indessen hervor, dass das Ministerium die Gliederungen der Wirtschaft nicht nur in die Großraumplanungen einspannte, weil es deren Expertise benötigte. Vielmehr legte Schlotterer, der die neue Abteilung »Vorbereitung und Ordnung« leitete, darauf auch aus außen- und ordnungspolitischen Gründen großen Wert.[7] Vor seinem Vortrag

6 Aktenvermerk Karl Albrecht vom 20.6.1940 betr. Sitzung des Außenhandelsausschusses der Reichsgruppe Industrie. Vortrag von Ministerialdirektor Dr. Schlotterer am 19.6.1940, zitiert nach Wolfgang Schumann, *Neue Dokumente der Reichsgruppe Industrie zur »Neuordnung« Europas*, in: Jahrbuch für Geschichte Jg. 1971, 404ff. Zu den damaligen Planungen des Reichswirtschaftsministeriums zur wirtschaftlichen »Neuordnung« Europas siehe auch Bernhard R. Kroener u.a., *Kriegsverwaltung, Wirtschaft und personelle Ressourcen 1939-1941* (Das Deutsche Reich und der Zweite Weltkrieg, Bd. V/1), Stuttgart 1988, 213ff.

7 Aktennotiz von Ministerialdirigent Gustav Schlotterer vom 16.9.1940, abgedruckt in: Eichholtz, *Geschichte*, Bd. I, 365ff.

vor dem Außenhandelsausschuss hatte Schlotterer bereits mit Hauptgeschäftsführern der Wirtschaftsgruppen über eine zukünftige europäische Industriepolitik gesprochen und sie aufgefordert, sich dem Ministerium gegenüber dazu zu äußern.[8] Die Reichsgruppe ging nun daran, ihrerseits Stellungnahmen der Wirtschaftsgruppen einzuholen, um die Ergebnisse zu Länderstudien (»Industrieanalysen«) zusammenzustellen. Dabei zeigte sich, dass die einzelnen Branchen recht unterschiedliche Interessen verfolgten. Während für die Wirtschaftsgruppe Eisen schaffende Industrie die Aufteilung der lothringischen Eisenhütten unter ihren Mitgliedern im Vordergrund stand, ging es den Wirtschaftsgruppen Chemische Industrie und Feinmechanik/Optik mehr um die Wiedererlangung ihrer früheren Position auf dem Weltmarkt als um eine europäische Großraumwirtschaft.[9] Unklar war wohl auch, zu welchen Ländern »Industrieanalysen« erstellt werden sollten. Am 4. Juli berichtete die Reichsgruppe in einem Rundschreiben von »großen Schwierigkeiten, die sich bei der Anfertigung von Industrieanalysen durch die Wirtschaftsgruppen« ergeben würden, und wies darauf hin, dass derartige Berichte auf sieben Länder beschränkt werden könnten: Dänemark, Schweden, Norwegen, die Niederlande, Belgien, Luxemburg und Frankreich.[10]

Bei der Reichsgruppe entstanden parallel dazu Länderausschüsse, die die Berichte der Wirtschaftsgruppen auswerteten. Die Länderstudien, die auf diese Weise bis zum Frühjahr 1941 erstellt wurden, enthielten Statistiken zur Industrie des jeweiligen Landes, Berichte über einzelne Branchen, aber auch »wirtschaftspolitische Anregungen«.[11] Bei der Reichsgruppe hatte man rasch die Chance erkannt, die Berichterstattung über die Industrie der besetzten Länder mit Postulaten für eine zukünftige Wirtschaftsordnung zu verbinden. Dabei wurden vor allem in der Handels- und Sozialpolitik Standpunkte deutlich, die von der Sicht des Ministeriums abwichen. Während Schlotterer in Bezug auf den europäischen Großwirtschaftsraum das Prinzip vertrat, »möglichst

8 Niederschrift von Paul Henrichs (Carl Zeiss) über den Vortrag von Schlotterer in der Reichsgruppe am 19.6.1940, abgedruckt in Schumann, *Neue Dokumente*, 410 (Dok. 7).

9 Siehe hierzu die Dokumente in Eichholtz, *Geschichte*, Bd. I, 294-347.

10 Aus dem Rundschreiben der Reichsgruppe Industrie an die Wirtschaftsgruppen vom 4.7.1940, in: ebd., 351.

11 Ebd., 352 (mit Auszug aus dem Frankreich-Bericht der Reichsgruppe Industrie vom März 1941). Vgl. hierzu auch Auszug aus dem Länderbericht Frankreich der Reichsgruppe Industrie vom März 1941, in: Ludwig Nestler (Hg.), *Die faschistische Okkupationspolitik in Frankeich 1940-1944 (Europa unter dem Hakenkreuz, 3)*, Berlin 1990, 156ff. (Dok. 48).

viel des Lebenswichtigen im eigenen Lande zu erzeugen«, und sich gegen »ein hemmungsloses Überseegeschäft« aussprach,[12] bekannte sich die Reichsgruppe in einer Denkschrift an das Reichsarbeitsministerium vom 1. August 1940 zu dem Ziel, »auf dem Weltmarkte die Exportfähigkeit nicht nur zu erhalten, sondern wesentlich zu stärken«.[13] Ein eigenes Konzept für die Großraumwirtschaft hat die Reichsgruppe nicht entwickelt. Dem standen schon die unterschiedlichen Interessen der Wirtschaftsgruppen entgegen, die sich nur auf wenige Punkte wie den Abbau von Einfuhrzöllen in den besetzten Ländern einigen konnten.[14] Auch bei den in der Literatur häufiger erwähnten »Richtlinien« der Reichsgruppe vom 3. Oktober 1940 handelte es sich in Wirklichkeit um Vorstellungen des Reichswirtschaftsministers, die Schlotterer an diesem Tag vor dem Großen Beirat an die Reichsgruppe weitergab. Die Mitglieder des Beirats erfuhren dabei u. a., dass der Reichswirtschaftsminister scharf zwischen den besetzten Ländern West- und Nordeuropas (»rassisch verwandt«) und den rückständigen Staaten Südosteuropas unterschied und mit Ersteren eine Zoll- und Währungsunion für möglich hielt. Schlotterer beschrieb drei Strategien einer europäischen Industriepolitik. Neben Kapitalbeteiligungen und Verbindungen durch gemeinsame Kartelle und Verbände gehörte dazu eine Zusammenarbeit zwischen Organisationen der Industrie, zu der es freilich nie kam.[15]

Nach dem Überfall auf die Sowjetunion verschwanden die Großraumplanungen von der Tagesordnung. Dass bei der Reichsgruppe im Herbst 1941 noch ein Südostausschuss unter der Leitung des IG-Farben-Vorstands Max Ilgner entstand, der sich mit Wirtschaftsplanungen für die mittlerweile besetzten Balkanländer beschäftigte, blieb eine Episode.[16] Gleiches gilt für die kolonialwirtschaftlichen Sandkastenspiele, die

12 Aktenvermerk Karl Albrecht vom 20.6.1940 zitiert nach Schumann, *Neue Dokumente*, 406 (Dok. 6).

13 Denkschrift der Reichsgruppe Industrie vom 1. 8.1940 über Grundsatzfragen der künftigen Stellung des deutschen Unternehmers und über die Lohnpolitik im Rahmen der faschistischen »Neuordnung« Europas, in: ebd., 412 (Dok. 8).

14 Eichholtz, *Geschichte,* Bd. I, 353 (mit Auszug aus dem Frankreich-Bericht der Reichsgruppe Industrie vom März 1941).

15 Aus dem Protokoll der Sitzung des Großen Beirats der Reichsgruppe Industrie am 3.10.1940, abgedruckt in ebd., 367-374. Weitere Auszüge finden sich in Reinhard Kühnl, *Der deutsche Faschismus in Quellen und Dokumenten*, Köln 1975, 321 ff. (Dok. 218). Vgl. Birgit Kletzin, *Trikolore unterm Hakenkreuz. Deutsch-französische Collaboration 1940-1944 in den diplomatischen Akten des Dritten Reiches*, Opladen 1996, 58 f.

16 Eichholtz, *Geschichte*, 399.

das Reichswirtschaftsministerium im Herbst 1941 verfolgte und bei der Reichsgruppe zur Gründung eines Kolonialausschusses führten.[17]

Sehr konkret war dagegen die Beteiligung der Wirtschaftsgruppen am Auftragsverlagerungsprogramm. Dafür wurden eigene Büros bei den Beauftragten der OGW in Paris, Den Haag und Brüssel errichtet, die in den betreffenden Ländern geeignete Unternehmen für die Ausführung kriegswichtiger Aufträge der jeweiligen Branche ausfindig machten. Ab 1942 kam noch die Prüfung von Anträgen hinzu. Entscheidend waren aber auch auf diesem Gebiet Dienststellen des Reichs, die vom Oberkommando der Wehrmacht und vom Reichswirtschaftsministerium gegründeten, später dem Rüstungsministerium unterstellten Zentralauftragsstellen.[18]

Sechs Monate nach dem Überfall auf die Sowjetunion wurde der Russlandausschuss der Deutschen Wirtschaft aufgelöst. Wie Karl Guth in einem Rundschreiben vom 16. Dezember 1941 mitteilte, wurde bei der Reichsgruppe nun ein Ostreferat errichtet. Die Geschäftsführung rechnete offenbar damit, dass auf den Verband in den besetzten Gebieten der Sowjetunion größere Aufgaben zukommen würden. Das Reichswirtschaftsministerium und das Reichsministerium für die besetzten Ostgebiete hatten die Reichsgruppe beauftragt, sich in alle Angelegenheiten einzuschalten, die »sich für die Industrie im Hinblick auf die neu besetzten Ostgebiete ergeben«.[19] Die Reichsgruppe ließ sich hier aber nicht auf den von der SS geforderten Primat der Rassen- und Siedlungspolitik ein.[20]

Am 8. Februar 1942 kam Rüstungsminister Fritz Todt bei einem Flugzeugabsturz in Ostpreußen ums Leben. Wegen der veränderten militärischen Lage hatte Todt in den Monaten zuvor noch auf eine Rationalisierung der Rüstungsindustrie hingearbeitet. Nachdem die Offensive der Wehrmacht im Osten gescheitert war, stand ein längerer Krieg mit hohen Verlusten bevor. Dafür musste die Rüstungsproduktion gesteigert

17 Rundschreiben der Reichsgruppe Industrie an die Wirtschaftsgruppen über Planung auf kolonialwirtschaftlichem Gebiet, 1.10.1941, abgedruckt in Schumann, *Neue Dokumente*, 425 f. (Dok. 9).

18 Vgl. Streb, *Reichswirtschaftsministerium*, 605 f.; Kletzin, *Trikolore*, 170; Jonas Scherner, *Europas Beitrag zu Hitlers Krieg. Die Verlagerung von Industrieaufträgen der Wehrmacht in die besetzten Gebiete und ihre Bedeutung für die deutsche Rüstung im zweiten Weltkrieg*, in: Christoph Buchheim/Marcel Boldorf (Hrsg.), Europäische Volkswirtschaften unter deutscher Hegemonie 1938-1945, München 2012, 69-92, 75 f.

19 Rundschreiben des Hauptgeschäftsführers der Reichsgruppe Industrie, Karl Guth, vom 16.12.1941, abgedruckt in Schumann, *Neue Dokumente*, 434 f. (Dok. 11).

20 Rolf-Dieter Müller, *Hitlers Ostkrieg und die deutsche Siedlungspolitik. Die Zusammenarbeit von Wehrmacht, Wirtschaft und SS*, Frankfurt a. M. 1991, 65 f.

und die bislang vernachlässigte Tiefenrüstung ausgebaut werden. Für diese Aufgabe wurde der neue Rüstungsminister, Hitlers Lieblingsarchitekt Albert Speer, mit weitreichenden Vollmachten ausgestattet. Speer baute die von Todt errichteten Hauptausschüsse für die Schwerpunkte der Rüstungsindustrie aus und fasste die für die Zulieferer gebildeten Industrieringe zu Hauptringen zusammen. Anfang Juni 1942 bestanden bereits 14 Hauptausschüsse und fünf Hauptringe.[21] Die Hauptausschüsse und Hauptringe wurden durchweg von Industriellen geleitet. Der Rationalisierungsfachmann Wilhelm Zangen war noch von Todt zum Leiter des Hauptausschusses Allgemeines Wehrmachtsgerät ernannt worden, dem eine besondere Rolle bei der Auskämmung der Konsumgüterindustrie zukam. Zangen hat dieses Amt wohl bereitwillig übernommen, entsprach es doch seinen Vorstellungen von der Organisation der Kriegswirtschaft, dass die Rationalisierung von Experten aus der Industrie durchgeführt wurde.[22] Er gehörte auch dem neuen, von Speer eingesetzten Rüstungsrat des Ministeriums an, der aber in keiner Weise die Bedeutung des früheren Rüstungsbeirats hatte und hauptsächlich repräsentativen Zwecken diente. Speer konnte nach dem Krieg in einer eidesstattlichen Erklärung bescheinigen, dass dieser Beirat kein einziges Mal zusammengetreten war.[23] Dem Gremium gehörten acht Industrielle und die Chefs der fünf Wehrmachtrüstungsstellen an. Zu den Mitgliedern aus der Wirtschaft zählte neben Zangen und Keßler auch der frühere RDI-Vorsitzende Krupp von Bohlen und AEG-Generaldirektor Hermann Bücher, das frühere geschäftsführende Präsidialmitglied des RDI.[24]

Zwar war auch jetzt viel von »Selbstverwaltung« der Wirtschaft die Rede, doch verstand der neue Rüstungsminister darunter etwas anderes als sein Vorgänger. Um Einsparungspotentiale auszuschöpfen, wurde nun auch in Organisationen der Wirtschaft eingegriffen. Die von Reichswirtschaftsminister Funk erlassene Gauwirtschaftskammeraufbauverordnung vom 30. Mai 1942 schloss die Industrie- und Handelskammern auf Gauebene zu Gauwirtschaftskammern zusammen, die der Aufsicht des Reichswirtschaftsministeriums unterstanden und verpflichtet waren, die

21 Eichholtz, *Geschichte,* Bd. II, 67f.

22 Nach dem Krieg behauptete Zangen, Speer habe ihm die Leitung des Hauptausschusses angeboten. Er habe abgelehnt, schließlich aber seinen Namen dafür hergegeben. Tatsächlich hatte er den Ausschuss schon unter Todt übernommen, mit dem er sich gut verstand. Vgl. Wilhelm Zangen, Verhältnis der Reichsgruppe Industrie zur Rüstungsorganisation, 21.3.1947, in: LA NRW, Abt. Rheinland, NW 1002-I/43432/057.

23 Eidesstattliche Erklärung von Albert Speer betr. Geheimrat Bücher, in: ebd.

24 Eichholtz, *Geschichte*, 72.

Gauleitungen der NSDAP zu unterstützen.[25] Die Reichsgruppe Industrie verlor damit die Industrieabteilungen bei den Kammern, die für sie eine wichtige Verankerung auf der regionalen und lokalen Ebene gebildet hatten. Als Leiter der Reichsgruppe Industrie hatte Zangen gegen diese Verordnung im Reichswirtschaftsministerium protestiert und noch kleinere Änderungen durchsetzen können.[26] Im Juni 1942 wurde dann der Chef des Rüstungslieferungsamtes im Speer-Ministerium, Walther Schieber, zum zweiten stellvertretenden Leiter der Reichsgruppe Industrie ernannt.[27] Diese Personalie hatte angesichts der von Schieber betriebenen Ämterhäufung kaum praktische Bedeutung. Sie sollte die Nähe des Speer-Ministeriums zur Wirtschaft unterstreichen; doch wurde damit die Stellung der Reichsgruppe in der dem Reichswirtschaftsministerium untergeordneten OGW ausgehöhlt.

Als Speer durch den Führererlass zur Konzentration der Kriegswirtschaft vom 2. September 1943 die Zuständigkeit für die gesamte Industrie übertragen erhielt, bedeutete dies für die Reichsgruppe Industrie und die industriellen Wirtschaftsgruppen einen tiefgreifenden Funktionsverlust. Die Entscheidungen fielen nun in der Zentralen Planung des Speer-Ministeriums, die als Lenkungszentrale der deutschen Kriegswirtschaft ausgebaut wurde. Von dort gingen sie über die immer zahlreicheren Hauptausschüsse, Hauptringe und Sonderringe an die Unternehmen. Die Reichsgruppe und die Wirtschaftsgruppen wurden nicht mehr miteinbezogen.

Wilhelm Zangen gab in seinem Entnazifizierungsverfahren an, er habe wiederholt seinen Rücktritt eingereicht, doch Funk und Speer hätten jedes Mal abgelehnt. Daraufhin habe er Mitte 1943 schließlich die Mitarbeit eingestellt und sich »um die ganzen Dinge nicht mehr gekümmert«.[28] Diese Aussage ist nicht unbedingt glaubwürdig, da Zangen dem Entnazifizierungsausschuss in Düsseldorf einige Lügen auftischte – etwa die Behauptung, die Reichsgruppe hätte sich um die Kriegsproduktion »nicht gekümmert«.[29] Doch ist unstrittig, dass die Reichsgruppe und die Wirtschaftsgruppen seit September 1943 nur noch ein Schattendasein innerhalb des Systems der Kriegswirtschaft führten.

25 Vgl. Volkmann, *Ökonomie*, 84f.
26 Eichholtz, *Geschichte*, 102.
27 Ebd., 320; Tooze, *Ökonomie*, 646.
28 Wilhelm Zangen, Verhältnis der Reichsgruppe Industrie zur Rüstungsorganisation, 21.3.1947, in: Landesarchiv Nordrhein-Westfalen, Abteilung Rheinland, NW 1002-I/43432/057.
29 Ebd.

Aus dem Speer-Ministerium, das nun Reichsministerium für Rüstung und Kriegsproduktion hieß, bekam Zangen angeblich zu hören, die Reichsgruppe sei »eine unbrauchbare Syndici-Gesellschaft«.[30]

Als Dienstleister war die Reichsgruppe gleichwohl weiterhin unentbehrlich, gerade auch für Speer. Die Statistiker des Reichsministeriums für Rüstung und Kriegsproduktion waren auf die Daten aus der monatlichen Industrieberichterstattung der Reichsgruppe angewiesen. Über die Wirtschafts- und Fachgruppen konnte diese seit 1938 in Form einer Totalerfassung durchgeführt werden. Zu einer derart flächendeckenden Erhebung wären weder das Rüstungsministerium noch das Statistische Reichsamt in der Lage gewesen. Speers Stellung als Minister und auch sein späteres Image beruhten ganz wesentlich auf dem Rüstungsindex, den er seit seinem Amtsantritt monatlich aus den von der Reichsgruppe bezogenen Daten erstellen ließ. Die Statistiker der Hauptabteilung V des Speer-Ministeriums um Rolf Wagenführ vom Deutschen Institut für Wirtschaftsforschung verstanden es, daraus einen hohen Anstieg der Rüstungsproduktion abzuleiten, der allgemein als Verdienst Speers und der von ihm durchgesetzten Reorganisation galt. Erst in jüngster Zeit konnte die Forschung nachweisen, dass es sich bei dem »Rüstungswunder« um einen Mythos handelte. So war als Basis für den Index der Stand von Januar/Februar 1942 gewählt worden, ein Zeitpunkt, an dem die deutsche Rüstungsproduktion aufgrund des Kriegsverlaufs und der Jahreszeit auf einem besonders niedrigen Niveau gelegen hatte. Neue Berechnungen zeigen, dass das Wachstum der Rüstungsproduktion im ersten Kriegsjahr am stärksten zunahm und ab dem Frühjahr 1943 nachließ.[31]

Vor diesem Hintergrund ist es nicht verwunderlich, dass die statistische Abteilung der Reichsgruppe über das damals modernste Datenverarbeitungssystem, die Hollerith-Lochkarte, verfügte. Wegen ihrer Bedeutung für die Rüstungsstatistik wurde sie im September 1943 auf Weisung Speers aus Berlin in das geschütztere Gera verlegt.[32] Eine über-

30 Ebd.

31 Jonas Scherner/Jochen Streb, *Das Ende eines Mythos? Albert Speer und das sogenannte Rüstungswunder*, in: Vierteljahrschrift für Sozial- und Wirtschaftsgeschichte, 2 (2006), 172-196; Adam Tooze, *No Room for Miracles. German Industrial Output in World War II Reassessed*, in: Geschichte und Gesellschaft (2005), 439-464; ders., *Ökonomie*, 404 f.; Magnus Brechtken, *Albert Speer. Eine deutsche Karriere*, München 2017, 211 ff.

32 Vertrag zwischen der Reichsgruppe Industrie und der Firma Laurenz & Wilde, Gera, 11.1.1944, mit Anlage (Verzeichnis zum 15.9.1943 übernommener Möbel), in: BA Berlin, 12 I/57; Reichsgruppe Industrie an das Arbeitsamt Gera, 17.1.1944, in: ebd.

lieferte Personalliste der nach Gera verlagerten Abteilung vom März 1945 gibt einen Einblick in die Zusammensetzung der Belegschaft. Mit 46 Frauen und zwölf Männern war diese Abteilung VIII bei Kriegsende die größte innerhalb der Reichsgruppe. Ein großer Teil der Angestellten war angelernt. So arbeiteten hier mehrere Frauen als Statistikerinnen, die früher Sekretärinnen gewesen waren, mehrere Frauen ohne erlernten Beruf waren jetzt Hollerith-Locherin oder -Tabelliererin, ein früherer Kellner arbeitete jetzt ebenfalls als Hollerith-Tabellierer. Unter den Mitarbeiterinnen befanden sich aber auch Frauen, die von Beruf Statistikerin waren.[33]

Eine wichtige Rolle spielte die Reichsgruppe Industrie während der letzten Kriegsjahre auch in der Arbeitsgemeinschaft für Kriegsschäden. Diesem sogenannten Wustrauer Kreis gehörten Vertreter von Behörden, Verbänden und Unternehmen an. Im Vordergrund stand hier die Beschäftigung mit Fragen des Kriegsschädenrechts.[34] Die Reichsgruppe Industrie war in der Arbeitsgemeinschaft, die reichsweit Tagungen abhielt, durch die von Friedrich Wilhelm Reuß geleitete Unterabteilung Kriegsschäden vertreten.

Auf dem Gebiet der Außenwirtschaft war die Reichsgruppe am Arbeitskreis für Außenwirtschaftsfragen maßgeblich beteiligt, der im letzten Jahr das wichtigste Forum für Nachkriegsplanungen wurde. Der Arbeitskreis wurde auf eine Initiative des Leiters der Außenwirtschaftsabteilung im Reichswirtschaftsministerium, Franz Kirchfeld, hin gebildet, der von der Ferrostaal AG ins Ministerium gewechselt hatte. Die Reichsgruppe war hier durch ihren Außenhandelsexperten Karl Albrecht und den Leiter des Handelspolitischen Ausschusses, den Aachener Textilindustriellen Hans Croon, federführend vertreten. Der frühere Hauptgeschäftsführer der Wirtschaftsgruppe Feinmechanik Optik Albrecht hatte schon lange zu den führenden Köpfen des Außenhandelsausschusses der Reichsgruppe gehört. Zu Beginn des Jahres 1944 war er in die Geschäftsführung am Tirpitzufer gewechselt, um dort die Leitung einer neuen Abteilung Außenwirtschaft zu übernehmen.[35] Gemeinsam mit Croon und dem Hauptgeschäftsführer der Reichsgruppe Handel, Friedrich von Proll, gründete er am 23. März 1944 den Arbeitskreis für Außenwirtschafts-

33 Liste der z.Zt. in Gera beschäftigten Angestellten der Reichsgruppe Industrie, in: BA Berlin, R 12 I /24, Bl. 48 ff.

34 Zu den Sitzungen der Arbeitsgemeinschaft zwischen November 1943 und März 1945 siehe BA Berlin, R 12 I/171.

35 Rundschreiben der Reichsgruppe Industrie an die Wirschaftsgruppen und Industrieabteilungen der Gauwirtschaftskammern, 8.1.1944, in: BA Berlin, R 12 I/350.

fragen. Der von Croon geleitete Arbeitskreis bildete ein Gegenstück zu dem 1943 gegründeten Europa-Kreis um Hans Kehrl, dem Leiter des Planungsamtes im Speer-Ministerium. Während Kehrl die Festung Europa verteidigen wollte, bemühte sich der Arbeitskreis für Außenwirtschaftsfragen um die Handelsbeziehungen zu den neutralen Ländern, die durch die Sanktionen der Alliierten wegzubrechen drohten. Einen weiteren Schwerpunkt bildete Südosteuropa. Die Mitglieder trafen sich monatlich, Albrecht organisierte auch Reisen ins Ausland, wo man sich über die Nachkriegsplanungen der Alliierten informieren konnte. Der Arbeitskreis entwickelte kein Konzept, aber als Kommunikationsplattform für Nachkriegsplanungen hatte er eine erhebliche Bedeutung.[36]

Das bekannteste Beispiel für die damaligen Nachkriegsplanungen bei der Reichsgruppe und in deren Umfeld sind die Untersuchungen Ludwig Erhards in dem von ihm geleiteten Institut für Industrieforschung. Der spätere Bundeskanzler war nach einer wirtschaftswissenschaftlichen Promotion an der Universität Frankfurt a. M. Assistent in dem von Wilhelm Vershofen gegründeten und geleiteten Institut für Wirtschaftsbeobachtung der deutschen Fertigware an der Handelshochschule in Nürnberg. Zum 1. Juli 1942 verließ er dieses Institut im Alter von 45 Jahren, nachdem er bei der Nachfolge Vershofens übergangen worden war.[37] Vermutlich hatte er dabei schon einen Wechsel zur Reichsgruppe Industrie oder einer von ihr geförderten Forschungseinrichtung im Blick, denn Erhard war ein Schwager des Hauptgeschäftsführers Karl Guth. Die Gelegenheit war damals günstig, da die Reichsgruppe beträchtliche Mittel für die Forschungsförderung bereitstellte. Auf Betreiben von Wilhelm Zangen und Rudolf Bingel, des Vorstandsvorsitzenden der Siemens-Schuckertwerke, wurde im November 1942 die Fördergemeinschaft der Deutschen Industrie mit einem Stiftungsvermögen von über 22 Mio. Reichsmark gegründet.[38] Die Tradition der Forschungsförderung, die

36 Siehe hierzu die ausführliche Darstellung in: Ludolf Herbst, *Der Totale Krieg und die Ordnung der Wirtschaft. Die Kriegswirtschaft im Spannungsfeld von Politik, Ideologie und Propaganda 1939-1945*, Stuttgart 1982, 353-365. Vgl. ferner Karl Heinz Roth, *Wirtschaftliche Vorbereitungen auf das Kriegsende und Nachkriegsplanungen*, in: Eichholtz, *Geschichte*, Bd. III/2, 543-547.

37 Vgl. hierzu u. a. Volker Hentschel, *Ludwig Erhard. Ein Politikerleben*, München 1996, 17 ff.

38 Winfried Schulze, *Der Stifterverband für die Deutsche Wissenschaft 1920-1995*, Berlin 1995, 89-95; Hans Pohl, *Zur Zusammenarbeit von Wirtschaft und Wissenschaft im »Dritten Reich«: Die Förderergemeinschaft der deutschen Industrie von 1942*, in: ders., Wirtschaft, Unternehmen, Kreditwesen, soziale Probleme. Ausgewählte Aufsätze, Teil 1, Stuttgart 2005, 593-616.

Ernüchterung über den Kriegsverlauf, das Interesse an einem Gegengewicht zum Arbeitswissenschaftlichen Institut der DAF, all dies mag eine Rolle gespielt haben. Zentral waren für die Stifter andere Motive, wie der Kuratoriumsvorsitzende der Förderergemeinschaft, Hermann von Siemens, in einem Rückblick offen zugab:

> »Die Fördergemeinschaft [sic] war eine zusätzliche Gründung aus der Reichsgruppe Industrie während des Krieges, weil die Industriefirmen ihre Überschüsse, die sie nicht zu Dividenden oder zum Ausbau der Kapazität verwenden konnten, zu einem Teil derselben lieber der Wissenschaft zuwenden wollten, als ihn in Reichsschätzen anzulegen.«[39]

Auf Antrag der Reichsgruppe Industrie bewilligte die Förderergemeinschaft 400.000 Reichsmark »für die Durchführung von Forschungsarbeiten auf betriebswirtschaftlichem Gebiet durch Dr. Erhard«.[40] Erhard gründete daraufhin das Institut für Industrieforschung mit Sitz in Berlin und Nürnberg, ein Ein-Mann-Institut, das aus ihm und einer Sekretärin bestand. Von dort aus führte er Umfragen und Erhebungen bei den Wirtschaftsgruppen durch, auch im Auftrag des Produktionsamtes im Reichsministerium für Rüstung und Kriegsproduktion.[41] In der ersten Zeit beschäftigte sich Erhard vorrangig mit der Erstellung einer Denkschrift über »Kriegsfinanzierung und Schuldenkonsolidierung«, in der er für die Zeit nach dem Krieg Vorschläge zur Abschöpfung der Kaufkraft und zur Ankurbelung der Produktion entwickelte.[42] Die Denkschrift erschien im März 1944 in wenigen Exemplaren; später brachte Erhard noch eine Kurzfassung heraus.

Die Nachkriegsplanungen bei der Reichsgruppe Industrie erstreckten sich keineswegs nur auf den Arbeitskreis für Außenwirtschaftsfragen und Erhards Institut für Industrieforschung. Während des letzten Kriegsjahres entstand ein ganzer Kranz von Projekten, die geheim gehalten werden mussten, weil Nachkriegsplanung verboten waren. Koordiniert wurden diese Arbeiten von Rudolf Stahl, dem stellvertretenden Leiter der Reichsgruppe. Zu dem Kreis von Experten, den Stahl um sich sammelte, gehörten neben Karl Albrecht und Ludwig Erhard auch Bernhard Skrodzki, der Leiter der Rohstoffabteilung der Reichsgruppe mit Unter-

39 Zitiert nach Schulze, *Stifterverband*, 90.

40 Pohl, *Zusammenarbeit*, 606.

41 Als Beispiel: Ludwig Erhard an die Wirtschaftsgruppe Glasindustrie, z. Hd. Dr. Datzmann, 13.6.1944 (mit Erhebungsbogen im Anhang), BA Berlin, R 13 X/360.

42 Ludwig Erhard, *Kriegsfinanzierung und Schuldenkonsolidierung. Faksimiledruck der Denkschrift von 1943/44*, Frankfurt a. M. 1977.

suchungen über die Rohstoffversorgung nach dem Krieg, Günter Keiser von der Wirtschaftsgruppe Privates Bankgewerbe, der sich mit dem Wiederaufbau des Bankwesens beschäftigte und Ferdinand Grünig, der Leiter der Abteilung für Zentrale Wirtschaftsbeobachtung in der Reichswirtschaftskammer.[43]

Die vielfältigen Aktivitäten des Stahl-Kreises sind auch deshalb bemerkenswert, weil sie im Einvernehmen mit Otto Ohlendorf durchgeführt werden konnten, einem hohen SS-Offizier und Vertrauten Himmlers, der seit November 1943 eine führende Position im Reichswirtschaftsministerium hatte, zunächst als stellvertretender Staatssekretär, dann als Ministerialdirektor. Über ihn wollte Himmler der SS stärkeren Einfluss auf die Wirtschaftspolitik sichern und eine Gegenposition zu Speer aufbauen, dem er Staatsdirigismus und Planwirtschaft vorwarf. Ohlendorf war sich darin mit Himmler einig; er vertrat dagegen ausgesprochen marktwirtschaftliche, ja wirtschaftsliberale Prinzipien, die er nach dem Krieg umgesetzt sehen wollte. Kurzum: Ohlendorf hielt die Hand über den Stahl-Kreis und unter diesem Schirm waren auch Nachkriegsplanungen erlaubt.

Stahl und Guth wussten ebenso wenig wie Albrecht und Erhard, dass Ohlendorf früher bei der SS eine Einsatzgruppe im Osten geleitet hatte und für die Ermordung von rund 90.000 Menschen verantwortlich war.[44] Der spätere Politikwissenschaftler und Verbändeforscher Theodor Eschenburg, der damals mit Guth im selben Haus wohnte – und selbst eine Zeit lang der SS angehört hatte – schrieb rückblickend:

> »Guth hat oft über Verhandlungen und Gespräche mit Ohlendorf berichtet. Er war völlig erstaunt, dass ein so hoher SS-Funktionär so ungewöhnlich gebildet und an Bildung interessiert war. Von seinem Einsatz hat Guth auch nicht die leiseste Andeutung gemacht. Ich bin heute noch der Auffassung, dass Guth und Erhard davon überhaupt nichts ahnten.«[45]

43 Herbst, *Krieg*, 385 f.

44 Zur Biografie Ohlendorfs vgl. u. a. David Kittermann, *Otto Ohlendorf – »Gralshüter des Nationalsozialismus«*, in: Ronald Smelser/Enrico Syring (Hrsg.), *Die SS: Elite unter dem Totenkopf*, Paderborn 2000, 379-393.

45 Leserbrief von Theodor Eschenburg zu *»Er wird euch gut beraten«*, in: Die Zeit (22.12.1989). Eschenburg war damals Geschäftsführer der Fachuntergruppe Knopf- und Bekleidungsverschlussindustrie. Anders als gelegentlich in der Literatur dargestellt, hat er nie bei der Reichsgruppe Industrie gearbeitet. Die Prüfungsstellen, über die Eschenburg an »Arisierungen« beteiligt war, gehörten zu Wirtschaftsgruppen. Zur Debatte um Eschenburgs Rolle im »Dritten Reich« vgl. Rainer Eisfeld (Hg.), *Mitgemacht. Theodor Eschenburgs Beteiligung an »Arisierungen« im Natio-*

Abbildung 16: Zerstörtes Gebäude der Reichsgruppe Industrie, Tirpitzufer 56-58, nach Kriegsende (am rechten Bildrand)

Die Männer des Stahl-Kreises bewegten sich auf dünnem Eis, denn bei ihren Planspielen für die Nachkriegszeit mussten sie von der Realität ausgehen, nicht von einem »Endsieg«. Stahl selbst machte sich über die Lage keine Illusionen. Als einziger namhafter Unternehmer hatte er 1943 die Denkschrift »Warnruf der Wirtschaft« unterschrieben, die eine baldige Beendigung des Krieges forderte und von Carl Goerdeler, einem der Köpfe des Widerstands gegen Hitler, mitinitiiert worden war.[46]

Vieles spricht dafür, dass sich der Stahl-Kreis nur deshalb formieren konnte, weil die Reichsgruppe Industrie ihre frühere Bedeutung verloren hatte und das Reichswirtschaftsministerium seit dem Führerbefehl vom 2. September 1943 nur noch für »die grundsätzlichen wirtschaftspolitischen Fragen der deutschen Wirtschaft« zuständig war.[47] Eben damit beschäftigten sich die Mitglieder des Stahl-Kreises und des Arbeitskreises

nalsozialismus, Wiesbaden 2016; Udo Wengst, *Theodor Eschenburg. Biografie einer politischen Leitfigur 1904-1989*, Berlin 2015.

46 Weigelt u.a. (Hrsg.), *Todesurteile*, 677.

47 Herbst, *Krieg*, 256.

für Außenwirtschaftsfragen. Karl Albrecht nannte es in seinen Erinnerungen ein »Sandkastenspiel des verlorenen Krieges«.[48]

Das Gebäude der Reichsgruppe Industrie am Tirpitzufer 56-58 (ehem. Königin-Augusta-Straße, heute Reichpietschufer) wurde am 22. November 1943 bei einem der schwersten Luftangriffe auf Berlin zerstört. Die Büros der Mitarbeiter verteilten sich fortan auf verschiedene Bezirke Berlins. Einige Abteilungen konnten in Mitte neue Räume finden, andere in Wilmersdorf oder Charlottenburg, Hauptgeschäftsführer Guth kam in Zehlendorf unter. Nur zwei Abteilungen befanden sich Anfang 1944 außerhalb Berlins. Dabei war die Reichsgruppe schon im Spätsommer 1943 vom Reichswirtschaftsministerium beauftragt worden, Ausweichstellen an weniger luftkriegsgefährdeten Standorten zu errichten.[49] Dass man sich damit nicht beeilte, ist verständlich. Ein industrieller Spitzenverband kann nicht so einfach verlagert werden wie eine Fertigung. Er ist auf die Nähe zu den Behörden angewiesen. Auch erwies es sich als nicht einfach, geeignete Ausweichplätze zu finden, da die Rüstungsindustrie Vorrang hatte und auch viele Firmen und Behörden aus Berlin ein zweites Standbein in Mitteldeutschland suchten. Die Finanz- und Steuerabteilung musste zum Beispiel im Frühjahr bis in den Kreis Saalfeld ausweichen, um ein Ausweichquartier bei einem Gastwirt zu finden.[50]

Abteilungen der Reichsgruppe Industrie mit Anschrift
(Stand 10. Januar 1944)[51]

Abteilung/Position	Aufgabengebiet	Leiter	Anschrift
Hauptgeschäftsführer		Dr. Guth	Berlin-Zehlendorf, Goethestraße 26a
Sekretariat		Rauch	Berlin-Zehlendorf, Goethestraße 26a
	Nachrichtenstelle	Laukisch	Berlin-Charlottenburg Kurfürstendamm 52

48 Karl Albrecht, *Das Menschliche hinter dem Wunder. 25 Jahre Mitwirkung am deutschen Wiederaufbau*, Düsseldorf 1970, 16.

49 Reichsgruppe Industrie an den Landrat des Kreises Saalfeld, 11.5.1944, in: BA Berlin, R 12 I/222.

50 Ebd.

51 Unterbringung der Dienststellen der Reichsgruppe Industrie. Stand 10.1.1944, in: BA Berlin, R 12 I/350.

Abteilung/Position	Aufgabengebiet	Leiter	Anschrift
Generalreferat für Industrieabteilungen (GRIA)		Dr. Studders	Berlin-Mitte, Schinkelplatz 3-4 (Deutsche Industriebank)
Zentralabteilung	Innere Verwaltung, Haushalt	Dr. Koppen	Berlin-Mitte, Friedrichstraße 224 (Institut für Berufsausbildung)
	Gemeinschaftshilfe, Versicherungen	Dr. Lohan	Berlin-Grunewald, Taubertstraße 6-8
	Laufende Arbeiten der Gemeinschaftshilfe	Georgi	Gera, Johannisplatz 8
Abteilung I	Organisation und Recht	Dr. Schwartz	Berlin-Zehlendorf-West, Kleiststraße 5
	Gewerblicher Rechtsschutz	Dr. Wuesthoff	Berlin-Kladow, Straße 112, Haus 6
Abteilung II	Innere Wirtschaft	Dr. Skrodzki	Berlin-Mitte, Dorotheenstraße 29 I
	Verkehr	Dr. Renaud	Berlin-Dahlem, Heydenstraße 7
	Referat Ernährungsindustrie	Gaissmaier	Berlin-Mitte, Neustädtische Kirchstraße 4-5 (Reichsstand des Deutschen Handwerks)
Abteilung III	Marktordnung und Betriebswirtschaft	Dr. Metzner	Berlin-Wilmersdorf Düsseldorfer Str. 38b (Salzdetfurth AG)
Abteilung IV	Steuern und Finanzfragen	Dr. Binder	Berlin-Wilmersdorf Düsseldorfer Str. 38b (Salzdetfurth AG)
Abteilung V	Sozialwirtschaft, Kriegsschäden	Dr. Lohmann	Berlin-Mitte, Neue Wilhelmstraße 9/11 IV (Reichswirtschaftskammer)
Abteilung VI	Außenwirtschaft, Zentralstelle, Ausstellungs- und Werbewesen	Dr. Albrecht	Berlin-Mitte, Schinkelplatz 3-4 (Deutsche Industriebank)

Abteilung/Position	Aufgabengebiet	Leiter	Anschrift
Abteilung VII	Werkluftschutz	von Düring	Berlin-Zehlendorf, Goethestraße 26a
Abteilung VIII	Statistik und Wirtschaftsbeobachtung	Bickert	Berlin-Mitte, Potsdamer Straße 87
	Hollerithstelle	Uliczny	Gera, Friedericistraße 1a
Ausfuhrgemeinschaft für Kriegsgerät		Dr. Klönne	Berlin-Wannsee; Dreilindenstraße 47-49

Im Laufe des Jahres 1944 wurden weitere Ausweichstellen errichtet, aber die meisten Mitarbeiter dürften erst in den letzten Kriegswochen Berlin verlassen haben wie Karl Albrecht, dem Guth im März 1945 riet, mit seinen Mitarbeitern nach Bayreuth zu gehen, wo inzwischen schon das Institut Erhards ein Ausweichquartier bezogen hatte. Am 16. März 1945 waren die Büros der Reichsgruppe auf 23 Standorte verteilt, von Bayreuth bis Berlin. Doch von den 330 Mitarbeitern arbeiteten immer noch 230 in Berlin.[52]

Am 3. April wurde der Leiter des Sekretariats der Geschäftsführung, der Jurist Christian Rauch, vom Reichswirtschaftsministerium angewiesen, Notverwaltungen in Gera und Bayreuth zu errichten. Vor der herannahenden Front sollte sich Rauch dann zur Ausweichstelle des Reichswirtschaftsministeriums nach Schwerin begeben.[53] Wilhelm Zangen dürfte rechtzeitig nach Düsseldorf, dem Sitz der von ihm geleiteten Mannesmannröhren-Werke gegangen sein. Zangens Stellvertreter Rudolf Stahl und der Hauptgeschäftsführer Karl Guth blieben bis Kriegsende in Berlin. Stahl wurde im August 1945 in Eisleben von der Sowjetischen Militäradministration festgenommen. Wegen seiner hohen Positionen in der Wirtschaft des »Dritten Reichs« wurde er von einem Sowjetischen Militärtribunal als Kriegsverbrecher zum Tode verurteilt und am 14. Mai 1946 im Speziallager Buchenwald hingerichtet.[54] Auch Guth wurde nach

52 Ausweichstellen außerhalb Berlins befanden sich am 15.3.1945 in Bayreuth, Ilmenau, Lichtentanne, Roßleben, Saalfeld, Sonnenberg, Jena, Weimar, Droyßig über Zeitz, Halle, Wernigerode, Aschersleben, Halberstadt, Schwarzenbach/Saale, Reichenbach/Vogtland, Hof, Nürnberg, Altdorf b. Nürnberg, Neila/O. Fr., Würzburg, Frankfurt am Main, Hagen i. W. und Fährbrücke bei Zwickau. Geschäftsführung der Reichsgruppe Industrie, Gefolgschaftsstand vom 16.3.1945, in: BA Berlin, R 12 I/24.

53 BDI-Archiv Z 90 K 600.

54 Weigelt u. a. (Hrsg.), *Todesurteile*, 678 f.

Kriegsende von der Sowjetischen Militäradministration festgenommen. Er blieb fünf Jahre lang in mehreren sowjetischen Speziallagern, darunter auch in Buchenwald, inhaftiert.[55] Sein Vorgänger Jacob Herle blieb sogar fast sieben Jahre in Haft, in mehreren sowjetischen Lagern, darunter ebenfalls in Buchenwald, und im berüchtigten Zuchthaus Waldheim.[56]

In Gera erhielt die Abteilung Statistik und Wirtschaftsbeobachtung der Reichsgruppe Industrie wiederholt Besuch von Experten aus dem amerikanischen Hauptquartier, die dort die Daten zur deutschen Industriestatistik durchsahen und ablichteten. Sie hielten dieses Material für so wichtig, dass sie die Hollerithstelle mit sämtlichen Geräten, Unterlagen und Mitarbeitern nach Bad Nauheim bei Frankfurt am Main verlegten. Als Statistical Office of German Industries arbeitete die Abteilung dort für das amerikanische Militär weiter. Das Datenmaterial wurde von einer Expertengruppe des United States Strategic Bombing Survey (USSBS) ausgewertet, zu der auch der renommierte Ökonom John Kenneth Galbraith gehörte.[57]

Christian Rauch, der frühere Sekretariatsleiter, eröffnete nach Kriegsende zunächst in Hamburg, im Shell-Haus am Alsterufer, wieder ein Büro der Reichsgruppe Industrie. Im März 1946 verlegte er das Büro nach Berlin, in das Haus Kurfürstendamm 56. Auf Weisung der Militärregierungen wurden für die Gruppen der OGW nun Notverwalter eingesetzt. In der amerikanischen Zone galten die Reichs- und Wirtschaftsgruppen als NS-Organisationen. Ihre Vermögen wurden daher gemäß der Kontrollrats-Direktive Nr. 50 gesperrt. Nach langen Auseinandersetzungen und einem Rechtsgutachten der amerikanischen Militärregierung wurde die OGW nicht mehr länger als Gliederung der NSDAP oder Behörde des Reichs angesehen. Die beschlagnahmten Vermögen wurden ab 1950 entsperrt. Aufgelöst wurden die bei Kriegsende in Berlin ansässigen Gruppen der OGW durch ein Gesetz des Landes Berlin vom

55 *Karl Guth*, in: Frankfurter Allgemeine Zeitung (26.10.1971).

56 Scharp, *Dr. Jacob Herle, 288.*

57 Reichsgruppe Industrie, Abt. VIII, an die U.S. Militärregierung, 8.6.1945, in: BA Berlin, R 12 I/24; Vernehmung von Dipl. Kfm. Georg Bickert, 24.10.1946, in: Institut für Zeitgeschichte, Archiv, ZS 1015; Rainer Fremdling, Zur Bedeutung nationalsozialistischer Statistiken und Statistiker nach dem Krieg. Rolf Wagenführ und der United States Statistic Bombing Survey (USBSS), in: Jahrbuch für Wirtschaftsgeschichte 2016, 589-613, 602 ff.; https://www.crowdfunding-bad-nauheim.de/online-museum/gründung-des-statistischen-bundesamtes [letzter Zugriff 29.01.2019].

20. Januar 1956. Erst jetzt war die Geschichte der Reichsgruppe Industrie zu Ende.[58]

Was blieb, waren die früheren Mitarbeiter. Vor Kriegsende waren immerhin 330 Frauen und Männer bei der Reichsgruppe beschäftigt. Einschließlich der eingezogenen und dienstverpflichteten Angestellten lag die Zahl sogar bei 460.[59] Über die politische Ausrichtung ist nur für das Leitungspersonal eine Schätzung überliefert. Nach Angaben von Christian Rauch im Entnazifizierungsverfahren gegen Zangen lag der Anteil der NSDAP-Mitglieder bei knapp 50 Prozent.[60] Gleichwohl berichtete Friedrich Wilhelm Reuß 1948, dass die Mitarbeiter der Geschäftsführung der Reichsgruppe Industrie »auch nicht unter besonderem politischen Druck gestanden haben und in den Kreisen der Partei immer als eine politisch unzuverlässige Institution angesehen wurden«.[61] Würde diese Aussage aus den Akten eines Entnazifizierungsverfahrens stammen, könnte man über den Wahrheitsgehalt streiten. Doch Reuß war alter Sozialdemokrat und er schrieb dies als Ministerialdirektor im hessischen Wirtschaftsministerium einem Parteifreund, dem Frankfurter Oberbürgermeister Walter Kolb.

Ähnlich wie Reuß (Jg. 1897) haben mehrere frühere Mitarbeiter der Reichsgruppe Industrie in der Bundesrepublik eine beachtliche Karriere gemacht. Ludwig Kattenstroth (Jg. 1906), der von 1934 bis 1939 bei der Reichsgruppe als Referent gearbeitet hat, wurde im Bundeswirtschaftsministerium Abteilungsleiter und ein enger Mitarbeiter Erhards. Später war er in zwei anderen Bundesministerien Staatssekretär. Roland Risse (Jg, 1902), der 1931 beim RDI eingestellt worden war und später bei der Reichsgruppe Industrie die Kartellaufsicht geleitet hatte, machte ebenfalls im Bundeswirtschaftsministerium Karriere. Er stieg dort zum Ministerialdirektor auf und war maßgeblich an der Ausarbeitung des Kartellgesetzes von 1957 beteiligt. Bernhard Skrodzki (Jg. 1902), Mitarbeiter schon des RDI seit 1928, und bei der Reichsgruppe zuletzt Leiter der Abteilung Innere Wirtschaft, wurde 1950 Hauptgeschäftsführer der

58 Wolfgang Froehlich, *Das Nachkriegsschicksal der fachlichen Gliederungen der alten »Organisation der Gewerblichen Wirtschaft«*, in: Libellus Amicitiae. Für Dr. Wilhelm Beutler zur Vollendung des 60. Lebensjahres am 5. September 1957, Köln 1957, 39-64, 6f.

59 Geschäftsführung der Reichsgruppe Industrie, Gefolgschaftsstand vom 16.3.1945, in: BA Berlin, R 12 I/24.

60 Christian Rauch, ehem. Leiter des Sekretariats, 6.3.1947, in: LA NRW, Abt. Rheinland, NW 1002-I/43432/062.

61 W. Reuß an Oberbürgermeister Dr. Kolb, 20.11.1948, in: BA Koblenz, N 1256/6.

Industrie- und Handelskammer Berlin und blieb dies 19 Jahre lang bis zu seinem Tod. Karl Albrecht (Jg. 1902) wurde Hauptabteilungsleiter im Bundesministerium für den Marshall-Plan und war dann lange Zeit Hauptgeschäftsführer der Industrie- und Handelskammer Düsseldorf.

Auffällig ist, dass die meisten dieser Männer später in Ministerien oder bei Kammern arbeiteten. Als Industrieller machte nur Ernst Wolf Mommsen (Jg. 1910) Schlagzeilen, der es in der Wirtschaft bis zum Vorstandsvorsitzenden der Fried. Krupp GmbH brachte, aber auch in zwei Bundesministerien Staatssekretär war, jeweils unter Helmut Schmidt. Wie viele Mitarbeiter der Reichsgruppe und des RDI später beim BDI arbeiteten, lässt sich nicht mehr ermitteln, da aus dieser Zeit keine Personalakten überliefert sind. Als Beispiel sei hier nur Herbert Studders (Jg. 1894) genannt. Er kam 1934 zur Reichsgruppe und leitete dort von 1937 bis 1945 den Bereich Industrielle Qualitätsarbeit. 1948 wurde er Geschäftsführer des Stifterverbandes für die Deutsche Wissenschaft, später Abteilungsleiter im BDI. Ihm verdankt der BDI das Institut zur Förderung des industriellen Führungsnachwuchses.

9. Entstehung und Anfänge des Bundesverbandes der Deutschen Industrie (BDI) (1946-1950)

Die Initiativen zur Gründung eines neuen Spitzenverbandes der Industrie

Nach Kriegsende war unstrittig, dass in den westlichen Besatzungszonen Deutschlands die historisch gewachsene Verbandsstruktur der Industrie wiederentstehen würde. Grundsätzlich hätte damals ein neues System eingeführt werden können, doch galt es für die Militärregierungen, rasch eine funktionsfähige Selbstverwaltung der Wirtschaft herzustellen und für die Unternehmer war es ganz selbstverständlich, an die früheren, im »Dritten Reich« deformierten Verbände anzuknüpfen. Auch gab es bei den Kammern eine praktisch ungebrochene Kontinuität. Schon in den letzten Kriegswochen hatten sich im Westen Gauwirtschaftskammern in Industrie- und Handelskammern zurückverwandelt. Wegen ihrer Kenntnisse der regionalen Wirtschaft wurden die Kammern von den Militärregierungen bereitwillig anerkannt und als Dienstleister genutzt.[1] Besonders in der britischen Zone, zu der das Ruhrgebiet gehörte, hatte die Militärregierung ein starkes Interesse, auf die Kenntnisse fachlicher Organisationen der Wirtschaft zurückgreifen zu können. Ende Juli 1945 wurde hier mit der Technical Instruction No. 49 eine rechtliche Grundlage für die Errichtung von Wirtschaftsverbänden geschaffen. Die Direktive hob alle Befugnisse der OGW und der Gauwirtschaftskammern auf, erkannte aber zugleich die Verdienste der Verbände für die wirtschaftliche Selbstverwaltung an.[2] Wirtschaftsverbände konnten nun mit Genehmigung der Militärregierung zugelassen werden. Sie mussten sich dafür als freiwillige Zusammenschlüsse konstituieren, durften sich nicht politisch betätigen und sollten als Selbstverwaltungsorgane keine exekutiven Funktionen übernehmen. Im April 1946 waren in der britischen

1 Vgl. hierzu mit Beispielen aus dem Rheinland und aus Westfalen: Klaus-Dietmar Henke, *Die amerikanische Besetzung Deutschlands* (Quellen und Darstellungen zur Zeitgeschichte, 27), München 1996, 507 ff.

2 Werner Bührer, *Ruhrstahl und Europa. Die Wirtschaftsvereinigung Eisen- und Stahlindustrie und die Anfänge der europäischen Integration 1945-1952* (Schriftenreihe der Vierteljahrshefte für Zeitgeschichte, 53), München 1986, 32 f.; Werner Plumpe, *Vom Plan zum Markt. Wirtschaftsverwaltung und Unternehmerverbände in der britischen Zone*, Düsseldorf 1987, 68 f.

Zone dann bereits 24 Wirtschaftsvereinigungen und 26 Fachverbände registriert, in der amerikanischen Zone 30 Wirtschaftsverbände.[3]

Zu den Schrittmachern der Verbandsbildung gehörte auch jetzt wieder die Schwerindustrie. Schon bald nach Kriegsende bildete sich in Düsseldorf aus ehemals führenden Vertretern der Wirtschaftsgruppe Eisen schaffende Industrie ein »Eisenkreis«, der ab dem Sommer 1945 die Verbandsarbeit des VdEStI unter der Bezeichnung »Nordwestgruppe« weiterführte und dann entscheidend an der Gründung der Wirtschaftsvereinigung Eisen- und Stahlindustrie am 7. März 1946 beteiligt war.[4] Im Unterschied zu den früheren Wirtschaftsgruppen hatten die gegründeten Verbände wieder einen Vorsitzenden, keinen Leiter, und Gremien, die auf dem Kollegialprinzip beruhten. Vorsitzender der Wirtschaftsvereinigung Eisen und Stahl wurde Hermann Reusch, der – damals noch kommissarische – Vorstandsvorsitzende der Gutehoffnungshütte. Der älteste Sohn von Paul Reusch gehörte zu den wenigen unbelasteten Schwerindustriellen des Reviers, da er ebenso wie sein Vater 1942 gezwungen worden war, aus dem Vorstand auszuscheiden. Bei ihm liefen die Verbandsbestrebungen der Ruhrindustrie zusammen, nachdem der ursprünglich als Vorsitzender der Wirtschaftsvereinigung Eisen- und Stahlindustrie vorgesehene Leiter des Klöckner-Konzerns, Günter Henle, und der als sein Stellvertreter vorgesehene frühere Vorstandsvorsitzende der Vereinigten Stahlwerke, Walter Rohland (»Panzer-Rohland«), Ende November 1946 zusammen mit rund 70 weiteren Stahlindustriellen von der Militärregierung in Arrest genommen worden waren.[5]

Schon im August 1945, wenige Wochen nach Erlass der Technical Instruction Nr. 10, hatte das Landeswirtschaftsamt beim Präsidenten der Provinz Westfalen die Errichtung von 25 Fachverbänden der Wirtschaft angekündigt, darunter eines Verbands der Eisen-, Blech- und Metallwarenindustrie. Auch hier gab es auffällige personelle und institutionelle Kontinuitäten. Als Vorsitzender des Wirtschaftsverbandes Eisen-, Blech- und Metallwarenindustrie war Karl Becker vorgesehen, der von 1937 bis 1943 die Wirtschaftsgruppe Eisen-, Stahl- und Blechwarenindustrie geleitet hatte, die Geschäftsführung sollte der frühere Geschäftsführer dieser

3 Ulrich Alemann, *Organisierte Interessen in der Bundesrepublik Deutschland*, 2. Aufl., Wiesbaden 1989, 75.

4 Vgl. hierzu Bührer, *Ruhrstahl*, 34-46; Helmut Uebbing, *Stahl schreibt Geschichte. 125 Jahre Wirtschaftsvereinigung Stahl*, Düsseldorf 1999, 174 u. 179.

5 Bührer, *Ruhrstahl*, 45; Uebbing, *Stahl*, 177. Zu Hermann Reuschs Biografie vor 1945 und seiner Rückkehr in den Vorstand der Gutehoffnungshütte siehe Johannes Bähr u. a., *Die MAN. Eine deutsche Industriegeschichte*, München 2008, 342 ff.

Wirtschaftsgruppe, Bruno Pilz, übernehmen. Als Becker im Frühjahr 1946 wegen eines Problems bei der Entnazifizierung abberufen wurde, rückte sein Stellvertreter Fritz Berg nach. Berg war schon im Juli 1943 für kurze Zeit als kommissarischer Leiter der Wirtschaftsgruppe Eisen-, Stahl- und Blechwarenindustrie eingesprungen.[6] Bei der offiziellen Gründung des Wirtschaftsverbandes Eisen-, Blech- und Metallwarenindustrie im November 1946 wurde Berg zum Vorsitzenden ernannt.[7] In mehr oder weniger ausgeprägter Form dürften viele der neuen Wirtschaftsverbände in personeller Kontinuität zu den Vorgängerinstitutionen entstanden sein. Die früheren Leiter und Geschäftsführer von Wirtschaftsgruppen hatten eben ein größeres Interesse an der Verbandsarbeit als andere, sei es um die Tradition nicht abbrechen zu lassen oder weil diese Tätigkeit für ihre Position in der Branche von Bedeutung war. Bei Fritz Berg traf vor allem Letzteres zu. Der handfeste Unternehmer mit einem Schmiss im Gesicht war geschäftsführender Inhaber der Firma Wilh. Berg GmbH & Co. KG im sauerländischen Altena, einem Hersteller von Fahrradspeichen und Drahtmatratzen. Durch die Leitungstätigkeit im Verband demonstrierte Berg, der auch »Matratzen-Berg« genannt wurde, die führende Rolle seines Unternehmens innerhalb der Metallbettenindustrie.[8] Während des Krieges hatte er als Leiter der Fachgruppe Fahrrad- und Kraftradteilindustrie bereits eine ähnliche Position innegehabt.[9]

Berg und Reusch lernten sich nach Kriegsende kennen, vermutlich über einen gemeinsamen Freund in Duisburg, mit dem beide auch geschäftlich verbunden waren. Gelegentlich ging man gemeinsam zusammen auf die Jagd.[10] Wann aus dieser Bekanntschaft ein verschworenes Team wurde, das einen Spitzenverband der Industrie in der britischen Zone gründen wollte, lässt sich nicht mehr feststellen. Es dürfte aber recht bald nach Bergs Aufstieg beim zukünftigen Wirtschaftsverband Eisen-, Blech- und Metallwarenindustrie im Frühjahr 1946 gewesen sein. Beide trafen sich fortan wöchentlich in Bergs Haus in Altena. Berg zog noch Bruno Pilz, den Geschäftsführer seines Verbandes, und Franz Horster, den Leiter des Altenaer Werks der Vereinigten Deutschen Metallwerke, hinzu. Später gehörten diesem Kreis auch Carl Haiblen von Felten & Guilleaume, der Vorsitzende der Wirtschaftsvereinigung Zie-

6 Achim Schulte-Goebel, *Fritz Berg 1901-1979. Unternehmer und Industriepräsident in der Adenauer-Ära*, Phil. Diss. Düsseldorf 1999, 26-30; Eckert, *Leiter*, 195 f.

7 Schulte-Goebel, *Fritz Berg*, 31.

8 Ebd., 41.

9 Schulte-Goebel, *Fritz Berg*, 10 ff., 15, 21.

10 Ebd., 36.

hereien und Kaltwalzwerke, und Wilhelm Beutler, der Hauptgeschäftsführer dieses Verbandes, an.[11]

Die beiden Köpfe des Altenaer Kreises, Berg und Reusch, waren für ihr Vorhaben eine ideale Verbindung. Reusch trug einen Namen, der ihm in der deutschen Wirtschaft alle Türen öffnete, doch für die Gründung eines neuen Spitzenverbandes war er als führender Ruhrindustrieller und Vorsitzender der Wirtschaftsvereinigung Eisen- und Stahlindustrie ungeeignet. Bei der Militärregierung, aber auch in der Öffentlichkeit und in anderen Branchenverbänden würde dann sofort vom »Reichsverband der Schwerindustrie« die Rede sein. Auch war die Zukunft des von ihm geleiteten Unternehmens recht ungewiss. Die Militärregierung war entschlossen, die großen Ruhrkonzerne unter Treuhandverwaltung zu stellen und zu entflechten. Dieses Problem hatte der Mittelständler Berg nicht. Er verfügte über gute Kontakte zur Militärregierung und hatte es bei Kriegsende geschafft, in Altena als kommissarischer Bürgermeister eingesetzt zu werden, obwohl er seit 1937 der NSDAP angehört hatte. Berg hatte diese Verbindungen vor allem seinen Englisch-Kenntnissen zu verdanken. Seine Frau Helen war Kanadierin, er selbst hatte als junger Mann drei Jahre lang in den USA gearbeitet.[12] Damit konnte er die Militärregierung beeindrucken, doch für die Gründung eines Spitzenverbandes waren Verbindungen erforderlich, die er nicht hatte, Reusch aber sehr wohl. Beide passten auch ihrem Temperament und ihrem patriarchalischen Führungsstil nach recht gut zueinander.

Die Männer des Altenaer Kreises waren sich darüber im Klaren, dass sie schnell handeln mussten. Die Militärregierung hatte bisher noch keine Bestimmungen in Bezug auf branchenübergreifende Wirtschaftsverbände erlassen. Diese Lücke galt es zu nutzen. Man musste ja auch damit rechnen, dass andere – etwa aus der früheren Geschäftsführung der Reichsgruppe Industrie – ähnliche Pläne hatten. In recht kurzer Zeit wurde daher eine Satzung für den geplanten Spitzenverband ausgearbeitet – vermutlich durch den Juristen Pilz. Auch auf eine Organisationsstruktur konnte man sich rasch verständigen. Berg konnte bereits für den 30. August 1946 die Vorsitzenden und Geschäftsführer der industriellen Wirtschaftsvereinigungen in der britischen Zone zu einem Treffen in

11 Bruno Pilz an Staatsekretär a.D. Dr. Mann, BDI, 8.6.1979, in: BDI-Archiv A 828. Nach Bergs Angaben ist er Beutler bei der Versammlung in Wuppertal am 30.8.1946 erstmals begegnet. Vorwort Fritz Berg in: Libellus Amicitiae, o.S.

12 Schulte-Goebel, *Fritz Berg*, 10ff., 15, 21.

Wuppertal, dem Sitz seines Verbands, einladen, um über eine »gemeinsame Repräsentanz« zu sprechen.[13]

Tatsächlich kamen an diesem Tag Repräsentanten von 19 der 22 eingeladenen Wirtschaftsverbände im Haus der Wuppertaler Industrie- und Handelskammer zusammen. Als Ehrengast konnte Berg den früheren stellvertretenden RDI-Vorsitzenden Abraham Frowein präsentieren, der in Wuppertal lebte. Damit wurde die Versammlung auch in eine Tradition gestellt. Berg überrumpelte die Versammlung dann, indem er die Satzung präsentierte und zur Abstimmung stellte. Der Altenaer Kreis hatte sich auch schon einen Namen für den neuen Spitzenverband ausgedacht: Vereinigung der industriellen Wirtschaftsverbände. Der Coup gelang, die Satzung wurde einstimmig angenommen. Berg kündigte daraufhin an, bei der Control Commission der Militärregierung einen Antrag auf Genehmigung zu stellen. Man beschloss, die weitere Durchführung einem Ausschuss unter dem Vorsitz Bergs zu übertragen.[14]

Berg hatte offenbar schon bei der Militärregierung vorgefühlt, doch war ihm eine entscheidende Information entgangen. Eine Woche vor dem Wuppertaler Treffen war am 23. August 1946 eine neue Direktive, die Technical Instruction No. 12, erlassen worden. Sie führte einheitliche Bestimmungen für die bislang ganz unkoordinierte Neugründung von Wirtschaftsverbänden in der britischen Zone ein. Die Direktive definierte einen Wirtschaftsverband als »eine auf freiwilliger Grundlage geschlossene Vereinigung von Firmen eines Handels- oder Gewerbezweiges«.[15] Spitzenverbände konnten demnach keine Zulassung erhalten. Berg kämpfte wochenlang um eine Ausnahmeregelung. Auch W. Alexander Menne, der Vorsitzende des Verbands der Chemischen Industrie, schaltete sich ein. Dennoch wurde der Antrag am 26. Oktober 1946 endgültig abgelehnt (»Mr. Berg's proposed amalgation … will not be carried out«).[16] Vier Wochen später erließ das Zentralamt für Wirtschaft in der britischen Zone eine Verordnung, in der die Zulassung von Wirtschaftsverbänden geregelt wurde. Darin wurde bestimmt, dass Aus-

13 Ebd., 32 (mit Zitat).

14 *Bericht über die Gründung des Ausschusses für Wirtschaftsfragen der industriellen Verbände, 19.10.1949 in Köln*, Köln 1949, 6; Plumpe, *Plan*, 143 ff.; Schulte-Goebel, *Fritz Berg*, 32 ff.

15 Economic Sub.Comission, Technical Instruction No. 12, Subject: Trade Associations, 23.8.1946, in: BA Koblenz, B 109/273b; Wilhelm Beutler, *Der Bundesverband der Deutschen Industrie*, in: Bundesverband der Deutschen Industrie (Hg.), Weg, 313.

16 Plumpe, *Plan*, 144 ff. (Zitat auf 144). Zur Intervention Mennes: Bruno Pilz an Staatsekretär a. D. Dr. Mann, BDI, 8.6.1979, in: BDI-Archiv A 828.

nahmen von den Vorschriften der Technical Instruction No. 12 nur mit Genehmigung der Militärregierung möglich waren.[17]

Der Altenaer Kreis ließ sich durch diesen Rückschlag nicht entmutigen. Man beschloss, das Projekt auf andere Weise weiterzuverfolgen, mit längerem Atem und in einem informellen Rahmen. In regelmäßigen Abständen sollten sich nun Geschäftsführer von Wirtschaftsverbänden treffen, um sich auszutauschen und abzustimmen. Eine Art Ausschuss also, der ohne rechtskräftige Satzung auskam. Für die Organisation und die Verwaltung waren Wilhelm Beutler, der Hauptgeschäftsführer der Wirtschaftsvereinigung Ziehereien und Kaltwalzwerke, und Wilhelm Salewski, der Hauptgeschäftsführer der Wirtschaftsgruppe Eisen und Stahl, zuständig. Die Treffen fanden am Sitz dieser beiden Verbände in Düsseldorf statt.[18]

Anfang 1947 folgte ein weiterer Rückschlag. Wie der Berg-Biografie von Achim Schulte-Goebel zu entnehmen ist, wurden Fritz Berg und seine Frau am 9. Januar von der Militärregierung verhaftet. Der Grund dafür waren Ungereimtheiten im Entnazifizierungsverfahren, die bei der Registrierung des Wirtschaftsverbandes im Zentralamt für Wirtschaft aufgefallen waren. Es stellte sich heraus, dass ein mit den Bergs befreundeter britischer Offizier massiv in das Entnazifizierungsverfahren eingegriffen hatte. Nun wurde der Fall wieder aufgerollt. Für den Unternehmer kam es aber noch schlimmer. Nachdem er verhaftet worden war, zeigte ihn ein Wettbewerber wegen Korruption an. Da es dabei um Materialzuteilungen durch den befreundeten britischen Offizier ging, musste sich Berg vor einem britischen Militärgericht verantworten. Auch wegen unerlaubten Waffenbesitzes wurde dann noch Anklage erhoben. Berg saß zwei Monate lang in Haft und musste alle Ämter abgeben. Er wurde schließlich freigesprochen, doch der Prozess zog sich über mehrere Instanzen bis November 1947 hin.[19]

Der Gründung eines industriellen Spitzenverbandes war man inzwischen nicht näher gekommen. Die Technical Instruction No. 12 und die Verordnung vom 28. November 1946 blieben auch nach der Anfang 1947 erfolgten Vereinigung der britischen und der amerikanischen Zone zur

17 Verordnung des Zentralamts für Wirtschaft in der britischen Zone über Wirtschaftsverbände. Vom 28.11.1946, in: Gesetz- und Verordnungsblatt für das Land Nordrhein-Westfalen, 1 (1947), 5.

18 Beutler, *Bundesverband*, 313; Plumpe, *Plan*, 220; Bruno Pilz an Staatsekretär a. D. Dr. Mann, BDI, 8.6.1979, in: BDI-Archiv A 828.

19 Siehe hierzu die ausführliche Darstellung in: Schulte-Goebel, *Fritz Berg*, 39-45. Vgl. ferner: *Der Interessen-Bündler*, in: Der Spiegel (2.11.1960).

Bizone in Kraft. Die Wirtschaftsverbände mussten nun auch noch damit rechnen, dass die amerikanische Militärregierung aufgrund ihres Dekartellierungsprogramms alle Bestrebungen zur Bildung eines Dachverbands unterbinden würde. Hinzu kam, dass der Fortbestand der Wirtschaftsvereinigung Eisen und Stahl durch die Entflechtung mehrerer Konzerne, darunter der Gutehoffnungshütte, vorübergehend bedroht war. Hermann Reusch, der nach Bergs Verhaftung die Koordination zwischen den Wirtschaftsverbänden der britischen Zone übernommen hatte, trat im Juni 1947 aus Protest gegen die Entflechtung und die Einführung einer paritätischen Mitbestimmung in der Eisen- und Stahlindustrie vom Vorsitz der Wirtschaftsvereinigung Eisen und Stahl zurück.[20]

Dabei gerieten die Wirtschaftsverbände zugleich durch die im April 1947 erfolgte Gründung einer Dachorganisation der Gewerkschaften in der britischen Zone unter Druck. Die Gewerkschaften drängten nun verstärkt darauf, dass die Wirtschaftsverbände auch die sozialpolitischen Aufgaben von Arbeitgeberverbänden übernehmen sollten. Die Geschäftsführer der Wirtschaftsverbände wollten dagegen an der dreigliedrigen Verbandsstruktur aus Wirtschaftsverbänden, Arbeitgeberverbänden und Industrie- und Handelskammern, wie sie bis 1934 bestanden hatte, festhalten. Sie beschlossen in einer Besprechung vom 17. Juli 1947, zur weiteren Sondierung dieser Frage eine »lose Arbeitsgemeinschaft« aus den Verbänden der Eisen- und Metallindustrie zu bilden. Ferner wurde auf dieser Konferenz die Gründung eines Exportausschusses und eines Messeausschuss sowie eines gemeinsam mit den Gewerkschaften und den Industrie- und Handelskammern zu bildenden Reparationsausschusses vereinbart.[21]

Mit Bergs Rückkehr kam wieder Bewegung in die Vorarbeiten zur Gründung einer Dachorganisation. Am 25. November 1947 – nur drei Tage nachdem Berg freigesprochen worden war – beschloss eine Geschäftsführerkonferenz, einen neuen Vorstoß zu unternehmen. Ein Komitee aus drei Verbandsvorsitzenden sollte bei der bizonalen Verwaltung für Wirtschaft und dem Bipartite Control Office (BICO) wegen der Zulassung eines überfachlichen Verbands vorfühlen. Mitte Dezember wurde dieses »Drei-Männer-Kollegium« gebildet. Ihm gehörten Carl Haiblen (Vorsitzender der Wirtschaftsvereinigung Ziehereien und Kaltwalzwerke), Bergs Nachfolger Rudolf Mauser (Vorsitzender des Wirtschaftsverbands Eisen-, Blech- und Metallwarenindustrie) und Gustav

20 Bührer, *Ruhrstahl*, 46-51 u. 53; Uebbing, *Stahl*, 205.

21 Akten-Notiz Froehlich über eine Besprechung der Geschäftsführer der Wirtschaftsverbände der britischen Zone am 15.7.1947, in: BDI-Archiv RA 3.

Möllenberg (Vorsitzender des Maschinenbauverbandes) an.[22] Haibler, Mauser und Möllenberg sollten Gespräche mit drei einflussreichen Abgeordneten des im Juli 1947 gebildeten Wirtschaftsbeirats der Bizone führen: Franz Blücher (FDP), Günter Henle (CDU) und Robert Pferdmenges (CDU). Von diesen beraten, sollten sie in einem nächsten Schritt an den Direktor der bizonalen Verwaltung für Wirtschaft, Ludwig Erhards Vorgänger Johannes Semler, herantreten. Zur Vorbereitung der Verhandlungen wurde in den folgenden Wochen ein ausführliches Positionspapier erstellt.[23] .

Tatsächlich kam dann nur mit Henle eine Besprechung zustande, die seitens der Wirtschaftsverbände auch nicht von Haibler, Mauser und Möllenberg, sondern von Reusch, Salewski und Beutler geführt wurde.[24] Von weiteren Beratungsgesprächen sah man vermutlich ab, weil sich keine Aussichten auf Zulassung eines überfachlichen Verbands ergaben. In einer Besprechung des Drei-Männer-Kollegiums mit den Geschäftsführern Beutler, Pilz, Salewski und Stelter vom 3. Februar 1948 wurde eine neue Strategie beschlossen, die an die früheren Überlegungen zur Bildung einer Arbeitsgemeinschaft anknüpfte. Als provisorische Lösung sollte nun eine Arbeitsgemeinschaft aus neun Verbänden der Eisen- und Metallindustrie gebildet werden.[25] Einen Tag zuvor hatte die Bipartite Economic Control Group in einem Schreiben die Zulässigkeit der Bildung von bizonalen Verbänden angekündigt. Vermutlich wussten Beutler und Salewski zu diesem Zeitpunkt auch, dass die Kontrollbehörde eine neue Richtlinie erlassen würde, die eine branchenübergreifende Kooperation von Wirtschaftsverbänden in einem gewissen Rahmen zuließ. Eine entsprechende Regelung erging wenige Tage später mit der Direktive BICO 48/13 vom 12. Februar 1948.[26] Vor diesem Hintergrund waren die deutschen Behörden bereit, den Wirtschaftsverbänden eine Brücke zu bauen. Der Begriff »industrielles Sachgebiet« wurde nun so weit ausgelegt, dass zumindest die Errichtung einer informellen Kooperationsstelle für die Eisen- und Metallindustrie zulässig war.[27]

22 Beutler, *Bundesverband*, 313; Plumpe, *Plan*, 220.

23 Aktennotiz über die Sitzung der Geschäftsführer der Wirtschaftsverbände am 19.2.1948, in: BDI-Archiv RA 3; Plumpe, *Plan*, 220.

24 Aktennotiz über die Sitzung der Geschäftsführer der Wirtschaftsverbände am 19.2.1948, in: BDI-Archiv RA 3.

25 Niederschrift über die Sitzung des Wirtschaftsverbandes der Eisen- und Metallindustrie am 24.2.1948, in: BDI-Archiv RA 3.

26 Ebd., 213

27 Beutler, *Bundesverband*, 313. Wie Schulte-Goebel vermutet, gab es als Grundlage dafür nur »eine stillschweigende Übereinkunft«. Schulte-Goebel, *Fritz Berg*, 47.

In einer Besprechung vom 19. Februar 1948 schworen Beutler und Salewski die anderen Teilnehmer der Geschäftsführerkonferenzen auf die geplante Arbeitsgemeinschaft ein. Salewski betonte die Dringlichkeit mit dem Hinweis, dass andernfalls »in Süddeutschland ein Reichsverband der Industrie aufgebaut werde«. Entsprechende Schritte hätte Ludwig Kastl – der nun Aufsichtsratsvorsitzender der MAN war – bereits in Nürnberg unternommen.[28] Schon am 24. Februar 1948 wurde daraufhin in Düsseldorf eine Arbeitsgemeinschaft Eisen und Metall (AEM) gegründet. Die AEM erhielt die Organisationsform eines Verbands, sollte aber nach außen hin nicht in Erscheinung treten, sondern durch einzelne Mitgliedsverbände repräsentiert werden. Zum Vorsitzenden der AEM wurde Reusch gewählt, obwohl er gar nicht mehr Vorsitzender eines Wirtschaftsverbandes war. Das »Drei-Männer-Kollegium« wurde in den engeren Vorstand gewählt, dem Haibler, Mauser und Möllenberg dann zusammen mit Reusch angehörten. Die anderen Vorstandsmitglieder wurden von ihrem jeweiligen Verband gestellt. Zu Geschäftsführern wurden Beutler und Salewski bestellt. Der dezentrale Aufbau der AEM wurde durch die Gründung mehrerer Ausschüsse für »Querschnittsfragen« unterstrichen, in denen der Schwerpunkt der Arbeit liegen sollte. An erster Stelle stand hier der von Reusch geleitete Organisationsausschuss, dem auch Berg angehörte. Ferner wurden zunächst ein Außenhandelsausschuss, ein Ausschuss für den Marshallplan und ein Ausschuss für industrielle Wirtschaftswerbung gebildet.[29] Später kamen Ausschüsse für Steuern, Rechtsfragen und Verkehr hinzu.[30] Die Geschäftsführung dieser Ausschüsse befand sich bei Mitgliedsverbänden. So wurde Wolfgang Froehlich, der Geschäftsführer des Wirtschaftsverbandes elektrische Industrie in Ratingen, Geschäftsführer des Rechtsausschusses.[31] Carl Ganser von der Wirtschaftsvereinigung Eisen und Stahl wurde Geschäftsführer des Steuerausschusses.[32] Nach außen hin traten

28 Aktennotiz über die Sitzung der Geschäftsführer der Wirtschaftsverbände am 19.2.1948, in: BDI-Archiv RA 3.

29 Niederschrift über die Sitzung des Wirtschaftsverbandes der Eisen- und Metallindustrie am 24.2.1948, in: BDI-Archiv RA 3

30 Niederschrift über die Sitzung des Rechtsausschusses (Entwurf), 8.9.1948, in: BDI-Archiv RA 10.

31 Wolfgang Froehlich, Geschäftsführer des Rechtsausschusses industrieller Verbände, an Ministerialdirektor Rudolf Harmening, Büro für Währungsfragen, Bad Homburg, 17.9.1948, in: BDI-Archiv RA 10.

32 Niederschrift über die Sitzung des Rechtsausschusses (Entwurf), 8.9.1948, in: BDI-Archiv RA 10; Bührer, *Ruhrstahl*, 18.

die Ausschüsse nicht als Gremien der AEM auf, sondern als Ausschuss »industrieller Verbände.«[33]

Berg wäre sicher gern Vorsitzender der AEM geworden, doch galt er vermutlich wegen des Prozesses im Vorjahr noch als belastet. Dass er nicht mehr Verbandsvorsitzender war, kann nicht entscheidend gewesen sein, denn dies traf ja auch auf Reusch zu. Dass mit Reusch ein prominenter Vertreter der Schwerindustrie an der Spitze der AEM stand, stieß hingegen bei Vertretern anderer Industriezweige ebenso wenig auf Kritik wie die Dominanz der Schwerindustrie, auf die sechs der zehn an der AEM beteiligten Verbände entfielen.[34] Das Argument von Reusch, Beutler und Salewski, dass die AEM lediglich den Kern eines späteren Spitzenverbandes der gesamten Industrie bildete und ein breiterer Zusammenschluss aufgrund der bestehenden Bestimmungen nicht möglich war, ließ sich nicht widerlegen. Der Geschäftsführer der Arbeitsgemeinschaft Chemie, Gustav Stein, befürwortete denn auch ausdrücklich »eine solche Teillösung im Interesse des großen Zieles«.[35] Zudem gehörten der AEM bereits vier Verbände der weiterverarbeitenden Industrie (Elektroindustrie, Feinmechanik und Optik, Maschinenbau, Eisen-, Blech- und Metallwarenindustrie) an, von denen drei im Organisationsausschuss vertreten waren.[36]

Zu einem weiteren Schritt entschloss sich der engere Vorstand, nachdem im Januar 1949 die Sozialpolitische Arbeitsgemeinschaft der Arbeitgeberverbände als Spitzenverband von 31 Arbeitgeberverbänden gegründet worden war. Da die Gewerkschaften weiterhin auf einen Zusammenschluss der Wirtschaftsverbände und der Arbeitgeberverbände drängten, wollte man dem möglichst rasch mit der Gründung einer Spitzenorganisation der Industrie begegnen, um das von den Unternehmern favorisierte Dreisäulen-Modell zu verankern. Dass die von den Militärregierungen verfügten Beschränkungen der Koalitionsfreiheit mit der bevorstehenden Gründung der Bundesrepublik entfallen würden,

33 Wolfgang Froehlich, Geschäftsführer des Rechtsausschusses industrieller Verbände, an Ministerialdirektor Rudolf Harmening, Büro für Währungsfragen, Bad Homburg, 17.9.1948, in: BDI-Archiv RA 10; Beutler, *Bundesverband*, 314.

34 Aus der Schwerindustrie gehörten die Wirtschaftsvereinigung Eisen- und Stahlindustrie, die Wirtschaftsvereinigung Gießereien, die Wirtschaftsvereinigung Nichteisenmetalle, der Wirtschaftsverband Stahl- und Eisenbau, der Wirtschaftsverband Stahlverformung und die Wirtschaftsvereinigung Ziehereien und Kaltwalzwerke der AEM an. Ebd.

35 Aktennotiz über die Sitzung der Geschäftsführer der Wirtschaftsverbände am 19.2.1948, in: BDI-Archiv RA 3.

36 Ebd.

war inzwischen absehbar. Reusch forderte Ende März 1949 alle industriellen Wirtschaftsverbände der Westzonen auf, der AEM ein Mandat für die Errichtung eines Dachverbandes zu erteilen.[37] Da die AEM wegen ihres Charakters als lockere, ohne Konzession betriebene Arbeitsgemeinschaft nicht in einen Spitzenverband umgewandelt werden konnte, sollte sich die Dachorganisation als Zusammenschluss der Ausschüsse unter dem Namen »Ausschuss für Wirtschaftsfragen industrieller Verbände« konstituieren.[38]

Schon im Dezember 1948 war bei der AEM ein Koordinierungsausschuss für die Abstimmung mit den Industrie- und Handelskammern und den Arbeitgeberverbänden entstanden. Geleitet wurde dieser Ausschuss zunächst von Hermann Reusch, der den Vorsitz Ende März 1948 jedoch an Fritz Berg abgab.[39] Da Berg auch Präsident der Südwestfälischen Industrie- und Handelskammer zu Hagen war, bedeutete dieser Wechsel ein Entgegenkommen an die Industrie- und Handelskammern. In erster Linie diente er aber wohl dazu, den Gewerkschaften und den Militärregierungen keine Angriffsfläche zu bieten.[40] Reusch stand durch seinen Kampf gegen die Mitbestimmung in den entflochtenen Montankonzernen im Ruf eines »Scharfmachers« und reaktionären Schwerindustriellen. Im April 1948 forderten die Gewerkschaften ultimativ Reuschs Abberufung aus der Arbeitsgemeinschaft zur Förderung der Stahlproduktion und drohten andernfalls mit einem Streik.[41] Da den Militärregierungen an einer Verständigung zwischen Unternehmern und Gewerkschaften gelegen war, wurde Reuschs Image zu einer Belastung für das Projekt eines »Ausschusses für Wirtschaftsfragen industrieller Verbände«. Bei den Besprechungen, die damals zwischen Vertretern der Unternehmerverbände mit den Militärgouverneuren Lucius D. Clay und Brian Robertson stattfanden, vertrat daher nun Fritz Berg als Vorsitzender des Koordinierungsausschuss die Wirtschaftsverbände. Berg hatte den Gewerkschaften gegenüber eine ähnliche Einstellung wie Reusch, doch war er nicht am Konflikt um die Mitbestimmung in den Stahlkonzernen beteiligt.

37 Werner Bührer, *»Opposition« im Bundesverband der Deutschen Industrie*, in: Detlev Sack/Christopher Strünck (Hrsg.), *Verbände unter Druck. Protest, Opposition und Spaltung in Interessenorganisationen* (Zeitschrift für Politikwissenschaft/Journal of Political Science, Sonderheft 2/2016), Wiesbaden 2016, 40; Schulte-Goebel, *Fritz Berg*, 55.

38 Beutler, *Bundesverband*, 314.

39 Hermann Reusch an Otto Meyer, 1.4.1949, in: RWWA 130-40010146/229.

40 Schulte-Goebel, *Fritz Berg*, 56.

41 Ebd., 62f.

Die Vertreter der Unternehmerverbände scharten sich bei den Verhandlungen mit McCloy und Robertson um Walter Raymond, den Vorsitzenden der Sozialpolitischen Arbeitsgemeinschaft der Arbeitgeberverbände. Raymond war im Unterschied zu Reusch und Berg ein Mann des sozialen Ausgleichs, der eine Sozialpartnerschaft mit den Gewerkschaften anstrebte. Er hatte Clay und Robertson im Februar 1949 davon überzeugt, dass ein branchenübergreifender Zusammenschluss der Arbeitgeberverbände diesem Ziel förderlich war. Die Militärregierungen hatten daraufhin die Direktiven geändert und der Gründung des Spitzenverbandes der Arbeitgeberverbände zugestimmt.[42] Bei einem Treffen mit Vertretern der Bipartite Control Group am 1. Juli 1949 legte dann eine von Raymond angeführte Delegation der Unternehmerverbände dar, dass die Unternehmer mit den Gewerkschaften auch über wirtschaftspolitische Fragen verhandeln wollten und dass es dafür neben den Dachorganisationen der Arbeitgeber und der Industrie- und Handelskammern einer wirtschaftspolitischen Interessenorganisation bedurfte. Durch die Gründung der Bundesrepublik waren die Beschränkungen der Koalitionsfreiheit inzwischen entfallen. Die Bipartite Control Group hätte die Gründung eines industriellen Spitzenverbandes zwar nach wie vor untersagen können, doch nach den Darlegungen der Gruppe um Raymond sahen sie dafür keinen Grund.[43] Damit stand der Errichtung eines neuen Spitzenverbandes der deutschen Industrie nichts mehr im Wege.

Vom Provisorium zum »System Berg«: Gründung und Ausbau des BDI

Schon am 27. Mai 1949 – vier Tage nach Verkündung des Grundgesetzes für die Bundesrepublik Deutschland –, war ein Gründungs- und Organisationsausschuss gebildet worden, dem neben Hermann Reusch und Fritz Berg noch W. Alexander Menne, der Vorsitzende des Verbandes der Chemischen Industrie, der Philipp-Holzmann-Aufsichtsrat Friedrich Linsenhoff, der Textilfabrikant Carl Neumann, der Zementindustrielle Alexander von Engelberg und Gustav Möllenberg vom VDMA angehör-

42 Alexander Barthel, *50 Jahre Interessenvertretung für die Unternehmen in Deutschland*, in: Reinhard Göhner (Hg.), 50 Jahre BDA – 50 Jahre Politik für die Wirtschaft, Korbach 1999, 66.
43 Schulte-Goebel, *Fritz Berg*, 61.

ten.[44] Auch jetzt regte sich aus anderen Branchen wenig Kritik an der in Düsseldorf betriebenen Gründung eines gesamtindustriellen Spitzenverbandes. Offener Widerspruch kam praktisch nur vom Gesamtverband Textilindustrie. Dessen Vorsitzender, der Augsburger Unternehmer und IHK-Präsident Otto A. Vogel, lehnte die Errichtung eines weiteren Dachverbandes neben den Spitzenorganisationen der Arbeitgeberverbände und der Industrie- und Handelskammern ab. Vogel trieb dabei vor allem die Befürchtung um, dass der geplante »Ausschuss für Wirtschaftsfragen der industriellen Verbände« von der Schwerindustrie dominiert würde. Da der Textilindustriellenverband mit dieser Haltung keine Unterstützung fand, verlegte sich Vogel darauf, mit dem Wuppertaler Textilindustriellen Carl Neumann den Präsidenten des zukünftigen Spitzenverbandes zu stellen. Reusch gelang es schließlich, den Textilindustriellenverband einzubinden, indem er Vogel die Position eines stellvertretenden Vorsitzenden zusagte und ihn nachträglich in das Gründungskomitee des neuen Spitzenverbandes berief.[45]

In einem Aufruf an die Wirtschaftsverbände lud das Gründungskomitee für den 19. Oktober 1949 zu einer konstituierenden Sitzung nach Köln ein.[46] Dort kamen an diesem Tag dann Vertreter von 37 Wirtschaftsverbänden im Hotel Excelsior am Domplatz zusammen, um den Ausschuss für Wirtschaftsfragen der industriellen Verbände zu gründen. Hermann Reusch eröffnete die Versammlung mit einem Überblick über die Etappen des seit 1946 beschrittenen Wegs. Anschließend stellte Gustav Stein von der Arbeitsgemeinschaft Chemische Industrie die von einer Kommission ausgearbeitete Satzung vor, die dann einstimmig angenommen wurde. Nachdem der Ausschuss auf diese Weise konstituiert war, traten 32 Verbände durch namentliche Stellungnahme ihrer Vertreter, zum Teil unter formellem Vorbehalt, bei. Die anderen Delegierten konnten keine Erklärung abgeben, da sie nur als Gäste teilnahmen wie die Wirtschaftsvereinigung Eisen- und Stahlindustrie und in einigen der von ihnen vertretenen Branchen die Verbandsbildung noch nicht abgeschlossen war. Auf Vorschlag von Reusch wurde anschließend Fritz Berg zum Präsidenten gewählt, der Chemieindustrielle W. Alexander Menne und Otto A. Vogel vom Textilindustriellenverband wurden Vizepräsidenten. Nach den Wahlen zum Vorstand und Präsidium teilte Reusch

44 Aufruf an die Arbeitsgemeinschaften und Wirtschaftsverbände der Industrie, in: BDI-Archiv RA 13; Beutler, *Bundesverband*, 315.

45 Bührer, *»Opposition«*, 40-43.

46 Aufruf an die Arbeitsgemeinschaften und Wirtschaftsverbände der Industrie, in: BDI-Archiv RA 13.

noch den Beschluss des Präsidiums mit, die Geschäftsführung Wilhelm Beutler und Gustav Stein zu übertragen.[47] Abgeschlossen wurde der Tag mit einem Empfang im Hotel Excelsior, an dem der Bundestagspräsident und vier Bundesminister, darunter Vizekanzler Blücher und Wirtschaftsminister Erhard, teilnahmen.

Gründungsmitglieder des BDI[48]

In der Gründungsversammlung des Ausschusses für Wirtschaftsfragen der industriellen Verbände am 19. Oktober 1949 beigetretene Verbände
Verband der Automobilindustrie e.V., Frankfurt a. M.*
Arbeitsgemeinschaft der Bauindustrie in den Vereinigten Westzonen, Frankfurt a. M.
Arbeitsgemeinschaft Bekleidungsindustrie, Frankfurt a. M.
Deutscher Brauerbund e.V., Frankfurt a. M.*
Arbeitsgemeinschaft Chemische Industrie, Frankfurt a. M.
Wirtschaftsverband Eisen-, Blech- und Metallwaren-Industrie e.V. für das Vereinigte Wirtschaftsgebiet, Düsseldorf
Zentralverband der Elektrotechnischen Industrie, e.V., Frankfurt a. M.*
Wirtschaftsvereinigung der Ernährungsindustrie, Detmold
Verband der Fahrrad- und Motorradindustrie e.V., Bad Soden*
Verband der Feinmechanischen und Optischen Industrie, Wiesbaden
Arbeitsgemeinschaft der Gerberverbände des Vereinigten Wirtschaftsgebietes, Frankfurt a. M.
Arbeitsgemeinschaft Deutscher Gießerei-Vereinigungen, Frankfurt a. M.
Wirtschaftsverband Glasindustrie, Düsseldorf
Arbeitsgemeinschaft Graphische Verbände der Bizone (AGV), Wiesbaden*
Hauptverband der deutschen Holzverarbeitenden Industrie, Wiesbaden*
Arbeitsgemeinschaft der deutschen Kautschukindustrie »A.d.K.«, Frankfurt a. M.
Arbeitsgemeinschaft Keramische Industrie, Frankfurt a. M.
Gesamtverband kunststoffverarbeitende Industrie, Frankfurt a. M.

47 *Bericht über die Gründung des Ausschusses*, 5-12.
48 *Bericht über die Gründung des Ausschusses für Wirtschaftsfragen der industriellen Verbände, 19.10.1949 in Köln*, Köln 1949, 9.

Arbeitsgemeinschaft der Landesverbände der Lederwaren- und Kofferhersteller des Vereinigten Wirtschaftsgebiets, Offenbach*
Verein Deutscher Maschinenbau-Anstalten (VDMA), Frankfurt a. M.
Mineralölwirtschaftsverband e.V., Hamburg
Wirtschaftsvereinigung Nichteisen-Metalle e.V., Düsseldorf
Arbeitsgemeinschaft der Papier und Pappe verarbeitenden Industrie, Frankfurt a. M.*
Vereinigung Deutscher Sägewerksverbände e.V., Wiesbaden
Verband Deutscher Schiffswerften e.V., Hamburg*
Wirtschaftsverband Stahlverformung, Hagen
Wirtschaftsverband Stahl- und Eisenbau für das Vereinigte Wirtschaftsgebiet, Bad Pyrmont
Arbeitsgemeinschaft Steine und Erden, Wiesbaden
Arbeitsgemeinschaft der Deutschen Spiritusindustrie, Frankfurt a. M.**
Arbeitsgemeinschaft der textilindustriellen Verbände des Vereinigten Wirtschaftsgebietes »Gesamttextil«, Frankfurt a. M.
Treuhandstelle der Zellstoff- und Papierindustrie, Wiesbaden
Wirtschaftsvereinigung Ziehereien und Kaltwalzwerke, Düsseldorf

* Beitritt unter formellem Vorbehalt ** Beitritt als Gast unter formellem Vorbehalt

Als Gäste nahmen Vertreter folgender Verbände an der Gründungsversammlung teil: Verband der Eisen schaffenden Industrie, Wirtschaftsvereinigung Eisen- und Stahlindustrie, Verband der Getreidemühlenindustrie, Verein für Zuckerindustrie. Gäste waren ferner Vertreter folgender Verbände, die sich noch im Aufbau befanden: Fachvereinigung Schuh-Industrie der britischen Zone/Arbeitsgemeinschaft der Schuhindustriellen Verbände, Wirtschaftsverband Bergbau, vertreten durch die Vereinigung des Deutschen Nichtkohlenbergbaus.

Der Ausschuss für Wirtschaftsfragen der industriellen Verbände, der sich wenige Monate später in BDI umbenannte, vertrat nach eigenen Angaben über 90 Prozent der deutschen Industrie. Dieser Anteil lag damit höher als beim RDI.[49] Der Aufbau des neuen Spitzenverbandes mit den Organen Mitgliederversammlung, Hauptversammlung, Vorstand und Präsidium lehnte sich an den des RDI an, war aber keineswegs mit diesem

49 Ebd., 12. Auf die Mitglieder des RDI entfielen 70 bis 80 Prozent der deutschen Industriebetriebe. Siehe Kapitel 2, 45.

identisch. Auch jetzt bestand wieder eine Gliederung in Fachverbände und Landesverbände, Einzelmitgliedschaften waren hingegen nicht mehr vorgesehen. Anders als beim RDI wurden der Präsident und die Vizepräsidenten von der Mitgliederversammlung als dem obersten Verbandsorgan gewählt. Sie sollten dadurch eine stärkere Stellung erhalten, was auch in der Bezeichnung Präsident statt Vorsitzender zum Ausdruck kam. Neu war auch, dass die Geschäftsführung den Rang eines Verbandsorgans erhielt. Ebenso wie beim RDI bestand der Hauptausschuss aus dem Präsidium und den Vorsitzenden der Fach- bzw. Landesverbände. Der Vorstand war mit 15 bis 21 Mitgliedern hingegen deutlich kleiner. Gleiches galt zunächst für das Spitzenorgan, das Präsidium, mit acht Mitgliedern.[50] Später wurden beide Gremien erheblich erweitert. Heute hat der Vorstand des BDI 41 Mitglieder, das Präsidium 56.

Präsidium des Ausschusses für Wirtschaftsfragen der industriellen Verbände (1949) (Erstes Präsidium des BDI)

Fritz Berg (Präsident), Firma Wilh. Berg, Altena/Westfalen

W. Alexander Menne, Präsident des Verbandes der Chemischen Industrie, Frankfurt a. M.-Hoechst

Otto A. H. Vogel, Vorstandsvorsitzender der Julius Schürer AG, Augsburg; Präsident des Gesamtverbandes der Textilindustrie

Gustav Möllenberg, Vorstandsvorsitzender der Westfalia-Dinnedahl-Göppel AG, Bochum; Präsident des VDMA

Alexander von Engelberg, Vorstandsmitglied der Dyckerhoff Portlandzement-Werke AG, Mainz; Vorsitzender des Bundesverbandes Baustoffe – Steine und Erden

Friedrich Linsenhoff, Aufsichtsratsmitglied der Philipp Holzmann AG, Frankfurt a. M.

Dr. Hermann Reusch, Vorstandsvorsitzender des Gutehoffnungshütte Aktienvereins und der Gutehoffnungshütte AG, Oberhausen; Vorsitzender der Arbeitsgemeinschaft Eisen und Metall

Otto A. Friedrich, Vorstandsvorsitzender der Phoenix Gummiwerke AG, Hamburg-Harburg

50 Ebd., 7 f.

Dass Berg und nicht der AEM-Vorsitzende Reusch zum Präsidenten des neuen Spitzenverbandes gewählt wurde, zeigt, wie sehr sich die Gewichte zwischen den beiden Protagonisten erneut verschoben hatten. Reusch kam wegen seines Konfrontationskurses gegenüber den Gewerkschaften nicht mehr als erster Repräsentant der deutschen Industrie in Betracht. Die Bundesregierung und die Hohen Kommissare erwarteten von dem neuen Spitzenverband eine andere Einstellung. Daran ließ Bundeswirtschaftsminister Erhard auch in seiner Rede auf der Gründungsversammlung am 19. Oktober keinen Zweifel, indem er ein »Band der Versöhnung« anmahnte.[51] Berg hatte als Vorsitzender des Koordinierungsausschusses an Profil gewonnen, die Belastung durch den Prozess von 1947 spielte nun keine Rolle mehr. Auch er war ein kalter Krieger, für den die Front links von der CDU anfing und die SPD zu einem großen Teil aus »getarnten Kommunisten« bestand.[52] Doch anders als für Reusch war für Berg die Haltung gegenüber den Gewerkschaften eine Frage der Zweckmäßigkeit. Wenn es erwartet wurde, wie bei der Gründung des Ausschusses für Wirtschaftsfragen der industriellen Verbände, fiel es Berg nicht schwer, sich in warmen Worten zur Sozialpartnerschaft zu bekennen. Zur Gründungsversammlung in Köln waren Hans Böckler, der Vorsitzende des eine Woche zuvor in München gegründeten Deutschen Gewerkschaftsbundes (DGB), und das DGB-Bundesvorstandsmitglied Ludwig Rosenberg eingeladen. Beide waren verhindert, doch ist überliefert, dass Berg vorgesehen hatte, sie in seiner Begrüßungsansprache »als unsere Freunde willkommen zu heißen«.[53]

Die Wahl Bergs zum Präsidenten des neuen Spitzenverbandes wirkte auch den Befürchtungen vor einer Dominanz der Schwerindustrie entgegen. Die Zusammensetzung des Präsidiums zielte in eine ähnliche Richtung. In dem achtköpfigen Gremium war die Schwerindustrie nur durch Hermann Reusch vertreten. Gustav Möllenberg kam zwar aus der Stahlindustrie, leitete aber ein Unternehmen des Maschinenbaus und gehörte dem Präsidium als Vorsitzender der VDMA an. Die geringe Präsenz der Schwerindustrie lag natürlich auch daran, dass die Wirtschaftsvereinigung Eisen- und Stahlindustrie dem neuen Spitzenverband noch nicht angehörte und der Ruhrkohlenbergbau noch der Deutschen Kohlenbergbau-Leitung unterstand. Anders als in der Literatur mitunter behauptet wird, führte die Verbandsgründung vom Oktober 1949 jedenfalls zu keiner Verschiebung der Gewichte zugunsten der Schwerindus-

51 Zitiert nach: ebd., 16.

52 Zitiert nach: *Der Interessen-Bündler*, in: Der Spiegel (2.11.1960).

53 Zitiert nach: Beutler, *Bundesverband*, 321.

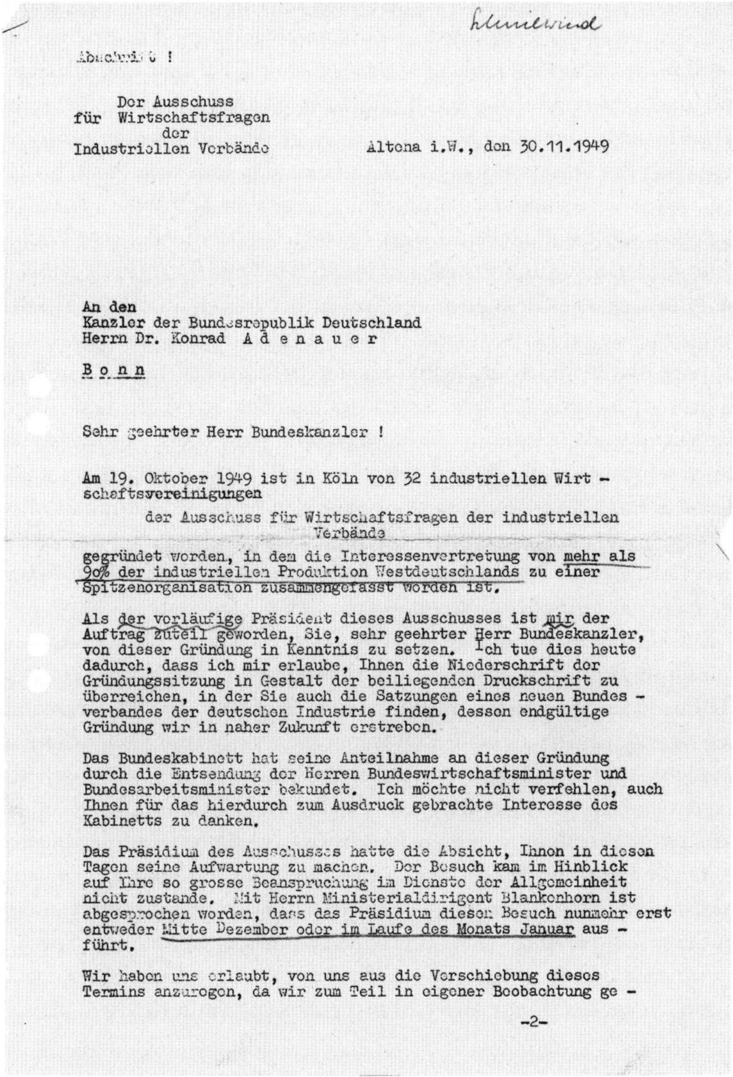

Abschrift !

Der Ausschuss
für Wirtschaftsfragen
der
Industriellen Verbände

Altena i.W., den 30.11.1949

An den
Kanzler der Bundesrepublik Deutschland
Herrn Dr. Konrad A d e n a u e r

B o n n

Sehr geehrter Herr Bundeskanzler !

Am 19. Oktober 1949 ist in Köln von 32 industriellen Wirt - schaftsvereinigungen

der Ausschuss für Wirtschaftsfragen der industriellen Verbände

gegründet worden, in dem die Interessenvertretung von mehr als 90% der industriellen Produktion Westdeutschlands zu einer Spitzenorganisation zusammengefasst worden ist.

Als der vorläufige Präsident dieses Ausschusses ist mir der Auftrag zuteil geworden, Sie, sehr geehrter Herr Bundeskanzler, von dieser Gründung in Kenntnis zu setzen. Ich tue dies heute dadurch, dass ich mir erlaube, Ihnen die Niederschrift der Gründungssitzung in Gestalt der beiliegenden Druckschrift zu überreichen, in der Sie auch die Satzungen eines neuen Bundes - verbandes der deutschen Industrie finden, dessen endgültige Gründung wir in naher Zukunft erstreben.

Das Bundeskabinett hat seine Anteilnahme an dieser Gründung durch die Entsendung der Herren Bundeswirtschaftsminister und Bundesarbeitsminister bekundet. Ich möchte nicht verfehlen, auch Ihnen für das hierdurch zum Ausdruck gebrachte Interesse des Kabinetts zu danken.

Das Präsidium des Ausschusses hatte die Absicht, Ihnen in diesen Tagen seine Aufwartung zu machen. Der Besuch kam im Hinblick auf Ihre so grosse Beanspruchung im Dienste der Allgemeinheit nicht zustande. Mit Herrn Ministerialdirigent Blankenhorn ist abgesprochen worden, dass das Präsidium diesen Besuch nunmehr erst entweder Mitte Dezember oder im Laufe des Monats Januar aus - führt.

Wir haben uns erlaubt, von uns aus die Verschiebung dieses Termins anzuregen, da wir zum Teil in eigener Beobachtung ge -

-2-

Abbildung 17: Auszug aus dem Schreiben von Fritz Berg an Konrad Adenauer mit der Mitteilung über die Gründung des Ausschusses für Wirtschaftsfragen der industriellen Verbände, 30. November 1949

trie.[54] Die zeitgenössische Wahrnehmung zeigt freilich eine etwas andere Gewichtung. Fritz Berg galt in Norddeutschland – und wahrscheinlich noch mehr in Süddeutschland – als »Sprecher der Ruhr«, was allgemein mit der Schwerindustrie des Ruhrgebiets gleichgesetzt wurde.[55] Selbst wenn man Berg in dieser Weise zuordnet, gehörte aber immer noch eine Mehrheit des Präsidiums aus der verarbeitenden Industrie. Auch bei der regionalen Verteilung der Präsidialmitglieder lässt sich keine Dominanz des rheinisch-westfälischen Reviers feststellen. Nur drei der acht Präsidialmitglieder waren Industrielle aus Nordrhein-Westfalen (Berg, Möllenberg, Reusch), aus dem gesamten Gebiet der früheren britischen Besatzungszone waren es vier. Dabei ist noch zu berücksichtigen, dass in den Wirtschaftsverbänden insgesamt ein überproportional hoher Anteil des Führungspersonals aus dem Gebiet der früheren britischen Besatzungszone kam, weil die britische Militärregierung industrielle Verbandsgründungen früher zugelassen und gefördert hatte als die Militärregierung in der amerikanischen Besatzungszone. Von den an der Gründung des Ausschusses bzw. des späteren BDI beteiligten Verbänden hatten immerhin zwei Drittel einen Präsidenten oder Geschäftsführer, der aus dem Gebiet der früheren britischen Besatzungszone kam.[56].

Ein Vergleich mit dem RDI zeigt, dass auch jetzt wieder Vertreter von Großunternehmen im Präsidium dominierten und wieder etwa die Hälfte dieses Gremiums mit Vorsitzenden großer Branchenverbände besetzt war. Anders als beim RDI waren die Präsidialmitglieder nun fast durchweg Manager. Dem Präsidium des Ausschusses für Wirtschaftsfragen gehörte mit Fritz Berg nur ein Eigentümerunternehmer an, im ersten RDI-Präsidium waren noch sechs von 13 Mitgliedern Inhaber eines Unternehmens gewesen.[57] Die Präsidialmitglieder von 1949 standen wohl ausnahmslos den Regierungsparteien CDU und FDP nahe, doch anders als beim RDI befanden sich unter ihnen zu diesem Zeitpunkt keine Abgeordneten oder in anderer Weise aktiven Parteimitglieder. Berg erwog angeblich vor der Bundestagswahl 1953 eine Kandidatur für die CDU, um

54 Die u.a. von Berghahn und Ullmann vertretene These von der Dominanz der Schwerindustrie im frühen BDI wurde bereits von Bührer widerlegt. Vgl. Volker Berghahn, *Unternehmer und Politik in der Bundesrepublik*, Frankfurt a.M. 1985, 64; Ullmann, Interessenverbände, 244; Bührer, *»Opposition«*, 41.

55 Volker R. Berghahn/Paul J. Friedrich, *Otto A. Friedrich, ein politischer Unternehmer. Sein Leben und seine Zeit, 1902-1975*, Frankfurt a.M. 1993, 226.

56 Plumpe, *Plan*, 219.

57 Siehe hierzu Kapitel 2, 42.

in die Politik zu wechseln; Menne trat 1961 in die FDP ein und wurde später Mitglied des Deutschen Bundestages.[58]

Vier der acht Präsidialmitglieder waren vor 1945 NSDAP-Mitglieder. Gustav Möllenberg war 1936 in die NSDAP eingetreten, Fritz Berg 1937, Friedrich Linsenhoff 1940, Otto A. Friedrich 1941.[59] Einige dieser Männer hatten während des Krieges neben ihrer unternehmerischen Tätigkeit höhere Positionen in Behörden und Verbänden. So war Menne Abteilungsleiter im Reichsministerium für Bewaffnung und Munition, Reusch Bergbauinspektor im besetzten Jugoslawien und Berg Leiter der Fachgruppe Fahrrad- und Kraftradteilindustrie. Reusch und Menne hatten aber auch Konflikte mit dem NS-Regime. Reusch musste 1942 gemeinsam mit seinem Vater aus dem Vorstand der Gutehoffnungshütte zurücktreten, Menne wurde 1943 wegen des Verdachts auf Wehrkraftzersetzung und Hochverrat inhaftiert.

Bemerkenswerterweise hatte keines der Präsidialmitglieder von 1949 einem Gremium der Reichsgruppe Industrie angehört. Lediglich auf der Ebene der Wirtschafts- und Fachgruppen hatten einige von ihnen Führungspositionen innegehabt. Friedrich Linsenhoff hatte die Bezirksgruppe Hessen der Wirtschaftsgruppe Bauindustrie geleitet, Fritz Berg die Fachgruppe Fahrrad- und Kraftradteilindustrie und kommissarisch für kurze Zeit auch die Wirtschaftsgruppe Eisen-, Stahl- und Blechwarenindustrie. Insgesamt lässt sich auf der Spitzenverbandsebene ein Bruch zwischen der Kriegs- und der Nachkriegszeit feststellen. Es gab auch keine personelle Kontinuität zum RDI der Weimarer Zeit. Mit Berg gelangte zudem ein anderer Unternehmertyp an die Spitze einer industriellen Dachorganisation, kein Konzernherr, sondern ein ruppiger Kleineisen-Industrieller.

Anders verhielt es sich bei den Branchenverbänden. 1950 waren rund 12 Prozent der Vorsitzenden und stellvertretenden Vorsitzenden der großen Industrieverbände schon im »Dritten Reich« und 13 Prozent in der Weimarer Zeit in einer leitenden Position gewesen, bei den Geschäftsführern waren sogar 42 bzw. 29 Prozent.[60] Dass auf der Ebene des Spitzenverbandes keine derartigen Kontinuitäten bestanden, ist nicht allein durch die spätere Gründung zu erklären. Vielmehr war es wohl auch so, dass sich Industrielle aus der Reichsgruppe oder dem RDI keine Chance ausrechnen konnten, eine Neugründung genehmigt zu bekommen.

58 Berghahn/Friedrich, *Otto A. Friedrich*, 127; Braunthal, *Federation*, 105.

59 BA Berlin, R 9361-VIII (Zentralkartei der NSDAP) u. R 9361-IX (Gaukartei der NSDAP).

60 Ullmann, *Interessenverbände*, 243.

Möglichweise wäre dies dem politisch unbelasteten Kastl gelungen, der von Nürnberg aus versuchte, einen neuen Spitzenverband der Industrie zu bilden.[61] Doch Reusch und Berg kamen dem zuvor, da die Verbandsbildung in der britischen Zone früher erfolgen konnte.

Unter den Abteilungsleitern des Ausschusses bzw. den ersten Abteilungsleitern des BDI hatte nur Herbert Studders, der Leiter der Sozialpolitischen Verbindungsstelle, bereits bei der Reichsgruppe Industrie eine ähnliche Position. Wilhelm Döring, der Leiter der Abteilung Absatzförderung, war schon vor 1945 führend in der Organisation des Ausstellungs- und Messewesens tätig. Bei den Mitarbeitern dürften die personellen Kontinuitäten zu den früheren Spitzenverbänden insgesamt ausgeprägter gewesen sein als auf der Leitungsebene, doch liegen hierzu keine Angaben vor und Personalakten sind nicht überliefert.

Der erste Hauptgeschäftsführer des BDI, Wilhelm Beutler, verfügte über große Erfahrung in der Verbandsarbeit, seine Karriere hatte aber erst in der Nachkriegszeit begonnen. Der Jurist war in den 1920er Jahren zunächst bei Felten & Guilleaume in Köln tätig gewesen und hatte dann als Geschäftsführer des Drahtseilverbandes Gleiwitz, Köln und München gearbeitet. Während des Krieges war er in der Auftragslenkungsstelle Drahtseile in Essen eingesetzt.[62] Carl Haiblen, den er bereits aus seiner früheren Tätigkeit kannte, bestellte ihn 1945 zum Hauptgeschäftsführer der Wirtschaftsvereinigung Ziehereien und Kaltwalzwerke. Über ihn kam er auch in den Altenaer Kreis von Berg und Reusch. Beutler hatte nicht der NSDAP angehört. Er beteiligte sich 1946 an der Gründung der Liberaldemokratischen Partei, der späteren FDP, und war anschließend für kurze Zeit Mitglied des nordrhein-westfälischen Landtags. Beutler gehörte der Schlaraffia, einer Vereinigung zur Pflege von Freundschaft, Kunst und Humor, an. Der leutselige Rheinländer zeichnete sich in seiner beruflichen Tätigkeit freilich auch durch andere Charakterzüge aus. Das BDI-Präsidialmitglied Otto A. Friedrich beschrieb ihn einmal als »den fähigsten unter den heutigen Geschäftsführern der großen Industrieverbände, aber auch als den machtwilligsten und zynischsten«.[63] Beutler wurde 1957 geschäftsführendes Präsidialmitglied. Diese Position hatte es beim BDI vorher nicht gegeben, doch veränderte sich Beutlers Rolle innerhalb des Verbands durch diese Beförderung nicht. Er ordnete

61 Aktennotiz über die Sitzung der Geschäftsführer der Wirtschaftsverbände am 19.2.1948, in: BDI-Archiv RA 3.

62 Military Government of Germany, Fragebogen Wilhelm Beutler, 28.5.1946, in: LA NRW, Abt. Rheinland, NW 1002-DN, Nr. 816.

63 Zitiert nach: Berghahn/Friedrich, *Otto A. Friedrich*, 229.

sich auch weiterhin dem dominanten Berg unter und blieb im Unterschied zu den geschäftsführenden Präsidialmitgliedern des RDI mehr Geschäftsführer als Präsidialmitglied.

Aufbau der Geschäftsführung des BDI (Stand 1. Oktober 1950)[64]

	Abteilung/Funktion	Leiter
Hauptgeschäftsführung	Hauptgeschäftsführer	Dr. Wilhelm Beutler
	Stellv. Hauptgeschäftsführer	Gustav Stein
	Referatsleiter bei der Hauptgeschäftsführung	Emil Schniewind
	Verwaltung	Wilhelm Meendsen-Bohlken
Arbeitsbereiche	Außenhandel und Interzonenhandel	Edgar H. P. Meyer
	Leistungssteigerung	Emil Schniewind
	Marshallplan	Erwin Lemmé
	Presse	Carl Driever
	Recht	Dr. Wolfgang Froehlich
	Sozialpolitische Verbindungsstelle	Dr. Herbert Studders
	Volkswirtschaft und Statistik	Dr. Walther Herrmann
	Absatzförderung	Dr. Wilhelm Döring
	Betriebswirtschaft	Dr. Gerhard Dirks
	Öffentliches Auftragswesen	Kurt Tiemann
	Steuern	Dr. Karl Ganser
	Verkehr	Dr. Friedhelm Böhm
	Versicherung	Dr. Ulrich Faulhaber

64 Bundesverband der Deutschen Industrie, *Organisationsplan* (Stand 1.10.1950), Köln 1950.

Beutlers Stellvertreter Gustav Stein, ein sechs Jahre jüngerer Jurist, hatte erst nach dem Krieg eine Verbandslaufbahn begonnen. Vorher war er als Prokurist bei den Troponwerken in Köln-Mülheim (heute MEDA Manufacturing GmbH), einem pharmazeutischen Unternehmen, tätig. Stein hatte im Alter von 20 Jahren als Mitglied des Stoßtrupps von Pfeffer von Salomon, einem späteren Obersten SA-Führer, am Ruhrkampf von 1923 teilgenommen und später der Deutschen Staatspartei angehört. Im Mai 1933 war er in die NSDAP eingetreten. Neben seiner Tätigkeit als Prokurist übernahm Stein als Vorstandsmitglied der Kölner Anwaltskammer ab 1937 in einer Reihe von Fällen die Verteidigung politisch und rassisch Verfolgter. 1944 vertrat er auch den von der Gestapo verhafteten Bankier Robert Pferdmenges. Nach dem Krieg konnte Stein wegen des laufenden Entnazifizierungsverfahrens nicht mehr als Prokurist und Anwalt arbeiten. Er beteiligte sich an der Gründung des Verbandes der Chemischen Industrie im Rheinland und wurde Geschäftsführer des Wirtschaftsverbandes der Chemischen Industrie in der britischen Zone. Nachdem er vom Entnazifizierungsausschuss als politisch belastet eingestuft worden war, drohte ihm im Dezember 1946 die Entlassung. Eine Bescheinigung des einflussreichen Pferdmenges trug schließlich entscheidend dazu bei, dass Stein in einer höheren Instanz im März 1948 entlastet wurde.[65] Über den Präsidenten des Wirtschaftsverbandes der Chemischen Industrie, W. Alexander Menne, war dieser inzwischen mit Reusch, Berg und Beutler in Verbindung gekommen. Stein gehörte der CDU an und wurde 1961 neben seiner Tätigkeit beim BDI Mitglied des Deutschen Bundestages.

Der Ton, der im Präsidium und in der Geschäftsführung des BDI herrschte, war nicht weniger konservativ als beim RDI. Unter den Präsidialmitgliedern war der international erfahrene, für eine Sozialpartnerschaft aufgeschlossene Friedrich wohl der Einzige, der sich davon abhob. Beutler gehörte der FDP an, der auch der stellvertretende BDI-Präsident Menne nahestand, doch war diese Partei damals eher rechts von der CDU zu verorten. Dazu passte es, dass die Leitung der Verwaltungs- und Personalabteilung einem Vizeadmiral der Kriegsmarine, Wilhelm Meendsen-Bohlken, übertragen wurde. Meendsen-Bohlkens war ein Vertrauter Beutlers. Seine Beziehungen zum Militär sollten sich schon bald als nützlich erweisen, erst bei der Gründung eines Arbeitskreises

65 Siehe hierzu die Spruchkammerakte in: LA NRW, Abt. Rheinland, NW 1049/17586, darin besonders das Schreiben des Entnazifizierungs-Ausschusses des Stadtkreises Köln an die Militärregierung vom 2.12.1946, die Bescheinigung von Robert Pferdmenges vom 11.1.1947 und den Spruch des Entnazifizierungs-Hauptausschusses Köln vom 6.3.1948.

Industrieluftschutz, dann beim Aufbau einer Abteilung für Verteidigungsangelegenheiten.[66]

Berg und Beutler hatten keine Bedenken, für die Presse- und Öffentlichkeitsarbeit eine so fragwürdige und belastete Figur wie August Heinrichsbauer einzustellen. Der Wirtschaftsjournalist hatte in der Weimarer Republik im Dienst der Schwerindustrie gegen die Demokratie gehetzt und über die Wirtschaftspropagandistische Abteilung des RDI für eine Annäherung der Industrie an die NSDAP geworben.[67] Während des Krieges war er als Geschäftsführer der Südosteuropa-Gesellschaft an den Großraumplanungen beteiligt gewesen. Heinrichsbauers Stern sank allerdings schon 1951, als er in den Verdacht kam, Bundestagsabgeordnete vor der Abstimmung über die künftige Bundeshauptstadt zugunsten Bonns bestochen zu haben.[68]

Bei seiner Gründung war der Spitzenverband der bundesdeutschen Industrie als Provisorium ausgegeben worden, was sich auch in dem sperrigen Namen Ausschuss für Wirtschaftsfragen der industriellen Verbände niederschlug. Der Hauptgrund dafür war, dass die Satzung erst noch der Alliierten Hohen Kommission vorgelegt werden sollte.[69] Bis dahin wollte man wohl Assoziationen zum »Reichsverband der Deutschen Industrie« vermeiden. Die Presse nahm darauf freilich keine Rücksicht. Hier wurde von der Gründung eines »Gesamtverbands der Deutschen Industrie« berichtet.[70] Im Platow-Brief, einem führenden Informationsdienst für die deutsche Wirtschaft, war schon zuvor vom »künftigen Bundesverband der Deutschen Industrie« die Rede gewesen.[71] Am 12. Dezember 1949 schlug das Präsidium den Mitgliedsverbänden die Umbenennung des Ausschusses vor. Nachdem alle Mitglieder zugestimmt hatten, wurde die Umbenennung am 28. Januar 1950 beschlossen. Aus dem Ausschuss für

66 Arnulf Baring, *Außenpolitik in Adenauers Kanzlerdemokratie. Bonns Beitrag zur Europäischen Verteidigungsgemeinschaft*, München 1969, 193.

67 Siehe Kapitel 5, 104.

68 S. Jonathan Wiesen, *West German Industry and the Challenge of the Nazi Past, 1945-1955*, Chapel Hill 2001, 102-106. Heinrichsbauer wurde offenbar noch im Laufe des Jahres 1951 aus der Presse- und Öffentlichkeitsarbeit abgezogen. Er arbeitete anschließend beim Kulturkreis des BDI. Ebd., 277, Anm. 32.

69 Walther Herrmann, *Der organisatorische Aufbau und die Zielsetzungen des BDI*, in: Fünf Jahre BDI. Aufbau und Arbeitsziele des industriellen Spitzenverbandes, Bergisch Gladbach 1954, 52; *Wieder Spitzenorganisation der Industrie*, in: Industriekurier, 22.10.1949, in: BDI-Archiv RA 13.

70 Siehe die abgedruckten Artikel in: *Bericht über die Gründung des Ausschusses*, 19 u. 21.

71 Dr. Robert Platow, 13.9.1949, in: BDI-Archiv RA 13.

Wirtschaftsfragen der industriellen Verbände wurde der Bundesverband der Deutschen Industrie.[72]

Als eine der ersten Entscheidungen stand die Wahl des Geschäftssitzes an. Der Spitzenverband hatte zunächst in Anlehnung an die AEM im Düsseldorfer Pressehaus seine Geschäftsstelle, wo sich das Büro des Hauptgeschäftsführers Beutler befand. Nach der Gründungsversammlung wurde davon ausgegangen, dass der Verband zukünftig seinen Sitz in der Bundeshauptstadt haben wird, wobei noch nicht endgültig feststand, ob dies Bonn oder Frankfurt am Main sein würde.[73] Mit der Umbenennung im Januar entschloss sich das Präsidium dann, die Geschäftsstelle nach Köln zu verlegen. Inzwischen war die Entscheidung für Bonn als Bundeshauptstadt gefallen und entsprechend groß war dort nun die Raumnot. Da sich in Bonn keine geeigneten Räume fanden, fiel die Entscheidung für Köln. Beutler und Stein hatten längere Zeit dort gelebt, und auch dieses Mal war Adenauer mit im Spiel. Der Bundeskanzler und langjährige Kölner Oberbürgermeister bot seine Unterstützung an, da ihm daran gelegen war, Wirtschaftsverbände in der Domstadt anzusiedeln. Adenauers Sohn Max, der das Amt für Wirtschaftsförderung der Stadt Köln leitete, vermittelte Räume in einem Etagenhaus am Kaiser-Wilhelm-Ring 2-4.[74] Es sollte allerdings noch drei Jahre dauern, bis alle Abteilungen der Geschäftsführung in Köln vereint waren, was auch daran lag, dass einige Referate weiterhin von Geschäftsführern von Mitgliedsverbänden geleitet wurden. Dies änderte sich erst, als der BDI im November 1953 einen größeren Bürotrakt im Hauptgebäude der Kölner Stadtsparkasse am Habsburger Ring 2-12 beziehen konnte.[75]

Manche sahen in dem immer noch wenig bekannten Präsidenten des Spitzenverbandes wohl eine Übergangslösung, was gut zu dem anfänglichen Provisorium gepasst hätte. Doch anders als die früheren RDI-Vorsitzenden stürzte sich der erst 48-jährige Berg auf sein neues Amt und war fast täglich in der Geschäftsstelle präsent. Bald wurde der BDI mit seiner Person identifiziert. Schon die erste Mitgliederversammlung, die am 28. März 1950 im pfälzischen Bad Dürkheim stattfand – der Tagungsort war gewählt worden, weil nun die Industrieverbände der früheren französischen Zone dem BDI beitreten konnten –, wurde von Berg do-

72 Bundesverband der Deutschen Industrie an Friedrich Sperl, 28.1.1950, Hessisches Hauptstaatsarchiv, Abt. 1236 Nr. 2.

73 *Wieder Spitzenorganisation der Industrie*, in: Industriekurier, 22.10.1949, in: BDI-Archiv RA 13.

74 Herrmann, *Aufbau*, 53; Baring, *Außenpolitik*, 190.

75 Herrmann, *Aufbau*, 54.

miniert. Der BDI-Präsident wurde zur gleichen Zeit auch politisch aktiv. Mit einem Aufruf des Verbands unterstützte er das Arbeitsbeschaffungsprogramm der Bundesregierung, das Adenauer auf Drängen der Hohen Kommissare gegen Wirtschaftsminister Erhard durchgesetzt hatte.[76] Wiederholt bot Berg dem Kanzler die Unterstützung des BDI an. Als sich die Rohstoffversorgung der deutschen Industrie wegen des Korea-Krieges rapide verschlechterte, schlug er gemeinsam mit den Präsidenten der BDA und des DIHT der Bundesregierung vor, das international erfahrene BDI-Präsidialmitglied Otto A. Friedrich zum Rohstoffbeauftragten zu ernennen. Als das von Friedrich entwickelte Konzept der Rohstofflenkung dann nicht nur im Bundeswirtschaftsministerium, sondern auch innerhalb der Wirtschaft heftig kritisiert wurde, bereute Berg dann allerdings seine Initiative.[77] Ein anderes Beispiel ist das Investitionshilfegesetz vom Juli 1951, das Investitionen in die damaligen Engpassbereiche Kohle, Eisen und Energiewirtschaft lenkte und durch eine Investitionshilfe der Wirtschaft in Höhe von einer Mrd. DM ermöglicht wurde.[78]

Berg betrieb die Unterstützung der Bundesregierung zielstrebig mit Blick auf den Kanzler, zu dem er den direkten Zugang suchte. In weiter Auslegung seines Mandats als Präsident eines Spitzenverbandes zur Vertretung wirtschaftspolitischer Interessen empfahl er sich Adenauer auch durch eine vorbehaltlose Zustimmung zu dessen Außenpolitik. Der BDI gründete gemeinsam mit dem französischen Unternehmerverband CNPF das Deutsch-Französische Industrie-Komitee und veranstaltete 1952 in Trier einen viel beachteten Europatag mit internationaler Beteiligung.[79] Das Engagement für die Westbindung der Bundesrepublik und die westeuropäische Integration dürfte der Überzeugung Bergs und Beutlers entsprochen haben – Beutler war nebenbei Vize-Präsident der Europa-Union –, doch ließ sich auf diesem Gebiet auch ein Schulterschluss mit der Politik des Kanzlers herstellen, den der BDI zur Durchsetzung seiner wirtschaftspolitischen Interessen nutzte.

Der Kontakt Bergs zu Adenauer lief zunächst über den Bankier und CDU-Abgeordneten Robert Pferdmenges, einen persönlichen Freund des Bundeskanzlers. Einen ständigen Draht ins Palais Schaumburg gewann der BDI dann durch eine fast freundschaftliche Verbindung zwischen dem stellvertretenden Geschäftsführer Gustav Stein und dem

76 Ebd., 61 f.
77 Vgl. Berghahn/Friedrich, *Otto A. Friedrich*, 144-160.
78 Ebd., 152; Herrmann, *Aufbau*, 83 ff.
79 Ebd.

Chef des Bundeskanzleramts, dem früheren NS-Juristen Hans Globke.[80] Adenauer schätzte den raubeinigen, aber zuverlässigen BDI-Präsidenten, dessen autoritärer Führungsstil gut zu seinem eigenen passte.[81] Anders als es mitunter dargestellt wurde, ging Berg freilich nicht im Bundeskanzleramt ein und aus.[82] Er konnte auch nicht verhindern, dass sich Adenauer immer wieder über die Interessen des BDI hinwegsetzte. Dies zeigte sich schon in dem im Herbst 1950 beginnenden Konflikt um die Montanmitbestimmung. Damals drängten die Gewerkschaften auf eine gesetzlich geregelte Verankerung der paritätischen Mitbestimmung in den entflochtenen Unternehmen der Ruhrindustrie und eine Übertragung dieses Modells auf andere Branchen. BDI lehnte beides entschieden ab und stellte sich damit hinter Hermann Reusch, der in dieser Auseinandersetzung wieder einmal die offene Konfrontation mit den Gewerkschaften suchte. Nachdem die IG Metall beschlossen hatte, ihren Forderungen ab 1. Februar 1951 mit einem Streik Nachdruck zu verleihen, eskalierte der Konflikt. Der BDI lehnte es ab, unter dem Druck des Streikbeschlusses zu verhandeln und stellte die Gewerkschaften als Totengräber der Demokratie dar. Um einen Streik zu vermeiden, der gerade für die Stahlindustrie wegen des damaligen »Korea-Booms« fatale Folgen gehabt hätte, schaltete sich Adenauer ein. Der Bundeskanzler führte mit beiden Seiten getrennte Gespräche. Vertreter des BDI wurden zur Besprechung mit den Unternehmern gar nicht erst eingeladen. Indem die Scharfmacher außen vor blieben, konnte Adenauer den Kompromiss durchsetzen, dass die paritätische Mitbestimmung für die Montanindustrie gesetzlich vorgeschrieben, aber nicht auf andere Branchen ausgeweitet wurde.[83] Berg sah darin »eine verhängnisvolle Erschütterung der Staatsautorität und

80 Thomas Rhenisch, *Europäische Integration und industrielles Interesse. Die deutsche Industrie und die Gründung der Europäischen Wirtschaftsgemeinschaft*, Stuttgart 1999, 49 f. Vgl. Gustav Stein, *Hans Globkes Vorstellungen von Humanität und Staat. Eindrücke einer langjährigen Begegnung*, in: Klaus Gotto (Hg.), Der Staatssekretär Adenauers. Persönlichkeit und politisches Wirken Hans Globkes, Stuttgart 1980, 55-69.

81 Vgl. Baring, *Außenpolitik*, 191.

82 Dies belegt Werner Bührer, *Auf dem Weg zum Korporatismus? – Der Bundesverband der Deutschen Industrie in zeitgeschichtlicher Perspektive*, in: ders./Edgar Grande (Hrsg.), Unternehmerverbände und Staat in Deutschland, Baden-Baden 2000, 47. Vgl. dagegen Braunthal, *Federation*, 193 ff.

83 Siehe hierzu Gloria Müller, *Strukturwandel und Arbeitnehmerrechte. Die wirtschaftliche Mitbestimmung in der Eisen- und Stahlindustrie 1945–1975*, Essen 1991, 158-183; Horst Thum, *Mitbestimmung in der Montanindustrie. Der Mythos vom Sieg der Gewerkschaften*, Stuttgart 1982.

der Grundlagen unserer jungen Demokratie«, wie er Adenauer schrieb, lenkte aber ein.[84]

Überaus erfolgreich war Berg dagegen bei der Festigung seiner Stellung an der Spitze des BDI. Obwohl es durchaus Vorbehalte gegen ihn gab, entstand weder innerhalb des Präsidiums noch innerhalb des Verbands eine Opposition.[85] Bergs Position wurde auch nicht dadurch geschwächt, dass die Haltung der Industrie in dem an anderer Stelle noch ausführlicher zu schildernden Konflikt mit Bundeswirtschaftsminister Ludwig Erhard um das Kartellgesetz keineswegs so geschlossen war wie er behauptete.[86] Otto A. Friedrich, der als Kopf einer »pro-Erhard faction« im BDI angesehen werden kann, blieb dem Präsidenten gegenüber ebenso loyal wie die früheren Opponenten vom Textilindustriellenverband.[87] Von den früheren Interessengegensätzen zwischen einzelnen Branchen, besonders zwischen der Schwerindustrie und der exportorientierten weiterverarbeitenden Industrie, war nicht mehr viel zu spüren. Berg hatte zwar den Chemieindustriellen Menne, einen seiner Stellvertreter, im Verdacht, BDI-Präsident werden zu wollen. Er warf ihm auch vor, dem britischen Geheimdienst anzugehören, doch handelte es sich dabei mehr um persönliche Animositäten.[88] Dass der Spitzenverband der deutschen Industrie nun, anders als in der Weimarer Zeit, schärfere Töne anschlug als der Spitzenverband der Arbeitgeber, wurde auch von den liberaleren Mitgliedern mitgetragen.

Die bemerkenswerte Geschlossenheit des BDI unter der recht autoritären Führung Bergs war zunächst durch einen breiten Konsens hinsichtlich der Wirtschaftsordnung, des politischen Systems und der präferierten Parteien bedingt. Die Wirtschaft stand nahezu geschlossen hinter den Regierungsparteien, die Opposition waren die anderen. Auch waren die Unterschiede zwischen der wirtschaftlichen Entwicklung in den einzelnen Branchen nicht so ausgeprägt, dass sie zu Divergenzen innerhalb des Spitzenverbandes geführt hätten.[89] Verbandsintern war

84 Zitiert nach: Schulte-Goebel, *Fritz Berg*, 83.

85 Gerard Braunthal stellte dies auch noch Mitte der 1960er Jahre fest: »Thus far, no pro- or anti-Berg bloc has developed.« Braunthal, *Federation*, 51.

86 In der sogenannten Petersberger Entschließung vom Juli 1954 traten 22 Industrielle für die von Berg abgelehnte Verbotsregelung ein, unter ihnen führende Vertreter der Ruhrindustrie wie der Klöckner-Chef Günter Henle und der Krupp-Generalbevollmächtigte Friedrich Jannssen. Friedrich Wilhelm Ziervogel an Fritz Berg, o. D. (Juli 1954), in: RWWA 130-40010146/662. Siehe hierzu Kapitel 10, 205 f.

87 Braunthal, *Federation*, 195 (mit Zitat); Berghahn/Friedrich, *Otto A. Friedrich*, 112.

88 Berghahn/Friedrich, *Otto A. Friedrich*, 228.

89 Vgl. hierzu die These in: Kohler-Koch, *Industrieverbände*, 57.

der Zusammenhalt nicht zuletzt das Verdienst des Hauptgeschäftsführers Beutler, der dem Präsidenten bedingungslos folgte. Aber auch der Kontakt des BDI-Präsidenten zu Adenauer dürfte dabei eine Rolle gespielt haben. Dieser zahlte sich für Berg innerverbandlich wohl mehr aus als auf der politischen Bühne. In der Kanzlerdemokratie der frühen Bundesrepublik konnte kein Verband einen Präsidenten oder Vorsitzenden mit solchen Beziehungen ersetzen.

Hervorzuheben sind schließlich noch drei Initiativen, deren Entstehung das Bild von diesen Gründerjahren des BDI abrunden. Am 16. Januar 1951 gründeten BDI und BDA in Köln das Deutsche Industrieinstitut (seit 1973: Institut der deutschen Wirtschaft). Die Unternehmerverbände führten damit eine Public Relations nach amerikanischem Vorbild ein. Das Institut sollte volkswirtschaftliche Forschung mit publizistischer Aufklärungsarbeit im Sinne der Wirtschaft verbinden. Im BDI hatte sich vor allem Carl Neumann für dieses Projekt eingesetzt, der auch erster Präsident des Instituts wurde. Für seine publizistischen Aktivitäten gründete das Institut noch im selben Jahr den Deutschen Industrie-Verlag. Zu Direktoren des Deutschen Industrieinstituts wurden Fritz Hellwig und Otto Mejer bestellt.[90] Durch Hellwig, der 1953 für die CDU in den Bundestag einzog und dort drei Jahre später Vorsitzender des Ausschusses für Wirtschaftspolitik wurde, erlangte das Institut ein beachtliches politisches Gewicht.[91]

Am 17. August 1951 wurde im Schloss Brühl der Kulturkreis des BDI (seit 1992: Kulturkreis der deutschen Wirtschaft im BDI) gegründet. Initiatoren dieser für einen industriellen Spitzenverband neuen Form der institutionalisierten Kulturförderung waren Hermann Reusch und der stellvertretende BDI-Hauptgeschäftsführer Gustav Stein.[92] Der Kulturkreis entstand als unabhängiger Verein, der BDI stellte jedoch den Vorsitzenden und nahm die Geschäftsführung wahr. Erster Vorsitzender wurde Reusch. Die Aufgaben und die Ausrichtung des Kulturkreises waren bei der Gründung noch nicht fest umrissen. Reusch schlug auf der konstituierenden Sitzung u. a. vor, Stipendien für Künstler zu finanzieren und Mittel zur Sicherung des Verbleibs von Kunstwerken in Deutschland bereitzustellen. Nach Steins Vorstellungen sollte der Kulturkreis zunächst Anregungen für den industriellen Wohnungsbau entwickeln und ein

90 Herrmann, *Aufbau*, 58 f.

91 Braunthal, *Federation*, 72 ff.; Wiesen, *Industry*, 111 ff.

92 Rundschreiben des Bundesverbandes der Deutschen Industrie, 3.9.1951, in: RWWA 130-40010150/368.

Abbildung 18: Karl Guth, Jacob Herle und Wilhelm Beutler (von links) bei der Kundgebung des BDI am 5. Mai 1952 in Hamburg

»Porträt der Arbeit« unter »Hervorhebung des Gedankens der Werksgemeinschaft« erstellen.[93]

Ein Jahr später entstand als gemeinsame Gründung von fünf Spitzenverbänden der Industrie, des Handels und der Banken der Ost-Ausschuss der deutschen Wirtschaft. Der Anstoß hierzu ging von der Bundesregierung aus. Im BDI setzten sich vor allem Beutler und Stein für dieses Vorhaben ein[94] Die offizielle Gründung erfolgte am 9. Oktober 1952, Vorsitzender des Vorstandes wurde Hans Reuter, der Chef des Demag-Konzerns, der BDI war durch W. Alexander Menne als stellvertretendem Vorsitzenden im Vorstand vertreten.[95] Der Ost-Ausschuss knüpfte an die Tradition des Russlandausschusses des RDI an und sollte dazu beitragen, den Rückstand der Bundesrepublik im Handel mit den Staaten des Ost-

93 Bericht über die konstituierende Sitzung des Kulturkreises des Bundesverbandes der Deutschen Industrie (Anlage zum Rundschreiben vom 3.9.1951), ebd. Zum Kulturkreis siehe Werner Bührer, *Der Kulturkreis im Bundesverband der Deutschen Industrie und die »kulturelle Modernisierung« der Bundesrepublik in den 50er Jahren*, in: Axel Schildt/Arnold Sywottek (Hg.), Modernisierung im Wiederaufbau. Die westdeutsche Gesellschaft der 50er Jahre, Bonn 1993, 583-595.

94 Sven Jüngerkes, *Diplomaten der Wirtschaft. Die Geschichte des Ost-Ausschusses der deutschen Wirtschaft*, Osnabrück 2012, 40. Zum Ost-Ausschuss der deutschen Wirtschaft vgl. ferner Rudolph, *Wirtschaftsdiplomatie.*

95 Ebd., 44 ff.

blocks aufzuholen. Er vertrat fortan die deutsche Wirtschaft in allen Fragen des Osthandels. Bis zur Aufnahme diplomatischer Beziehungen zwischen der Bundesrepublik und der Sowjetunion im Herbst 1955 bewegte sich der Ost-Ausschuss auf einem dünnen politischen Eis, da Adenauer keinerlei Zweifel an der Westbindung der Bundesrepublik aufkommen lassen wollte. So kam es im Juni 1954 zu einem Eklat, als eine Moskaureise des Arbeitskreises Sowjetunion unter dem Vorsitzenden Otto Wolff von Amerongen auf Intervention Adenauers hin vom Auswärtigen Amt untersagt wurde.[96]

Sehr bewusst stellte sich der BDI in die Tradition des RDI. Sie sollte gewissermaßen als Ersatz für die fehlende Kontinuität dienen, was auch in Bezug auf die Reichsgruppe Industrie immer wieder demonstriert wurde. Der frühere Hauptgeschäftsführer der Reichsgruppe, Karl Guth, wurde vom BDI 1954 mit der Leitung der Baden-Badener Betriebsführergespräche (heute: Baden-Badener Unternehmergespräche) betraut.[97] Weniger rühmlich war der vergebliche Versuch des BDI, sich unter Berufung auf die Reichsgruppe das Restvermögen der Adolf-Hitler-Spende der deutschen Industrie anzueignen.[98] Besonders deutlich wurde der Rückgriff auf die Tradition anlässlich des 70. Geburtstags von Jacob Herle im Juni 1955. Der BDI gab anschließend einen Sammelband mit Beiträgen früherer Mitarbeiter des RDI und der Reichsgruppe heraus, in dem auch die beim BDI stattfindenden Traditionstreffen gewürdigt wurden:

> »Hier spricht es für den vom Reichsverband der Deutschen Industrie in die Reichsgruppe übernommenen Geist echter kameradschaftlicher Zusammenarbeit, dass heute noch regelmäßig Zusammenkünfte – stets mit Kollegen des heutigen Spitzenverbandes der deutschen Industrie – die Mitarbeiter der »alten Reichsgruppe« vereinen.«[99]

96 Ebd., 70 ff.; Niederschrift über die Präsidialsitzung des BDI vom 13.8.1954, 3.9.1954, in: RWWA 130-40010146/662.

97 Herrmann, *Aufbau*, 127.

98 Siehe hierzu die Korrespondenz in: BDI-Archiv RA 31 K 865. Dieses Vermögen erhielt dann der Stifterverband für die Deutsche Wissenschaft, der es wiederum an die Max-Planck-Gesellschaft, zum kleineren Teil aber auch an den BDI und an österreichische Empfänger weiterleitete. Schulze, *Stifterverband*, 88.

99 Heinz Müller, *Die Reichsgruppe Industrie*, in: Bundesverband der Deutschen Industrie (Hg.), Weg, 309.

Zweiter Teil

1950 – 1990

Christopher Kopper

1. Wiederaufbau und Konsolidierung: Die Ära Adenauer (1950-1963)

Der BDI und die Entstehung des »Gesetzes gegen Wettbewerbsbeschränkungen«

Der Konflikt um das 1957 verabschiedete Gesetz gegen Wettbewerbsbeschränkungen (GWB) war die wichtigste ordnungspolitische Auseinandersetzung der 1950er Jahre, an der sich der BDI aktiv beteiligte. Die Oppositionsstellung des BDI zu diesem Gesetz lässt sich nur aus der starken Kartelltradition in Deutschland verstehen. Schon ein Jahrzehnt nach der Verabschiedung des GWB war es kaum noch vorstellbar, dass Kartelle bis 1945 eine große Rolle in der deutschen Wirtschaft gespielt hatten. Mit der Genehmigung und ausdrücklichen Billigung des Reichswirtschaftsministeriums setzten vor allem die Hersteller industrieller Grundstoffe wie Eisen, Stahl, Kali und Zement Produktionsquoten und Preise fest und hebelten den Wettbewerb weitgehend aus. Die deutsche Tradition der Wettbewerbsregulierung durch Kartelle stand im fundamentalen Widerspruch zum amerikanischen Prinzip des Kartellverbots. Aus der Sicht der amerikanischen Regierung gehörten die Aufhebung und das Verbot der Kartelle neben der Entnazifizierung, der Entmilitarisierung und der Föderalisierung zu den politischen Prioritäten der Besatzungspolitik in Deutschland.[1]

1947 erließ die amerikanische Militärregierung das Militärregierungs-Gesetz Nr. 56 (Law 56), das alle Kartelle aufhob und künftige Kartellbildungen für illegal erklärte.[2] Die britische und die französische Militärregierung folgten der amerikanischen Initiative. Da das alliierte Besatzungsstatut über die Gründung der Bundesrepublik Deutschland am 23. Mai 1949 hinaus bestand, behielt das Antikartellgesetz der Militärregierung bis zum Erlass eines bundesdeutschen Kartellgesetzes seine Gültigkeit. Es war der erklärte Wille der Bundesregierung, die völkerrechtliche Souveränität Deutschlands zurückzugewinnen und die Einspruchsrechte der Besatzungsmächte schrittweise abzulösen. Das neu gegründete Bundeswirtschaftsministerium (BMWi) stand vor der Aufgabe,

1 Im eingängigen amerikanischen Original waren es die vier D (»demilitarization«, »denazification«, »decentralization« und »decartelization«).

2 Lisa Murach-Brand, *Antitrust auf deutsch. Der Einfluß der amerikanischen Alliierten auf das Gesetz gegen Wettbewerbsbeschränkungen (GWB) nach 1945*, Tübingen 2004, 71-78.

ein deutsches Kartellgesetz zu entwerfen und dem Bundestag vorzulegen. Bundeswirtschaftsminister Ludwig Erhard (1897-1977) setzte in seinem Ministerium bis zum Januar 1950 den Entwurf eines Kartellverbots durch. Er setzte damit die bisherige Linie des Kartell- und Wettbewerbsreferats im BMWi außer Kraft, sich wie im Kartellrecht der Weimarer Republik und des Nationalsozialismus auf eine staatliche Missbrauchsaufsicht zu beschränken und Kartelle nicht grundsätzlich zu verbieten.[3] Aus der Sicht des Ordoliberalen Ludwig Erhard war die Sicherung eines freien Preis- und Leistungswettbewerbs ein Grundprinzip staatlicher Ordnungspolitik, mit dem die Existenz von Kartellen nicht zu vereinbaren war. Der Schutz der Marktteilnehmer vor wettbewerbseinschränkenden Absprachen war ein höheres Rechtsgut als die Vertragsfreiheit der Unternehmen, Preise, Absatzmengen und Absatzgebiete zu Lasten Dritter miteinander abzusprechen.

Die Reaktionen des BDI auf die kartellkritische Position des Bundeswirtschaftsministeriums fielen unterschiedlich aus. Das BDI-Präsidiumsmitglied Otto A. Friedrich (Phoenix-Gummiwerke) hielt die Aufhebung von Kartellen unter der Bedingung eines nicht rücksichtslos verschärften Wettbewerbs für wünschenswert.[4] Im Präsidium des BDI war Friedrichs bedingtes Ja zu einem Kartellverbot jedoch nicht mehrheitsfähig. Die Mehrheit der Präsiden stand der ordoliberalen Theorie zu diesem Zeitpunkt noch sehr skeptisch gegenüber und fürchtete, dass eine Wirtschaftsordnung ohne Kartellabsprachen in einem ruinösen Wettbewerb enden würde. Die seit 1893 bestehende Tradition legaler Kartelle hatte mehrere Generationen von Unternehmern an Preis- und Mengenabsprachen gewöhnt. Vor dem Hintergrund dieser Erfahrungen war die langfristige Stabilität einer Wettbewerbsordnung ohne stabilisierende Vereinbarungen von Preisen und Mengen für viele Unternehmer kaum vorstellbar. Der BDI verkündete daher am 9. November 1950 eine Resolution, dass ein Kartellverbot »aus wirtschaftlichen Gründen« untragbar sei. Laut einem am 6. Mai 1950 verfassten Brief an den Bundeswirtschaftsminister Erhard sah der BDI im Eingreifen des Staates gegen wettbewerbseinschränkende Absprachen von Unternehmen einen größeren Eingriff in die unternehmerische Handlungsfreiheit als in einer Wettbewerbseinschränkung zu Lasten von Abnehmern und Endverbrauchern.[5]

3 Rüdiger Robert, *Konzentrationspolitik in der Bundesrepublik – Das Beispiel der Entstehung des Gesetzes gegen Wettbewerbsbeschränkungen*, Berlin 1976, 121.

4 Ebd., 173-177.

5 Ebd., 179.

Für den BDI wurden die Arbeiten des BMWi am Kartellgesetzentwurf erst im März 1952 wirklich akut, als sich der Abschluss des Generalvertrags über die Souveränität der Bundesrepublik abzeichnete und der Bundestag die vollständige Gesetzgebungshoheit erhielt. Der zu diesem Zeitpunkt gültige Entwurf des Wirtschaftsministeriums enthielt auf Drängen der Alliierten Hohen Kommission einen Passus über staatliche Eingriffe gegen marktbeherrschende Unternehmen und für Fusionskontrollen, der aus der Sicht großer Unternehmen unakzeptabel war.[6] Erst durch die Unterzeichnung des Generalvertrags im Mai 1952 gewann die Bundesregierung in der Kartellfrage den politischen Spielraum, dem Bundestag einen Gesetzesentwurf zur Verabschiedung zu präsentieren.[7] Die vollständige Gesetzgebungshoheit von Bundesregierung und Bundestag bedeutete jedoch auch, dass sich Ludwig Erhard nicht mehr auf ein alliiertes Veto gegen ein verwässertes Kartellgesetz ohne ein allgemeines Kartellverbot stützen konnte. Der Bundeswirtschaftsminister musste sich in der Auseinandersetzung mit den Wirtschaftsverbänden auf seine Kabinettskollegen und auf die Regierungsparteien verlassen.

Die wettbewerbspolitischen Interessen der deutschen Industrie waren jedoch nicht einheitlich. Im Unterschied zur Weimarer Republik standen die Repräsentanten der kartellaffinen Grundstoffindustrien nicht an der Spitze des BDI. Die kartellfreundliche Montanindustrie musste bei der Gründung der Europäischen Gemeinschaft für Kohle und Stahl (Montanunion) im Jahre 1952 ein grundsätzliches Kartellverbot und eine Fusionskontrolle als Preis für einen europäischen Montangütermarkt akzeptieren.[8] Durch die Preisüberwachung schützte die Hohe Behörde der Montanunion die Stahlverbraucher mit Mindest- und Höchstpreisen für Kohle und Stahl davor, überhöhte Preise für diese immer noch knappen Güter zahlen zu müssen. Wegen der normativen Kraft des europäischen Gemeinschaftsrechts fiel die einflussreiche Montanindustrie als Lobby gegen das Kartellverbot aus. Vor diesem Hintergrund war es keine Überraschung, dass sich im Juli 1954 unter anderem die Vorstände von Krupp, Klöckner und Mannesmann in einem Brief an Fritz Berg für das Kartellverbot einsetzten. Die Unterzeichner leiteten den Brief an die »Frankfurter Allgemeine Zeitung« weiter, die ihn in einem Artikel

6 Ebd., 180 f. Siehe die Synopse des 14. Entwurfs des BMWi zum GWB (22.5.1951) und des alliierten Gegenentwurfs vom 28.11.1951, in: Murach-Brand, *Antitrust*, 241-384.

7 Regierungsentwurf zum GWB vom 13.6.1952, in: Deutscher Bundestag, Drucksache 1/3462.

8 Murach-Brand, *Antitrust*, 165-169.

wörtlich zitierte. Bergs Anspruch, in der Kartellfrage für die deutsche Industrie zu sprechen, erlitt dadurch einen Rückschlag.[9]

Der BDI nahm den Rückzug der Alliierten Hohen Kommission aus der deutschen Kartellgesetzgebung zum Anlass, seine Kritik an dem geplanten Kartellverbot deutlicher und nun auch öffentlich zu artikulieren. In einem Brief an Erhard forderte der BDI-Präsident Fritz Berg den Wirtschaftsminister am 2. Juli 1952 nachdrücklich auf, die Veränderungsvorschläge des BDI im Gesetzgebungsverfahren zu berücksichtigen.[10] Im Briefwechsel mit Erhard wich Berg der theoretischen Frage nach dem volkswirtschaftlich effizientesten Preisbildungsmechanismus aus und warb für die Wiedereinführung des Missbrauchsprinzips im Kartellrecht. Sein Gegenvorschlag lief auf eine Wiederbelebung des suspendierten Kartellgesetzes von 1923 hinaus, bei dem die Missbrauchsaufsicht lediglich strenger gehandhabt werden sollte.[11] Erhards grundsätzliches Beharren auf dem Verbotsprinzip im Kartellrecht und Bergs Insistieren auf eine Kartellerlaubnis mit Missbrauchsaufsicht waren unvereinbar und schlossen eine Einigung aus. Der Versuch des BDI, das Kartellverbot durch weitreichende Ausnahmebestimmungen für Schutz- und Abwehrkartelle aufzuweichen, scheiterte am Beharrungsvermögen des Wirtschaftsministers. Da sich die Wirtschaftspolitiker der Regierungsfraktionen CDU/CSU, FDP und DP (Deutsche Partei) im Frühjahr 1953 nicht über den Entwurf des BMWi einigen konnten, stellte die Bundesregierung ihre Gesetzesvorlage für die nächste Legislaturperiode zurück.

Zu Beginn der neuen Legislaturperiode nahm das Bundeswirtschaftsministerium die Arbeit an der Gesetzesvorlage wieder auf. Ludwig Erhard war sich bewusst, dass es in den Regierungsparteien CDU und CSU Zweifel an der Notwendigkeit eines Kartellverbots gab und weitere Überzeugungsarbeit nötig war. Ein Konsens mit dem BDI und den anderen Spitzenverbänden der Wirtschaft war hilfreich, um innerparteiliche Widerstände zu überwinden. 1954 lud die Grundsatzabteilung des Bundeswirtschaftsministeriums unter der Leitung des Ökonomen Alfred Müller-Armack den BDI-Arbeitskreis Kartellgesetz zu Besprechungen ein, um einen Kompromiss zu finden. Wegen der Unnachgiebigkeit des Ordoliberalen Müller-Armack in der Frage des Kartellverbots unterbreitete der BDI-Arbeitskreis Kartellrecht im Juni 1954 einen Kompromissvorschlag, der das Verbotsprinzip widerwillig akzeptierte. Als Preis für die grundsätzliche Akzeptanz des Verbotsprinzips forderte der BDI

9 Robert, *Konzentrationspolitik*, 251 f.
10 Ebd., 231 ff.
11 Ebd., 233 ff., mit Bezug auf einen Brief von Berg an Erhard vom 6.10.1952.

gesetzliche Ausnahmen für Konditionen- und Rabattkartelle, Konjunkturkrisenkartelle, Rationalisierungskartelle mit Preis- und Mengenregelungen, Importkartelle und Außenhandelskartelle mit Inlandswirkung.[12] Zur Unterstützung seiner Argumentation veröffentlichte der BDI ein Gutachten des angesehenen Wirtschaftsjuristen Prof. Rudolf Isay (1886-1956), der im Auftrag des BDI auch einen Alternativentwurf auf der Grundlage des Missbrauchsprinzips erstellte.[13]

Dieser Kompromissvorschlag verwässerte das Kartellverbot so stark, dass er für Erhard und Müller-Armack nicht akzeptabel war. Dennoch brach Müller-Armack die Verhandlungen zunächst nicht ab und signalisierte seine Bereitschaft, auf eine Fusionskontrolle zu verzichten und Ausnahmen für Krisenkartelle zu akzeptieren. Da die übrigen Änderungsvorschläge des BDI für das Wirtschaftsministerium unannehmbar waren, brach es die Verhandlungen im Juli 1954 schließlich doch erst einmal ergebnislos ab. Nach einer Pause von mehreren Wochen nahmen die Grundsatzabteilung des BMWi und der BDI-Arbeitskreis Kartellrecht ihre Verhandlungen wieder auf. Der BDI-Vorsitzende Fritz Berg musste akzeptieren, dass das Verbotsprinzip im Kartellrecht nicht verhandelbar war und der BDI seine Energie auf gut begründete Ausnahmefälle konzentrieren musste.

Zu den begründbaren Ausnahmen gehörten zum einen die Konditionen- und Rabattkartelle, die die freie Marktpreisbildung nur geringfügig tangierten. Das seit 1934 gültige Rabattgesetz begrenzte die Rabatte für Endverbraucher und die Preisnachlässe bei Barzahlung (Skonto). Nach dem juristischen Prinzip des Vorrangs spezieller Gesetzesnormen *(lex specialis)* vor allgemeinen Gesetzen *(lex generalis)* hatte das Rabattgesetz Vorrang vor dem Kartellgesetz und konnte durch ein Kartellgesetz nicht außer Kraft gesetzt werden. Kartelle zur technischen Normierung und Typisierung von Vor- und Endprodukten hatten keine negativen Auswirkungen auf den Preis- und Leistungswettbewerb und waren aus Sicht der Kartellgegner unschädlich. Da Exportkartelle keine Rückwirkungen auf die inländische Marktordnung hatten, erschien den Ordoliberalen im Bundeswirtschaftsministerium auch in dieser Frage ein Kompromiss möglich. Diese Ausnahmen, die in die Endfassung des GWB aufgenom-

12 Ebd., 254-260.

13 Rudolf Isay, *Gutachten zum Regierungsentwurf eines Gesetzes gegen Wettbewerbsbeschränkungen*, Köln 1954; ders., *Entwurf eines Gesetzes zur Verhütung des Mißbrauchs wirtschaftlicher Machtstellungen*, Köln 1954.

men wurden, waren keine substantielle Einschränkung des Kartellverbots und daher aus ordoliberaler Perspektive unproblematisch.[14]

Das einzige größere Zugeständnis des Bundeswirtschaftsministeriums war die Möglichkeit, Krisenkartelle auf Antrag zuzulassen. Krisenkartelle zur Überwindung eines ruinösen Wettbewerbs mit längerfristig nicht kostendeckenden Preisen in einer gesamten Branche waren jedoch nur dann legal, wenn sie zuvor beim Bundeskartellamt beantragt wurden und sich die Teilnehmer einer Missbrauchsaufsicht durch das Kartellamt unterwarfen. Die Befristung der Krisenkartelle auf den Zeitraum der chronischen Kostenunterdeckung sollte eine mögliche Verstetigung zu einem dauerhaften Preiskartell verhindern.

Obwohl Erhard das Verbotsprinzip durchsetzte, konnte der BDI mit dem Gesamtergebnis zufrieden sein. Das 1957 verabschiedete »Gesetz gegen Wettbewerbsbeschränkungen« (GWB) blieb hinter den Maximalforderungen Erhards zurück, der ein striktes Kartellverbot mit besonderen Ausnahmen für technisch bedingte »natürliche Monopole« wie die Bahn, die leitungsgebundenen Unternehmen der Energiewirtschaft und die traditionellen Staatsregale des Post- und Fernmeldewesens angestrebt hatte. Durch hartnäckiges Verhandeln setzte der BDI Ausnahmen durch, die jedoch ohne Probleme mit dem Konzept eines undogmatischen ordoliberalen Pragmatismus vereinbar waren. Auch wenn der BDI die Legalisierung von Preis-, Mengen- und Gebietskartellen unter einer staatlichen Missbrauchsaufsicht nicht gegen die Entschlossenheit des Bundeswirtschaftsministeriums durchsetzen konnte, wäre es aufgrund der Ausnahmeregelungen unangebracht, von einer Niederlage des BDI zu sprechen.[15] Der Konflikt um das Kartellgesetz sollte bis zum Beginn der 1970er Jahre die letzte ordnungspolitische Auseinandersetzung zwischen dem BDI und der Bundesregierung bleiben.

Interessenvertretung in der Kanzlerdemokratie: Der BDI und der Bundeskanzler

Seit 1951 verfolgte das Präsidium des BDI das Ziel, regelmäßige informelle Gesprächskontakte mit Bundeskanzler Konrad Adenauer herzustellen.

14 Gesetz gegen Wettbewerbsbeschränkungen, 27.7.1957, in: Bundesgesetzblatt I, 1957, 1081ff.

15 Rede Bergs vor dem Übersee-Club Hamburg am 4.10.1955. Zu diesem Ergebnis kommt auch Werner Bührer, *Unternehmerverbände*, in: Wolfgang Benz (Hg.), Die Geschichte der Bundesrepublik Deutschland, Frankfurt 1989, 140-168, hier 146.

Der Anlass dieser Bemühungen um das Ohr des Kanzlers war die Auseinandersetzung mit dem Deutschen Gewerkschaftsbund (DGB) um die Reform des Betriebsverfassungsgesetzes. Das Präsidium des BDI war der Ansicht, die Vertreter des DGB würden öfter von Adenauer angehört und hätten wegen seiner dominierenden Stellung im Kabinett bessere Durchsetzungschancen.[16]

Bis 1954 gelang es dem BDI, neben den offiziellen Gesprächsterminen für die Spitzenverbände der Wirtschaft beim Bundeswirtschaftsministerium und beim Bundeskanzler auch einen informellen Gesprächskanal zum Kanzleramt zu etablieren. Berg wurde in den kleinen Kreis von Adenauers persönlichen Wirtschaftsberatern aufgenommen, dem der Kölner Privatbankier Robert Pferdmenges (Teilhaber des Bankhauses Sal. Oppenheim jr. & Cie.) und der Vorstandsvorsitzende der Deutschen Bank Herrmann Josef Abs angehörten. Adenauer konsultierte diesen Kreis seiner engen Vertrauten zu aktuellen und grundsätzlichen wirtschaftspolitischen Fragen. Seinen Status als informeller wirtschaftspolitischer Berater des Kanzlers verdankte Berg weniger seinem Amt als Vorsitzender eines großen Wirtschaftsverbands als der persönlichen Empfehlung von Adenauers Intimus Pferdmenges, der Berg persönlich schätzte.[17]

Mit diesem kleinen Beraterkreis schuf Adenauer ganz bewusst ein Gegengewicht zu Bundeswirtschaftsminister Ludwig Erhard, dessen Expertise der Kanzler nicht in allen Fällen Vertrauen schenkte. Unter einem durchschnittlichen Kanzler hätte die Existenz eines informellen wirtschaftspolitischen Beraterkreises die Durchsetzungsfähigkeit des Wirtschaftsministers nicht beeinträchtigt und seine Ressortverantwortung für wirtschaftspolitische Fragen nicht tangiert. In der vielfach als »Kanzlerdemokratie« bezeichneten politischen Ordnung der Ära Adenauer (1949-1963) behielt sich der dominante Bundeskanzler die endgültige Entscheidungskompetenz auch in jenen Fragen vor, in denen er – wie in der Wirtschaftspolitik – nicht über eine besondere Sachkompetenz verfügte. Adenauer neigte dazu, die verfassungsmäßige Richtlinienkompetenz des Bundeskanzlers großzügig auszulegen und auch in Detailfragen bei den Ministern zu intervenieren.

Adenauers Korrespondenz lässt den Rückschluss zu, dass der Kanzler Fritz Berg nicht nur zu grundsätzlichen Fragen der Industriepolitik und der Wirtschaftspolitik konsultierte. Auch bei der Beurteilung konjunk-

16 Stenographische Notizen der Präsidialsitzung am 20.9.1951, in: BDI-Archiv HGF (Hauptgeschäftsführung des BDI) PRO 2/1 K 786.

17 Achim-Schulte-Goebel, *Fritz Berg 1901-1979. Unternehmer und Industriepräsident in der Ära Adenauer*, Diss. Düsseldorf 1999, 112.

tureller Entwicklungen verließ sich Adenauer nicht allein auf Ludwig Erhards Expertise. Während Ludwig Erhard die Inflationsfurcht des Kanzlers während des wirtschaftlichen Boomjahrs 1955 zu beruhigen versuchte, folgte Adenauer der pessimistischeren Einschätzung Bergs.[18] Auch in der Währungspolitik widersprach Berg im selben Jahr dem dafür zuständigen Zentralbankrat der Bank deutscher Länder (ab 1957: Bundesbank) und dem Bundesminister für Wirtschaft, der bis 1972 die Währungs- und Kreditpolitik der Bundesregierung verantwortete. Während Erhard die Zinserhöhungen der Notenbank als einen notwendigen Schritt zur Inflationsbekämpfung billigte, negierte Berg die Inflationsgefahr, befürchtete eine Abdrosselung der industriellen Investitionen, beschwor die Gefahr einer deflationären Politik herauf und machte sich die düsteren Erinnerungen an die verfehlte Wirtschaftspolitik in der Weltwirtschaftskrise zunutze.[19]

Erhard war weniger durch Bergs wirtschaftspolitische Oppositionshaltung herausgefordert, die ihm schon durch die Auseinandersetzung um das Kartellgesetz bekannt war. Problematischer war, dass die besondere Vertrauensstellung, die Berg bei Adenauer genoss, dem BDI-Präsidenten einen unkontrollierbaren Einfluss auf die Willensbildung des Kanzlers verschaffen konnte. Adenauers wirtschaftspolitisches Privatissimum drohte sich zu einem Klüngelkreis zu entwickeln, der Erhards ministerielle Autorität gegenüber dem Kanzler in Frage stellte.

Solange Berg seine Kritik nur in nichtöffentlichen Versammlungen der Industrie- und Handelskammern und in den Clubs der Wirtschaftselite äußerte, war die wirtschaftspolitische Autorität des Wirtschaftsministers und des Notenbankpräsidenten in der Öffentlichkeit nicht herausgefordert. Als Berg seine Kritik am 23. Mai 1956 auf der Mitgliederversammlung des BDI im Kölner Gürzenich wiederholte, wurden die währungs- und kreditpolitischen Differenzen zwischen dem BDI und der Bank deutscher Länder über die Presseberichterstattung auf dramatische Weise publik.[20] Bergs Kritik an der Erhöhung des Leitzinses von 3,5 auf 5,5 Prozent in nur zwei Monaten erhielt eine besondere Brisanz, da Adenauer als Ehrengast und Festredner eingeladen war und unmittelbar nach

18 Schreiben Adenauer an Erhard, 30.9.1955, in: *Adenauer. Briefe 1955-1957*, bearb. von Hans Peter Mensing, Berlin 1998, 65 f.

19 Fritz Berg, Überhitzte Konjunktur? Rede in der Jahresveranstaltung der Südwestfälischen Industrie- und Handelskammer zu Hagen am 19.12.1955, in: ders., Die westdeutsche Wirtschaft in der Bewährung. Ausgewählte Reden aus den Jahren 1950 bis 1965, Hagen 1966, 71-95. Berg hatte diese Argumente bereits am 4.10.1955 in seiner Rede vor dem Hamburger Übersee-Club präsentiert (ebd., 313-332).

20 Schulte-Goebel, *Fritz Berg*, 118.

Abbildung 19: Fritz Berg
(BDI-Präsident 1949-1971),
Foto: unbekannt (Passbild)

ihm das Wort ergriff. In seiner spektakulären und viel zitierten Gürzenich-Rede stellte sich Adenauer auf die Seite des BDI und distanzierte sich von den Beschlüssen des Zentralbankrats in einer Form, die für die Bundesregierung ungewöhnlich war und den politischen Konventionen eklatant widersprach. Adenauer kritisierte die Notenbankpolitik als »einen schweren Schlag für die Konjunktur« und verglich sie in seiner bildhaften Sprache mit einem »Fallbeil«, das die kleinen Leute treffe.[21] Adenauers Kritik traf nicht nur die Bank deutscher Länder, sondern auch Ludwig Erhard ohne Vorwarnung und daher besonders heftig. Noch einen Tag zuvor hatte Adenauer Erhard in einem Brief versichert, dass er sich die Kritik des BDI nicht zu eigen mache.[22]

Angesichts des offen zutage getretenen Streits zwischen Adenauer und Erhard musste Adenauer für den folgenden Tag eine streng vertrauliche Sondersitzung des Kabinetts einberufen, bei der sogar die Beamten des Kanzleramts den Kabinettssaal verlassen mussten. In der teilweise sehr erregten Diskussion gab Adenauer zu, dass Berg ihn zu einer öffentlichen Stellungnahme über die Leitzinserhöhung gebeten hatte. Der düpierte und gedemütigte Erhard verurteilte Adenauers öffentliche Kritik an seiner zinspolitischen Linie als eine »Verächtlichmachung des Bundeswirtschaftsministers« und drohte sogar mit Rücktritt.[23] Am selben Tag setzte der BDI seine Mitgliederversammlung hinter geschlossenen Türen fort. Die Diskussion unter den Vertretern der Mitgliedsverbände zeigte jedoch, dass die Zinspolitik die Sorgen der Industrie nicht dominierte

21 Rede Adenauers auf der Hauptversammlung des BDI am 23.5.1956 in Köln, in: www.konrad-adenauer.dedokumente/reden/1956-05-23-rede-bdi-guerzenich [letzter Zugriff 12.3.2018]. Die Rede verbreitete sich durch die Presseberichterstattung in ganz Deutschland.

22 Schreiben Adenauer an Erhard, 22.5.1956, in: Adenauer, Briefe 1955-1957, 203 f.

23 Protokoll der Sondersitzung des Bundeskabinetts am 24.5.1956, in: Bundesarchiv (künftig BA), Online-Edition der Kabinettsprotokolle der Bundesregierung: www.bundesarchiv.de/cocoon/barch/0000/k/k1956k/index.html [letzter Zugriff 12.3.2018].

und die Steuerpolitik als ebenso wichtig eingeschätzt wurde. Die hohen Einnahmenüberschüsse des Bundeshaushalts durch ein zu hohes Steuerniveau und die Furcht vor einer Einschränkung der degressiven Abschreibung von Anlagegütern trieben die Verbandsvertreter nicht weniger um als die Zinspolitik der Bundesbank.[24]

Adenauers Gürzenich-Rede zeigte der Öffentlichkeit, dass Fritz Berg den Kanzler nicht nur bei rein industriepolitischen Themen, sondern auch in generellen wirtschaftspolitischen Fragen beeinflussen konnte. An diesem Eindruck änderte auch die Autonomie der Notenbank nichts, die ihren zinspolitischen Kurs gegenüber der Bundesregierung behaupten konnte. Zum Zeitpunkt der Gürzenich-Rede war die Öffentlichkeit bereits durch ein Buch des Tübinger Politikwissenschaftlers Theodor Eschenburg auf das Problem des illegitimen Einflusses von Parteien und Verbänden auf das Handeln der Exekutive aufmerksam geworden. Eschenburgs 1955 erschienenes Buch mit dem viel zitierten Titel »Herrschaft der Verbände?« beschäftigte sich vor allem mit dem Einfluss der Parteien und erwähnte die Rolle der Wirtschaftsverbände nur am Rande.[25] Der eingängige Titel dieses viel gelesenen Buches wurde in der Medienöffentlichkeit oft als Tatsachenfeststellung und nicht als eine offene Frage zitiert. Auf die zunehmende Kritik am politischen Einfluss der Wirtschaftsverbände reagierte der BDI mit der Einladung von Journalisten und Bundestagsabgeordneten zu einer Diskussionsveranstaltung über »Der Staat und die Verbände« am 27. März 1957 in Köln, bei der die angesehenen Staatsrechtler Prof. Ulrich Scheuner (Bonn) und Prof. Werner Weber (Göttingen) referierten.[26] Obwohl Weber als konservativer Kritiker des Verbandseinflusses auf Exekutive und Legislative bekannt war, sprachen die Referenten sich für eine Vertretung kollektiver sozialer und wirtschaftlicher Interessen durch Verbände aus und negierten die These einer unkontrollierten und demokratisch nicht legitimierten Verbändemacht

Adenauer und Berg hielten ihren engen Kontakt per Brief und in Gesprächen weiterhin aufrecht. Fritz Berg hoffte aufgrund der starken und unangefochtenen Stellung des Bundeskanzlers, durch sein Antichambrieren bei Adenauer unvorteilhafte Gesetzesinitiativen der Ministe-

24 Niederschrift der 7. Ordentlichen Mitgliederversammlung des BDI am 24.5.1956, in: BDI-Archiv HGF, PRO 4/2 K 784.

25 Theodor Eschenburg, *Herrschaft der Verbände?*, Stuttgart 1955.

26 BDI, Jahresbericht 1.5.1958-30.9.1959, Köln 1959, 20. Weber hatte 1956 das Buch »Das politische Kräftesystem in der wohlfahrtsstaatlichen Massendemokratie« veröffentlicht.

rien im Interesse des BDI verändern zu können. Bergs Erfolgsbilanz der stillen Diplomatie bei Adenauer blieb jedoch hinter seinen Erwartungen zurück. Die Einschränkung des strengen Kartellverbots durch Rabattkartelle, Konditionenkartelle, Exportkartelle und Rationalisierungskartelle (Sanierungskartelle) ging nicht auf eine Intervention Adenauers bei Erhard zurück, sondern war das Ergebnis eines langen Beratungs- und Anhörungsprozesses. Alle Ausnahmen vom Kartellverbot waren mit einer Meldepflicht an das Bundeskartellamt verbunden. Exportkartelle und Sanierungskartelle waren zeitlich begrenzt, standen unter der Missbrauchsaufsicht des Kartellamtes und waren nur bei vorheriger Genehmigung legal.

Abbildung 20: Wilhelm Beutler (BDI-Hauptgeschäftsführer 1949-1957), Foto: Josef Josuwek

Trotz dieses politischen Misserfolgs pflegte Berg auch weiterhin seine Beziehung zu Adenauer, um eine wettbewerbsrechtliche Gesetzgebung zum Nachteil der großen Industrieunternehmen zu verhindern. Berg befürchtete durch die Fusionskontrolle des Kartellgesetzes eingeschränkte unternehmerische Handlungsspielräume für große Unternehmen, denen das Kartellamt die Fusion mit mittleren Unternehmen untersagen konnte.[27]

Noch in den 50er Jahren zeigten die Reden Bergs und die öffentlichen Erklärungen des BDI eine erhebliche Skepsis gegenüber einer ordoliberalen Wirtschaftspolitik. Berg und viele seiner Kollegen im Präsidium und in der Geschäftsführung des BDI waren noch von Gustav Schmoller und anderen Vertretern der »Jüngeren Historischen Schule der Nationalökonomie« beeinflusst, die eine Wirtschaftsordnung ohne die Möglichkeit eines sich selbst beschränkenden Wettbewerbs für instabil und damit für krisengefährdet hielt.

27 Schreiben Adenauer an Pferdmenges, 5.9.1958, in: Adenauer. Briefe 1957-1959, 157 f. Adenauer verweist darin auf einen langen Brief von Fritz Berg.

Berg fürchtete beim Verbot aller angebotsregulierenden Absprachen einen ruinösen Wettbewerb mit einem »Kampf bis zum Äußersten« und ein »Preischaos«, das »gerade auch die Leistungsfähigen zum Erliegen« bringen würde.[28] 1953 qualifizierte er die Ökonomen der ordoliberalen und zunehmend meinungsprägenden »Freiburger Schule« wie Franz Böhm und Alexander Rüstow als »die kleine Gruppe von Neo-Liberalisten« ab, die einem theoretischen Dogma folgten, welches die Wirklichkeit verzerrt abbilde. Berg benutzte bewusst den negativ besetzten Begriff »liberalistisch« anstelle des positiv besetzten Begriffs »liberal«. Der »Jüngeren Historischen Schule der Nationalökonomie« folgend bezweifelte Berg die Allgemeingültigkeit eines deduktiv abgeleiteten ökonomischen Theoriemodells, das seiner unternehmerischen Alltagserfahrung zu widersprechen schien. Nach seiner normativen Überzeugung setzte die unternehmerische Dispositionsfreiheit die völlige Freiheit des Wettbewerbs nicht zwingend voraus. Zur Vertragsfreiheit und Dispositionsfreiheit des Unternehmers gehörte daher auch die Möglichkeit, Preisentwicklungen durch Preisabsprachen zu stabilisieren.

Ende 1955 wiederholte Berg seine Kritik an der ordoliberalen Wettbewerbspolitik in einer Rede vor Unternehmern seiner Heimat in Südwestfalen.[29] Seine Kritik an den theoretischen und normativen Prämissen der ordoliberalen Wirtschaftspolitik verschwand in den folgenden Jahren unter dem Eindruck einer dauerhaft stabilen rezessionsfreien Konjunktur mit hohen Wachstumsraten und einer starken Preisstabilität. Das Gesetz gegen Wettbewerbsbeschränkungen erwies sich als ein funktionaler Kompromiss zwischen der reinen Wettbewerbslehre des Ordoliberalismus und begründeten Ausnahmen für dysfunktionale Märkte, in denen die deutsche Industrie mit kartellisierten und subventionierten ausländischen Wettbewerbern (Exportkartelle) oder mit einem auf Dauer ruinösen Wettbewerb (Sanierungskartelle) konfrontiert war. Die wirtschaftliche Entwicklung während des Wirtschaftswunders lieferte den sinnfälligen Beweis, dass die höhere Wettbewerbsintensität nicht durch eine höhere konjunkturelle Instabilität erkauft wurde.

Der BDI bekannte sich schon in den 1950er Jahren zum Freihandel und setzte sich für europaweite, ja weltweite Zollsenkungen ein.[30] Trotz dieser grundsätzlichen Übereinstimmung mit den freihandelspolitischen

28 Fritz Berg, *Kartellpolitik. Rede vor der Südwestfälischen IHK in Hagen am 4.12.1953*, in: ders., Reden 1950-1965, 35-48.

29 *Überhitzte Konjunktur* (19.12.1955), in: ebenda.

30 Fritz Berg, *Wettbewerbsprobleme am Weltmarkt. Vortrag vor der Deutschen Weltwirtschaftlichen Gesellschaft am 25.9.1953 in Berlin*, in: ders., Reden 1950-1965, 269-281.

Zielen des Bundeswirtschaftsministers Ludwig Erhard lehnte der BDI einseitige Zollsenkungen als Mittel zur Intensivierung des Wettbewerbs und zur Senkung des Preisniveaus ab. Fritz Berg begründete seine skeptische Einstellung jedoch nicht wirtschaftlich mit der Wettbewerbsfähigkeit deutscher Unternehmen, sondern politisch mit der Forderung nach Zollsenkungen der Gegenseite.[31]

Einzelnen lohnintensiven Branchen wie der Textil- und Bekleidungsindustrie erschien die Wettbewerbsfähigkeit schon Ende der 1950er Jahre durch Einfuhren aus Niedriglohnländern gefährdet. Im März 1959 kritisierte der hessische Textilunternehmer und stellvertretende BDI-Präsident Carl Neumann Erhards Politik des Zollabbaus im »Unternehmerbrief« des Deutschen Industrie-Instituts, das der BDI zusammen mit der BDA finanzierte. Obwohl Neumann primär die Interessen seiner eigenen Branche vertrat, fassten einflussreiche Printmedien wie das Nachrichtenmagazin »Der Spiegel« seine Stellungnahme fälschlich als einen Angriff des BDI auf Erhards Handelspolitik auf.[32] Dieser Fehleinschätzung waren Meldungen des »Spiegels« und der »Frankfurter Allgemeinen Zeitung« vorausgegangen, dass der BDI auf einer Pressekonferenz die Kandidatur Ludwig Erhards für das Amt des Bundespräsidenten befürwortet hatte, um ihn als möglichen Nachfolger Adenauers zu verhindern.[33] Der Verdacht der Journalisten war begründet: Berg hatte gegenüber dem Fraktionsvorsitzenden der CDU/CSU Heinrich Krone sein Interesse bekundet, Erhard in das Präsidentenamt wegzuloben.[34] Die Hauptgeschäftsführung des BDI dementierte diese Meldung in einer ungeschickt formulierten Mitteilung, die den Verdacht auf ein gestörtes Verhältnis zwischen dem BDI und dem Wirtschaftsminister noch verstärkte.

Auch gegenüber dem größten sozialpolitischen Reformprojekt der Regierung Adenauer verhehlte der BDI seine Bedenken nicht. Im Oktober 1956 kritisierte Berg vor seinen westfälischen Unternehmerkollegen in Hagen die geplante Einführung der bruttolohnbezogenen und dynamischen Rente als eine Gefahr für die volkswirtschaftliche Kapitalbildung und als einen falschen Anreiz, auf eine selbstfinanzierte Altersvorsorge zu

31 Rede Bergs vor dem Übersee-Club in Hamburg, 4.10.1955. Siehe auch die Niederschrift der BDI-Präsidiumssitzung am 20.1.1956, in: BDI-Archiv HGF, PRO 4/2 K 784.

32 *Der Faustschlag*, in: Der Spiegel (25.3.1959), 15 f.

33 *Herzlich jelacht*, in: Der Spiegel (4.3.1959), 19 ff.; Mitteilung der Hauptgeschäftsführung an die Mitglieder des Präsidiums und des Vorstands, 7.3.1959, in: BDI-Archiv HGF, PRO 6 K 781; Gerard Braunthal, *The Federation of German Industry in Politics*, Ithaca 1965, 196 f.

34 Schulte-Goebel, *Fritz Berg*, 160.

verzichten.[35] Obwohl der BDI mit einer stetig steigenden Wirtschaftsleistung und einem weiterhin günstigen Zahlenverhältnis zwischen Beitragszahlern und Rentenempfängern rechnete, erhob er Bedenken wegen des Anstiegs der Lohnnebenkosten, der Arbeitgeber und Arbeitnehmer überfordern könne. Die Bedenken wegen einer sinkenden Sparquote sollten sich als unbegründet erweisen, da die Sparquote der privaten Haushalte auch nach der Einführung der dynamischen Rente 1957 weiter stieg.

Die schwerste Kontroverse nach der Verabschiedung des Kartellgesetzes entstand auf einem Feld, das gemeinhin nicht zu den Kernthemen der Industriepolitik zählt. Die deutsche Industrie profitierte bis 1971 von der Stabilität des Weltwährungssystems, das sich durch feste Wechselkurse und damit durch eine hohe Erwartungssicherheit auszeichnete. Der Kurs der D-Mark gegenüber der mit Abstand wichtigsten Währung des Welthandels lag seit 1949 bei konstant 4,20 D-Mark für einen US-Dollar. Da sich alle Währungen der westlichen Welt an der Weltleitwährung Dollar orientierten, sorgte die feste Parität zwischen Dollar und D-Mark auch im Handel mit anderen Währungen für Stabilität.

Der feste Kurs der D-Mark ersparte der Industrie die Vorsorge für schwankende Dollarkurse in Form von Währungssicherungsgeschäften. Während der feste Dollarkurs einen betriebswirtschaftlichen Vorteil für deutsche Exporteure konstituierte, entwickelte sich der niedrige Kurs der D-Mark zu einer Belastung für das Gleichgewicht der Zahlungsbilanzen. Die zunehmenden Exportüberschüsse der deutschen Industrie führten bei ihren wichtigsten Handelspartnern wie den USA und Großbritannien zu steigenden Defiziten in den Zahlungsbilanzen. Einige der Handelspartner Deutschlands drängten schon 1958 bei den multilateralen Verhandlungen über Zollsenkungen (GATT-Runde) auf eine angemessene Aufwertung der D-Mark, welche der BDI strikt ablehnte.[36] Die zunehmenden Handelsüberschüsse stellten auch ein Problem für die deutsche Wirtschaft dar. Da mehr anlagesuchendes Geld nach Deutschland herein- als herausströmte, wuchs die Geldmenge und damit die Inflationsgefahr in Deutschland.

Die bundesdeutsche Wirtschaft befand sich 1960 in einer Hochkonjunkturphase, welche die Preisstabilität gefährdete. Da das klassische no-

35 Fritz Berg, *Probleme der deutschen Wirtschaft im Zeitalter der Automation. Rede vor der Südwestfälischen Industrie- und Handelskammer zu Hagen am 4.10.1956*, in: ders., Reden 1950-1965, 121-133. Siehe auch die Niederschrift über die Vorstandssitzung des BDI am 11.9.1956, in: BDI-Archiv HGF, PRO 4/2 K 784.

36 Niederschrift der Präsidiumssitzung am 12.7.1958, in: BDI-Archiv HGF, PRO 5/1 K 784.

Abbildung 21: BDI-Migliederversammlung 1958 in Dortmund, Herrenabend mit Bundeskanzler Konrad Adenauer und Bundeswirtschaftsminister Ludwig Erhard

tenbankpolitische Instrument der Leitzinserhöhung die Finanzierungskosten für industrielle Investitionen in unerwünschte Höhen getrieben hätte, schlug Wirtschaftsminister Erhard den Einsatz steuerlicher Mittel zur Dämpfung der Exportkonjunktur vor. Dafür bot sich zum einen die Abschaffung der Umsatzsteuer-Rückvergütung bei Exporten an, mit denen der Bund den Güterexport gefördert hatte. Zum anderen sollte der Verzicht auf die Erhebung der Einfuhr-Umsatzsteuer die Gütereinfuhr verbilligen und helfen, den Exportüberschuss zu reduzieren.

Aus der Sicht der deutschen Industrie waren das Ende der steuerlichen Exportförderung und eine steuerliche Privilegierung von Importen zwar unerwünscht, aber das kleinere Übel gegenüber einer Aufwertung der D-Mark, die den Wettbewerbsvorteil bei Exporten reduziert hätte. Sie profitierte davon, dass die Lohnstückkosten langsamer stiegen als bei ihren ausländischen Konkurrenten. Eine Aufwertung der D-Mark hätte diesen Wettbewerbsvorteil vermindert, aber nicht egalisiert. Aus volkswirtschaftlicher Sicht war die Aufwertung der D-Mark sogar geboten, da sich der Zahlungsbilanzüberschuss verschärfte. Die Bundesbank dämpfte die Hochkonjunktur lehrbuchgerecht mit steigenden Zinsen, aber erhöhte dadurch entgegen ihrer Absicht die Attraktivität für ausländische Geldanleger und den Geldzustrom nach Deutschland.

Das Präsidium des BDI erkannte die Möglichkeit einer Aufwertung und versuchte, die Bundesregierung von diesem Schritt abzubringen.[37] Als unausgesprochene Gegenleistung für den Fortbestand der steuerlichen Exportförderung und den Verzicht auf eine Aufwertung begann der BDI, unter seinen Mitgliedsverbänden für eine gemeinsame Anleihe zur Entwicklungsförderung in wirtschaftlich weniger entwickelten Ländern zu werben. Die geplante Anleihe von zunächst einer Milliarde D-Mark sollte die Bundesregierung vom guten Willen der Industrie überzeugen, ihr bei der Lösung von drei ökonomischen Aufgaben zu helfen: der Senkung des Zahlungsbilanzüberschusses, der wirtschaftlichen Förderung unterentwickelter Länder und der Dämpfung der Hochkonjunktur durch den Entzug liquider Mittel.

Berg war zuversichtlich, eine Aufwertung durch Antichambrieren bei Adenauer zu verhindern. Bei einem kontroversen Gespräch mit Adenauer und Erhard am 4. August 1960 im Kanzleramt konnte Berg den Kanzler von seiner Position überzeugen. Er verdankte seinen Erfolg nicht seiner etwas grobschlächtigen Rhetorik oder seinen Argumenten in der Sache, sondern der Unterstützung von Abs und Pferdmenges. Da sich auch Bundesbankpräsident Karl Blessing gegenüber einer Aufwertung skeptisch zeigte, konnte Erhard zunächst nicht mit der Unterstützung der Bundesbank rechnen.[38] Im September 1960 zeigte ein Brief Adenauers an den Kanzleramts-Staatssekretär Hans Globke, dass der Kanzler den BDI-Vorsitzenden weiterhin als wirtschaftspolitischen Ratgeber schätzte. Adenauer bat die »graue Eminenz« des Kanzleramts, Berg mit einer gutachterlichen Stellungnahme zu den konjunkturpolitischen Dämpfungsvorschlägen des Bundesbankpräsidenten zu beauftragen.[39] Am 17. September 1960 stellte sich Adenauer in einem Brief an Erhard auf die Seite des BDI und lehnte eine Aufhebung der steuerlichen Exportförderung ab.[40] Fritz Berg beging jedoch einen taktischen Fehler, als er sich am 29. September 1960 nach einer Pressekonferenz des BDI allzu siegessicher gab und gegenüber Journalisten behauptete, Erhards Pläne seien nach einem Gespräch mit dem Kanzler vom Tisch. Er provozierte damit den Wirtschaftsminister und vermittelte öffentlich den Eindruck von Anmaßung und Großspurigkeit.[41]

37 Niederschrift der Geschäftsführerkonferenz am 8.4.1960, in: BDI-Archiv HGF, PRO 7 K 781.
38 Schulte-Goebel, *Fritz Berg*. 122.
39 Schreiben Adenauer an Globke, 3.9.1960, in: Adenauer. Briefe 1959-1961, 158.
40 Schreiben Adenauer an Erhard, 17.9.1960, in: ebd., 180f.
41 Schulte-Goebel, *Fritz Berg*, 129f.

Im November 1960 erhöhte der BDI sein Angebot für die Entwicklungshilfeanleihe sogar auf 1,5 Mrd. D-Mark, nachdem die amerikanische Regierung die Bundesregierung zu höheren Entwicklungshilfeaufwendungen gedrängt hatte, um die amerikanische Zahlungsbilanz zu entlasten.[42] Mit der Erhöhung des Anleiheangebots auf 1,5 Mrd. D-Mark konnte der BDI die Bundesregierung vom Verzicht auf eine zunächst geplante Zwangsanleihe über 750 Mio. D-Mark überzeugen, die überschüssige Liquidität der deutschen Wirtschaft binden sollte.[43] Mit der Anleihe sollten die Entwicklungsaufwendungen unterentwickelter Staaten nicht unmittelbar finanziert werden. Sie diente vielmehr dem Zweck, die Ausgaben des Bundes für die allmählich anlaufende Entwicklungshilfe für mehrere Jahre vorzufinanzieren. Da der Bund der Schuldner der Anleihe war, trugen die Anleihezeichner in der deutschen Industrie kein Ausfallrisiko. Obwohl der BDI die Banken, die Versicherungen und den Einzelhandel in die Anleihekampagne einbezog und die Zeichnungsfristen für die Anleihe mehrfach verlängerte, kamen bis zur Bekanntgabe der Aufwertung am 6. März 1961 nur 930 Mio. D-Mark zusammen.[44]

Ludwig Erhard ließ sich durch die Bemühungen des BDI nicht von der Aufwertung abbringen. Ende Februar 1961 gelang es ihm, den Bundesbankpräsidenten und den Finanzminister Franz Etzel (CDU) für die Aufwertung zu gewinnen, nachdem die Inflationsbekämpfung mit den Mitteln der *moral suasion* gescheitert war.[45] Wegen des steigenden Geldzustroms nach Deutschland sah Blessing zur Aufwertung keine Alternative und stellte seine Bedenken zurück. Als die Bundesbank und der Bundeswirtschaftsminister am 6. März 1961 die Aufwertung der D-Mark um fünf Prozent ankündigten,[46] war Bergs Taktik des Antichambrierens bei Adenauer und der politischen Gegengeschenke gescheitert. Fritz Berg machte aus seiner Empörung keinen Hehl und behauptete, die Bundesregierung hätte das Vertrauen der Industrie gebrochen. Tatsächlich hatte Erhard die Aufwertung konspirativ vorbereitet, aber niemals öffentlich auf sie verzichtet. Berg hatte darauf vertraut, dass der am 18. Oktober 1960 von Adenauer, Blessing, Finanzminister Franz Etzel und Außen-

42 *Kassen-Sturz*, in: Der Spiegel (18.1.1961), 11 ff.

43 Protokoll der Kabinettssitzung am 2.11.1960, in: BA, Online-Edition der Kabinettsprotokolle der Bundesregierung [letzter Zugriff 13.3.2018].

44 Ansprache von Fritz Berg auf der Mitgliederversammlung des BDI, in: Niederschrift über die 12. Ordentliche Mitgliederversammlung des BDI am 13.6.1961, in: BDI-HGF, PRO 8 K 787.

45 Schulte-Goebel, *Fritz Berg*, 134.

46 Erhards Mark, in: Der Spiegel (15.3.1961), 15-22.

minister Heinrich von Brentano (CDU) gefasste Beschluss über den Verzicht auf eine Aufwertung von Dauer sein würde.[47]

Berg sah die Aufwertung auch als ein Versagen seiner Verhandlungsstrategie und berief zum 15. März 1961 eine außerordentliche Sitzung des Präsidiums und des Vorstands ein. Seine Niederlage gegen Erhard war mit einem schmerzhaften Gesichtsverlust verbunden, da er sich laut eines Artikels im »Spiegel« seines Einflusses bei Adenauer gerühmt (»Ich brauche nur zum Kanzler zu gehen, um Erhards Pläne vom Tisch zu bringen«) und damit Erhard als Punchingball des BDI verspottet hatte.[48] Mit dieser großsprecherischen Äußerung beschädigte Berg auch die Autorität Adenauers, der Berg in Gegenwart des BDI-Hauptgeschäftsführers Gustav Stein, des Kanzleramts-Staatssekretärs Hans Globke und des CDU-Fraktionsvorsitzenden Krone um eine Klarstellung bat. Berg bestritt diese Äußerung vehement, konnte aber den negativen Eindruck nicht aus der Welt schaffen.[49]

Die teilweise hämische Berichterstattung über Bergs politische Niederlage förderte die weit verbreitete Auffassung, Interessenverbände wie der BDI hätten einen illegitimen und politisch unkontrollierten Einfluss auf politische Entscheidungen gewonnen. Berg musste damit rechnen, dass er Erhards allgemein bekannte Abneigung gegen organisierte Wirtschaftsinteressen noch verstärkt und ein schlechtes Klima für künftige Verhandlungen mit dem Wirtschaftsministerium geschaffen hatte. Auch wenn Berg weiterhin beim CDU/CSU-Fraktionsvorsitzenden Krone gegen Erhard stichelte und personelle Alternativen zu einem künftigen Kanzler Erhard aufbauen wollte,[50] konnte er Erhard nicht mehr gefährlich werden.

Sichtlich schockiert durch den unerwarteten Aufwertungsbeschluss war er zu persönlichen Konsequenzen bereit, stellte die Vertrauensfrage und bot auf der Präsidiumssitzung am 29. Mai 1961 seinen Rücktritt an, den das Präsidium und der Vorstand einstimmig ablehnten.[51] Auf der jährlichen Mitgliederversammlung des BDI am 13. Juni 1961 verteidigte er sich gegen die Kritik aus den eigenen Reihen an seiner Taktik, Erhard zu

47 Protokoll der Kabinettssitzung am 18.10.1960, in: BA, Online-Edition der Kabinettsprotokolle der Bundesregierung [letzter Zugriff 13.3.2018].

48 *Berg-Rutsch*, in: Der Spiegel (31.5.1961), 17 f. Es ist nicht bekannt, wann und in welchem Zusammenhang diese Äußerung von Berg fiel.

49 Schreiben Adenauer an die Redaktion der »Frankfurter Allgemeinen Zeitung«, 12.7.1962, in: Adenauer. Briefe 1961-1963, 129 f.

50 Schulte-Goebel, *Fritz Berg*, 160.

51 Niederschrift der Präsidiumssitzung am 29.5.1961, in: BDI-Archiv HGF, PRO 8 K 787.

übergehen und in wichtigen wirtschaftspolitischen Fragen unmittelbar mit Adenauer zu sprechen.[52] Doch obwohl Berg und das Präsidium die Vertreter der Mitgliedsverbände zu einer offenen Aussprache ermutigten, blieben kritische Äußerungen trotz der verbreiteten Missstimmung in der mittelständischen Industrie aus. Es gab im BDI noch keine lebendige Kultur der kritischen Diskussion zwischen den Mitgliedsverbänden und dem Präsidium.

Das Ausbleiben einer innerverbandlichen Kritik an Berg überraschte zunächst, zumal die Leitung des BDI eine »erhebliche Verschärfung der Wettbewerbsbedingungen für viele Industriezweige« konstatierte[53]. Für das Ausbleiben einer Fehlerdiskussion war die Tatsache verantwortlich, dass 70 bis 80 Prozent der deutschen Exporte in D-Mark fakturiert wurden und die Ertragseinbußen durch Aufwertung deutlich unter den Befürchtungen blieben.[54] Kurssicherungsgeschäfte mit den Banken verschafften der Industrie Sicherheit über den Wechselkurs bei der Einlösung von Dollarbeträgen.

Größere Interessendivergenzen bestanden zu diesem Zeitpunkt nur in der Frage der Energiepolitik. Während die Vertreter des Steinkohlebergbaus, seiner Zulieferindustrien und der Eisen- und Stahlindustrie die Einführung der Heizöl- und Schwerölsteuer unterstützten und eine Marktabschottung gegen Importkohle aus Staaten außerhalb der Montanunion aus eigenem Interesse billigten, lehnten die Mineralölwirtschaft und öl-affine Branchen protektionistische Maßnahmen für die Steinkohle ab. Die Mitgliedsverbände des BDI waren sich in allen anderen grundsätzlichen Fragen einig und bestrebt, nach außen und gegenüber ihren Mitgliedern ein Bild der Geschlossenheit zu vermitteln.

Die Schließung der Sektorengrenze zwischen dem Westen und dem Osten Berlins am 13. August 1961 und der Bau der Mauer bot dem BDI einen Anlass, nach der Auseinandersetzung über die Aufwertung seine Loyalität gegenüber der Bundesregierung zu demonstrieren. Unmittelbar nach der Bekanntgabe der Grenzschließung berief Berg eine außerordentliche Präsidiumssitzung zum 17. August 1961 ein. Das Präsidium beschloss einstimmig, allen Firmen das Fernbleiben von der

52 Niederschrift über die 12. Ordentliche Mitgliederversammlung des BDI am 13.6.1961, in: BDI-Archiv HGF, PRO 8 K 787.

53 BDI, *Jahresbericht 1.5.1960-30.4.1961*, Köln 1961, 16.

54 Anlage 1 zur Niederschrift der Präsidiumssitzung am 10.4.1961, in: BDI-Archiv HGF, PRO 8 K 787.

Leipziger Herbstmesse zu empfehlen.[55] Das Präsidium des BDI handelte dabei nicht in opportunistischer Anpassung an die große Empörung in Westdeutschland und West-Berlin, sondern aus der tiefen Überzeugung seiner Mitglieder. Als die Regierung der DDR im September 1960 eine Visumspflicht für westdeutsche Besucher Ost-Berlins angekündigt hatte, unterstützte das Präsidium des BDI Adenauers Forderung, das Interzonen-Handelsabkommen über den Handel mit der DDR zu kündigen und die Leipziger Messe zu boykottieren.[56] Die Bereitwilligkeit zur Unterstützung eines innerdeutschen Handelsboykotts erledigte sich jedoch, nachdem die Westalliierten der Bundesregierung aus Furcht vor einer Eskalation zum Schaden Berlins dringend davon abrieten und die Regierung der DDR die Visumspflicht für Westdeutsche vorerst zurückzog. Der Boykott der Leipziger Messe blieb jedoch über mehrere Jahre bestehen.

Mehr als eine Freihandelszone: Der BDI und die Europapolitik

Seit seiner Gründung setzte sich der BDI für die wirtschaftliche Integration Europas ein. Für die Integration der deutschen Wirtschaft in den europäischen Markt waren zu Beginn der 1950er Jahre zunächst existentielle Überlegungen entscheidend. Da die amerikanische Marshallplanhilfe 1952 auslief, ermöglichte nur die Steigerung der deutschen Industrieexporte die dauerhafte Finanzierung des Importbedarfs an Rohstoffen und Lebensmitteln. Die gleichberechtigte Aufnahme in einen europäischen Gütermarkt sollte der Bundesrepublik helfen, sich von den alliierten Produktionsbeschränkungen für Stahl, Schiffe, Turbinen, synthetische Treibstoffe und bestimmte Typen von Werkzeugmaschinen zu lösen und die Zwangsexporte von Steinkohle zu beenden.

Es war daher keine Überraschung, dass Fritz Berg auf der ersten wirtschaftspolitischen Tagung des BDI am 7. Juni 1950 in Schwetzingen den kurz zuvor verkündeten Schuman-Plan für eine Europäische Gemeinschaft für Kohle und Stahl (EGKS) fast enthusiastisch begrüßte.[57] Auch wenn Berg vor »einer neuen überstaatlich fundierten Bürokratie mit aus-

55 Niederschrift der außerordentlichen Präsidiumssitzung am 17.8.1961, in: BDI-Archiv HGF, PRO 8 K 787.

56 Leipzig blockiert, in: Der Spiegel (5.10.1960), 25ff.

57 Rede von Fritz Berg auf der 1. Wirtschaftspolitischen Tagung des BDI am 7.6.1950 (BDI, Drucksache Nr. 5).

gesprochen planwirtschaftlichen Tendenzen« warnte,[58] überstiegen aus der Sicht der Industrie die politischen Chancen die Risiken bei Weitem. Die 1952 gegründete Montanunion schuf eine Freihandelszone für Steinkohle, Eisenerz, Eisen und Stahl und sicherte den sechs Mitgliedsländern (Frankreich, Bundesrepublik Deutschland, Italien, Belgien, Niederlande und Luxemburg) den gleichberechtigten Zugang zu einem gemeinsamen industriellen Schlüsselmarkt, der bis 1952 durch Güterknappheit geprägt war. Der BDI übte keine erkennbare Kritik am supranationalen Charakter der Montanunion, deren Verwaltung (Hohe Behörde) nicht den Weisungen der nationalen Regierungen unterworfen wurde.[59] Die einhellige Zustimmung des BDI zur Montanunion war umso bemerkenswerter, da der Steinkohlebergbau und die Eisen- und Stahlindustrie als größte Nutznießer des Vertrags noch gar nicht im BDI vertreten waren. Wegen der bis 1952 bestehenden alliierten Kontrolle der Montanindustrie durch das Ruhrstatut war ihren Branchenverbänden der Beitritt zum BDI noch untersagt.

Der konjunkturelle Boom nach dem Beginn des Korea-Krieges im Juni 1950 führte in der Bundesrepublik zu einem Engpass an Steinkohle und Stahl, den die bundesdeutsche Wirtschaft weitgehend aus eigener Kraft bewältigen musste. Der BDI war sich im Frühjahr 1951 während der kritischen Phase der Kohle- und Stahlknappheit mit Bundeswirtschaftsminister Erhard einig, auf eine staatliche Investitionslenkung von den verarbeitenden Industrien in den Bergbau und in die Eisen- und Stahlindustrie zu verzichten und die erforderlichen Investitionen dieser Schlüsselbranchen durch eine freiwillige Anleihe der gewerblichen Wirtschaft in Höhe von einer Milliarde D-Mark zu finanzieren.[60] In seinem öffentlich publizierten »Memorandum zur Wirtschaftslage« stellte sich der BDI im März 1951 eindeutig auf Erhards Seite.[61] Da die Aufstellung eines Verteilungsschlüssels für die freiwillige Anleihe auf die einzelnen

58 Werner Bührer, *Die Spitzenverbände der westdeutschen Industrie und die europäische Integration seit 1945*: Motive, Konzepte, Politik, in: Jahrbuch für Wirtschaftsgeschichte (2008), 53-72.

59 Im Gegensatz zu Bührer, *Spitzenverbände*, sind keine kritischen Äußerungen des BDI-Präsidiums oder des BDI-Präsidenten über die Supranationalität der Montanunion zu finden.

60 Niederschriften der Präsidiumssitzung am 9.3.1951 und 27.3.1951 und der Hauptausschusssitzung am 28.3.1951, in: BDI-Archiv HGF, PRO 2/1 K 786. Siehe auch Bergs Rede auf der Mitgliederversammlung des BDI am 26.6.1951 in München (gedruckt).

61 BDI, *Fünf Jahre BDI. Aufbau und Arbeitsziele des industriellen Spitzenverbandes*, Bergisch Gladbach 1954, 77.

Branchen langwierige Studien und Verhandlungen nach sich zog und die verarbeitende Industrie wegen ihrer Kapitalknappheit und ihres hohen Investitionsbedarfs zunächst keine ausreichenden Mittel aufbringen konnte, musste die Bundesregierung 1952 ein Investitionshilfegesetz für die Montanindustrie mit einer Pflichtabgabe für die gewerbliche Wirtschaft verabschieden.[62]

Der BDI war durch seinen Vorsitzenden Fritz Berg an den Verhandlungen über den gemeinsamen Markt für Kohle und Stahl beteiligt und seit seiner Gründung auf der europäischen Ebene präsent.[63] Schon Ende 1949, als die Bundesrepublik ihre außenpolitische und wirtschaftspolitische Souveränität noch nicht wiedererlangt hatte, konnte der BDI Fritz Berg als deutschen Vertreter in den gerade gegründeten Rat der europäischen Industrieverbände (REI) entsenden.[64] Berg war nicht nur wegen seiner sehr guten Englischkenntnisse und seiner guten Beherrschung der französischen Sprache für die Vertretung der deutschen Industrie im Ausland prädestiniert. Als mittelständischer Unternehmer in einer konsumnahen Branche stand er nicht im Verdacht, die deutsche Kriegsrüstung organisiert und gefördert oder sich an der Aufrüstung bereichert zu haben. Berg erwarb im REI so viel Ansehen, dass er 1957 zum Präsidenten dieser Organisation gewählt wurde und bis 1960 dieses Amt inne hatte.

Der Gründung der Montanunion folgte im April 1953 die Gründung eines europäischen Industrieverbandes der Montanunionländer (UNICE, Union des Industries de la Communauté européenne) mit Sitz in Paris, der die Politik der supranationalen Hohen Behörde in Luxemburg beraten und beeinflussen sollte.[65] Nach der Gründung der Europäischen Wirtschaftsgemeinschaft (EWG) verlegte die UNICE ihren Sitz nach Brüssel, wo auch die EWG-Kommission saß.[66] Fritz Berg und Georges Villiers, Vorsitzender des französischen Arbeitgeberverbands (CNPF, Conseil National du Patronat Français), etablierten zu Beginn der 1950er Jahre regelmäßige deutsch-französische Industriegespräche, die neben

62 Niederschrift der Sitzung des Hauptausschusses des BDI am 20.5.1952, in: BDI-Archiv HGF, PRO 2/1 K 786.

63 Niederschrift der Präsidiumssitzung am 19.1.1951, in: ebd.

64 Niederschrift der Präsidiumssitzung am 15.11.1949, in: BDI-Archiv HGF, PRO 1 K 786.

65 Niederschrift der Hauptausschusssitzung des BDI am 11.12.1952, in: BDI-Archiv HGF, PRO 2/1 K 786; Fritz Berg, die internationale Arbeit des BDI. Rede aus der Tagung des BDI-Ausschusses für internationale Beziehungen am 21.4.1955, in: Berg, *Reden 1950-1965*, 305-311.

66 Protokoll der Präsidiumssitzung am 26.2.1958 in: BDI-Archiv HGF, PRO 5/1.

den spezifischen Fragen der deutsch-französischen Wirtschaftsbeziehungen auch gemeinsamen Initiativen auf der europäischen Ebene dienten.

Die politische Initiative der Montanunionländer zur Schaffung einer europäischen Wirtschaftsgemeinschaft mit einem gemeinsamen Markt für Industriegüter, Agrarprodukte und Dienstleistungen fand die uneingeschränkte Zustimmung des BDI. Bereits auf der BDI-Mitgliederversammlung am 15. Mai 1955 und damit sieben Monate vor der entscheidenden Außenministerkonferenz von Messina erteilte Berg dem »Aufeinanderhäufen von Teilunionen« eine Absage.[67] Während der Regierungsverhandlungen über die Aufgaben und Strukturen der künftigen Europäischen Wirtschaftsgemeinschaft (EWG) übergab die Hauptgeschäftsführung des BDI dem Kanzleramt regelmäßig Memoranden über klärungsbedürftige Fragen und die Bedenken des Verbands.[68] Die geplante schrittweise Einführung einer Zollunion in den sechs Ländern der Montanunion und Gründerstaaten der EWG kam dem BDI gelegen, um gegen die Praxis der einseitigen Zollsenkungen durch das Bundeswirtschaftsministerium zu argumentieren.

Aus der Sicht des BDI war bei der Gründung der EWG der Gleichschritt zwischen der Liberalisierung des Handels durch Zollsenkungen und der Harmonisierung der Wettbewerbsbedingungen durch Annäherung der Steuersätze wichtig. Das Präsidium des BDI war sich jedoch bewusst, dass die direkten Steuern weiterhin in nationalstaatlicher Hoheit verblieben und selbst die Harmonisierung der Umsatzsteuern einen längerfristigen Anpassungsprozess der nationalen Umsatzsteuersysteme voraussetzte. Auch wenn der BDI die Unterzeichnung der Römischen Verträge als Gründungsurkunde der EWG begrüßte, hatte der Zwang zum politischen Kompromiss einige wirtschaftlich begrüßenswerte Schritte verhindert.

Am 16. Mai 1957 kritisierte Berg in seiner Rede vor der Mitgliederversammlung des BDI, dass »das Fehlen der Verpflichtung, innerhalb der Übergangszeit [auf dem Weg zum Gemeinsamen Markt, C. K.] die gemeinsame Währung herbeizuführen, die größte Schwäche des Vertrages ist«.[69] Berg war mit seinem visionären Plädoyer für eine europäische Währungsunion der Initiative des Luxemburger Ministerpräsidenten Pierre Werner (»Werner-Plan«) um 13 Jahre und dem Vertrag von Maastricht sogar um 35 Jahre voraus. Der BDI sah den Gemeinsamen Markt

67 6. Ordentliche Mitgliederversammlung des BDI am 15.-17.5.1955 in Stuttgart.

68 Niederschrift der Präsidiumssitzung am 23.5.1956, in: BDI-Archiv HGF, PRO 4/2 K 784.

69 8. Ordentliche Mitgliederversammlung des BDI am 16.-17.5.1957 (gedruckt).

nicht als das Endstadium der europäischen Integration, sondern als einen Zwischenschritt zu einer »gemeinsamen Gestaltung der Wirtschaftspolitik«. In Bezug auf die künftige gemeinsame Außenwirtschaftspolitik der EWG hielt der BDI »die Ergänzung der Europäischen Wirtschaftsgemeinschaft durch eine Freihandelszone möglichst vieler Länder für zweckmäßig und notwendig«. Die europapolitischen Vorstellungen des BDI entsprachen damit einer Synthese von Konrad Adenauers Konzept einer tiefen politischen Integration mit Ludwig Erhards Präferenz für eine möglichst große europäische Freihandelszone.

Wegen der Gefahr höherer Außenhandelszölle im Handel mit den Staaten der EFTA (European Free Trade Association) und deren Mitgliedsstaaten Großbritannien, Dänemark, Norwegen, Schweden, Portugal, Österreich und der Schweiz betrachtete der BDI die Gründung der EWG aus seiner freihandelspolitischen Perspektive mit Bedenken. Der BDI teilte in dieser Hinsicht die Position Ludwig Erhards, der besonderen Wert auf eine gemeinsame Freihandelszone mit der EFTA legte. Nach dem Wunsch der deutschen Industrie sollte der Abbau von Zöllen und Kontingenten im Handel mit den EFTA-Staaten möglichst synchron mit der Senkung und Abschaffung der Zölle in der EWG verlaufen.[70] Das geschäftsführende Präsidialmitglied Wilhelm Beutler sprach für eine deutliche Mehrheit des BDI, als er die Unmöglichkeit eines britischen Eintritts in die EWG bedauerte. Wegen der Zollpräferenzen innerhalb des britischen Commonwealth und der engen Handelsverflechtungen mit den ehemaligen Kolonien und den Dominions wie Kanada, Australien und Neuseeland war mit einem britischen Beitrittsgesuch einstweilen nicht zu rechnen.

Der BDI reagierte auf die Gründung der EWG mit der Einrichtung einer Verbindungsstelle zur EWG-Kommission in Brüssel, um auch persönlich mit deren Beamten kommunizieren zu können.[71] Damit war der BDI vom Beginn der EWG auch physisch am Ort der Entscheidungen präsent. Durch die Präsenz vor Ort wurden die Hauptgeschäftsführung und das Präsidium des BDI umfassend über die Entscheidungsprozesse im Ministerrat, in der Kommission, im Europaparlament sowie im Wirtschafts- und Sozialausschuss der EWG informiert. Seit spätestens 1964 versorgte die Hauptgeschäftsführung des BDI die Präsidiumsmitglieder, Vorstandsmitglieder, Ausschussvorsitzenden und Geschäftsführer der BDI-Landesvertretungen sowie die Hauptgeschäftsführer der Mitgliedsverbände mit vertraulichen Berichten über den Stand der Europapoli-

70 Niederschrift der Präsidiumssitzung am 3.12.1958, in: BDI-Archiv HGF, PRO 5/2, K784.

71 Niederschrift der Präsidiumssitzung am 26.2.1958, in: BDI-Archiv HGF, PRO 5/1.

tik.[72] Ab 1966 hielt das Präsidium des BDI einmal im Jahr eine erweiterte Präsidialsitzung in Brüssel ab, in der europapolitische Themen auf der Tagesordnung standen. Als der Geschäftsführer des Deutschen Industrie-Instituts Fritz Hellwig (1912-2017) im Herbst 1959 zum Mitglied der Hohen Behörde der Montanunion in Luxemburg berufen wurde, gewannen der BDI und die Bundesvereinigung der Arbeitgeberverbände eine wichtige Informationsquelle über die europäische Montanpolitik.

Das Brüsseler BDI-Büro diente auch als Interessenvertretung bei der Europäischen Atomgemeinschaft (EURATOM), die 1957 für die die Förderung der zivilen Atomenergie gegründet wurde. Bereits am 18. April 1958 konnte Hauptgeschäftsführer Beutler auf der Grundlage der Informationen aus Brüssel dem Präsidium über den organisatorischen Aufbau der EWG-Kommission berichten, der gerade erst begonnen hatte.[73] Im BDI bestand seit Beginn des Jahres 1958 der Arbeitskreis Europäische Wirtschaftliche Integration (unter dem Vorsitz von W. Alexander Menne), der von März 1958 bis zum Juni 1961 zehnmal zusammentrat. Wegen der wachsenden Bedeutung der wirtschaftlichen Integration Europas wurde dieser Arbeitskreis im Juni 1961 zu einem regulären Ausschuss des BDI aufgewertet.[74]

In der europäischen Außenhandelspolitik setzte sich der BDI von Anfang an für möglichst niedrige Außenzölle für Rohstoffe und Halbfabrikate ein.[75] Da sich der Ministerrat der EWG entsprechend den Römischen Verträgen für die Einführung eines gemeinsamen Außenzollsystems innerhalb von wenigen Jahren einsetzte, verlagerte sich die Auseinandersetzung um eine freihändlerische Außenwirtschaftspolitik von Bonn nach Brüssel. Dies galt auch für den ordnungspolitischen Konflikt um das Wettbewerbsrecht und die Auslegung der Artikel 85 bis 87 der Römischen Verträge, die wettbewerbsbeschränkende Absprachen im grenzüberschreitenden Handel untersagten und damit ein europäisches Parallelrecht zum deutschen Gesetz gegen Wettbewerbsbeschränkungen darstellten. Während die Bundesregierung und die deutschen Mitglieder der EWG-Kommission einschließlich des deutschen Kommissionspräsidenten Walter Hallstein die Artikel 85 bis 87 als unmittelbar anwendbares

72 Die vertraulichen Berichte finden sich im BDI-Archiv in der Akte KE 2/1 154.

73 Niederschriften der Präsidiumssitzung am 18.4.1958 und der Mitgliederversammlung des BDI in Dortmund am 16.5.1958, in: BDI-Archiv HGF, PRO 5/2, K784.

74 Niederschrift der Präsidiumssitzung am 29.5.1961, in: BDI-Archiv HGF, PRO 8, K787.

75 Niederschrift der Vorstandssitzung am 3.10.1958, in: BDI-Archiv HGF, PRO 8, K 784.

Recht ansahen, betrachtete der BDI diese Artikel als »Grundsätze ohne Durchführungsbestimmungen«, die erst nach der Verabschiedung einer europäischen Richtlinie Rechtskraft besäßen. Aus der Sicht des BDI-Präsidiums war Hallsteins Interpretation der Artikel 85 bis 87 eine »Anmaßung von Entscheidungsbefugnissen«, solange die übrigen Mitgliedsstaaten kein vergleichbares Kartell- und Wettbewerbsrecht eingeführt hätten.[76] Der Ministerrat der EWG löste diese Streitfrage bis Ende 1961 durch die Verabschiedung einer Europäischen Kartellverordnung, die dem deutschen Gesetz gegen Wettbewerbsbeschränkungen entsprach.

Andere Bestimmungen der Römischen Verträge, wie die angestrebte Freizügigkeit der Arbeitnehmer (Art. 48 bis 51) und das Verbot von Subventionen, waren aus der Sicht des BDI völlig unstrittig. Die deutsche Industrie hatte sich schon in früheren Jahren für den Abschluss bilateraler Verträge zur Anwerbung ausländischer Arbeitnehmer ausgesprochen. Den ersten Anwerbungsvertrag schloss die Bundesregierung 1955 mit Italien ab. Da die übrigen EWG-Staaten wie Frankreich ebenfalls Einwanderungsländer waren und nicht für die Anwerbung von Arbeitskräften in Frage kamen, folgten ab 1960 Anwerbeverträge mit Spanien, Portugal, Griechenland und der Türkei.

Bei der angestrebten Liberalisierung des Dienstleistungsverkehrs (Art. 59 bis 63) und des Transfers von Geld und Kapital (Art. 67 bis 69) gingen die Forderungen des BDI erheblich über das Arbeitsprogramm der EWG-Kommission und des Ministerrats hinaus, das seine Anstrengungen auf die Verwirklichung eines gemeinsamen Marktes für industrielle Güter und für Agrargüter konzentrierte. Da die ersten Senkungen der Binnenzölle bereits Ende 1958 umgesetzt wurden, brachte die neu gegründete EWG den Unternehmen bei Exporten nach Frankreich, Italien und in die Benelux-Staaten schon nach kurzer Zeit sichtbare Verbesserungen.[77]

Das geschäftsführende Präsidiumsmitglied Wilhelm Beutler warnte die Repräsentanten der Mitgliedsverbände auf der Mitgliederversammlung am 23. Juni 1959 davor, die Chancen des künftigen gemeinsamen Marktes zu verpassen. Nach seinem Eindruck war »die gewerbliche Wirtschaft im Ganzen mit dem Vertragsgefüge und mit dem, was aus dem Vertrag […] für das Einzelunternehmen resultiert, noch nicht genügend vertraut«, und stellte »eine erschreckende Unkenntnis des Vertragswerks«

76 Niederschrift der Präsidiumssitzung am 23.1.1959, in: BDI-Archiv HGF, PRO 6 K 781.

77 Rede des geschäftsführenden Präsidialmitglieds Wilhelm Beutler auf der 10. Mitgliederversammlung des BDI am 23.6.1959.

Abbildung 22: Empfang des BDI-Präsidiums durch Walter Hallstein in Brüssel, 18. November 1964 (v.li. Walter Hallstein, Fritz Berg, Hellmuth Wagner (BDI-Hauptgeschäftsführer))

fest. Beutler teilte den Mitgliedsverbänden seine Einschätzung mit, »dass der gemeinsame Zolltarif [mit Nicht-EWG-Ländern, C.K.] im faktischen Ergebnis zu einer Anhebung des Zollniveaus führen [wird]«. Da die französische und die italienische Wirtschaft im Welthandel weniger konkurrenzfähig als die Wirtschaft der übrigen Mitgliedsstaaten waren, war die Übertragung der niedrigen deutschen Importzölle in den gemeinsamen Außenzolltarif zunächst noch nicht durchsetzbar.

Auf der einen Seite begrüßte die Außenhandelsabteilung des BDI die Absicht der Kommission und des Kommissionspräsidenten Hallstein, den Aufbau eines gemeinsamen Außenhandelstarifs zu beschleunigen und bereits zum 1. Juli 1960 statt zum 1. Januar 1962 gemeinsame Außenzölle der EWG in Kraft zu setzen. Wegen der drohenden Vergrößerung der Zollschranke zwischen den Staaten der EWG und den Staaten der EFTA hielt es der BDI für ratsam, die Einführung der gemeinsamen Außenzölle erst nach einer Verständigung mit der EFTA zu vollziehen.[78] Aufgrund der relativ niedrigen deutschen Außenzölle gegenüber den EFTA-Staaten rechnete der BDI mit erheblichen Zollerhöhungen für den Fall, dass der gemeinsame EWG-Außenzoll einer Verständigung

78 Aufzeichnung der Außenhandelsabteilung für das Präsidium des BDI, 15.3.1960, in: BDI-Archiv HGF, PRO 7 K 781.

mit der EFTA zuvorkommen würde. Die Außenhandelsabteilung des BDI rechnete dem Präsidium vor, dass beispielsweise der Einfuhrzoll für Schreibmaschinen trotz einer Zollermäßigung durch die EFTA von 6 auf 9,4 Prozent steigen würde. Für die deutsche Wirtschaft waren die Folgen nicht unerheblich, da der Anteil der Importe aus EFTA-Ländern höher war als in Frankreich und Italien.

Dieses handelspolitische Beispiel zeigte dem BDI, dass die Schaffung eines gemeinsamen Marktes wegen der Interessengegensätze der Mitgliedsstaaten auch mit Rückschlägen verbunden war und eine Flankierung durch eine freihändlerische Außenwirtschaftspolitik erforderte. Die Gefahr einer europäischen Abschließung nach außen zeigte sich besonders, als die britische Regierung 1962 den Beitritt zur EWG beantragte. Das geschäftsführende Präsidialmitglied Wilhelm Beutler beurteilte die Beitrittschancen Großbritanniens im September 1962 recht optimistisch, nachdem sich die Bundesregierung vor allem auf Erhards Drängen nachdrücklich für das britische Beitrittsgesuch eingesetzt hatte und Frankreichs Präsident Charles de Gaulle davon »außerordentlich beeindruckt gewesen« war.[79]

Das Präsidium des BDI empfing den Kommissionspräsidenten Walter Hallstein (1901-1982), den deutschen Wettbewerbskommissar Hans von der Groeben (1907-2005) und Hallsteins Kabinettschef Karl-Heinz Narjes (1924-2015) am 30. Oktober 1962 zu einem ausführlichen Hintergrundgespräch über grundsätzliche Fragen der Europapolitik. Obwohl die Präsidiumsmitglieder die niedrigeren Lohnnebenkosten in der britischen Industrie als einen Wettbewerbsnachteil für die deutsche Industrie ansahen, beurteilten sie den erwarteten Eintritt Großbritanniens in die EWG positiv. Die Sorge um einen vermeintlichen Wettbewerbsvorteil der britischen Industrie war offenbar der Tatsache geschuldet, dass die Präsidiumsmitglieder nicht mit der Finanzierung der britischen Gesundheitsversorgung (National Health Service) und der Grundrente durch Steuern anstelle von Arbeitnehmer- und Arbeitgeberbeiträgen vertraut waren. Hallstein brachte mit seiner Bemerkung, die Erhaltung der deutsch-französischen Freundschaft sei die Voraussetzung für jeden Fortschritt in der Integration, das Hauptproblem des britischen Beitrittsgesuchs auf den Punkt. Der Kommissionspräsident ahnte zu diesem Zeitpunkt vielleicht schon, dass die französische Regierung aus Furcht vor einem Einflussverlust ein Veto gegen den britischen Beitritt einle-

79 Niederschrift der Präsidiumssitzung am 18.9.1962, in: BDI-Archiv HGF, PRO 9 K 787.

gen und sich die Bundesregierung nicht gegen de Gaulle positionieren könne. Wilhelm Beutler hielt die Differenzen zwischen Großbritannien und Frankreich in außenhandelspolitischen und agrarpolitischen Fragen für lösbar und erwartete keinen grundsätzlichen Widerstand gegen den Beitritt des Vereinigten Königreichs.

Der BDI hegte zu diesem Zeitpunkt nur wegen der planungsfreundlichen Tendenzen der EWG-Kommission einige Bedenken. Die Absicht zur Einführung einer indikativen Planung der wichtigsten makroökonomischen Daten, wie des Wirtschaftswachstums, kam aus der Sicht des Präsidiums einer Volkswirtschaftsplanung nach dem Vorbild der französischen Wirtschaftspolitik (planification) sehr nahe. Wettbewerbskommissar von der Groeben versuchte den BDI davon zu überzeugen, dass damit keine Elemente einer dirigistischen Zentralverwaltungswirtschaft verbunden waren, sondern dass es nur um die Formulierung genereller Wachstums- und Entwicklungsziele ging. In mehreren Gesprächen mit Vertretern des BDI-Präsidiums wurde wie zu erwarten deutlich, dass Wirtschaftsminister Ludwig Erhard die Bedenken des BDI gegen eine indikative Wirtschaftsplanung vollkommen teilte. Eine indikative Planung war mit den Mitteln und Zielen der Erhardschen Ordnungspolitik unvereinbar, die prozesspolitische Eingriffe des Staates in die wirtschaftliche Entwicklung grundsätzlich ablehnte.[80] Wegen der unterschiedlichen Vorstellungen der deutschen und der französischen Regierung über die Mittel und Ziele der Wirtschaftspolitik rückte die Vision des BDI von einer europäischen Wirtschafts- und Währungsunion wieder in weitere Ferne.

Das Veto des französischen Präsidenten Charles de Gaulle gegen den Beitritt Großbritanniens versetzte den Hoffnungen des BDI in die schrittweise Erweiterung des gemeinsamen Marktes einen empfindlichen Dämpfer. Die Hoffnung, dass der britische Beitritt zur EWG ein erster Schritt zur Integration der EFTA-Staaten in das vereinigte (Kern-) Europa sein könnte, hatte sich nicht erfüllt. Am 27. Februar 1963 bezeichnete die Hauptgeschäftsführung des BDI in einem Rundschreiben an die Mitgliedsverbände das französische Veto als »einen schwarzen Tag für die deutsche Exportwirtschaft und die Einheit des Westens«.[81] Angesichts dieser Enttäuschung warnte das geschäftsführende Präsidialmitglied Beutler die Mitglieder des BDI-Präsidiums vor einer »EWG-Verdrossenheit«. Trotz der Verärgerung über die französische Europapolitik

80 Niederschrift der Präsidiumssitzung am 12.12.1962, in: BDI-Archiv HGF, PRO 9 K 787.

81 Bührer, *Spitzenverbände*, 58.

sollte Frankreich nicht durch Gegenreaktionen provoziert werden und die Einheit der EWG unbedingt gewahrt bleiben.[82] Auf der Mitgliederversammlung des BDI am 21. Mai 1963 erklärte Fritz Berg: »In dem britischen Beitritt sahen und sehen wir auch heute noch die wichtigste Etappe auf dem Wege zur wirtschaftlichen Einheit Europas. Deshalb hoffen wir, dass in dieser Frage nicht das letzte Wort gesprochen ist.«[83] Es sollte jedoch noch zehn Jahre dauern, bis Großbritannien, Irland und Dänemark der EWG beitreten konnten und die erste Erweiterungsrunde der Europäischen Gemeinschaft abgeschlossen war.

Auf den ersten Blick stand der BDI der europapolitischen Vision Ludwig Erhards nahe, der eine möglichst große europäische Zollunion anstrebte, aber gegenüber einer tieferen politischen Integration der EWG skeptisch war.[84] Der BDI unterstützte jedoch das europapolitische Ziel Konrad Adenauers, die EWG zu einer politischen Union weiterzuentwickeln, und klagte in seinem Jahresbericht für 1963 über den »bisher enttäuschenden Verlauf der Bemühungen um die Schaffung einer politischen Union«. Auch unter Berücksichtigung seiner gelegentlich durchbrechenden Neigung zur Pathetik ließ Fritz Bergs dramatisches Bekenntnis zur europäischen Einigung als »Werk, von dessen Gelingen nicht nur die wirtschaftliche, sondern vor allem auch die politische Zukunft der Völker Europas abhängt« keinen Zweifel am Stellenwert der Europapolitik.[85]

Aus der Sicht des BDI war auch der weitgehende Abbau der Zollschranken zwischen EWG und EFTA »auf längere Sicht kein vollwertiger Ersatz für den wirtschaftlichen Zusammenschluss des ganzen freien Europa« in einer großen europäischen Wirtschaftsgemeinschaft.[86] Als pragmatischen Zwischenschritt auf dem Weg zu einer britischen EWG-Mitgliedschaft favorisierte der BDI eine europäische Freihandelszone aus den EWG- und den EFTA-Staaten. Doch wegen des zu erwartenden Vetos der französischen Regierung hatte dieser Plan nicht nur aus Sicht des BDI kaum Chancen auf eine Realisierung.

82 Bericht von Wilhelm Beutler auf der Präsidiumssitzung am 1.3.1962, in: BDI-Archiv HGF, PRO 10.

83 Rede Fritz Bergs auf der 14. Ordentlichen Mitgliederversammlung des BDI am 21.5.1963.

84 Fritz Berg, *Die Rolle der Verbände in der Wirtschafts- und Sozialpolitik. Rede vor der Studentenschaft der Ludwig-Maximilians-Universität München*, in: ders., Reden 1950-1965, 419-427.

85 Fritz Berg, *Demokratischer Kapitalismus. Rede auf der Jahresveranstaltung der Südwestfälischen IHK am 18.12.1964*, in: ders., Reden 1950-1965, 237-246.

86 BDI, Jahresbericht 1963/64.

Der BDI und die Steuerpolitik der 1950er Jahre

Aus der Sicht der Mitgliedsverbände und Unternehmen gehörte die Steuerpolitik zu den wichtigsten Feldern der Wirtschafts- und Finanzpolitik. Neben den Steuersätzen für ausgeschüttete und für nicht ausgeschüttete Gewinne waren die Abschreibungsregeln für Anlagegüter entscheidende Parameter für die Kapitalbildung und die Finanzierung der Unternehmen.

Der Steuerpolitik kam in den 1950er Jahren eine besondere Bedeutung für die Eigenkapitalbildung zu. Die Währungsreform von 1948 hatte den dramatischen Geldüberhang beseitigt und mit der D-Mark eine funktionsfähige Währung eingeführt, aber einen großen Teil des Geldkapitals vernichtet. Wegen der Schwäche des deutschen Kapitalmarkts schied die Fremdfinanzierung durch längerfristige Bankkredite aus, sodass die Unternehmen auf die steuerlich geförderte Selbstfinanzierung durch großzügige Abschreibungsregeln angewiesen waren.

Angesichts des staatlichen Finanzbedarfs für die Bewältigung der sozialen Kriegsfolgen und der hohen Aufwendungen für den sozialen Wohnungsbau war der BDI bereit, einen hohen Spitzensatz in der Einkommenssteuer und ein recht hohes Niveau in der Körperschaftssteuer zu akzeptieren. Erst 1954 zeichneten sich erste Differenzen zwischen dem BDI und Bundesfinanzminister Hans Schäffer (CSU) über die Steuerpolitik ab. In der sogenannten Kleinen Steuerreform von 1954 senkte die Bundesregierung das Niveau der Einkommenssteuer in der höchsten Progressionsstufe von 75 auf 55 Prozent ab und reduzierte auch die Körperschaftssteuersätze. Die Kritik des BDI entzündete sich am zu geringen Umfang der Steuerentlastung.[87] Angesichts der sehr günstigen Entwicklung der Steuereinnahmen und der erheblichen Überschüsse des Bundeshaushalts hatte der BDI eine deutlichere Steuersenkung erhofft, gab sich aber im Interesse ihrer baldigen Umsetzung mit diesen kleineren Schritten zufrieden. Fritz Berg äußerte sich zunehmend kritisch über die sehr vorsichtige Steuerpolitik des Finanzministers, der hohe Haushaltsüberschüsse für den Aufbau der Bundeswehr thesaurierte, statt die Steuersätze an den Finanzbedarf des Bundes anzupassen. Da das Scheitern des EVG-Vertrages über den Aufbau einer europäischen Armee die Wiederbewaffnung der Bundesrepublik verzögerte und der Aufbau der

87 Fritz Berg, *Die deutsche Industrie am Jahresende 1954. Rede vor der Südwestfälischen Industrie- und Handelskammer am 22.12.1954*, in: ders., Reden 1950-1965, 51-69. Vgl. die Niederschrift der Präsidiumssitzungen am 10.12.1953 und 11.3.1954, in: BDI-Archiv HGF, PRO 3 K 785.

Bundeswehr wegen des längeren Vorlaufs bei der Personalrekrutierung, beim Kasernenbau und bei der Ausrüstung langsamer als erwartet voranging, hatte sich eine milliardenschwere Haushaltsreserve (»Juliusturm«) im Bundeshaushalt gebildet. Der BDI kritisierte das fiskalistische, rein haushaltswirtschaftliche Denken und Handeln Schäffers, der sich wenig empfänglich für volkswirtschaftliche Argumente in der Steuerpolitik zeigte.[88]

Aus der Sicht des BDI war nicht nur eine lineare Steuersenkung erforderlich. Fritz Berg sprach sich im Dezember 1955 für Steuererleichterungen durch erweiterte Abschreibungsmöglichkeiten wie die degressive Abschreibung von Investitionsgütern mit weniger als zehn Jahren Laufzeit und für die Anrechnung der Vermögenssteuer bei den Ertragssteuern aus. Erweiterte Abschreibungsmöglichkeiten und niedrigere Steuersätze für nicht entnommene Gewinne sollten die Selbstfinanzierung von Investitionen noch stärker erleichtern und die Eigenkapitalbildung fördern.[89] Bergs Forderungen waren aus der Sicht der Unternehmen plausibel, aber wegen der Hochkonjunktur nur schwer zu rechtfertigen. Wegen der Gefahr der Konjunkturüberhitzung hatte die Bundesbank den Leitzins erhöht, um die Investitionsbereitschaft zu drosseln, weshalb höhere Abschreibungssätze unerwünscht waren.

Bergs Forderung nach einer Senkung der kommunalen Gewerbesteuern ließ sich in der föderalen Ordnung der Bundesrepublik jedoch nur schwerlich durchführen, da die kommunale Selbstverwaltung auch die Hoheit über die Gewerbesteuersätze umfasste. Diese immer wiederkehrende Forderung des BDI nach Senkung der Gewerbesteuern ohne eine generelle Umverteilung der Ertragssteuern auf Bund, Länder und Gemeinden wirkte angesichts Bergs lebensweltlicher Erfahrung als Kommunalpolitiker ein wenig realitätsfremd. Unmittelbar nach der Befreiung seiner Heimatstadt Altena vom Nationalsozialismus hatte Berg mehrere Monate lang als Bürgermeister von Altena gewirkt. Als ein fest in der Region verwurzelter mittelständischer Unternehmer und als Präsident der IHK für Südwestfalen (seit 1948) war Berg gut genug »geerdet«, um den finanziellen Bedarf der Städte und Gemeinden zu kennen.

Bereits 1956 diskutierte das Präsidium des BDI über die Abschaffung der Erbschaftssteuer, die als Gefahr für die Kapitalerhaltung bei der Übergabe von Unternehmenseigentum an die nächste Generation gese-

88 BDI, Jahresbericht 1958-1959, 23.

89 Berg, Überhitzte Konjunktur? (19.12.1955); Niederschrift der Präsidiumssitzung am 2.11.1955, in: BDI-Archiv HGF, PRO 4/2 K 784.

hen wurde.[90] Eine Initiative zur Abschaffung der Erbschaftssteuer hatte wegen der Privilegierung großer Vermögen keine politischen Durchsetzungschancen. Da die Erbschaftssteuer allein den Ländern zugute kam und ihre Abschaffung ausschließlich die Länder getroffen hätte, wäre eine Neuaushandlung des Verteilerschlüssels für die Lohn- und Einkommenssteuer und für die Umsatzsteuer erforderlich geworden. Aus diesen Gründen schwächte der BDI diese Forderung ab und sprach sich bei öffentlichen Veranstaltungen nur für eine Senkung der Erbschaftssteuer aus.

Die Überlegungen des BDI zur Reform der Umsatzsteuer waren hingegen steuersystematisch innovativ. Bereits im April 1956 richtete der Steuerausschuss des BDI eine Expertengruppe für die Umwandlung der Umsatzsteuer in eine Mehrwertsteuer ein.[91] Als sich das Präsidium im Dezember 1956 erstmals mit mittelstandspolitischen Fragen beschäftigte, sprachen die Teilnehmer die Umwandlung der bestehenden Umsatzsteuer an. Nach dem bis 1967 geltenden Umsatzsteuergesetz fiel bei jeder Transaktionsphase zwischen dem Kauf von Rohstoffen und Vormaterialien und dem Verkauf des Endproduktes an die Endabnehmer die Zahlung einer Umsatzsteuer von vier Prozent an. Im Unterschied zur heutigen Mehrwertsteuer wurde die Umsatzsteuer für Vorprodukte nicht als Vorsteuer von der eingenommenen Mehrwertsteuer abgezogen. Aus diesem Grund waren mittelständische Unternehmen mit geringer Wertschöpfungstiefe gegenüber vertikal integrierten Konzernen mit großer Wertschöpfungstiefe benachteiligt. Im Unterschied zur heutigen Mehrwertsteuer fielen Umsatzsteuerzahlungen nur beim Kauf von nicht verbundenen Unternehmen an. Aus diesem Grund konnten Konzerngesellschaften erhebliche steuerliche Transaktionskosten einsparen und einseitige Wettbewerbsvorteile gegenüber mittelständischen Unternehmen mit geringer Wertschöpfungstiefe realisieren.

Fritz Berg konkretisierte die Vorstellungen des BDI zur Reform der Umsatzsteuer erstmalig auf der BDI-Mitgliederversammlung am 16. und 17. Mai 1957 in Frankfurt.[92] Der BDI-Präsident, der gute Beziehungen zum französischen Unternehmerverband CNPF pflegte und das französische Steuersystem kannte, führte als Alternative das französische Mehrwertsteuersystem (*Taxe sur la Valeur Ajoutée*, TVA) in die

90 Niederschrift der Präsidiumssitzung am 7.12.1956, in: BDI-Archiv HGF, PRO 4/2 K 784; Stichworte zum mittelständischen Industrieförderprogramm des BDI, undat. (September 1957), in: BDI-Archiv HGF, PRO 5/1 K 784.

91 Braunthal, *Federation of German Industry*, 258 f.

92 8. Ordentliche Mitgliederversammlung des BDI, 16./17.5.1958 (gedruckt).

Diskussion ein. Der 1958 gegründete Mittelstandsausschuss des BDI bestätigte die Forderung nach einem gerechteren Umsatzsteuersystem nachdrücklich.[93]

Bei der Neubildung der Bundesregierung nach der Bundestagswahl im September 1957 schied der bisherige Finanzminister Schäffer (CSU) aus dem Amt aus und wurde durch den CDU-Finanzpolitiker Franz Etzel ersetzt. Im Unterschied zu seinem Vorgänger war Etzel kein strenger Fiskalist und wegen der hohen Haushaltsreserven einer Senkung der Einkommens- und der Körperschaftssteuer sehr zugeneigt. Das von ihm verkündete Steuerreformprogramm der Bundesregierung kam den Vorstellungen des BDI entgegen, aber erfüllte nicht die weit gefassten Erwartungen der Industrie. Die Senkung des Körperschaftssteuersatzes für die ausgeschütteten Gewinne von Kapitalgesellschaften, die zusätzlich mit der persönlichen Einkommenssteuer der Kapitaleigner versteuert werden mussten, war erheblich. Der Körperschaftssteuersatz für ausgeschüttete Gewinne hatte bislang bei 30 Prozent gelegen. Die neue Bundesregierung senkte ihn auf 11 Prozent. Das Präsidium bezeichnete die geringfügige Erhöhung des Körperschaftssteuersatzes für nicht ausgeschüttete und im Unternehmen verbleibende Gewinne von 45 auf 47 Prozent als »noch tragbar«, obwohl das Steuerreformprogramm die Kapitalbildung der Kapitaleigner insgesamt begünstigte.[94] Wegen der nicht unerheblichen Steuersenkung akzeptierte der BDI auch die zweistufige Senkung der degressiven Abschreibungssätze von Wirtschaftsgütern, die 1958 und 1960 erfolgte.

In der Diskussion um eine weitere steuerpolitische Reforminitiative der Bundesregierung wurden die Interessengegensätze zwischen der Großindustrie und den mittelständischen Unternehmen deutlich. Die größeren Unternehmen lehnten die geplante Reform der Bilanzierungsregeln ab, die sie zur Offenlegung ihrer stillen Reserven zwingen sollte. Die Offenlegung der stillen Reserven durch die Unterbewertung von Vermögensteilen hätte zu erheblich höheren Gewinnausweisungen in den Bilanzen geführt, weshalb die Aktiengesellschaften mit unerwünschtem Druck ihrer Aktionäre auf höhere Dividendenausschüttungen und einem geringeren Wachstum ihres Eigenkapitals rechnen mussten. Aus der Sicht der mittelständischen Personengesellschaften war die Offenlegung des gesamten Eigenkapitals einschließlich der stillen Reserven jedoch wünschenswert, um ihre Kreditwürdigkeit zu steigern. Leider

93 Niederschrift der Präsidiumssitzung am 9.7.1958, in: BDI-Archiv HGF, PRO 5/1 K 784.

94 Niederschrift der Präsidiumssitzungen am 26.2.1958 und 9.7.1958, in: ebd.

lässt sich nicht feststellen, ob die Bundesregierung diese Reforminitiative vor allem auf Drängen des BDI zu den Akten legte und die großzügigen Möglichkeiten zur Bildung stiller Reserven unangetastet ließ.

Der BDI ergriff in der Frage der Umsatzsteuerreform die Initiative. Bis zum September 1958 erarbeitete der Arbeitskreis Steuern drei unterschiedliche Gesetzesentwürfe für eine Neugestaltung der Umsatzsteuer,[95] mit denen der BDI die gerade anlaufenden konzeptionellen Arbeiten des Bundesfinanzministeriums beeinflussen wollte. Das vom BDI und von der Mehrzahl seiner Mitgliedsverbände präferierte Modell eines Mehrwertsteuersystems mit Vorsteuerabzug nach französischem Vorbild stieß beim Finanzminister und beim Wirtschaftsminister auf Zustimmung, die keine grundlegenden Bedenken äußerten.[96] Ein kleiner Teil der Industrie hatte bereits positive Erfahrungen mit dem Mehrwertsteuersystem gewinnen können. Die Regierung des bis 1956 selbstständigen Saarlands hatte das französische Mehrwertsteuersystem wegen der Zugehörigkeit zum französischen Wirtschaftsgebiet eingeführt, aber nach dem wirtschaftlichen Beitritt zum Bundesgebiet im Juni 1959 wieder aufgeben müssen. Aufgrund ihrer Erfahrungen mit dem Mehrwertsteuersystem befürwortete die saarländische Industrie die Einführung im Bundesgebiet und konnte im BDI so manche Bedenken zerstreuen.[97]

Da die künftige Mehrwertsteuer mit 10 Prozent mehr als das Doppelte der bisherigen Umsatzsteuer betragen sollte, äußerten die Vertreter von Industriezweigen mit hoher Wertschöpfungstiefe wie der optischen Industrie wegen der erwarteten Steuererhöhung Bedenken. Eine Umfrage des BDI unter seinen Mitgliedsverbänden ergab bei 18 von 31 Verbänden eine Präferenz für die Mehrwertsteuer. Acht Verbände stimmten gegen einen Systemwechsel, während fünf Verbände keine Vorliebe für eines der beiden Systeme zeigten.[98] Zur Enttäuschung Bergs gaben die Kritiker des Mehrwertsteuersystems nicht nach und beharrten auf ihrer Position.[99] Zu den Gegnern des Mehrwertsteuersystems gehörten die Chemieindustrie, die Elektroindustrie, die optische Industrie, die Mineralölindustrie, die Glasindustrie, die keramische Industrie und die Industrie der Steine und Erden, allesamt Branchen mit einer hohen

95 Niederschrift der Präsidiumssitzung am 2.10.1958, in: ebd.

96 Niederschriften der Präsidiumssitzungen am 22.6.1959 und am 14.12.1959, in: ebd.

97 Niederschrift der Präsidiumssitzung am 19.1.1962, in: BDI-Archiv HGF, PRO 9 K 787.

98 Stenographische Notizen der Hauptgeschäftsführung über die Präsidiumssitzung am 14.1.1960, in: BDI-Archiv HGF, PRO 7 K 781.

99 Braunthal, *Federation of German Industry*, 260 f.

Wertschöpfungstiefe, bei denen die vorgeschalteten Produktionsstufen in anderen Unternehmen keine große Rolle spielten.

Für die Einführung der Mehrwertsteuer sprach aus der Sicht der Branchen mit überwiegend mittelständischer Struktur vor allem die Wettbewerbsneutralität gegenüber kleinen und großen Unternehmen und ihre internationale Kompatibilität. Obwohl die Angleichung der Umsatzsteuersysteme in den sechs Gründerstaaten der Europäischen Wirtschaftsgemeinschaft (EWG) erst für das Jahr 1969 nach der vollständigen Aufhebung der Binnenzölle vorgesehen war, erschien dem europafreundlichen BDI eine frühere Angleichung wünschenswert. Mit seinem Eintreten für die mittelstandsfreundlichere Mehrwertsteuer konnte der BDI der immer noch vorhandenen Skepsis einiger mittelständischer Unternehmen begegnen, ob ihre Interessen im BDI angemessen vertreten würden.

Für die Einführung der Mehrwertsteuer sprach aus der Sicht der Mehrheit auch die Tatsache, dass die Unionsfraktion im Bundestag an einem eigenen Entwurf für eine Umsatzsteuerreform mit höheren Steuersätzen für größere Unternehmen arbeitete und damit das Ziel der Wettbewerbsneutralität zu verletzen drohte. Berg sicherte den Kritikern der Mehrwertsteuer zu, ihre Minderheitsposition im Gespräch mit dem Bundeskanzler nicht zu verschweigen und die Einstellung der Industrie zur Umsatzsteuerreform gegenüber der Bundesregierung differenziert darzustellen. Die Vollendung des gemeinsamen Gütermarktes in der EWG ohne Binnenzölle war ein wesentlicher Pull-Faktor für die innerverbandliche Einigung bei der Umsatzsteuerreform, den der BDI gegenüber der Bundesregierung ausspielen konnte.

Der BDI: Die finanzielle Macht hinter den bürgerlichen Parteien?

Nordrhein-Westfälische Steuerfahnder brachten 1984 das Gebäude der verdeckten Parteienfinanzierung zum Einsturz. Ihre umfangreichen Ermittlungen zeigten, dass deutsche Unternehmen der CDU und der FDP über die 1954 gegründete und als gemeinnützig anerkannte »Staatsbürgerliche Vereinigung e. V.« (SV) steuerlich begünstigte Spenden in dreistelliger Millionenhöhe zukommen ließen. Die verdeckte Parteienfinanzierung über die SV war im Verhältnis zu den veröffentlichten Spendeneinnahmen dieser Parteien erheblich. Obwohl die Steuerfahnder nur Unterlagen aus den Jahren ab 1969 sicherstellen und auswerten konnten,

konnten allein für die Zeit von 1969 bis 1980 Spendenflüsse von insgesamt 225,9 Mio. D-Mark an die SV nachgewiesen werden.[100]

Die überführten Spender und auch der BDI stellten sich auf den Standpunkt, dass diese steuersparende Spendenpraxis zum damaligen Zeitpunkt nicht strafbar gewesen sein konnte, weil die Finanzämter die Spendenquittungen der SV als steuermindernde Leistungen für staatsbürgerliche Zwecke anerkannt hatten. Die Justiz folgte der Argumentation, die Spender hätten im Verbotsirrtum gehandelt, jedoch nicht. Die Spendenquittungen der SV bescheinigten den Spendern fälschlicherweise, dass ihre Spenden nicht zur unmittelbaren und mittelbaren Finanzierung von Parteien, sondern für allgemeine staatspolitische Zwecke verwendet wurden. Sie waren daher laut § 10b des Einkommenssteuergesetzes in voller und unbegrenzter Höhe absetzbar. Die SV leitete jedoch die eingehenden Spenden zur Verschleierung ihrer Herkunft über das Institut für Staatslehre und Politik in Würzburg an Treuhandkonten von Liechtensteiner Stiftungen weiter, auf welche die Schatzmeister von CDU und FDP Zugriff hatten. Daher diente die SV in Wahrheit der verdeckten Parteienfinanzierung. Juristisch gesehen hatte die SV Umsatzsteuern hinterzogen und Beihilfe zur Steuerhinterziehung und zur strafbewehrten verdeckten Finanzierung von Parteien geleistet.

Deutsche Unternehmen ließen den Parteien ihre Spenden über die SV zukommen, weil Parteispenden von juristischen Personen nach einem Grundsatzurteil des Bundesverfassungsgerichts vom 24. Juni 1958 mit Hinweis auf die Chancengleichheit der Parteien steuerlich nicht mehr absetzbar waren. Das geltende Parteiengesetz von 1967 begrenzte die steuerliche Absetzbarkeit von Parteispenden der Privatpersonen auf 1.800 D-Mark pro Jahr. Diese Höchstgrenze lag weit unter den Einzelspenden, die Jahr für Jahr von Großunternehmen und Unternehmen über die SV an CDU, CSU und FDP flossen.

Der BDI machte seit dem Bundestagswahlkampf 1953 kein Hehl daraus, dass er sich als Interessenvertretung der Industrie nachdrücklich für die Fortsetzung der bürgerlichen Koalitionsregierung aus CDU/CSU, FDP und DP einsetzte. Die Formulierungen im Jahresbericht des BDI für 1953 ließen an seiner politischen Einstellung keinen Zweifel: »Die Regierungskoalition hat gegenüber einer oft wenig sachlichen Opposition durchgesetzt, dass die Wirtschaft im Verfolg ihrer marktwirtschaftlichen Ziele arbeiten kann. Man braucht sich nicht auszumalen, wie diese Ar-

100 Bericht der Steuerfahndungsstelle St. Augustin über die Prüfung der Staatsbürgerlichen Vereinigung 1954 e. V., 10.9.1985, in: BDI, Abteilung Steuern, Akte 603.

beit ausgesehen hätte, wenn sie nach den von der Opposition verfochtenen Prinzipien ausgerichtet worden wäre.«[101] Die Staatsbürgerliche Vereinigung war vom BDI finanziell und organisatorisch unabhängig, auch wenn der BDI an ihrer Entstehung beteiligt war. Bei der Gründung der SV am 30. Oktober 1954 übernahmen Fritz Berg und der stellvertretende Hauptgeschäftsführer Gustav Stein (1903-1979) führende Rollen. Während Berg das Amt des stellvertretenden Präsidenten der SV ausübte, wurde Stein zum geschäftsführenden Präsidialmitglied und damit zum Geschäftsführer der Vereinigung gewählt.[102]

Am 16. Dezember 1959 übernahm Berg den Vorsitz der SV, den er bis zu seinem Tod im Jahr 1979 behielt. Auch Gustav Stein diente der SV weit über sein Ausscheiden aus dem Amt des BDI-Hauptgeschäftsführers (1963) und des geschäftsführenden Präsidialmitgliedes (1968) hinaus bis zu seinem Tod im Jahr 1979 als stellvertretender Vorsitzender. Das Präsidium des BDI sprach nach den vollständig erhaltenen Niederschriften niemals über die Staatsbürgerliche Vereinigung und übte keinen Einfluss auf ihre Arbeitsweise und auf die Verteilung der Spenden aus. Durch die organisatorische Trennung von der Staatsbürgerlichen Vereinigung schützte sich der BDI vor dem Vorwurf, die bürgerlichen Parteien am goldenen Spendenzügel in eine industriefreundliche Richtung zu lenken und Träger einer unkontrollierbaren und demokratisch nicht legitimierten Macht zu sein.

Berg und Stein hatten Kenntnis von der Funktion der SV als steuersparende Spendenwaschanlage für CDU und FDP. Die SV diente vom ersten Tag ihrer Gründung als Spendensammelstelle für Unternehmensspenden, die steuerbegünstigt an die bürgerlichen Parteien weitergeleitet wurden. In den 1970er Jahren hatte die SV als Spendenverteilstelle schon so viel Routine erlangt, dass die Unternehmen ihre Spendenzahlungen mit dem Schatzmeister des Landesverbandes oder Bundesverbandes der Partei abstimmten, für den die Spende bestimmt war. Die SV leitete diese empfängergebundenen Spenden über verschiedene, dem Landes- bzw. Bundesverband einer Partei zugeordnete Treuhandkonten bei zwei Liechtensteiner Stiftungen weiter, von denen die Schatzmeister das Geld in bar zu den Parteizentralen brachten. Durch diese Praxis verlor der Vorstand der SV seinen Einfluss auf die Verteilung der Spenden.

101 BDI, *Fünf Jahre BDI*, 118.

102 Bericht der Steuerfahndungsstelle St. Augustin über die Prüfung der Staatsbürgerlichen Vereinigung 1954 e. V., 10.9.1985, in: BDI-Abteilung Steuern, Akte 609; Aufstellung der Abteilung 11 (Steuern) des BDI, über die Staatsbürgerliche Vereinigung, undatiert (1984), in: ebd.

Abbildung 23: Gustav Stein (BDI-Hauptgeschäftsführer 1957-1963), um 1955, Foto: Josef Josuwek

In den 50er Jahren sammelte die SV die Spenden noch in einem gemeinsamen Pool, den der Vorstand nach einem festen Schlüssel auf die Parteien verteilte. Im November 1959 gab Gustav Stein in einem Interview mit dem »Spiegel« die Kriterien der Spendenverteilung auf die bürgerlichen Parteien preis.[103] Im Unterschied zu den 1960er und 1970er Jahren gehörten nicht nur CDU, CSU und FDP zu den begünstigten Parteien. Bei der Spendenverteilung wurden bis 1960 auch die konservative norddeutsche Regionalpartei DP und in geringem Umfang die ebenfalls im rechten Parteispektrum angesiedelte Flüchtlingspartei GB/BHE (Gesamtdeutscher Block/Bund der Heimatlosen und Entrechteten) bei der Spendenverteilung bedacht, sofern sie mit der CDU und der FDP koalierten. Das Volumen der verteilten Spenden war erheblich: Im Bundestags-Wahljahr 1957 erhielten die CDU laut Steins Aussage 11,0, die FDP 4,6, die DP 3,3 und der GB/BHE 0,5 Mio. D-Mark. Als das Bundesverfassungsgericht wegen des Grundsatzes der politischen Chancengleichheit die steuerliche Absetzbarkeit von Parteispenden 1958 aufhob, erhöhte sich die Bedeutung der SV für die Finanzierung von CDU und FDP durch Großspenden von Unternehmen erheblich.

Die CSU und der bayerische Landesverband der FDP erhielten über die Bayerische Staatsbürgerliche Vereinigung (BSV) große Spenden bayerischer Unternehmen, die allein von 1968 bis 1973 den Betrag von 13,7 Mio. D-Mark erreichten. An der Spitze der 1956 gegründeten BSV stand über Jahrzehnte das BDI-Präsidiumsmitglied Rolf Rodenstock, der jedoch nie in den Blick der Steuerfahndung geriet. Da die BSV grundsätz-

103 *Das demokratische Wirtschaftsgeld. Ein SPIEGEL-Gespräch mit dem Hauptgeschäftsführer des Bundesverbandes der Deutschen Industrie Gustav Stein,* in: Der Spiegel (4.11.1959), 22-31.

lich nur Spenden aus versteuertem Einkommen annahm, machte sie sich nicht der Beihilfe zur Steuerhinterziehung schuldig.[104]

Am Ausschluss der SPD von der steuersparenden Weiterleitung von Spenden hielt die SV auch in den 60er und 70er Jahren fest, nachdem sich die Sozialdemokraten auch programmatisch von ihren marxistischen Traditionen gelöst hatten und sich in ihrer wirtschaftspolitischen Praxis zur Weiterentwicklung der Sozialen Marktwirtschaft bekannten. Obwohl die Bundesschatzmeister von CDU und FDP seit den 1950er Jahren eng mit der SV kooperierten, bemühten sich ihre Spitzenpolitiker beim BDI gelegentlich um die Vermittlung zusätzlicher Spenden. So teilte der CDU-Bundesvorsitzende Adenauer Fritz Berg am 10. Mai 1961 brieflich mit: »Die Geldfrage macht mir ernstlich Sorge. Ich wäre Ihnen sehr dankbar, wenn Sie uns helfen würden.«[105]

Zwischen dem BDI und dem Bundesvorstand und der Bundestagsfraktion der CDU bestanden seit den 50er Jahren engere Beziehungen. Fritz Hellwig, der geschäftsführende Direktor des Deutschen Industrie-Instituts, war von 1956 bis 1959 Vorsitzender des Bundestagsausschusses für Wirtschaft. 1957 gehörte er zu der Expertengruppe, die das Wirtschaftsprogramm der CDU für die Bundestagswahl und die kommende Legislaturperiode verfasste.[106] Adenauer war sich der finanziellen Bedeutung eines guten Verhältnisses zu Berg und Stein für seine Partei sehr bewusst und legte dem Vorsitzenden des CDU-Kreisverbands Duisburg am 12. Mai 1961 schriftlich dar, die »Aufstellung des Rechtsanwaltes Dr. Stein als Kandidat dort [für den Bundestag, C. K.] ist aus parteipolitischen und allgemeinpolitischen Gründen äußerst erwünscht«.[107] Adenauers Intervention bei der Duisburger CDU war erwartungsgemäß erfolgreich. Stein wurde im September 1961 in den Bundestag gewählt. Es wäre dennoch falsch zu glauben, dass die Spitze des BDI dank ihres Einflusses auf die Parteienfinanzierung Plätze auf den Landeslisten der CDU kaufen konnte. Adenauer und der Wirtschaftsflügel[108] der CDU

104 Eva Moser, *Unternehmer in Bayern. Der Landesverband der Bayerischen Industrie und sein Präsidium 1948 bis 1978*, in: Thomas Schlemmer/Hans Woller (Hrsg.), Gesellschaft im Wandel 1949 bis 1973, München 2002, 25-86, hier 73 f. (= Bayern im Bund, Bd. 2).

105 Schreiben Adenauer an Berg, 10.5.1961, in: Adenauer, Briefe 1959-1961, 276.

106 Braunthal, *The Federation of German Industry*, 98 f.

107 Schreiben Adenauer an Dr. Leo Storm, 12.5.1961, in: Adenauer, Briefe 1959-1961, 277. Duisburg war Steins Heimatstadt.

108 Mit dem Wirtschaftsflügel ist primär der CDU-Wirtschaftsrat gemeint. Die CDU-Mittelstandsvereinigung stand aufgrund der klein- und mittelbetrieblichen Struktur ihrer Mitgliedschaft dem BDI eher fern.

waren grundsätzlich daran interessiert, wegen ihrer Nähe zur Wirtschaft und ihrer wirtschaftspolitischen Sachkompetenz Verbandsvertreter für eine Kandidatur für den Bundestag zu gewinnen. Ein prominentes Beispiel war das Geschäftsführende Vorstandsmitglied der Wirtschaftsvereinigung Eisen- und Stahlindustrie Hans Dichgans (1907-1980), der mit nachdrücklicher Unterstützung des BDI-Präsiden Hans-Günther Sohl (Vorstandsvorsitzender der Thyssen AG) und der Fürsprache des Kanzleramts und gegen den Widerspruch des CDU-Landesverbands Rheinland einen sicheren Platz auf der CDU-Landesliste erhielt und 1961 in den Bundestag gewählt wurde.[109] Die Bemühungen des BDI um die Platzierung unternehmerfreundlicher Unternehmer als Wahlkreis- und Listenkandidaten der CDU/CSU und der FDP waren Anfang der 1960er Jahre bereits Routine. Schon 1952 hatte Fritz Berg auf einer Kundgebung des BDI in Bad Godesberg erklärt: »Grundlage des politischen Unterbaues ist der Wahlkreis. Hier gilt es, den unternehmerischen Einfluss [...] auszubauen. Dazu brauchen wir politisch denkende, angesehene Männer, denen es mit der Stellung des Unternehmertums ernst ist.«[110]

Die Bundestagswahl 1961 markierte auch eine graduelle Wende von der Orientierung des BDI auf den Kanzler zu einer stärkeren Einflussnahme auf die Legislative. Fritz Berg entschied sich zu diesem Schritt, da er mit Adenauers altersbedingtem Rücktritt und der Nachfolge durch den wenig geliebten und Verbandseinflüssen abholden Ludwig Erhard rechnete. Mit Dichgans, Stein und W. Alexander Menne (FDP, Mitglied des Vorstands der Hoechst AG)[111] gelangten zwei Präsidiumsmitglieder des BDI und ein Repräsentant der Stahlindustrie in den Bundestag. Menne und Stein wurden von ihren Fraktionen in den Wirtschaftsausschuss entsandt, aus dem sie dem BDI aus erster Hand über laufende Entscheidungsprozesse berichten konnten. Für Berg und Stein sollte ihre Verstrickung in die illegale Parteienfinanzierung ohne Folgen bleiben. Als die Bonner Staatsanwaltschaft Anfang der 1980er Jahre mit ihren Ermittlungen begann, hatten sie bereits das Zeitliche gesegnet.

109 *Post vom Händler*, in: Der Spiegel (9.8.1961), 16; Schulte-Goebel, *Fritz Berg*, 141. Dichgans gehörte dem Bundestag von 1961 bis 1972 an.

110 BDI, *Fünf Jahre BDI*, 120.

111 Menne (1904-1993) war von 1961 bis 1969 Mitglied des Bundestags. Zum Strategiewechsel Bergs s. Schulte-Goebel, *Fritz Berg*, 158.

Der BDI und die Bewältigung des Nationalsozialismus

In den Gründerjahren des BDI war die Zeit des Nationalsozialismus noch keine historisch verstandene Vergangenheit, sondern erlebte Gegenwart. Die Bewältigung der Folgen nationalsozialistischer Herrschaft war eine Herausforderung für die bundesdeutsche Gesellschaft, die für die Opfer dieses Regimes noch wenig Empathie aufbringen konnte. Im Zentrum der Verbandsaktivitäten stand die Forderung nach einem endgültigen Abschluss der alliierten Demontage- und Demilitarisierungspolitik. Während sich der BDI erst ab 1954 mit den wirtschaftlichen Folgen der kommenden Wiederbewaffnung beschäftigte, stand bis 1952 die Forderung nach Aufhebung der alliierten Produktionsverbote für nichtmilitärische Güter wie synthetische Treib- und Schmierstoffe, elektronische Spezialröhren und Gasturbinen im Vordergrund.[112]

Für den BDI bestand die Bewältigung der nationalsozialistischen Herrschaft vor allem in der Amnestierung von Unternehmern und Spitzenmanagern, die wegen ihrer Verantwortung für die Ausbeutung von KZ-Häftlingen und Zwangsarbeitern vom Alliierten Gerichtshof in Nürnberg verurteilt worden waren und im amerikanischen Kriegsverbrechergefängnis Landsberg einsaßen. Fritz Berg richtete im August 1950 sogar ein Gnadengesuch an John McCloy, den Hohen Kommissar der amerikanischen Regierung in Deutschland.[113] Berg und vielen seiner Kollegen im BDI-Präsidium fehlte die Einsicht in die Schuld der Inhaftierten, von denen sie irrtümlich und auch zum Teil wider besseren Wissens annahmen, dass sie unter den damaligen Umständen zu ihren Handlungen gezwungen worden waren. Angesichts der weit verbreiteten Schlussstrich-Mentalität in der deutschen Gesellschaft traf Bergs Ausspruch in einer Rede am 15. November 1950: »Wir haben in Europa wichtigeres zu tun, als in der Vergangenheit zu wühlen«, auf große Zustimmung. Da Berg nicht der NSDAP angehört und in der staatsgelenkten Reichsgruppe Industrie nur die unbedeutende Funktion eines Fachgruppenleiters bekleidet hatte, war er der politisch motivierten Solidarisierung mit nationalsozialistischen Aktivisten nicht verdächtig.[114]

112 Fritz Berg, *Die deutsche Industrie in der Demokratie. Rede auf der BDI-Kundgebung »Der deutsche Unternehmer – Leistung und Verpflichtung« am 15.11.1950 in Köln*, in: Berg, Reden 1950-1965, 249-258.

113 Niederschrift der Präsidiumssitzung am 19.9.1950, in: BDI-Archiv HGF, PRO 1.

114 S. Jonathan Wiesen, *West German Industry and the Challenge of the Nazi Past, 1945-1955*, Chapel Hill 2001, 106 f.

Erst 1955 wurde der BDI mit der Frage nach der finanziellen Verantwortung für die Ausbeutung von KZ-Häftlingen konfrontiert.[115] Anlass war die Klage des ehemaligen KZ-Häftlings Norbert Wollheim, der von 1943 bis Anfang 1945 im KZ Auschwitz-Monowitz inhaftiert war und Zwangsarbeit für den IG-Farben-Konzern leisten musste. Seine Klage gegen die IG Farben in Liquidation AG[116] auf Zahlung von 10.000 D-Mark Schmerzensgeld war in der ersten Instanz im Juni 1953 vor dem Landgericht Frankfurt erfolgreich. Das Präsidium des BDI sah in der Berufungsverhandlung vor dem Oberlandesgericht Frankfurt einen Präzedenzfall, der Hunderttausenden überlebenden Zwangsarbeitern beim Einklagen von Entschädigungsansprüchen gegen deutsche Industrieunternehmen Erfolg versprach und unabsehbare finanzielle Konsequenzen haben konnte.

Obwohl der BDI von der viel zu niedrigen Zahl von 500.000 überlebenden Zwangsarbeitern ausging, hätte dies bei einem Klageerfolg, wie ihn Wollheim erzielt hatte, Entschädigungszahlungen von 5 Mrd. D-Mark bedeutet. Das Präsidium des BDI beschloss daher, ein Rechtsgutachten für eine Änderung des Bundesentschädigungsgesetzes in Auftrag zu geben, das Schmerzensgeldansprüche gegen Arbeitgeber ausschließen sollte. Es war für den damaligen Stand des Bewusstseins in der Industrie kennzeichnend, dass man das wahre Ausmaß der Zwangsarbeit und damit der eigenen Mitverantwortung erheblich unterschätzte.

Wollheims Kampf für eine Entschädigung der IG-Farben-Zwangsarbeiter in Auschwitz endete erfolgreich. 1957 schloss die IG Farben i. L. mit der Jewish Claims Conference für jüdische Individualansprüche aus der nationalsozialistischen Verfolgung einen Vergleich über 30 Mio. D-Mark, nachdem das Oberlandesgericht Frankfurt beiden Parteien einen Vergleich nahegelegt hatte.[117] Der Vorstoß des BDI bei der Bundesregierung blieb trotz der Unterstützung des Bundesfinanzministeriums

115 Niederschrift der Präsidialsitzung am 8.6.1955, in: BDI-Archiv HGF, PRO 3 K 785.

116 Die IG Farben i. L. war eine Rechtsnachfolgerin des durch die Alliierten zerschlagenen IG-Farben-Konzerns. Im Unterschied zu den drei großen westdeutschen Nachfolgeunternehmen Bayer, BASF und Hoechst besaß die IG Farben i. L. nur Ansprüche auf das ehemalige Konzernvermögen auf dem Gebiet der DDR, das die Sowjetische Besatzungsmacht 1946 verstaatlicht hatte.

117 Sebastian Brünger, *Geschichte und Gewinn. Der Umgang deutscher Konzerne mit ihrer NS-Vergangenheit*, Göttingen 2017, 106-110; Joachim Robert Rumpf, *Der Fall Wollheim gegen die IG Farbenindustrie in Liquidation. Die erste Musterklage eines ehemaligen Zwangsarbeiters in der Bundesrepublik Deutschland – Prozess, Politik und Presse*, Frankfurt a. M. 2010.

ohne Erfolg. Aus der Sicht des BDI und seiner Mitgliedsverbände war dies auch nicht mehr nötig, da der gerichtliche Vergleich einer möglichen Präzedenzentscheidung zugunsten ehemaliger Zwangsarbeiter zuvorkam und Entschädigungsforderungen gegen andere Unternehmen nur durch kostspielige Einzelklagen mit erheblichen Kostenrisiken durchsetzbar waren.

Von 1964 bis zu Beginn der 1970er Jahre beteiligte sich der BDI an Bemühungen mehrerer Großunternehmen mit nationalsozialistischer Belastung, ihre Vergangenheit während des Dritten Reiches in einem positiven Licht erscheinen zu lassen. Krupp, Daimler-Benz, BASF, Bayer, der Flick-Konzern und die AEG gründeten die »Arbeitsgemeinschaft Unternehmensforschung«, die in Wahrheit ein positives Bild über das Verhalten von Unternehmen während der Zeit des Nationalsozialismus verbreiten sollte.[118] Der Anlass für die Gründung dieser Arbeitsgemeinschaft war zunächst der sogenannte Auschwitz-Prozess vor dem Oberlandesgericht Frankfurt gegen Angehörige der SS-Wachmannschaft des Konzentrations- und Vernichtungslagers, der die bundesdeutsche Öffentlichkeit für die nationalsozialistischen Verbrechen sensibilisierte. Die beteiligten Unternehmen und die Presseabteilung des BDI rechneten mit kritischen Veröffentlichungen amerikanischer und ostdeutscher Historiker über die Mitverantwortung deutscher Unternehmen für die Ausbeutung von Zwangsarbeitern und KZ-Häftlingen. Von 1964 bis 1972 finanzierten die genannten Unternehmen das Büro des Bonner Journalisten Rolf Vogel (1921-1994), der mit Hilfe seiner guten Beziehungen nach Israel und in jüdische Kreise der USA ein positives Bild der deutschen Wirtschaft im Ausland verbreiten sollte, jährlich mit 78.000 D-Mark.

1966 veröffentlichte der Deutsche Industrieverlag des BDI-nahen Deutschen Industrie-Instituts mit finanzieller Unterstützung von AEG, Bayer und Hoechst das Buch »Wirtschaft unter Zwang« von Dr. Hanns-Eckardt Kannapin, das die Industrie als Objekt einer nationalsozialistischen Zwangswirtschaft darstellte und eindeutig apologetischen Zwecken diente. Der Versuch, damit die öffentliche Meinung zu beeinflussen, scheiterte. Zum einen war der Deutsche Industrieverlag nur Fachleuten aus der Industrie, aber nicht dem historisch interessierten Publikum bekannt. Zum anderen besaß der Autor kein Renommee auf dem Markt für historische Bücher, das ihm Aufmerksamkeit verschaffen konnte. Die ursprünglichen Überlegungen, einen unternehmensnahen,

118 Vorgang in: BDI-Archiv PI 135/1 K 675. Die AEG stellte ihre Beteiligung an diesem Kreis 1968 ein, Krupp 1971.

aber wissenschaftlich anerkannten Historiker wie den Hannoveraner Wirtschaftshistoriker Prof. Dr. Wilhelm Treue (1909-1992) mit einem größeren Forschungsauftrag über Unternehmen im Nationalsozialismus zu betrauen, wurden von der Arbeitsgemeinschaft Unternehmensforschung aus finanziellen Gründen nicht weiterverfolgt.[119]

Die BDI-Abteilung für Information und Pressewesen war über diese Überlegungen informiert, aber finanziell und organisatorisch nicht beteiligt. Seit dem Beginn der 1970er Jahre schliefen die Aktivitäten der Arbeitsgemeinschaft zunehmend ein. Hierfür waren personelle Veränderungen an der Spitze mehrerer Mitgliedsunternehmen verantwortlich. Nach dem Tod von Alfried Krupp, dem letzten Krupp in der Leitung des Unternehmens, fiel der Schutz der familiären Reputation als handlungsleitendes Motiv weg. Berthold Beitz, der als Aufsichtsratsvorsitzender der Krupp AG und Vorstandsvorsitzender der Krupp-Stiftung das Unternehmen nach außen repräsentierte, war aufgrund seiner Vita einer kritischen Aufarbeitung der Wirtschaftsgeschichte des Dritten Reiches nicht abgeneigt. Beitz hatte während der deutschen Besetzung Galiziens mehrere Hundert jüdische Zwangsarbeiter vor der Deportation in den sicheren Tod gerettet. Das Ausscheiden der AEG aus der Arbeitsgemeinschaft hatte einen ganz anderen Grund. Sie musste ihre Zahlungen wegen zunehmender finanzieller Schwierigkeiten einstellen.

Die Furcht vor einer unternehmenskritischen Aufarbeitung der nationalsozialistischen Vergangenheit erwies sich als unbegründet. Das 1965 in der DDR erschienene und vom Nationalrat der Nationalen Front veröffentlichte »Braunbuch« über »Kriegs- und Naziverbrecher in der Bundesrepublik« stellte zwar die nationalsozialistische Belastung der bundesdeutschen Elite in Staatsverwaltung, Politik und Wirtschaft umfassend dar, war aber keine wirkliche Bedrohung für die Unternehmerelite. Das »Braunbuch« ließ sich wegen des bis Ende der 1960er Jahre vorherrschenden antikommunistischen Grundkonsenses in der bundesdeutschen Gesellschaft leicht als »kommunistische Propaganda« disqualifizieren. Da die von der SED geführte Nationale Front offen als Herausgeber firmierte, fiel das Buch unter das Verbot kommunistischer Propaganda und durfte weder offiziell eingeführt noch als Lizenzausgabe vertrieben werden.[120] Ein 1967 in Köln erschienenes Buch des

119 Information der BDI-Abteilung für Information und Pressewesen, 5.5.1964. Treue war Professor an der TH Hannover und leitete nebenberuflich das Archiv des Privatbankhauses Sal. Oppenheim in Köln.

120 Nationalrat der Nationalen Front (der DDR) (Hrsg.), *Braunbuch. Kriegs- und Naziverbrecher in der Bundesrepublik*, Berlin-(Ost) 1965 (Staatsverlag der DDR).

ostdeutschen Historikers Eberhard Czichon über die Mitverantwortung der deutschen Industrie für die nationalsozialistische Machtübernahme behandelte nicht die Mitverantwortung für die Ausbeutung von Zwangsarbeitern und KZ-Häftlingen und wurde vom BDI nicht als problematisch oder gar brisant eingeschätzt.[121] Entgegen den Erwartungen der Arbeitsgemeinschaft erschienen bis in die 1970er Jahre in Deutschland keine großen Veröffentlichungen zum Mord an den europäischen Juden (Shoah). Das Institut für Zeitgeschichte und mehrere angesehene deutsche Zeithistoriker rieten interessierten Verlagen aus Konkurrenzneid und fehlendem Bewusstsein für die wissenschaftliche Bedeutung davon ab, das Standardwerk des amerikanischen Historikers Raul Hilberg über die Shoah ins Deutsche zu übersetzen.[122]

Vom Leitsektor zur Problembranche: Der BDI und der Strukturwandel des Steinkohlebergbaus

Bis 1958 profitierten alle Zweige der deutschen Industrie von den hohen Wachstumsraten der Wiederaufbaujahre. Auch wenn einige Branchen wie die Autoindustrie, die Elektroindustrie und der Maschinenbau besonders hohe Wachstumsraten verzeichneten, litt bis dahin keine Branche unter unsicheren Wachstumsaussichten oder gar unter einer drohenden Stagnation. Dieser branchenübergreifende Gleichschritt der Industrie änderte sich ab 1958 durch den strukturellen Wandel der Energieversorgung.

Das konjunkturell schwächere Jahr 1958 konfrontierte den Steinkohlebergbau zum ersten Mal mit Absatzproblemen, die sich in stark wachsenden Kohlehalden, vereinzelten Feierschichten und ersten Schließungen von weniger produktiven Zechen manifestierten. Der zunehmende Einsatz von preiswertem Heizöl und Schweröl in privaten Haushalten und industriellen Feuerungsanlagen begann sich zu einer Bedrohung der angestammten Absatzmärkte für Steinkohle zu entwickeln. Das Präsidium des BDI stimmte mit der Bundesregierung überein, den Strukturwandel der Energieversorgung nicht dem freien Spiel der Marktkräfte zu überlassen und den Wettbewerb des deutschen Steinkohlebergbaus mit amerikanischer Importkohle und Ölimporten zu regulieren. Bereits im

121 Eberhard Czichon, *Wer verhalf Hitler zur Macht? Zum Anteil der deutschen Industrie an der Zerstörung der Weimarer Republik*, Köln 1967.

122 Raul Hilberg, *The Destruction of the European Jews*, Chicago 1961, wurde erst 1982 in einem deutschen Verlag publiziert.

Dezember 1958, kurz nach dem Beginn der Kohlekrise, richtete das Präsidium einen Präsidialarbeitskreis Energiewirtschaft ein, der unmittelbar dem BDI-Präsidenten Fritz Berg zugeordnet war.[123] Dieser Arbeitskreis ergänzte die konzeptionelle Arbeit des BDI-Energieausschusses, der bereits 1957 gegründet worden war und sich vor allem mit der Sicherung der Energieversorgung und der Prognose des mittelfristigen Energiebedarfs beschäftigte.[124]

Parallel zum Arbeitskreis Energiewirtschaft bestand seit 1955 der Arbeitskreis Kernenergie, der sich mit der damals noch im Projektierungsstadium befindlichen friedlichen Nutzung der Atomenergie beschäftigte. Bereits fünf Jahre vor der Inbetriebnahme des ersten deutschen Atomreaktors in Kahl (1960) erhielt der Arbeitskreis den Auftrag, ein langfristiges Atomenergieprogramm zu erarbeiten.[125] Der BDI hegte die letztlich unbegründete Sorge, dass eine europäische Atombehörde, die spätere EURATOM, die Entwicklung der Atomenergie vergemeinschaften und mittelbar verstaatlichen könne. Durch seinen Mitarbeiter Dr. Eichner war der BDI auch in der 1956 gegründeten Deutschen Gesellschaft für Atomenergie (seit 1959: Deutsches Atomforum) vertreten, deren Arbeitskreis »Wirtschaft und Industrie« ab 1961 gemeinsam mit dem BDI-Arbeitskreis Atomenergie tagte. An der Spitze des BDI-Arbeitskreises Atomenergie stand bis mindestens 1978 der Vorsitzende des Verbands der Chemischen Industrie und langjährige BDI-Präside W. Alexander Menne, der sich kontinuierlich und nachdrücklich für den Ausbau der Atomenergie einsetzte.

In einer intensiven Diskussion während der Präsidiumssitzung am 3. Dezember 1958 sprach sich Berg dafür aus, der Versorgungssicherheit Vorrang vor Preissenkungen im Energiesektor zu gewähren und die Abhängigkeit von importierten Energieträgern nicht zu Lasten der einheimischen Energiequellen zu erhöhen. Während sich die Repräsentanten der Industrieverbände in dieser grundsätzlichen politischen Frage einig waren, gab es schon zu diesem Zeitpunkt erhebliche Differenzen über den Einsatz marktpolitischer Instrumente. Fritz Berg nahm für den Steinkohlebergbau Partei und sprach sich für Preis- und Mengenkartelle in der Energieversorgung aus. Mit seiner Äußerung: »Die Stimmung an

123 Ergebnisvermerk und stenographische Notizen der Präsidiumssitzung am 3.12.1958, in: BDI-Archiv HGF, PRO 5/2. Zur Position des BDI zur Kohlenkrise s. Braunthal, *Federation of German Industry*, 262-270.

124 BDI-Archiv EP 42 (BDI-Energieausschuss).

125 Niederschrift der konstituierenden Sitzung des AK für Atomfragen, 2.11.1955, in: BDI-Archiv EP 17.

der Ruhr ist fast reif für die Revolution«, griff er ein weit verbreitetes politisches Schreckensszenario auf, das zur Legitimation einer kohlefreundlichen Wirtschaftspolitik eingesetzt wurde. Bergs Bedrohungsszenario beruhte auf konkreten Krisenerfahrungen aus der Zeit der Weimarer Republik und dem Respekt vor der Kampfkraft der Arbeiterbewegung im industriellen Kernland der Bundesrepublik. Das Präsidiumsmitglied W. Alexander Menne, der als Vorsitzender des Verbands der Chemischen Industrie (VCI) die Interessen eines Großverbrauchers von Öl und Kohle vertrat, lehnte eine Besteuerung des Ölverbrauchs und eine Beschränkung der preiswerteren Importkohleeinfuhren aus den USA aus nachvollziehbaren wirtschaftlichen Eigeninteressen jedoch ab.

Berg und eine Mehrheit im Präsidium des BDI fanden den Gedanken eines Preis- und Mengenkartells in der Energiewirtschaft wegen ihrer kartellfreundlichen Grundsatzposition keinesfalls systemwidrig. Die Entwicklung des Energiemarktes bestätigte ihre Skepsis gegenüber einer ordoliberalen Politik, die prinzipiell auf marktregulierende Eingriffe verzichtete und damit volkswirtschaftliche Verwerfungen riskierte. Der Vorsitzende des Unternehmensverbands Ruhrbergbau blieb unwidersprochen, als er die Gültigkeit der marktwirtschaftlichen Wettbewerbsordnung mit Verweis auf die besonderen Produktions- und Absatzverhältnisse im Bergbau negierte.[126]

Da ein Preis- und Mengenkartell im Energiesektor am Widerspruch des Bundeskartellamtes gescheitert wäre, kommunizierte der BDI-Präsident in der Öffentlichkeit nur die Forderung nach einer Einschränkung der Kohleimporte aus den USA.[127] Aufgrund der verschlechterten Konjunkturlage stand eine Mehrheit im Präsidium sogar einer Vorfinanzierung und Vorverlegung öffentlicher Investitionen durch Anleihen positiv gegenüber, während der BDI bislang vor der Verdrängung privater Investoren vom Kapitalmarkt *(crowding out)* gewarnt hatte.[128] Die gedankliche Annäherung an das von John Maynard Keynes theoretisch begründete *deficit spending* wurde jedoch bis zur ersten konjunkturellen Krise, der Rezession von 1966/67 vertagt. Der BDI unterstützte den

126 Niederschrift der Präsidiumssitzung am 5.3.1959, in: BDI-Archiv HGF, PRO 5/2.

127 Fritz Berg, *Freies Berlin und Europäische Wirtschaftsgemeinschaft. Rede vor der Südwestfälischen IHK in Hagen am 19.12.1958*, in: ders., Reden 1950-1965, 149-165. Kohleeinfuhren aus den übrigen Staaten der Montanunion (Frankreich, Belgien, Niederlande, Italien und Luxemburg) waren seit der Gründung der Europäischen Gemeinschaft für Kohle und Stahl (EGKS, allgemein Montanunion genannt) im Jahr 1952 zollfrei und nicht kontingentiert, aber auf dem bundesdeutschen Markt weitgehend bedeutungslos.

128 Niederschrift der Vorstandssitzung am 3.10.1958, in: BDI-Archiv HGF, PRO 5/2.

Plan des Staatssekretärs im Bundeswirtschaftsministerium Prof. Alfred Müller-Armack zur Einrichtung eines Sachverständigenrates für die konjunkturelle Entwicklung,[129] der 1963 gegründet und 1964 zum ersten Mal tätig wurde.

Wegen der konjunkturellen Erholung seit Anfang 1959 und der schrittweisen Ablösung von Importverträgen für amerikanische Kohle blieb der von Berg befürchtete »absolute Notstand« im Steinkohlebergbau zunächst aus. Während der BDI die 1959 eingeführte Heizölsteuer als eine ordnungspolitisch bedenkliche Sondersteuer für einen Wettbewerber kritisierte, befürwortete er ein rechtlich mögliches Rationalisierungskartell zur Sanierung des Steinkohlebergbaus und sogar ein branchenüberschreitendes Zwangskartell für Kohle und Öl, das mit dem Gesetz gegen Wettbewerbsbeschränkungen jedoch nicht vereinbar gewesen wäre.[130] Doch im Oktober 1959 fand sich der BDI wegen der zeitlichen Befristung mit der Heizölsteuer ab,[131] die der Bundestag vor dem Ablauf der Frist am 30. April 1963 jedoch verstetigte.

Der bereits Ende 1958 gegründete Präsidialarbeitskreis Energiepolitik scheiterte wegen der Interessengegensätze zwischen dem Steinkohlebergbau und der ölverarbeitenden bzw. ölverbrauchenden Industrie bei seinem Versuch, ein konsensfähiges energiepolitisches Programm für den BDI zu erstellen. Das Präsidium konnte sich auf den Grundsatz verständigen, dass die Sicherheit der Energieversorgung Vorrang vor der Kostenminimierung genießen und die Steinkohle einen »angemessenen Anteil« an der Energieversorgung behalten sollte.[132] Eine Mehrheit im BDI akzeptierte höhere Energiekosten als Sicherheitsprämie für einen höheren Anteil einheimischer Energien an der Versorgung der Bundesrepublik und war sich darin mit Bundeswirtschaftsminister Erhard einig.[133] Der BDI befürwortete auch die Absicht der Bundesregierung, der Steinkohle durch Subventionen einen Marktanteil von 50 Prozent an der Stromerzeugung zu sichern. Angesichts der besonderen regionalpolitischen Problemlage und der übergeordneten sicherheitspolitischen Interessen akzeptierte der BDI staatliche Subventionsleistungen, die den Wettbewerb der Energieträger verzerrten und in einer Wettbewerbswirt-

129 Rede von Fritz Berg auf der Mitgliederversammlung des BDI am 23.5.1959.

130 Niederschrift der Präsidiumssitzung am 4.9.1959, in: BDI-Archiv HGF, PRO 6 K 781.

131 Niederschrift der Präsidiumssitzung am 24.10.1959, in: ebd.

132 Niederschrift der Präsidiumssitzung am 28.7.1961, in: BDI-Archiv HGF, PRO 8.

133 Niederschrift der Präsidiumssitzung am 12.12.1962, in: BDI-Archiv HGF, PRO 9 K 787. Siehe auch Fritz Bergs *Rede vor der Südwestfälischen IHK in Hagen am 11.12.1962*, in: ders., Reden 1950-1965, 217-227.

schaft systemwidrig waren. Dies galt auch für die Subventionierung des deutschen Schiffbaus, die sich mit der Subventionierung des Schiffbaus im Ausland rechtfertigen ließ.

1966 zeigte sich, dass die bisherige kohlepolitische Linie der Bundesregierung und des BDI an ihre Grenzen gelangte und die Marktbereinigung mit finanziellen Anreizen nicht ausreichte. Obwohl der Bund und der Verband des Ruhrkohlebergbaus die Stilllegung überzähliger Kapazitäten mit 25 D-Mark pro Tonne Förderkapazität unterstützten, blieben die Stilllegungen hinter dem Absatzrückgang zurück. Der BDI arbeitete ein Konzept für die Aktionsgemeinschaft Deutsche Steinkohlereviere aus, die nicht nur höhere finanzielle Anreize für die Stilllegung von Förderkapazitäten (35 statt 25 D-Mark/Tonne) bieten, sondern auch überzählige Grundstücke der Zechengesellschaften für eine gewerbliche Nutzung aufkaufen und damit den Strukturwandel der Bergbaureviere (Ruhrgebiet, Saarland und Aachener Revier) unterstützen sollte.[134]

Diese Aktionsgemeinschaft Deutsche Steinkohlereviere sollte als eine nicht gewinnorientierte Organisation privaten Rechts vom Bund, den Bergbauländern Nordrhein-Westfalen und Saarland und der Privatwirtschaft mit einem Stammkapital von 200 Mio. D-Mark gegründet und finanziert werden. 75 Prozent des Stammkapitals sollten von der Industrie, 25 Prozent von den Banken und Versicherungen aufgebracht werden.[135] Bürgschaften des Bundes und der Länder sollten der Aktionsgemeinschaft zu einem Bankdarlehen in Höhe von 400 Mio. D-Mark verhelfen, das der Finanzierung des Kapazitätsabbaus dienen sollte. Durch die Stilllegung von 20 Mio. Tonnen Förderkapazität sollte die jährliche Fördermenge von 140 auf 120 Mio. Tonnen Kohle gedrosselt werden, einen Wert, den Fritz Berg noch im März 1966 für dauerhaft nachfragegerecht hielt. Da die Nachnutzung ehemaliger Zechengrundstücke durch neu angesiedelte Industriebetriebe oftmals an der nicht gelösten Haftung für Bergschäden gescheitert war und die Bergschadenhaftung die finanziellen Möglichkeiten der Bergbaustädte überstieg, sollten die Länder und der Bund das Bergschadenrisiko übernehmen.[136]

Aus der Sicht der Bergbauwirtschaft hatte die Aktionsgemeinschaft den Vorteil, dass die zersplitterten Eigentumsstrukturen des Bergbaus an der Ruhr unangetastet blieben und die Unternehmensstruktur des Berg-

134 Niederschrift der Präsidiumssitzung am 7.3.1966, in: BDI-Archiv HGF, PRO 14 K 775; EP 54/1 K 893.

135 Niederschrift der Präsidiumssitzung am 25.4.1966, in: ebd.

136 Niederschrift der Präsidiumssitzung am 7.3.1966, in: ebd.

baus nicht reformiert werden musste.[137] Die Kapazitätsanpassung mittels Stilllegungsprämien hatte jedoch einen Nachteil: Sie hatte nicht immer zum Ausscheiden der am wenigsten produktiven Zechen geführt und erleichterte nicht die Zusammenlegung von Schachtanlagen verschiedener Bergbaugesellschaften.

Da sich das Bundeswirtschaftsministerium nach dem Beginn der Großen Koalition aus CDU/CSU und SPD im Dezember 1966 unter seinem neuen Minister Karl Schiller (SPD) für die Gründung einer Einheitsgesellschaft des Ruhrbergbaus (Ruhrkohle AG) aussprach, wurde das Konzept des BDI für die Sanierung der Steinkohlereviere nicht umgesetzt. Wegen der stetigen Verdrängung der Steinkohle als Heizmittel musste die Bundesregierung das mittelfristige Ziel für die Kohleförderung auf maximal 110 Mio. Tonnen reduzieren.[138] Die finanziellen Mittel der Aktionsgemeinschaft Deutsche Steinkohlereviere hätten nicht ausgereicht, um einen Strukturwandel dieser Größenordnung zu finanzieren. Aus diesem Grund unterbreiteten Berg, sein Stellvertreter Sohl und mehrere hochrangige Repräsentanten der deutschen Wirtschaft Bundeswirtschaftsminister Karl Schiller am 5. Juni 1967 den Vorschlag, die Betriebsführung des Ruhrbergbaus einer einheitlichen Betriebsgesellschaft gegen Entschädigungen der Zechenbesitzer zu überlassen.[139]

Der BDI und die mittelständische Wirtschaft

Obwohl der BDI-Vorsitzende Fritz Berg eindeutig zum Kreis der mittelständischen Unternehmer gehörte, galt der BDI bis weit in die 1950er Jahre als eine von großen Unternehmen dominierter und für die Interessen großer Unternehmen handelnder Verband. Zum einen standen die kartellfreundlichen Positionen des BDI im Widerspruch zu den Interessen vieler, wenngleich nicht aller mittelständischen Unternehmen. Zum anderen war die Legitimation des BDI als Verband der gesamten Industrie durch das Fehlen eines Programms für die mittelständische Industrie und eines mittelstandspolitischen Arbeitskreises beeinträchtigt. Gegenüber den Branchen, die von kleinen und mittleren Unternehmen

137 Die Steinkohlezechen im Saarland gehörten der Saarbergwerke AG, die zu 74 Prozent Eigentum des Bundes und zu 26 Prozent des Saarlandes war.

138 Niederschrift der Präsidiumssitzung am 20.4.1967, in: BDI-Archiv HGF, PRO 15 K 778.

139 Niederschrift der Präsidiumssitzung am 25.9.1967, in: BDI-Archiv HGF, PRO 16 K 778.

dominiert wurden, bestand ein internes Legitimationsdefizit. Während der BDI als branchenübergreifende Interessenvertretung der großen Industrieunternehmen konkurrenzlos war, stand er bei der Vertretung der kleinen und mittleren Unternehmen mit der Arbeitsgemeinschaft Selbstständiger Unternehmer (ASU) in Konkurrenz. Obwohl die ASU nicht zu den großen Verbänden gezählt wurde und von ihrer Durchsetzungskraft schwächer als der BDI einzuschätzen war, musste die ASU im Unterschied zum BDI bei Interessenkonflikten zwischen mittelständischen und großen Unternehmen keine Kompromisse zu Lasten ihrer Klientel akzeptieren.

Die personelle Zusammensetzung der BDI-Spitze war durchaus geeignet, Offenheit für die Interessen kleiner und mittlerer Unternehmen zu demonstrieren. Neben dem mittelständischen Familienunternehmer Fritz Berg waren die Präsidiumsmitglieder Richard Freudenberg (Eigentümer einer Schuhfabrik in Weinheim) und Rolf Rodenstock (Brillenfabrikant aus München) als Repräsentanten der mittelständischen Wirtschaft prädestiniert. Die Präsidiumssitzung am 17. September 1957 war jedoch die erste Gelegenheit, bei der die Führung des BDI die spezifischen Probleme der mittelständischen Industrie gezielt ansprach. Der Zeitpunkt kam nicht zufällig: Die Auseinandersetzung um das Gesetz gegen Wettbewerbsbeschränkungen hatte den Interessenantagonismus zwischen mittelständischen und großen Unternehmen gefördert. Sie war gerade durch die normative Kraft des parlamentarischen Gesetzgebungsverfahrens zum Vorteil der mittelständischen Wirtschaft entschieden worden.

Im Zentrum der Überlegungen des BDI standen Initiativen für eine verbesserte Versorgung der mittelständischen Wirtschaft mit langfristigen Investitionskrediten. Da mittelständische Unternehmen überwiegend als Personengesellschaften oder als nicht börsennotierte Kapitalgesellschaften verfasst waren, war ihnen die Kapitalbeschaffung über Aktienerhöhungen und über den Anleihemarkt versperrt. Der BDI plädierte daher für eine Erhöhung der Kreditmittel für mittelständische Unternehmen aus dem Marshallplanvermögen des Bundes und bei der Industriekreditbank (IKB), die 1949 mit der organisatorischen Hilfe des BDI und der Kapitalbeteiligung zahlreicher Industrieunternehmen als eine Selbsthilfebank der Industrie gegründet worden war.[140] Einige der mittelstandspolitischen Forderungen betrafen das Verhältnis zwischen

140 Niederschrift der Präsidiumssitzung am 17.9.1957, in: BDI-Archiv HGF, PRO 5/1; BDI, *Fünf Jahre* BDI, 81.

Großunternehmen und den kleinen und mittleren Unternehmen. Wegen der besonderen Bedeutung des Stahls als Kostenfaktor forderten die Mittelständler von der Stahlindustrie dieselben Preise und Konditionen, die den stahlverarbeitenden Betrieben der Stahlkonzerne gewährt wurden.

Anfang 1958 rief das Präsidium einen Ausschuss für Mittelstandsfragen ins Leben. Auf der Gründungssitzung des Ausschusses am 16. Januar 1958 machte Fritz Berg in seiner Eröffnungsrede zunächst darauf aufmerksam, dass 88 Prozent der insgesamt 95.000 deutschen Industriebetriebe weniger als 100 Beschäftigte zählten.[141] Sein Hinweis auf die Schutzwallfunktion mittelständischer Unternehmen »gegen alle sozialistischen Nivellierungsversuche« entsprach der gelegentlich militant antisozialistischen Unternehmerrhetorik der 50er Jahre, die nicht nur den Kommunismus sowjetischen Typs, sondern auch die Sozialdemokratie als eine Bedrohung der organisch gewachsenen Eigentumsordnung ansah. Berg beschwor eine »einheitliche Front der Industrie« als Schutzwall gegen künftige Sozialisierungsbestrebungen, von denen sich die Sozialdemokratie bereits in ihrer wirtschaftspolitischen Praxis verabschiedet hatte. Obwohl die SPD 1959 auf ihrem Programmparteitag das noch immer gültige marxistische Parteiprogramm von 1925 durch das reformistische »Godesberger Programm« ersetzte, sollte es einige Zeit dauern, bis Fritz Berg das Ende des scharfen wirtschaftspolitischen Antagonismus zwischen den bürgerlichen Parteien und der SPD zur Kenntnis nahm. Im persönlichen Umgang mit führenden Sozialdemokraten reagierte Berg ähnlich schroff. Als der BDI im Dezember 1958 der Stadt Berlin die Solidarität der deutschen Industrie demonstrierte und eine Tagung mit dem Berliner Senat veranstaltete, attackierte Berg Berlins Regierenden Bürgermeister Willy Brandt im persönlichen Gespräch wegen seiner Emigration vor der nationalsozialistischen Herrschaft als »Landesverräter«.[142]

Berg näherte sich der Frage nach der Abgrenzung der mittelständischen von den großen Unternehmen ausgesprochen pragmatisch. Sein Verständnis von Mittelstand orientierte sich am amerikanischen Small Business Act von 1953, der mittelständische Unternehmen nicht nach der Rechtsform, sondern nach der Eigenständigkeit der Geschäftsführung und der Herkunft des Kapitals klassifizierte. Das quantitative Kriterium einer Beschäftigtenzahl von nicht mehr als 1.000 Personen war groß genug, um den Großteil der eigentümergeführten Unternehmen nicht

141 Eröffnungsansprache von Fritz Berg in der Gründungssitzung des BDI-Mittelstandsausschusses am 16.1.1958, in: BDI-Archiv HGF, PRO 5/1.

142 Schulte-Goebel, *Fritz Berg*, 162.

qua Definition auszuschließen. Wegen der noch nicht befriedigenden Kreditversorgung der mittelständischen Unternehmen konzentrierten sich die Aktivitäten des Ausschusses für Mittelstandsfragen in den ersten Jahren vor allem auf den erleichterten Zugang zu Bankkrediten. Die privatwirtschaftlichen Banken erkannten gewerblich genutzte Grundstücke und Immobilien noch nicht als dingliche Kreditsicherheiten an, sodass die Kreditaufnahme mittelständischer Unternehmen nicht selten an der Bonitätssicherung scheiterte.[143] Berg appellierte daher vor allem an öffentliche Kreditinstitute wie die IKB und die Kreditanstalt für Wiederaufbau, die in den 1950er Jahren noch zu geringen Kreditkapazitäten der privatwirtschaftlichen Banken zu ergänzen und die Versorgungslücke für mittelständische Unternehmen zu schließen. Schon 1960 stellte Hauptgeschäftsführer Gustav Stein in einer Geschäftsführersitzung unwidersprochen fest, dass die Kreditversorgung des Mittelstands dank der Finanzierungskraft der KfW und der IKB kein strukturelles Problem mehr darstelle.[144] Auch die Gründung von Kreditgarantiegemeinschaften durch die mittelständische Wirtschaft in den frühen 1960er Jahren half, das Problem der Kreditsicherung zu lösen.[145]

Die größere Abhängigkeit der mittelständischen Unternehmen von der Selbstfinanzierung ihrer Investitionen diente dem BDI als starkes Argument gegen eine Beschränkung der degressiven Abschreibung durch die kommende Steuerreform. Der BDI konnte jedoch nicht verhindern, dass die Bundesregierung die Einnahmeausfälle aus der erheblichen Senkung der Körperschaftssteuer auf ausgeschüttete Gewinne zum Teil durch reduzierte Abschreibungssätze kompensierte. Angesichts der zunehmenden Kreditschöpfungskapazitäten von Banken und Versicherungen hatte sich das Finanzierungsmodell der Wiederaufbaujahre überlebt, das vor allem auf steuerlichen Abschreibungen basierte. Mit seinem grundsätzlichen Eintreten für die Einführung einer Mehrwertsteuer mit Vorsteuerabzug kam der BDI sehr vielen, wenn auch nicht allen mittelständischen Unternehmen entgegen, die zu Recht auf die Wettbewerbsnachteile durch die kumulierte Umsatzsteuer hinwiesen.

143 Niederschrift der Präsidiumssitzung am 9.7.1958, in BDI-Archiv HGF, PRO 5/1 K 784.

144 Niederschrift der Geschäftsführersitzung am 8.4.1960, in: BDI-Archiv HGF, PRO 7 K 781.

145 BDI, Jahresbericht 1.4.1963 bis 30.4.1964, Köln 1964.

2. Der BDI und der Übergang zu einer antizyklischen Konjunkturpolitik (1963-1969)

Das Präsidium und die Hauptgeschäftsführung des BDI nutzten den BDI-Jahresbericht 1963/1964, um eine Bilanz der vergangenen 15 Jahre seit der Gründung des BDI zu ziehen.[1] Während der Bericht die klassischen Felder der Verbandstätigkeit routiniert darstellte und ebenso wie in früheren Jahren die wirtschaftspolitischen Forderungen des BDI gegen Vorwürfe der »Interessentenwünsche« mit volkswirtschaftlichen Argumenten verteidigte, ließ die Analyse der konjunkturellen Entwicklung Einflüsse neuen Denkens erkennen. Nach Auffassung des BDI hatten sich die klassischen Mittel der Wirtschafts- und Konjunkturpolitik verbraucht. Der Befund, dass eine antizyklische Investitionstätigkeit der privaten Wirtschaft bedeutsamer würde, konnte auch als ein vorsichtiges Plädoyer für eine antizyklische Konjunkturpolitik des Staates gelesen werden.

Wegen der zunehmenden Belastung der Infrastrukturen in den weiterhin wachsenden Ballungsräumen und der Gefahr des Zurückbleibens strukturschwacher und peripherer Räume setzte sich der BDI für die öffentliche Förderung dieser Regionen ein. Er stand damit im vollständigen Einklang mit der Raumordnungspolitik des Bundes, der die planerischen, finanziellen und administrativen Mittel für die Regionalentwicklung kontinuierlich ausbaute. Ein neues Handlungsfeld war auch der Umweltschutz, den der BDI zum ersten Mal im Februar 1962 auf einer Geschäftsführerkonferenz behandelte. Hauptgeschäftsführer Gustav Stein plädierte für eigene Konzepte der Industrie zur Reduzierung der Luft- und Wasserverschmutzung, um staatliche »Zwangslösungen« zu verhindern. Stein kritisierte dabei die Passivität der Chemieindustrie in Nordrhein-Westfalen, die eine Umfrage des VCI (Verband der Chemischen Industrie) über die Bereitschaft zum Bau von Filteranlagen und Kläranlagen ignorierte und damit die Bemühungen des BDI konterkarierte.[2] Der Jahresbericht für 1963/1964 erhob die Reinhaltung von Luft und Wasser zu »den großen Gemeinschaftsaufgaben unserer Zeit« und reagierte damit auf das langsam entstehende ökologische Problembewusstsein in Legislative und Exekutive. 1966 gründeten mehrere Mitgliedsverbände des BDI unter der Federführung des VCI die Studien-

1 BDI, Jahresbericht des BDI 1.4.1963 bis 30.4.1964.

2 Niederschrift der Geschäftsführersitzung der Landesvertretungen am 14.2.1962, in: BDI-Archiv HGF, PRO 9 K 787.

gruppe für industrielle Umweltfragen, die 1969 als Referat für Industrielle Umwelt- und Entwicklungsfragen in das Deutsche Industrie-Institut eingegliedert und von BDI und BDA finanziert wurde. Die Studiengruppe für industrielle Umweltfragen besaß keine eigenen Forschungskapazitäten und wertete die wissenschaftliche Forschungsliteratur zum Immissionsschutz und amtliche Messergebnisse für den BDI aus. Im Zentrum ihrer Untersuchungen stand die viel diskutierte und umstrittene Frage nach dem Einfluss der Luftverschmutzung auf Atemwegserkrankungen und Sterblichkeit. Der BDI richtete 1966 eine eigene Abteilung für Wasserwirtschaft und Immissionsfragen ein, die sich vorwiegend mit der Reinhaltung des Wassers und der Luft, aber auch mit der Lärmbekämpfung und der Abfallbeseitigung beschäftigte.[3] Angesichts des zunehmenden öffentlichen Bewusstseins für die gesundheitlichen Gefahren der Umweltverschmutzung und der Rufe nach neuen und strengeren Grenzwerten musste die Industrie Gefahrenbewusstsein demonstrieren und eigene Initiativen zur Emissionsminderung vorweisen können, um nicht in die Rolle des Alleinverantwortlichen gedrängt zu werden. Für die Bearbeitung von branchenbezogenen Umweltschutzfragen wie der Abgasverminderung bei Autos blieben die Mitgliedsverbände allein verantwortlich. Die Gründung des BDI-Ausschusses für Umweltfragen erfolgte 1972, als sich die Mitgliedsverbände zur Reaktion auf das Umweltprogramm der Bundesregierung und den gestiegenen Stellenwert der Umweltpolitik gedrängt sahen.[4] Die Initiative zur Gründung dieses Ausschusses ging vom Verband der Mineralölindustrie und vom VCI aus, die sich wegen befürchteter Wettbewerbsnachteile bei einem deutschen Alleingang schon damals für eine europäische Harmonisierung der Umweltschutznormen aussprachen.

Während der BDI Aufwendungen der Industrie für das neue Handlungsfeld des Umweltschutzes ermutigte, beurteilte er den Ausbau des Sozialstaats kritisch. Seine Warnungen vor einer »Gefälligkeitsdemokratie« zu Lasten der Industrie bezogen sich auf neue soziale Leistungsgesetze wie die Einführung des Kindergeldes und die Verbesserung der Lohnfortzahlung im Krankheitsfall, die erst ab 1969 den vollen Lohnausfall decken sollte. Seit dem Jahresbericht von 1963/64 beschäftigte sich der BDI auch mit dem Ausbau des schulischen, des beruflichen und des universitären Bildungswessens.. Mit einer Verspätung von zwei Jahren wurde dem wirtschaftsnahen Stifterverband der Deutschen Wissenschaft,

3 BDI-Archiv HGF, PRO 23 K 783.
4 Niederschrift der Präsidiumssitzung am 13.6.1972, in: BDI-Archiv HGF, A 125.

dem BDI und dem DIHT (Deutscher Industrie- und Handelstag) eine bislang unbeachtete Folgewirkung des Mauerbaus am 13. August 1961 für die bundesdeutsche Gesellschaft bewusst.

Die Schließung des letzten ungefährlichen Fluchtwegs aus der DDR hatte den stetigen Zustrom von Technikern und Akademikern unterbrochen und machte die strukturellen Defizite bei der Ausbildung höher gebildeter Nachwuchskräfte sichtbar. Mit den Forderungen nach der Gesamtplanung des Bildungswesens, höheren Abiturientenzahlen und der »Ausschöpfung von Begabungsreserven« reagierte der BDI auf eine Artikelserie des Philosophen und Pädagogen Georg Picht, die im Februar 1964 die bundesdeutsche Öffentlichkeit mit der Schlagzeile »Die deutsche Bildungskatastrophe« wachgerüttelt und auf ein strukturelles Missverhältnis zwischen Großinvestitionen der Privatwirtschaft und unzureichenden Bildungsausgaben des Staates hingewiesen hatte.[5] Der BDI trug die Modernisierung der beruflichen Bildung durch das Berufsbildungsgesetz von 1969 uneingeschränkt mit und verteidigte Anfang der 1970er Jahre das System der dualen Berufsausbildung gegen Kritik aus den Reihen der Gewerkschaften. Während der BDI den starken Ausbau der Universitäten und Fachhochschulen durch die Länder und den Bund uneingeschränkt befürwortete, kritisierte er die fundamentale Demokratisierung der universitären Verwaltungsstrukturen durch die paritätische Gremienbesetzung mit Professoren, akademischem Mittelbau und Studierenden als »Anwendung eines falsch verstandenen demokratischen Prinzips« und forderte eine größere Praxisnähe der Hochschulausbildung.[6]

Das Verhältnis des BDI zur Bundesregierung wurde durch den Wechsel im Kanzleramt von Adenauer zu Erhard nicht beeinflusst. Nach seiner Niederlage in der Aufwertungsfrage hatte sich Fritz Berg um ein gutes Verhältnis zu Adenauers designiertem Nachfolger bemüht und ihn der geschlossenen Unterstützung der Industrie versichert.[7] Für den demonstrativen Schulterschluss mit dem einstigen Kontrahenten war Bergs Vertrauen in Erhards haushaltspolitische und steuerpolitische Prinzipienfestigkeit entscheidend.[8] Erhard galt als ein Garant gegen teure sozialpolitische und steuerpolitische Reformforderungen des star-

5 Georg Picht, *Die deutsche Bildungskatastrophe*, Olten 1964.

6 BDI, Jahresbericht 1971/72, 15.5.1972, Köln 1972, 29.

7 Fritz Berg, *Gegenwartsprobleme unserer Wirtschaft und Wirtschaftspolitik. Rede vor der Südwestfälischen IHK in Hagen* am 14.4.1964, in: ders., Reden 1950-1965, 229-235.

8 Fritz Berg, *Stabile Währung – Gesunde Wirtschaft. Rede auf der 15. Jahrestagung des BDI am 8.5.1964*, in: ebd., 467-477.

ken CDU-Arbeitnehmerflügels und war damit der wichtigste politische Bündnispartner des BDI in der Unionsfraktion.[9] Aus Bergs Sicht sollte der BDI »alles tun, um die Regierung über die Runden zu bringen« und damit die Siegeschancen bei der nächsten Bundestagswahl zu erhöhen.[10]

Erhards Ablehnung einer Großen Koalition der Union mit der SPD war aus der Sicht des BDI ein weiterer wichtiger Grund, ihn vor den Angriffen der SPD und der Kritik seiner Parteifreunde zu schützen. Berg und sein Stellvertreter Hans-Günther Sohl (Thyssen AG) waren sogar der Meinung, dass eine Kleine Koalition aus SPD und FDP einer Großen Koalition der Sozialpolitiker aus CDU/CSU und SPD vorzuziehen sei.[11] Das Präsidiumsmitglied W. Alexander Menne (Hoechst AG), der seit 1961 als Abgeordneter der FDP dem Bundestag angehörte, malte auf der BDI-Mitgliederversammlung am 12. Mai 1965 ein unrealistisches Schreckensszenario: »Wenn wir in dieser Frage [der Mitbestimmung, C. K.] nicht aufpassen, dann werden die SPD plus ein Teil der CDU […] zusammen das Mitbestimmungsrecht beschließen.«[12] Der ehemalige Hauptgeschäftsführer Gustav Stein, der 1961 als Kandidat der CDU in den Bundestag gelangt war, riet dagegen zu einer Großen Koalition. Dafür sprachen keine positiven Argumente, sondern sein Eindruck, CDU und CSU seien unter den gegebenen personellen und strukturellen Bedingungen nicht oppositionsfähig.

Berg reagierte alarmiert auf die Entscheidung des SPD-Parteitages von 1964, die Forderung des neuen Grundsatzprogramms des DGB nach Ausdehnung der paritätischen Mitbestimmung von der Montanindustrie auf alle Großunternehmen zu unterstützen.[13] Er nahm diese Entscheidung zum Anlass, die marktwirtschaftliche Orientierung der SPD in Frage zu stellen, das Gespenst eines herannahenden »sozialistischen Monster-Staats« heraufzubeschwören und die Mitgliedsverbände des BDI eindringlich vor einem sozialdemokratischen Wahlsieg bei der Bundestagswahl am 19. September 1965 zu warnen. Auf der Mitglieder-

9 Niederschrift der Präsidiumssitzung am 12.7.1963, in: BDI-Archiv HGF, PRO 10 K 787.

10 Wörtliche Niederschrift der Diskussion auf der Mitgliederversammlung des BDI am 12.5.1965, in: BDI-Archiv HGF, PRO 11 K 782.

11 Stenographische Wiedergabe der Präsidiumssitzung am 13.1.1965, in: BDI-Archiv HGF, PRO 12 K 775.

12 Wörtliche Niederschrift der Diskussion auf der Mitgliederversammlung des BDI am 12.5.1965, in: BDI-Archiv HGF, PRO 11 K 782.

13 Fritz Berg, *Demokratischer Kapitalismus. Rede vor der IHK zu Hagen am 18.12.1964*; vgl. ders., *Gefährliche Experimente. Rede vor der IHK Wuppertal am 30.8.1965*, in: ders., Reden 1950-1965, 451-466. S. a. Volker Berghahn, *Unternehmer und Politik in der Bundesrepublik*, Frankfurt 1985, 308.

versammlung des BDI am 12. Mai 1965 charakterisierte er den größten Teil der SPD-Bundestagsabgeordneten als »klare Marxisten und Funktionäre«. Obwohl die SPD 1959 in ihrem Godesberger Programm mit dem Marxismus gebrochen hatte und sich seitdem zur Sozialen Marktwirtschaft bekannte, stellte Fritz Berg sein überkommenes politisches Feindbild nicht in Frage. Aus dem Präsidium sind keine Äußerungen überliefert, die wirtschaftspolitischen und gesellschaftspolitischen Konzepte der Sozialdemokraten künftig vorurteilsfreier zu betrachten.

Angesichts ihres populären neuen Parteivorsitzenden und Kanzlerkandidaten Willy Brandt und der steigenden Prognosen für die SPD in Meinungsumfragen erschien eine Regierungsbeteiligung der Sozialdemokraten nicht ausgeschlossen. Im Januar 1965 überlegte das Präsidium des BDI zum ersten Mal, sich in der Tagespresse mit Inseraten direkt an eine weite Öffentlichkeit zu wenden. Der Anlass zu diesem neuen Konzept der Öffentlichkeitsarbeit waren Anzeigen des DGB zu seinem Mitbestimmungskonzept, die kurz zuvor in Tageszeitungen erschienen.[14] Die Bundesvereinigung der deutschen Arbeitgeberverbände (BDA) drängte auf eine gemeinsame Aktion der beiden Spitzenverbände der Wirtschaft, um die Öffentlichkeit in ihrem Sinne zu beeinflussen und dem DGB nicht die Meinungsführerschaft zu überlassen.

Der BDI hatte 1964 objektive Gründe, mit dem ersten Jahr der Kanzlerschaft Ludwig Erhards zufrieden zu sein. Die Steuerreform unter der Ägide des freidemokratischen Finanzministers Rolf Dahlgrün (1908-1969) brachte den Unternehmen eine Steuerentlastung.[15] Zur Enttäuschung des BDI blieb die überkommene, aus dem Jahr 1922 stammende Haushaltsordnung für den Bundeshaushalt jedoch bestehen. Die Hoffnung des BDI auf eine moderne Haushaltsordnung, welche eine längerfristige Haushaltsplanung und die Übertragung von Haushaltsresten auf das nächste Jahr erlaubte, sollte erst 1967 durch die Große Koalition erfüllt werden. Die neugeschaffene Möglichkeit zur Anpassung der Abschreibungen auf Anlagegüter (AfA) an die konjunkturelle Entwicklung war ein erster Schritt zu einer keynesianisch inspirierten antizyklischen Konjunkturpolitik, den der BDI nicht begrüßte, aber aus Unternehmenssicht als »nicht so tragisch« bezeichnete. Die mögliche Senkung der steuerlichen Abschreibungssätze in einer Boomphase war aus Sicht des BDI das geringere Übel gegenüber einer umsatzsteuerlichen Belastung

14 Stenographische Notizen zur Präsidiumssitzung am 13.1.1965, in: BDI-Archiv HGF, PRO 11 K 782.

15 Niederschrift der Präsidiumssitzung am 14.9.1964 sowie die stenographischen Notizen zur Sitzung, in: BDI-Archiv HGF, PRO 11 K 782.

von Exporten, welche die exportorientierten Unternehmen härter getroffen hätte.

Auch bei der Beurteilung der konjunkturellen Lage und der konjunkturpolitischen Prioritäten stimmten der BDI und die Bundesregierung vollkommen überein. Als das Präsidium des BDI das Jahresgutachten der Sachverständigen für die konjunkturelle Entwicklung (»Rat der fünf Weisen«) und die Stellungnahme der Bundesregierung beriet, stimmte es der Prioritätensetzung der Bundesregierung völlig zu. Aus der Sicht des BDI gab es zu Ludwig Erhards Primat der Geldwertstabilität keine Alternative.[16]

Es war daher keine Überraschung, dass der BDI den Wahlsieg von CDU/CSU und FDP bei der Bundestagswahl begrüßte.[17] Trotz des überzeugenden Wahlsiegs der bürgerlichen Parteien verflog die Euphorie wegen der Querelen bei der Regierungsbildung jedoch schnell. In einer Rede vor dem Präsidium des BDI und dem Vorstand der BDA sprach Berg über die mögliche Gefahr eines Koalitionsbruchs, der sich tatsächlich fast genau elf Monate später ereignen sollte. In einer Gedankenskizze für die erste Präsidiumssitzung nach der Wahl am 1. Oktober 1965 legten Berg und die Hauptgeschäftsführung des BDI ihre politischen Prioritäten für die kommende Legislaturperiode vor.[18]

In der Außenpolitik erwartete der BDI von der Bundesregierung, baldmöglichst eine Verständigung mit der französischen Regierung zu suchen. Der zeitweilige Auszug Frankreichs aus dem Ministerrat der EWG drohte den Aufbau des gemeinsamen Marktes zu verzögern. Während der französische Präsident Charles de Gaulle entsprechend seinem Konzept von einem »Europa der Vaterländer« die supranationale Kommission der EWG schwächen und das intergouvernementale Führungsgremium des Ministerrats stärken wollte, waren sich der BDI, der französische Arbeitgeberverband CNPF und der europäische Industrieverband UNICE über das Ziel einer wirtschaftlichen und politischen Union Europas einig.[19] Mit Rücksicht auf die französische Ablehnung eines Souveränitätsverlustes der Nationalstaaten sprach sich der BDI dafür aus, die mittelfristig geplante Einführung des qualifizierten Mehrheitsvotums im Ministerrat

16 Niederschrift der Präsidiumssitzung am 13.1.1965, in: BDI-Archiv HGF, PRO 12 K 775.

17 Rede von Fritz Berg auf der gemeinsamen Präsidial- und Vorstandssitzung des BDI und der BDA am 22.11.1965, in: ebd.

18 Wirtschaftspolitische Leitlinien für die kommende Legislaturperiode, 30.9.1965, in: BDI-Archiv HGF, PRO 11 K 782.

19 Rede von Fritz Berg auf der gemeinsamen Präsidial- und Vorstandssitzung des BDI und der BDA am 22.11.1965, in: BDI-Archiv HGF, PRO 12 K 775.

Abbildung 24: 17. Ordentliche Mitgliederversammlung des BDI, 8.6.1966, München (v.li. BDI-Präsident Fritz Berg, Prof. Dr. Rolf Rodenstock (Vorsitzender des Landesverbandes der Bayerischen Industrie e.V.), Prof. Gustav Stein (Geschäftsführendes Präsidialmitglied des BDI), Bundeskanzler Prof. Ludwig Erhard, Ministerpräsident Alfons Goppel und Landtagspräsident Dr. Rudolf Hanauer.

der Europäischen Gemeinschaft (EG) und das längerfristige Ziel einer politischen Union zu verschieben. Der BDI rechnete mit einer baldigen Rückkehr Frankreichs in den Ministerrat, aber erwartete während der Amtszeit des französischen Präsidenten de Gaulle keine qualitativen Fortschritte in der politischen Integration Europas. Erst im Sommer 1969 sollten de Gaulles unerwarteter Rücktritt vom Präsidentenamt und die Wahl seines deutlich integrationsfreundlicheren Nachfolgers Georges Pompidou die europapolitische Stagnation beenden und Hoffnungen auf einen europapolitischen Fortschritt wecken.[20]

Dieser Rückschlag für die europäische Integration brachte den BDI jedoch nicht davon ab, nach der Vollendung der Zollunion am 1. Juni 1968 den Weg zu einer europäischen Wirtschaftsunion zu beschreiten. Unmittelbar nach Frankreichs Auszug aus dem Ministerrat der EG veröffentlichte der BDI eine Pressemitteilung, die einen gemeinsamen Markt

20 Jahresbericht des BDI 1968/69, Köln 1969, 19, 62f..

für Industriegüter, Agrargüter und Dienstleistungen und eine gemeinsame Außenhandelspolitik als mittelfristige Ziele anvisierte.[21] Der BDI akzeptierte und forderte die Übertragung nationaler Souveränitätsrechte auf die Organe der EG als rechtliche und organisatorische Vorbedingungen eines gemeinsamen Marktes. Sein Eintreten für eine europäische Wirtschaftsunion war aus der Sicht der deutschen Industrie absolut folgerichtig, da die Wettbewerbsverzerrungen in Form unterschiedlicher Steuersätze und Subventionen nach dem Wegfall der Zölle unmittelbar durchschlugen und sich die Liberalisierung des Wettbewerbs und die Harmonisierung der Wettbewerbsbedingungen gegenseitig bedingten.

Neu war die Forderung des BDI an die Bundesregierung, den bundesdeutschen Güterexport durch staatliche Finanzierungshilfen zu fördern. Der BDI betrachtete die Exportförderung anderer Staaten mit subventionierten Exportkrediten als eine Wettbewerbsverzerrung, die vergleichbare staatliche Hilfen für die deutsche Wirtschaft rechtfertigte. Auf dem Feld der Wirtschafts- und Finanzpolitik zeigte sich der BDI mit den Leistungen der bisherigen Bundesregierung zufrieden und unterstützte Erhards Priorität für die Stabilität des Haushalts. Das Beharren auf einem ausgeglichenen Haushalt stand jedoch in einem gewissen Widerspruch zur Forderung des BDI nach einem zügigen Ausbau der Verkehrs- und Bildungsinfrastrukturen.

Aus der Sicht des BDI stellte die Forderung des DGB nach einer erweiterten betrieblichen Mitbestimmung eine der größten gesellschaftspolitischen Herausforderungen der kommenden Jahre dar.[22] Vertreter des BDI trafen sich regelmäßig mit Repräsentanten der Sozialausschüsse in den Reihen der Unionsfraktion, um frühzeitig Informationen über ihre Einstellung zu den Mitbestimmungskonzepten des DGB zu gewinnen. Es ist anzunehmen, dass dieser Kontakt über den CDU-Abgeordneten und ehemaligen BDI-Hauptgeschäftsführer Gustav Stein zustande kam, der den Vorsitzenden der CDU-Sozialausschüsse und Bundestagsabgeordneten Hans Katzer jederzeit informell in der Fraktion ansprechen konnte. Zur Vorbereitung eines Gegenkonzeptes der Unternehmerseite gründete der BDI einen gemeinsamen Arbeitskreis mit der BDA unter dem Vorsitz des Daimler-Benz-Vorstandes und BDA-Vorstandsmitglieds Hanns Martin Schleyer (1915-1977). Der BDI und die BDA etablierten

21 Presseerklärung des BDI zur EWG-Krise, 1.10.1965, in: BDI-Archiv KE 2/1 K 154; vgl. das Memorandum des BDI vom 22.8.1965, zit. in: Bührer, *Spitzenverbände*, 60.

22 Hauptprobleme und Entwicklungstendenzen der Mitbestimmungsdiskussion in der Bundesrepublik. Vorlage für die Sitzung des Präsidiums am 1.10.1965, in: BDI-Archiv KE 2/1 154,

einen erweiterten Arbeitskreis Mitbestimmung, dem auch der DIHT, die Arbeitsgemeinschaft Selbstständiger Unternehmer (ASU) und Bund Katholischer Unternehmer (BKU) angehörten.

Im Sommer 1966 beschäftigte sich der BDI intensiv mit dem Entwurf des Bundeswirtschaftsministeriums für ein Stabilitätsgesetz, das die Bundesregierung zu einer aktiven Konjunkturpolitik verpflichten sollte. Die Selbstverpflichtung der Bundesregierung zu einem kontinuierlichen Wirtschaftswachstum, einem stabilen Geldwert, hoher Beschäftigung und einer ausgeglichenen Handelsbilanz war aus der Sicht des BDI völlig unumstritten. Es gab zwischen dem BDI und dem Wirtschaftsministerium jedoch Meinungsverschiedenheiten, mit welchem wirtschaftspolitischen Instrumentarium diese Ziele erreicht werden sollten.

Auf der einen Seite konnte der BDI das Wirtschaftsministerium davon überzeugen, auf konjunkturell variable Steuersätze zu verzichten. Steuererhöhungen waren als Mittel zur Dämpfung einer überhitzten Konjunktur zwar plausibel, aber beeinträchtigten die Erwartungssicherheit und die Kalkulationen der Unternehmen. Mit seinem Wunsch, auch auf konjunkturell variable Abschreibungssätze zu verzichten, drang der BDI beim Wirtschaftsministerium jedoch nicht durch. Aus der Sicht der Industrie war eine Herabsetzung der Abschreibungssätze in einer Hochkonjunktur wegen ihrer Auswirkungen auf die Erträge nach Steuern zu gravierend.[23] In dieser Frage waren sich die Mitglieder des BDI-Präsidiums jedoch nicht einig. Während W. Alexander Menne als Vertreter der kapitalintensiven Chemieindustrie vor der »Unberechenbarkeit der Abschreibungssätze« warnte, hielt der Brillenhersteller Rolf Rodenstock verringerte Abschreibungssätze als Gegenstück zu Sonderabschreibungen in konjunkturellen Schwächeperioden für legitim. Ähnliche Bedenken erhob der BDI auch gegen das nicht verwirklichte Konzept einer konjunkturpolitischen Beschränkung der Kredite an die Industrie (Kreditplafondierung), die vor allem wegen der befürchteten Verdrängung kleiner und mittlerer Unternehmen aus dem Kreditmarkt kritisiert wurde.

Trotz dieser Bedenken sprach sich der BDI im September 1966 für die baldige Verabschiedung des Stabilitätsgesetzes aus. Wegen der verschlechterten konjunkturellen Entwicklung drohte zum ersten Mal seit der Währungsreform eine Rezession, die 1967 tatsächlich einsetzte. Aus der Sicht des BDI war daher Eile geboten, um der Bundesregierung die erforderlichen konjunkturpolitischen Instrumente zur Verfügung zu

23 Rede von Gustav Stein auf der Mitgliederversammlung des BDI am 8.6.1966, in: BDI-Archiv HGF, PRO 13 K 775; Niederschrift der Präsidiumssitzung am 13.7.1966, in: ebd.

stellen. Die Zustimmung des BDI zum Stabilitätsgesetz zeigte, dass die deutsche Industrie das neue Konzept einer nachfrageorientierten Konjunkturpolitik auf der Grundlage der keynesianischen Theorie durchaus akzeptierte. Folgerichtig lehnte der BDI den Wunsch Erhards ab, die wachsende finanzielle Lücke im Bundeshaushalt durch eine konjunkturpolitisch kontraproduktive Erhöhung der direkten Steuern zu schließen. Eine Erhöhung indirekter Steuern zu Lasten der Verbraucher und ein höheres Haushaltsdefizit im Sinne des keynesianischen *deficit spending* schloss der BDI hingegen nicht aus und befand sich damit in Übereinstimmung mit der neuen Regierung der Großen Koalition von Bundeskanzler Kurt Georg Kiesinger (CDU). Mit dem neuen Wirtschaftsminister Professor Karl Schiller (SPD) und Finanzminister Franz Josef Strauß (CSU) übernahmen zwei erklärte Keynesianer die Verantwortung für die Wirtschaftspolitik der Bundesregierung.

Obwohl Fritz Berg noch 1965 in internen Konferenzen des BDI ein großes Repertoire an antisozialdemokratischer Rhetorik bemüht hatte, reagierte die Führung des BDI auf die erste Regierungsbeteiligung der SPD seit 1930 ganz unaufgeregt. Der sozialdemokratische Wirtschaftsminister Schiller war ein entschiedener Anhänger einer konjunkturellen Globalsteuerung, aber der Sympathie für eine planifikatorische Lenkung der Wirtschaft nach dem Beispiel Frankreichs nicht verdächtig. Bereits sechs Wochen nach Schillers Ernennung zum Minister schickte ihm der Präsident des BDI ein Fernschreiben, das ihn zum Festhalten an seinem konjunkturpolitischen Kurs ermutigte und ihm die Unterstützung der Industrie versprach.[24] Innerhalb des Präsidiums war diese Linie nicht unumstritten. In der stenographischen Niederschrift der Präsidiums- und Vorstandssitzung vom 12. Januar 1967 wurde Bergs Äußerung gestrichen, mit der neuen Regierung sachlich und loyal zusammenarbeiten zu wollen.[25]

Wegen der pessimistischen Einschätzung der Konjunktur begrüßte das Präsidium des BDI die angekündigten Sonderabschreibungen auf Anlagegüter, mit denen das Wirtschaftsministerium die Entwicklung der

24 Entwurf eines Fernschreibens an Schiller, 12.1.1967, in: BDI-Archiv HGF, PRO 15 K 778.

25 Stenographische Niederschrift der Präsidiums- und Vorstandssitzung, in: ebd.; vgl. Werner Abelshauser/Christopher Kopper, *Ordnungspolitik der sichtbaren Hand*, in: Das Bundeswirtschaftsministerium in der Ära der Sozialen Marktwirtschaft, hrsg. von Werner Abelshauser, Berlin 2016, 85 (= Wirtschaftspolitik in Deutschland 1917-1990, Bd. 4).

Investitionen stabilisieren wollte.[26] Der BDI betrachtete die Konzertierte Aktion der Bundesregierung, bei der sich Arbeitgeber und Gewerkschaften über die Lohn- und Preisentwicklung austauschten und mit dem Wirtschaftsminister die konjunkturelle Lage beraten sollten, zunächst abwartend. Erstaunlicherweise traf die Nachricht, dass die Mehrzahl der Gewerkschaften Schillers Vorschlag für einen Höchstsatz bei der kommenden Lohnrunde zugestimmt habe, im Präsidium des BDI auf wenig Begeisterung. Offenbar rechnete der BDI mit Forderungen Schillers nach lohnpolitischen oder preispolitischen Gegenleistungen nach dem Ende der Rezession. Eine Verlagerung der Lohnaushandlung von den Tarifpartnern auf die Konzertierte Aktion hätte dem dezentralen Charakter der Tarifverhandlungen und der Neutralität des Staates in Tariffragen widersprochen und wurde vom BDA und von der BDI keineswegs angestrebt.[27]

Schillers Revisionen am Entwurf des Stabilitätsgesetzes, das er von seinem Amtsvorgänger Kurt Schmücker (CDU) »geerbt« hatte, fanden beim BDI wenig Zustimmung.[28] Der BDI hielt die volkswirtschaftlichen Makrodaten wie das prognostizierte Wachstum des Bruttoinlandsprodukts (BIP) für zu allgemein und zu unsicher, um auf ihrer Basis grundlegende wirtschaftspolitische Entscheidungen zu treffen. In dieser Kritik steckte eine grundlegende Skepsis an den prognostischen Fähigkeiten ökonometrischer Konjunkturmodelle, die der Sachverständigenrat für die wirtschaftliche Entwicklung in seinen Jahresgutachten verwendete. Darüber hinaus kritisierte der BDI die Fülle der konjunkturpolitischen Instrumente, derer sich die Bundesregierung bedienen wollte. Aus der Sicht der Unternehmen bedeutete eine Vielzahl steuerlicher Instrumente zur Konjunktursteuerung auch eine Vielzahl von Eingriffsmöglichkeiten, welche die unternehmerische Dispositionsfreiheit einschränken konnten. Nach den ersten beiden Jahren der Globalsteuerung sollten sich diese Bedenken bestätigen. Im Januar 1969 kritisierte das BDI-Präsidium die ständigen Veränderungen des Steuerrechts, die eine längerfristige Rentabilitätskalkulation erschwerten.[29] Doch zwei Jahre nach dem Beginn der Konzertierten Aktion stellte der BDI ihr in seinem Jahresbericht

26 Niederschrift der Präsidiums- und Vorstandssitzung am 12.1.1967, in: BDI-Archiv HGF, PRO 15 K 778.

27 Jahresbericht des BDI 1.6.1968 bis 30.4.1969, 12.

28 Stellungnahme des BDI zu den Änderungs- und Ergänzungsvorschlägen der Bundesregierung zum Stabilitätsgesetz, 14.2.1967, in: BDI-Archiv HGF, PRO 15 K 778.

29 Niederschrift der Präsidiumssitzung am 3.1.1969, in: BDI-Archiv HGF, PRO 20 K 779.

für 1968/69 ein gutes Zeugnis aus. Der BDI begrüßte grundsätzlich die Selbstbeschränkung der Konzertierten Aktion auf die Konsultation des BDI, der BDA und des DGB zu den wirtschaftspolitischen Entscheidungen der Bundesregierung und gewann aufgrund der positiven makroökonomischen Daten zunehmend Vertrauen in die Machbarkeit der Globalsteuerung.[30] Ab 1970 ließ sich der BDI vom Institut der deutschen Wirtschaft sogar eine eigene Wirtschaftsprognose für das laufende Jahr erstellen.[31] Die Prognose sollte dem BDI, seinen Mitgliedsverbänden und den Industrieunternehmen eine Orientierung über die kurzfristige volkswirtschaftliche Entwicklung vermitteln. Sie sollte den BDI in die Lage versetzen, die Positionen der Industrie gegenüber der Bundesregierung und den Gewerkschaften mit überzeugenden volkswirtschaftlichen Argumenten zu vertreten. Für die Argumentation des BDI waren dabei besonders die Prognosen über die Nettoeinkommen der Unternehmen, die nicht entnommenen Gewinne und die Selbstfinanzierung der Investitionen entscheidend. Diese Prognosen sollten die Kritik des BDI an zu hohen Lohnabschlüssen unterstreichen, welche die Rücklagenbildung und die Selbstfinanzierung von Investitionen erschwerten.

Bei der Beratung des Stabilitätsgesetzes konnte sich der BDI nicht nur darauf verlassen, dass ihn das Bundeswirtschaftsministerium als unmittelbar betroffenen Großverband anhörte. Durch das Präsidiumsmitglied W. Alexander Menne, der seit 1961 der FDP-Bundestagsfraktion angehörte, besetzte ein Repräsentant des BDI den Vorsitz im Wirtschaftsausschuss des Bundestags. Der BDI erzielte mit seiner Intervention gegen die Ausdehnung der konjunkturpolitischen Instrumente einen Teilerfolg. Im endgültigen Entwurf des Stabilitätsgesetzes strich das Bundeswirtschaftsministerium auf Wunsch der Wirtschaft die Plafondierung (Höchstbegrenzung) der Bankkredite an die Unternehmen. Auf Drängen des BDI verzichtete die Bundesregierung auch auf die Möglichkeit, die Rückvergütung der Umsatzsteuer bei Exporten an die konjunkturelle Lage anpassen und in einer Hochkonjunktur auch aufheben zu können. Konjunkturpolitisch motivierte Zuschläge zur Einkommens- und Körperschaftssteuer um maximal zehn Prozent waren an die vorherige Zustimmung des Bundestags geknüpft. Aus der Sicht des BDI waren diese konjunkturpolitischen Steuerzuschläge »sehr unerfreulich«, auch wenn das Steuerbewilligungsrecht des Bundestags eine allzu hektische Anpassung der Ertragssteuern an die Lage der Konjunktur verhindern

30 BDI, Jahresbericht 1968/69, Köln 1969, 38 ff.
31 BDI, Jahresbericht 1969/70, Köln 1970, 28-32.

konnte. Die Einführung der mittelfristigen Finanzplanung im Bundeshaushalt wurde vom BDI wegen der Verstetigung der öffentlichen Ausgaben einhellig begrüßt. Eine Planung der öffentlichen Investitionen über mehrere Jahre schuf bei den Auftragnehmern in der Wirtschaft ein höheres Maß an Erwartungssicherheit.[32] Aus diesen Gründen stieß die Kritik des Präsidiumsmitglieds Menne (»Ich bin nicht sehr glücklich über dieses Instrumentarium«) auf der Mitgliederversammlung des BDI nicht auf ungeteilte Zustimmung. Als Abgeordneter der einzigen Oppositionspartei FDP gehörte die Kritik an der Bundesregierung zu Mennes politischer Grundaufgabe, was für die Anhänger der Unionsparteien im BDI nicht galt.

In der Konjunkturpolitik stimmte der BDI der Lageanalyse und den Prioritäten des Bundeswirtschaftsministeriums weitgehend zu. Während der gestürzte Kanzler Erhard die größte Gefahr in steigenden Preisen gesehen hatte, lagen für Schiller die größten Herausforderungen in der Wiederherstellung der Vollbeschäftigung und eines angemessenen Wirtschaftswachstums. Aus diesem Grund erhob der BDI keine Einwände gegen die Sonderinvestitionen des Bundes in Höhe von 2,5 Mrd. D-Mark, die zu einem erheblichen Teil dem ohnehin erwünschten Ausbau der Verkehrsinfrastruktur zugute kamen.[33] Erweiterte Sonderabschreibungen auf Investitionsgüter hatten eine unmittelbare Auswirkung auf die Ertragslage und waren aus Sicht der Industrie willkommen. Die Mitglieder des BDI waren beruhigt, dass die Unionsfraktion und die Minister von CDU und CSU die Ausweitung der betrieblichen Mitbestimmung bis zum Ende der Legislaturperiode (1969) verhindern würden und auch Karl Schiller nach Bergs Eindruck wenig Interesse an diesem Thema zeigte. Im Präsidium des BDI bestand daher im Herbst 1967 weitgehende Einigkeit, das Vertrauen in Bundeskanzler Kiesinger und seine Regierung zu stärken und die Detailkritik an der Wirtschaftspolitik nicht zu sehr zu betonen.[34]

Die Mitgliederversammlung des BDI und Berg zeigten sich jedoch über den Vorschlag des Sachverständigenrats nach einer achtprozentigen Aufwertung der D-Mark zur Dämpfung der Inflation und zur Senkung

32 Niederschrift der Präsidiumssitzung am 20.4.1967, in: BDI-Archiv HGF, PRO 16 K 778.; stenographische Niederschrift der Mitgliederversammlung des BDI am 21.4.1967, in: ebd.

33 Stellungnahme des BDI zum Sondergutachten des Sachverständigenrats über die Konjunkturlage im Frühjahr 1967, in: ebd.

34 Niederschrift der Präsidiumssitzung am 25.9.1967, in BDI-Archiv HGF, PRO 16 K 778.

des Exportüberschusses beunruhigt.[35] Obwohl die Vorschläge des Sachverständigenrats keine Verbindlichkeit für die Bundesregierung besaßen, rechnete Berg wegen Schillers Vertrauen in die Sachkompetenz seiner Ökonomenkollegen im Sachverständigenrat mit einer Entscheidung, die »für den Export sehr gefährliche Folgen haben kann«.[36] Im November 1968 forderte Fritz Berg seine Unternehmerkollegen nachdrücklich zur Zurückhaltung bei Preiserhöhungen auf, um dem Bundeswirtschaftsminister und der Bundesbank keinen Anlass für eine Aufwertung zu geben. Als Schiller im Dezember 1968 zur Dämpfung des Preisauftriebs eine zeitweilige Reduzierung der Umsatzsteuer für Importe im Kabinett durchsetzte, war dies aus Sicht der Industrie ein kleineres Übel als eine faktisch irreversible Aufwertung der D-Mark.[37] Obwohl das Kabinett einer Aufwertung der D-Mark zustimmen musste und sich Kiesinger und sein Finanzminister Strauß (CSU) auf eine Ablehnung festlegten, blieb der BDI beunruhigt. Im Prioritätenkatalog des BDI rangierte der Verzicht auf eine Aufwertung weiterhin an erster Stelle.[38]

Schillers viel zitierter Begriff der »sozialen Symmetrie« zwischen Arbeitgebern und Arbeitnehmern erschien Berg wegen der implizierten Erwartungen an die Unternehmen jedoch erklärungsbedürftig, ja problematisch. Obwohl die Gewerkschaften auf Schillers Drängen zu zurückhaltenden Lohnforderungen in der laufenden Lohnrunde bereit waren, erwartete Berg nach dem baldigen Ende der Rezession eine Kompensation durch höhere Lohnerwartungen der Gewerkschaften im darauffolgenden Jahr.[39] Ohne diese Befürchtungen waren Bergs Warnungen vor überhöhten Lohnsteigerungen in der Präsidiumssitzung am 12. Juni 1967 nicht verständlich.[40] Berg musste einsehen, dass Schiller in der Konzertierten Aktion Zugeständnisse von beiden Seiten zur konjunkturpolitisch gebotenen Zeit erwartete. Aus diesem Grund hielt es Berg im September 1968 »für nicht zweckmäßig, die Konzertierte Aktion auf die Dauer zu einem institutionalisierten Beratungsgremium der Bun-

35 Niederschrift der Präsidiumssitzung am 13.11.1967, in: ebd.; vgl. die Ergebnisse der Diskussion im Arbeitskreis I (Außenwirtschaft) auf der Mitgliederversammlung des BDI am 10.6.1968, in: BDI-Archiv HGF, PRO 18 K 777.

36 Niederschrift der Präsidiumssitzung am 15.11.1968, in: BDI-Archiv HGF, PRO 18 K 777.

37 Niederschrift der Präsidiumssitzung am 9.12.1968, in: ebd.

38 Niederschrift der Präsidiumssitzung am 3.1.1969, in: BDI-Archiv HGF, PRO 20 K 779.

39 Niederschrift der Präsidiumssitzung am 13.11.1967, in: BDI-Archiv HGF, PRO 16 K 778.

40 Niederschrift der Präsidiumssitzung am 12.6.1967, in: ebd.

desregierung auszubauen«.[41] Da sich die konjunkturelle Lage stabilisiert hatte und die verbesserte Konjunktur nicht in eine konjunkturelle Überhitzung umzuschlagen drohte, bestand aus Sicht des BDI kein weiterer Bedarf an einem moderierten Gespräch zwischen den Spitzenverbänden der Wirtschaft und dem DGB.[42]

Zwei Wochen vor der Bundestagswahl am 28. September 1969 platzte eine halböffentliche Äußerung Bergs in die polarisierte Atmosphäre im Land. Im August und September 1969 weckten wilde Streiks für höhere Löhne bei Ford in Köln und bei Hoesch in Dortmund im Management die Furcht vor politischen und sozialen Unruhen, wie sie Frankreich im Mai 1968 erlebt hatte. Die »Frankfurter Allgemeine Zeitung« verbreitete am 9. September 1969 auf ihrer Titelseite in einem für sie untypischen boulevardähnlichen Stil die Falschmeldung, dass die Frau des Hoesch-Vorstandsvorsitzenden Fritz Harders vor ihrem Haus streikenden Arbeitern mit einem gezogenen Revolver entgegengetreten sei. Auf einem Empfang der Industriekreditbank (IKB) am 12. September kommentierte Fritz Berg diesen vermeintlichen Vorfall mit den Worten: »Die hätte doch ruhig schießen sollen, einen totschießen, dann herrschte wenigstens wieder Ordnung.«[43] Bergs Äußerung, die an die gewaltsame Niederschlagung von Streiks während des Kaiserreichs erinnerte, sorgte in der Öffentlichkeit für Entrüstung. Nicht nur Gewerkschafter wie der DGB-Vorsitzende Heinz Oskar Vetter reagierten empört und forderten personelle Konsequenzen. Der angesehene und nicht als gewerkschaftsnah geltende Fernsehmoderator Werner Höfer (»Der Internationale Frühschoppen«) rief in einem Kommentar für den WDR die deutsche Industrie auf, Konsequenzen aus der verbalen Entgleisung des »Schlagetots« Berg zu ziehen.[44] Berg verschlimmerte den Fehler noch durch sein Versäumnis, sich gleich nach der Veröffentlichung für seine Äußerung zu entschuldigen. Erst zwei Monate später versuchte er vor der nächsten Sitzung der Konzertierten Aktion durch eine Reueerklärung seinen Ruf zu retten.[45]

Viele Journalisten erklärten Bergs Entgleisung mit seinem gelegentlich überschäumenden Temperament und seiner Neigung zu drastischen Ausdrücken. Die Ursachen dieser Affäre lagen jedoch weniger in Bergs

41 Niederschrift der Präsidiumssitzung am 20.9.1968, in: BDI-Archiv HGF, PRO 18 K 777.
42 Rede Bergs auf der Präsidiumssitzung am 15.11.1968, in: ebd.
43 *So lebhaft*, in: Der Spiegel (15.9.1969), 99 f.
44 *Den Schlagetot abberufen*, in: Der Spiegel (22.9.1969), 68.
45 *Konzertierte Aktion*, in: Der Spiegel (1.12.1969), 36 f.

Charakter als in seinem mangelnden Verständnis des beschleunigten liberalen Wertewandels. Berg hatte nicht verstanden, dass der Bewusstseinswandel der Gesellschaft und die Infragestellung traditioneller Autoritäten eine geschmeidigere und gefälligere Kommunikation in der Öffentlichkeit erforderten. Das Unternehmersein ließ sich nicht mehr allein durch den Eigentümerstatus und den wirtschaftlichen Erfolg des Unternehmens legitimieren. Das autoritäre, ja selbstherrliche Auftreten eines traditionellen paternalistischen Unternehmers wie Berg passte nicht mehr in eine Zeit, die autoritäres Verhalten in Erziehung, Schule, Hochschule und Betrieb kritisch in Frage stellte und eine Sozialpartnerschaft auf Augenhöhe favorisierte. Die Massenmedien vermittelten ein kritischeres Unternehmerbild als in den Wirtschaftswunderjahren. Sie stellten hohe Unternehmensgewinne zunehmend als Ursache des Preisauftriebs und Indiz einer ungerechten Einkommensverteilung denn als Ausweis unternehmerischer Leistung dar.

Der Wahlerfolg der SPD bei der Bundestagswahl am 28. September 1969 und die Bildung einer Koalition aus SPD und FDP unter dem bisherigen Außenminister Willy Brandt (SPD) bedeuteten aus der Sicht des BDI eine politische Zäsur. Wirtschaftsminister Schiller hatte sich vor den Wahlen für die Aufwertung der D-Mark ausgesprochen, sodass die exportierenden Mitgliedsfirmen mit einer sich verschlechternden Wettbewerbslage rechnen mussten. Interessanterweise finden sich in den Akten des BDI keine Überlegungen, dass der Aufwertungsdruck auf die D-Mark zum einen aus den hohen Exportüberschüssen und zum anderen aus der vergleichsweise hohen Preisstabilität in Deutschland resultierte. Da der BDI den Zusammenhang zwischen den Währungsparitäten und den nationalen Inflationsraten anerkannte, stand seine Ablehnung einer Aufwertung argumentativ auf schwachen Füßen.[46] Bergs Versuch, den Bundesbankpräsidenten Karl Blessing von seiner Aufwertungsabsicht abzubringen, war daher zum Scheitern verurteilt.[47] Am 8. Oktober 1969 äußerte das Präsidium des BDI sein Interesse an einer »Rückkehr zu geordneten und sicheren Währungsverhältnissen«, ohne ahnen zu können, dass die stabile Währungsordnung der westlichen Welt zwei Jahre später zusammenbrechen würde.[48] Während die Aufwertung der D-Mark um knapp zehn Prozent nur einen einmaligen Wettbewerbseffekt verursachte, bereiteten dem BDI die hohen Lohnabschlüsse und die Steigerung der

46 Jahresbericht des BDI 1968/69, 62.
47 Schreiben Berg an Blessing, 12.9.1969, in: BDI-Archiv HGF, PRO 21 K 779.
48 Niederschrift der Präsidiumssitzung am 8.10.1969, in: ebd.

Lohnnebenkosten durch die Einführung der vollständigen Lohnfortzahlung im Krankheitsfall für Arbeiter größere Sorgen.

Das schlechte Wahlergebnis der FDP blieb nicht ohne Folgen für das parlamentarische Netzwerk des BDI. W. Alexander Menne verlor sein Bundestagsmandat und sollte erst im Mai 1972 für den kurzen Rest der Legislaturperiode nachrücken. Gustav Stein wurde wieder in den Bundestag gewählt, konnte aber als Abgeordneter der CDU-Opposition keinen Einfluss auf die Regierung ausüben. Neu in den Bundestag kam der oberfränkische Porzellanindustrielle Philip Rosenthal, der seit 1968 als Vorsitzender des Verbandes der keramischen Industrie dem Präsidium des BDI angehörte und zum Parlamentarischen Staatssekretär im Wirtschaftsministerium ernannt wurde. Als Sozialdemokrat und Verfechter einer signifikanten Arbeitnehmerbeteiligung am Unternehmensvermögen war Rosenthal innerhalb des BDI ein Außenseiter, dem die Anerkennung als Vertreter industrieller Interessen weitgehend fehlte.

Obwohl der BDI die Fortsetzung der Großen Koalition unter Kurt Georg Kiesinger einer SPD-geführten Koalition unter Willy Brandt vorgezogen hätte, erklärten sich Präsidium und Vorstand des BDI »selbstverständlich« zur Zusammenarbeit mit der neuen Bundesregierung bereit. Da sich der alte und neue Wirtschaftsminister Karl Schiller als verlässlicher und unparteiischer Verhandlungspartner erwiesen hatte und der neue sozialdemokratische Finanzminister Alex Möller (1903-1985) wegen seiner früheren Position als Generaldirektor der Karlsruher Lebensversicherungs AG als stabilitätsorientiert und wirtschaftsfreundlich galt, behielt der BDI verlässliche und aufgeschlossene Ansprechpartner in der Regierung.

3. Verteilungskämpfe, politische Polarisierung und die Erschütterung der Weltwirtschaft: Der BDI während der Kanzlerschaft Willy Brandts (1969-1974)

Durch seine Beteiligung an der Konzertierten Aktion wurde der BDI frühzeitig über die Einschätzung der konjunkturellen Lage durch die Bundesregierung und die zu erwartenden konjunkturpolitischen Schritte der Regierung informiert. Auch aus der Sicht der Industrie hatte die aktive Konjunkturpolitik ihre Bewährungsprobe in den vergangenen Jahren bestanden. Die hausgemachte Rezession von 1966/67 wurde durch das aktive Eingreifen des Bundeswirtschaftsministeriums schon vor dem Ende des Jahres 1967 beendet. Mit den Mitteln der Zins- und der Steuerpolitik gelang es der Bundesbank und der Bundesregierung bis Ende 1969, eine Überhitzung der Konjunktur zu verhindern und den Preisauftrieb unter Kontrolle zu halten.

Für die operative Leitung der Organisation und für das Tagesgeschäft des BDI war seit dem Regierungswechsel der neue Hauptgeschäftsführer Fritz Neef (1913-1979) zuständig, der von 1963 bis Januar 1968 als beamteter Staatssekretär im Bundeswirtschaftsministerium und von Februar 1968 bis Oktober 1969 in gleicher Funktion im Bundeslandwirtschaftsministerium tätig war. Von seinen Vorgängern im Amt des Hauptgeschäftsführers unterschied sich Neef dadurch, dass er nicht im Verbandswesen, sondern in der Ministerialverwaltung Karriere gemacht hatte. Neef hatte seine berufliche Laufbahn 1943 im Reichswirtschaftsministerium begonnen und 1949 im Bundeswirtschaftsministerium fortgesetzt.

Im ersten Gespräch der Konzertierten Aktion nach der Bildung der Regierung Brandt äußerten die Vertreter des BDI wegen der kommenden Lohnrunde ihre Sorgen.[1] Die Arbeitgeber rechneten für 1970 mit höheren Lohnforderungen der Gewerkschaften, die nicht ohne Folgen für die Entwicklung der industriellen Erzeugerpreise und damit für das gesamte Preisniveau bleiben konnten. Der alte und neue Wirtschaftsminister Karl Schiller beruhigte die stabilitätspolitischen Bedenken des BDI mit dem Versprechen, eine solide Finanzpolitik zu verfolgen und alle Ausgabenerhöhungen des Bundes auf ihre volkswirtschaftlichen Folgewirkungen zu überprüfen – ein Versprechen, an das der BDI wiederholt erinnerte. Für die Bedenken des BDI gab es einen konkreten Anlass. Im Vorgriff auf die längerfristig geplante Reform der Lohn- und Einkommenssteuer

1 Bericht der Hauptgeschäftsführung des BDI an die Mitglieder des Präsidiums und des Vorstands, 26.11.1969, in: BDI-Archiv HGF, PRO 22 K 779.

und der Körperschaftssteuer hatte der Wissenschaftliche Beirat des Bundesfinanzministeriums vor der Bundestagswahl einen Reformvorschlag vorgelegt, der höhere Einkommens- und Körperschaftssteuern bedeutet hätte.[2]

Karl Schiller und sein Kollege Alex Möller im Finanzministerium waren ohne Zweifel entschlossen, der Preisstabilität auch weiterhin eine hohe Priorität einzuräumen. Wegen des konjunkturellen Booms war es für Möller und Schiller jedoch schwer, die finanziellen Begehrlichkeiten der übrigen Minister in Schach zu halten. Vor allem die sozialdemokratischen Minister und die Fraktion der SPD verfolgten ehrgeizige und kostspielige Ziele beim Ausbau des Sozialstaats. Der beschleunigte Ausbau der Verkehrsinfrastrukturen, die verstärkte Förderung des Hochschulbaus und erhöhte Ausgaben für den Städtebau und den sozialen Wohnungsbau waren im Bundestag weitgehend unumstritten und wurden auch vom BDI entschieden befürwortet.[3] Aufgrund der boomenden Baukonjunktur trieb die Planungseuphorie der Infrastruktur- und Städtebaupolitik die Baupreise und damit auch die investiven Staatsausgaben in die Höhe. Der erhöhte Leitzinssatz der Bundesbank konnte gelegentlich private Bauherren zu einer Verschiebung von Investitionen veranlassen, aber die staatliche Baukonjunktur nicht dämpfen.

Der BDI begrüßte die Fortsetzung der Konzertierten Aktion, ohne sie bedingungslos zu befürworten. Im Sommer 1969 äußerte er in seinem Jahresbericht die Erwartung, »dass die beteiligten Gruppen […] über einen bestimmten übersehbaren Zeitraum gleichmäßig in den Genuss der Vorteile kommen, welche die Konzertierte Aktion vermitteln soll: […] eine Verteilungsgerechtigkeit im zeitlichen Verlauf«. Die Führung des BDI meinte damit das Gleiche wie Karl Schiller mit dem von ihm geprägten Begriff der »Sozialen Symmetrie«: eine ausgewogene Entwicklung von Löhnen und Preisen, welche das Verteilungsverhältnis zwischen Arbeitgebereinkommen und Arbeitnehmereinkommen auf längere Sicht konstant hielt und keine Seite einseitig begünstigte. Nach der Sitzung der Konzertierten Aktion im Mai 1970 würdigte das Präsidium des BDI die Position des Wirtschaftsministers, derzufolge es keinen Nachholbedarf bei der Lohnentwicklung gäbe.[4] Andererseits verwahrte sich der BDI gegen die Erwartung, eine Maßnahme zugunsten der Arbeitgeberseite durch eine Begünstigung der Arbeitnehmerseite unmittelbar auszuglei-

2 Jahresbericht des BDI 1968/69, 13.

3 Ebd., 15.

4 Niederschrift der Präsidiumssitzung am 11.5.1970, in: BDI-Archiv HGF, PRO 23 K 783.

chen. Aus der Sicht des BDI kamen Vorteile für die Industrie in Form von Nachfrageimpulsen und niedrigeren Lohnerhöhungen mittelfristig auch den Arbeitnehmern zugute.

Der BDI zeigte sich über den Wandel des gesellschaftlichen Klimas beunruhigt. Die Aktivitäten der neomarxistisch beeinflussten Studierendenbewegung (»1968er«), Radikalisierungstendenzen in Teilen der Gewerkschaftsbasis und der Linksruck in Teilen der SPD verunsicherten Unternehmer und Unternehmen. Bei der jährlichen Mitgliederversammlung des BDI im Juni 1969 in Bonn postierte sich erstmalig eine größere Zahl Polizisten vor dem Saal, um mögliche Übergriffe militanter Demonstranten zu verhindern.[5] In seinem im Mai 1970 veröffentlichten Jahresbericht für 1969/70 stellte der BDI die rhetorische Frage, »ob der Beitrag des Unternehmers zum materiellen Wohlergehen überhaupt noch Anerkennung und Würdigung bei Regierung und Gesellschaft findet«.[6] Obwohl der BDI die aktive Konjunkturpolitik und die Strukturpolitik der Bundesregierung befürwortete, war er besorgt um die Diskrepanz zwischen dem hohen Vertrauen in die wirtschaftspolitische Gestaltungsfähigkeit des Staates und dem sinkenden Vertrauen in die Leistungen, die Unternehmer und Unternehmen für die Gesellschaft erbrachten.

Dem BDI und seinen Mitgliedsverbänden bereitete vor allem die Lohnentwicklung Sorgen. Während die Lohnstückkosten von 1962 bis 1969 außerordentlich stabil geblieben waren und die Produktivitätszuwächse Kostensteigerungen infolge von Lohnerhöhungen ausgleichen konnten, waren die Lohnstückkosten 1969 um zehn Prozent gestiegen.[7] Die Wirtschaftsforschungsinstitute und der BDI rechneten für 1971 mit dem Beginn eines konjunkturellen Abschwungs und einer Verlangsamung des Wirtschaftswachstums. Sollte dieser Fall eintreten, würde die sinkende Umsatzrendite der Industrie nicht mehr durch eine Mengenkonjunktur kompensiert werden können.[8]

Der BDI konnte sich argumentativ auf das Jahresgutachten der »Fünf Weisen« für 1971 stützen, das seine lohnpolitischen Positionen bestätigte.[9] Nach deren Auffassung war die Lohnentwicklung seit Ende 1969 wegen der Differenz zwischen Bruttolohnentwicklung und Pro-

5 *Kühle Distanz zu heißen Eisen*, in: Die Zeit (4.7.1969).
6 Jahresbericht des BDI 1.5.1969 bis 31.5.1970, 20.5.1970, 12.
7 Vermerk des BDI vom 23.6.1970, in: BDI-Archiv HGF, PRO 23 K 783.
8 Niederschrift der Präsidiumssitzung am 6.10.1970, in: BDI-Archiv HGF, PRO 23 K 783.
9 Niederschrift der Präsidiumssitzung am 30.11.1970, in: ebd.

duktivitätszuwachs »eindeutig stabilitätswidrig«. Da die Einkommen aus unselbstständiger Arbeit stärker wuchsen als die Einkommen aus Unternehmertätigkeit, hatte sich die Verteilung des Bruttoinlandsprodukts zugunsten der Arbeitnehmer verschoben. Das Präsidium des BDI registrierte aufmerksam, dass auch der sozialdemokratische Bundesbankpräsident Karl Klasen die größte Gefahr für eine stabile wirtschaftliche Entwicklung im Anstieg des Lohnniveaus sah.[10] Hierbei ist allerdings zu berücksichtigen, dass sich die negativen Folgen aus der Lohndrift sehr unterschiedlich auf die jeweiligen Bereiche der Wirtschaft verteilten: Branchen mit niedriger Umsatzrendite und unterdurchschnittlichen Wachstumsraten wurden besonders von hohen Lohnsteigerungen getroffen, während Branchen mit hohen Wachstumsraten und hohen Umsatzrenditen massive Lohnsteigerungen leichter verkrafteten. Hersteller von Konsumgütern mit höherer Nachfrageelastizität, wie Autos, Elektrogeräte und Möbel, konnten von den hohen Reallohnanstiegen profitieren. Gleiches galt auch für Banken und Versicherungen, die Nutznießer des Ausbaus der staatlichen und der betrieblichen Sparförderung wurden. Sparkassen, Banken und Versicherungen kam die Sparfähigkeit der Arbeitnehmer zugute, die sich in hohen Neuabschlüssen von prämiengeförderten Sparverträgen und Lebensversicherungen manifestierte.

Zum ersten Mal seit 1969 beriet das Präsidium des BDI im März 1971 wieder ausführlicher über die Entwicklung der europäischen Integration. Der Haager EG-Ratsgipfel im Dezember 1969 hatte die Weichen für die Vergrößerung der EG und für die Vertiefung der wirtschaftlichen Integration gestellt. Nach der Ablösung des französischen Präsidenten Charles de Gaulle durch seinen Nachfolger Georges Pompidou gab Frankreich seinen Widerspruch gegen die Aufnahme Großbritanniens in die EG auf. Die Beitrittskandidaten Dänemark, Großbritannien und Irland erhielten eine eindeutige Beitrittsperspektive, ohne dass sich der Integrationsprozess verlangsamte. Der EG-Ratsgipfel beschloss sogar die Einsetzung einer Kommission unter dem Vorsitz des luxemburgischen Ministerpräsidenten Pierre Werner, die einen Plan für die Einführung einer gemeinsamen europäischen Währung (Werner-Plan) in den nächsten zehn Jahren ausarbeiten sollte.

Mit dem für 1973 geplanten Beitritt Großbritanniens, Irlands und Dänemarks ging die lange gehegte Hoffnung des BDI in eine schrittweise Erweiterung des gemeinsamen Marktes in Erfüllung.[11] Aus der Sicht

10 Niederschrift der Präsidiumssitzung am 9.3.1971, in: BDI-Archiv HGF, A 125.

11 *Der Politik um Längen voraus. Die Industrie des Gemeinsamen Marktes drängt auf die europäische Integration*, in: Die Zeit (5.12.1969).

des BDI setzte der Werner-Plan ein wichtiges und sehr begrüßenswertes Ziel für eine vertiefte Integration der EG. Angesichts des zunehmenden Inflationsgefälles zwischen den Mitgliedsländern der EG musste die deutsche Industrie mit zunehmenden Wechselkursänderungen und einem Aufwertungsdruck auf die D-Mark rechnen. Da 1971 ca. 40 Prozent der deutschen Exporte in die EG gingen, war die Wettbewerbsfähigkeit der exportierenden Industrieunternehmen viel stärker als bei den hochumstrittenen, aber vergleichsweise geringen D-Mark-Aufwertungen von 1961 (fünf Prozent) und 1969 (8,5 Prozent) gefährdet, die das Exportwachstum nicht beeinträchtigten.

Der Zusammenbruch des Bretton-Woods-Systems stabiler Wechselkurse ließ die Verwirklichung einer gemeinsamen europäischen Währung in weitere Ferne rücken, erhöhte aber den Handlungsdruck für eine europäische Zusammenarbeit in Währungsfragen. Der BDI ließ sich durch das zunehmende Inflationsgefälle zwischen den EG-Staaten und der steigenden wirtschaftspolitischen Konvergenzen nicht vom Fernziel einer Währungsunion abbringen. Nach Ansicht des BDI sollten die EG-Staaten schon in der ersten Phase auf dem Weg in eine Wirtschafts- und Währungsunion ihre Wirtschafts- und ihre Finanzpolitik miteinander abstimmen. Aufgrund der unterschiedlichen nationalen Prioritätensetzungen bei der Verfolgung wirtschaftspolitischer Ziele war die innereuropäische Abstimmung jedoch schwerer zu realisieren als zuvor. Visionär war die Forderung des BDI, dass die Bundesrepublik in der EG einen finanziellen Beitrag für eine gemeinsame europäische Strukturpolitik leisten sollte, um Staaten mit hoher struktureller Unterbeschäftigung wie Italien von einer inflationstreibenden Nachfragepolitik zu entlasten.[12] Angesichts der turbulenten Entwicklung des europäischen Währungssystems forderte der BDI die Übertragung wirtschaftspolitischer und währungspolitischer Souveränitätsrechte von den Nationalstaaten auf die EG,[13] die erst 15 bis 20 Jahre später mit dem europäischen Binnenmarkt und dem Vertrag von Maastricht verwirklicht wurde. Selbst die dringende Forderung nach dem Aufbau eines währungspolitischen Interventionsfonds für die EG wurde erst 1978 mit der Gründung des Europäischen Währungssystems (EWS) realisiert.[14]

12 Memorandum des BDI zur Stabilitätspolitik in der Wirtschafts- und Währungsunion, 18.8.1972, in: BDI-Archiv HGF, A 125.

13 Jahresbericht des BDI 1971/72, 15.5.1972.

14 Memorandum des BDI zur Gipfelkonferenz der europäischen Staats-und Regierungschefs, 29.8.1972, in: BDI-Archiv HGF, A 125.

Zur Präsidiumssitzung am 17. Mai 1971 war wegen der zugespitzten Lage des Weltwährungssystems zum ersten Mal in der Geschichte des BDI der Präsident der Bundesbank als Gast eingeladen.[15] Karl Klasen sprach sich mit dem BDI über die aktuelle wirtschaftspolitische Lage aus, die sich durch die Freigabe des D-Mark-Kurses gegenüber dem Dollar und anderen Währungen kurzfristig verschärft hatte. Die hohen Devisenzuflüsse steigerten den Aufwertungsdruck auf die D-Mark so stark, dass die Bundesregierung den D-Mark-Kurs freigeben musste. Innerhalb kurzer Zeit fiel der Dollarkurs von 3,66 auf 3,32 D-Mark. Nach Klasens Auffassung litt die Bundesrepublik wegen der hohen Lohnabschlüsse und der um 18 Prozent steigenden Staatsausgaben unter einer »hausgemachten Inflation«, die eine Aufwertung der D-Mark gegenüber anderen Währungen nicht rechtfertigte. Während sich Klasens Analyse der Inflationsursachen als zutreffend erweisen sollte, wurde die Hoffnung des Bundesbankpräsidenten und des BDI in eine Rückkehr zum alten Kurs der D-Mark nicht erfüllt. Der BDI und die deutsche Industrie ahnten zu diesem Zeitpunkt noch nicht, dass das seit Kriegsende bestehende System der festen Wechselkurse (Bretton-Woods-System) in den nächsten drei Monaten zusammenbrechen und die Wirtschaft mit einer neuen Form von Unsicherheit konfrontiert würde.

Die institutionelle Grundlage des Bretton-Woods-System stürzte am 15. August 1971 ein, als der amerikanische Präsident Richard Nixon die Bindung des Dollars an eine fixe Goldmenge aufhob und damit die Stabilität der weltweiten Ankerwährung erschütterte. Angesichts der dramatischen Folgewirkungen für die bundesdeutsche Wirtschaft rief der BDI-Präsident Fritz Berg das Präsidium zu einer Sondersitzung am 26. August zusammen.[16] Die Sondersitzung stand auch unter dem Eindruck einer gescheiterten EG-Währungskonferenz, bei der sich die Regierungen der Mitgliedsstaaten vor allem wegen der Einwände der französischen Regierung nicht auf eine gemeinsame Stabilisierungspolitik hatten verständigen können. Der Verband der Industrieunternehmen in den EG-Staaten (UNICE) und der britische Industrieverband sprachen sich für feste Wechselkurse mit geringen Spannungsbreiten in der EG aus, die 1973 unter dem Namen »Europäische Währungsschlange« etabliert wurden.

Der BDI erkannte die wirtschaftliche Zwangslage der amerikanischen Regierung an, die wegen der steigenden Inflation, des zunehmenden Zahlungsbilanzdefizits und der Flucht aus dem Dollar die ohnehin

15 Niederschrift der Präsidiumssitzung am 17.5.1971, in: ebd.
16 Niederschrift der Sondersitzung am 26.8.1971, in: ebd.

weitgehend fiktive Golddeckung der Weltleitwährung aufheben musste. Wegen des erwarteten Kursverfalls des Dollars und des erheblichen Aufwertungsdrucks auf die D-Mark erwartete der BDI »alle nur denkbaren Anstrengungen« der Bundesregierung und der EG zur Restabilisierung des Dollars. Der BDI rechnete mit einem außenwirtschaftlichen Schock für die deutsche Industrie, gegen den alle bisherigen Aufwertungen verblassten. In der Diskussion dominierte die dramatische Einschätzung, dass die Unsicherheit für die Industrie »zu keiner Zeit nach dem Krieg so hoch war wie jetzt«. Infolge der neuen Instabilität des Weltwährungssystems sah das Präsidium des BDI den weiteren Fortschritt der europäischen Integration bedroht und den Werner-Plan für eine europäische Währungsunion von der politischen Agenda verschwinden. Obwohl sich der Ausstieg der USA aus der Goldbindung des Dollars schnell als irreversibel erwies, gaben die Präsidiumsmitglieder des BDI ihre Hoffnung auf eine Rückkehr zu stabilen Wechselkursen auf einem Niveau wie vor dem 15. August 1971 nicht auf.[17]

Die deutsche Industrie sah sich im Zangengriff eines wechselkursbedingten Preisdrucks im Exportgeschäft und eines wachsenden Kostendrucks im Inland. In der Präsidiumssitzung am 2. Dezember 1971 sprach die Führung des BDI von einer doppelten Verunsicherung der Wirtschaft durch die Explosion der Lohnkosten und die Verschärfung der Wettbewerbslage durch den Kursanstieg der D-Mark, die in einer Gewinnkomprimierung resultierten.[18] Aus der Sicht des BDI bedrohte der Anstieg der Lohnstückkosten in den Jahren 1970 (12 Prozent) und 1971 (11 Prozent) die internationale Wettbewerbsfähigkeit der deutschen Industrie erheblich. Die Wechselkursentwicklung hatte sich zunächst beruhigt. Im Dezember 1971 unternahmen die zehn wichtigsten Notenbanken in Washington den zunächst erfolgreichen Versuch, die Währungsparitäten neu zu justieren. Das sogenannte Smithsonian Agreement setzte einen Dollarkurs von 3,22 D-Mark und damit 14 Prozent unter der alten Parität fest. Es stellte die Erwartungssicherheit der deutschen Industrie wieder her und beendete die Unsicherheit durch Kursschwankungen *(floating)*. In Dollar gerechnet stiegen die Lohnstückkosten der deutschen Wirtschaft von 1969 bis 1971 um 43 Prozent und damit um 19 Prozent mehr als in Großbritannien, um 30 Prozent mehr als in den

17 Niederschrift der Präsidiumssitzung am 1.10.1971, in: ebd.

18 Niederschrift der Präsidiumssitzung am 2.12.1971, in: ebd. Siehe auch die »Überlegungen zur Arbeit des BDI im Jahre 1972, 2.2.1972, in: ebd.

USA und sogar um 44 Prozent mehr als in Frankreich.[19] Zum ersten Mal seit der Währungsreform war die preisliche Wettbewerbsfähigkeit der deutschen Industrie gefährdet.

Auf Initiative des BDA-Präsidenten Otto A. Friedrich beriet das Präsidium des BDI im Dezember 1971 auch über eine umfassende PR-Kampagne, die das Unternehmerbild in der Öffentlichkeit verbessern und die Meinungshoheit zurückgewinnen sollte. Friedrich konstatierte in seinen stellenweise dramatisierenden Ausführungen, dass »das marktwirtschaftliche System mehr und mehr von Linksintellektuellen in Frage gestellt und negiert« würde und »die Unternehmerschaft einem konzentrischen Angriff ausgesetzt« sei. Dem Präsidenten des Arbeitgeberverbandes ging es nicht allein um das öffentliche Ansehen der Unternehmer und die vermeintliche Diskreditierung der Sozialen Marktwirtschaft, sondern auch um die flankierende Unterstützung der CDU/CSU-Opposition. Friedrich machte keinen Hehl aus seiner Absicht, eine langfristige und finanziell aufwendige Imagekampagne zu starten. Um »auch zu einem politisch wünschenswerten Wahlergebnis bei der nächsten Bundestagswahl beizutragen«, sollte diese Kampagne bis zur nächsten Bundestagswahl im Herbst 1973 fortgesetzt werden.

Unter den Teilnehmern bestand kein Zweifel, was sich Friedrich unter einem wünschenswerten Wahlergebnis vorstellte. Obwohl Wirtschaftsminister Karl Schiller wegen seiner Neutralität in tarifpolitischen Auseinandersetzungen und seines Beharrens auf Preis- und Haushaltsstabilität auch weiterhin das Vertrauen der Industrie genoss, hatten die politischen Entwicklungen des Jahres 1971 den BDI verunsichert. Finanzminister Alex Möller galt als ein Garant für eine stabilitätsorientierte Haushaltsführung, aber trat am 12. Mai 1971 wegen seiner Kritik an den überhöhten Haushaltsanforderungen der Bundesministerien und einem Etatanstieg von 18 Prozent zurück. Nur die fortgeschrittene Sitzungszeit verhinderte eine längere Diskussion im Präsidium. Die ansonsten ausführliche Niederschrift gab den Tenor der Diskussionsbeiträge nicht wieder, doch fehlte jeder Hinweis auf eine kritische Äußerung zu Friedrich.

Offenbar waren sich die Präsidiumsmitglieder einig, dass eine Abwahl der sozialliberalen Regierung Brandt wünschenswert war. Während sich der BDI vor der Bundestagswahl 1969 auch streng intern nicht für eine

19 Ausführungen von Friedrich in der Präsidiumssitzung am 2.12.1971; Ausführungen von Sohl in der Konzertierten Aktion am 5.10.1972, in: ebd. Vgl. Hans-Günther Sohl, *Aktuelle Fragen der Wirtschaftspolitik. Rede vor dem Wirtschaftsbeirat der Union e. V. am 25.10.1972*, in: ders., Weichenstellung für die Zukunft. Gedanken zur deutschen Wirtschaftspolitik, Düsseldorf 1980, 11-26.

Alleinregierung der CDU oder die Fortsetzung der Großen Koalition ausgesprochen hatte, traten die Präsidiumsmitglieder seit dem Herbst 1971 für eine unionsgeführte Regierung ein. In der Öffentlichkeit manifestierte sich diese Parteinahme gegen die Wirtschafts- und Haushaltspolitik der Bundesregierung in einer ganzseitigen Anzeige von 62 prominenten Unternehmern und Topmanagern der Industrie, die am 26. November 1971 mit der Überschrift »Wir können nicht länger schweigen« in vier überregionalen Tageszeitungen (Die Welt, Frankfurter Allgemeine Zeitung, Süddeutsche Zeitung und Handelsblatt) erschien. Obwohl diese Anzeige für die Verteidigung unternehmerischer Freiheit als eine individuelle Initiative und nicht als eine Aktion der Wirtschaftsverbände firmierte, hatte der Mitunterzeichner und designierte BDI-Präsident Hans-Günther Sohl den Aufruf mit Rückendeckung des Präsidiums und der Hauptgeschäftsführung initiiert. Neben Sohl und Berg unterschrieben der BDA-Präsident Otto A. Friedrich, der DIHT-Präsident Otto Wolff von Amerongen und mehrere Präsidiumsmitglieder des BDI den Aufruf.[20] Die Anzeige der 62 Unternehmer markierte einen wichtigen Traditionsbruch in der Nachkriegsgeschichte der kollektiven Interessenvertretung von Unternehmern. Noch nie zuvor hatten repräsentative Teile der Unternehmerschaft die gesamte Bundesregierung – und nicht nur einzelne Minister – öffentlich kritisiert. Sohl war jedoch bestrebt, eine Provokation der beiden wichtigsten wirtschaftspolitischen Akteure zu vermeiden. Drei Tage vor dem Erscheinen der Anzeige informierte er Wirtschafts- und Finanzminister Karl Schiller und den Bundesbankpräsidenten Karl Klasen vorab und erklärte, dass »wir keine Vorwürfe erheben wollen« und es vielmehr darum ginge, an die gemeinsame Verantwortung zu appellieren.[21] Aus taktischer Sicht erschien die Anzeige zu einem unglücklichen Zeitpunkt, da Willy Brandt gerade den Gipfel seines außenpolitischen Ruhms erreicht hatte. Das Nobelpreis-Komitee hatte ihm im Oktober 1971 den Friedensnobelpreis verliehen. Das Präsidium des BDI reagierte mit einer zurückhaltenderen Positionierung in politischen Fragen auf die teilweise heftige Kritik an dieser Anzeige in angesehenen Zeitungen wie der liberalen »Zeit«.[22] Der Leiter der Wirtschaftsabteilung des Kanzleramts und spätere Bundesbankpräsident Karl Otto Pöhl spottete laut der »Zeit«, die Anzeige sei »kein Dokument hoher ökonomischer Weisheit«. Sozialdemokratische Politiker nahmen

20 Siehe den Vorgang im ThyssenKrupp Konzernarchiv, Duisburg (tka), Nachlass Sohl, Nr. A/30108.

21 Schreiben Sohl an Schiller und Klasen. 23.11.1971, in: ebd.

22 *Kein Ende der Ära Berg*, in: Die Zeit (7.1.1972).

Abbildung 25: Hans-Günther Sohl (BDI-Präsident 1972-1976), ca. 1980, Foto: Walter Frankenhauser

dem BDI diese Anzeige noch Jahre später als eine illegitime Wählerbeeinflussung übel.[23]

Im März 1972 sprach sich das Präsidium des BDI im Hinblick auf die umstrittene Ratifizierung der Verträge mit der polnischen und der sowjetischen Regierung (Ostverträge) für Zurückhaltung bei rein (außen-)politischen Fragen aus, die keinen Bezug zur Wirtschaftspolitik und zur Finanzpolitik hatten.[24] Während sich der BDI in seiner Kritik an der Wirtschaftspolitik der Regierung weitgehend einig war, stimmten nicht wenige Unternehmer der sozialliberalen Ostpolitik aus persönlicher Überzeugung oder wegen ihrer Nähe zur FDP grundsätzlich zu. Nicht nur Unternehmen und Unternehmer mit einem bedeutenden Exportgeschäft in kommunistische Staatshandelsländer waren an Fortschritten in der Entspannungspolitik interessiert. Der neue BDI-Präsident Hans-Günther Sohl lehnte nach der schlechten Erfahrung vom November 1971 eine offene Wahlempfehlung zugunsten der Unionsparteien ab und beschränkte sich auf eine sachbezogene Kritik an ihrer Wirtschafts- und Sozialpolitik.[25]

1972 nahmen das Präsidium und die Hauptgeschäftsführung des BDI die zunehmend kritischere und heftigere öffentliche Debatte um die gesellschaftliche Stellung der Unternehmer zum Anlass, die Öffentlichkeitsarbeit des BDI zu überdenken. Nach Ansicht der Präsidiumsmitglieder reichte die Berufung auf die Leistungen der Unternehmer in den Wiederaufbaujahren nicht mehr aus, um ihre Positionen in der Öffentlichkeit zu legitimieren. Die Verteidigung der Sozialen Markt-

23 Hans-Günther Sohl, *Die politische und wirtschaftliche Lage zu Beginn der neuen Legislaturperiode. Ansprache in der gemeinsamen Sitzung von Präsidium und Vorstand des BDI am 22.11.1976*, in: BDI-Archiv A 127.

24 Niederschrift der Präsidiumssitzung am 22.3.1972, in: BDI-Archiv A 125. Diese neutrale Position gegenüber der Ostpolitik vertrat der BDI in seinem Jahresbericht für 1971/72 auch gegenüber der Öffentlichkeit.

25 Schreiben Sohl an den CSU-Vorsitzenden Franz Josef Strauß, 14.10.1972, in: BDI-Archiv HGF, Büro 9/2 K 53.

wirtschaft als gesellschaftliches Ordnungsmodell genügte nicht mehr, um das Unternehmerlager gegen die Kritik an Unternehmensgewinnen und vor den Forderungen nach Mitbestimmung in Großunternehmen zu schützen und der Verteilungsdebatte den normativen Boden zu entziehen.[26] Das Präsidium des BDI zog aus dieser Analyse den Schluss, dass nur eine modern gestaltete, an aktuellen Entwicklungen anknüpfende und inhaltlich – statt mit Slogans – argumentierende Werbung eine breite Öffentlichkeit überzeugen könne. Damit reagierte der BDI auch auf die Kritik in der liberalen und tendenziell nicht unternehmenskritischen Wochenzeitung »Die Zeit«, die über das schlechte Image des BDI in der Öffentlichkeit klagte, der in der Ära Berg keinen Ansatz zu einer Imagekorrektur erkennen ließ.[27] Eine stärkere Zuwendung zur Öffentlichkeit sollte das alte Image eines Interessenverbandes korrigieren, der hinter den Kulissen eine undurchsichtige Lobbyarbeit betrieb. In der mit den übrigen Spitzenverbänden der Wirtschaft (BDA und DIHT) abgestimmten Öffentlichkeitsarbeit sollte sich der BDI nach der bewährten Arbeitsteilung mit volkswirtschaftlichen Grundsatzfragen wie der Gefährdung der Marktwirtschaft und einer ökonomisch angemessenen Einkommens- und Vermögensverteilung zwischen Arbeitnehmern und Unternehmern befassen und damit seinen Beitrag im Kampf um die wirtschaftspolitische Diskurshoheit leisten.

Hans-Günther Sohl wurde ohne einen Gegenkandidaten am 15. Juni 1971 von der Mitgliederversammlung des BDI zum Nachfolger von Fritz Berg gewählt und übernahm zum 1. Januar 1972 das Amt des Präsidenten. Am 20. Dezember 1971 zeigte ein Artikel des »Spiegel« über einen Gesprächsabend des Bundeskanzlers mit Spitzenvertretern der deutschen Wirtschaft, dass sich die Kritik des BDI an der Bundesregierung keinesfalls auf Defizite in der Stabilitätspolitik beschränkte. Sohl erklärte den SPD-Vorsitzenden Brandt zum Mitverantwortlichen für die hohen Lohnforderungen der Gewerkschaften, griff die gesellschaftspolitischen Reforminitiativen der Bundesregierung an und verschonte auch nicht die Regierungspläne für eine Steuerreform. Die geplante Erhöhung des Spitzensteuersatzes der Einkommenssteuer auf 56 Prozent und höhere Steuern auf große Vermögen ließen zusätzliche fiskalische Belastungen für Unternehmen und Unternehmer erwarten.[28] Im Interesse der Unternehmen forderte der BDI den Verzicht auf eine Erhöhung der Ertrags-

26 Niederschrift der Präsidiumssitzung am 14.8.1972, in: ebd.

27 *Kein Ende der Ära Berg*, in: Die Zeit (7.1.1972).

28 *Frei nach Goethe*, in: Der Spiegel (20.12.1971), 24 f.; *Aufmarsch der Verbände*, in: Die Zeit (4.2.1972).

steuern und eine Deckung des steigenden staatlichen Geldbedarfs zu Lasten der Verbraucher durch höhere Umsatz- und Verbrauchssteuern.[29]

Seine Kritik an den Eckpunkten der geplanten Steuerreform war jedoch nicht frei von Widersprüchen. Die geplante Anrechnung der Körperschaftssteuer bei der Einkommenssteuer auf Dividendenerträge sollte die Doppelbesteuerung von ausgeschütteten Unternehmensgewinnen beenden und damit einen langgehegten Wunsch der Wirtschaftsverbände erfüllen. Das Präsidium des BDI erkannte den Kompromisscharakter des Reformentwurfs zwischen den weitgehenden gesellschaftspolitischen Reformvorstellungen der SPD und den zurückhaltenderen Positionen der FDP durchaus an und unterstützte die gemäßigten Kräfte in der Regierung so weit wie möglich.[30] Da der BDI mit einer steuerlichen Mehrbelastung der Wirtschaft von fünf Mrd. D-Mark rechnete, stellten ihn die Kompromisse der SPD-geführten Ministerien jedoch nicht zufrieden. Ein Teil der Bedenken sollte sich als unbegründet erweisen. Die Einkommenssteuerreform wurde erst 1975 umgesetzt und entlastete die kleinen und mittleren Einkommen, ohne die hohen Einkommen stärker als bisher zu belasten.

Der neue BDI-Präsident Sohl suchte sehr viel stärker als sein Vorgänger Fritz Berg das Gespräch mit sozialdemokratischen Spitzenpolitikern. Sohl stattete schon am 27. Januar 1972 Karl Schiller einen Antrittsbesuch ab und traf sich am folgenden Tag mit Bundeskanzler Brandt und dem Vizekanzler und FDP-Vorsitzenden Walter Scheel.[31] Das Präsidium des BDI lud den Kanzler zu seiner Mitgliederversammlung am 13. Juni 1972 in Köln als Festredner ein, um sein Interesse an einem Dialog zu demonstrieren. Während Berg seine Antipathien gegenüber Sozialdemokraten niemals überwand, war Sohl als langjähriger Vorstandsvorsitzender und künftiger Aufsichtsratsvorsitzender der Thyssen AG den Umgang mit Sozialdemokraten gewohnt. In einem Montanunternehmen wie Thyssen galt seit 1951 eine besondere Form der Mitbestimmung, bei der die Vertreter des Betriebsrats und der Gewerkschaft die Hälfte der Aufsichtsratssitze besetzten und der Personal- und Sozialvorstand im Einvernehmen und auf Vorschlag der Arbeitnehmervertreter ernannt wurde. Bei der Gründung der Ruhrkohle AG (1968) hatte Sohl eng mit Schiller und der sozialdemokratisch geführten Landesregierung von Nordrhein-Westfalen zusammengearbeitet. Ungeachtet seines Habitus als traditioneller schwerindustrieller Manager mit autoritären Persönlichkeitszügen de-

29 Jahresbericht des BDI 1971/72, Köln 1972, 15.

30 Niederschrift der Präsidiumssitzung am 2.12.1971, in: BDI-Archiv HGF, A 125.

31 Niederschrift der Präsidiumssitzung am 2.2.1972, in: ebd.

monstrierte Sohl gegenüber Gewerkschaftern und sozialdemokratischen Politikern Kompromissbereitschaft und die Fähigkeit zum Dialog. Im Gespräch mit Journalisten und Politikern argumentierte Sohl nach dem Eindruck von Journalisten »geschliffener und überlegter« und auch taktisch klüger als sein gelegentlich grobschlächtig und undiplomatisch auftretender Vorgänger Fritz Berg.[32]

Im Dialog mit der Bundesregierung lehnte Sohl die umfassende sozialpolitische und finanzpolitische Reformagenda der Bundesregierung nicht kompromisslos ab, aber forderte Rücksicht auf die Leistungsfähigkeit der Wirtschaft. Bei den Gesprächen der BDI-Spitze mit dem Wirtschaftsminister zeichnete sich ein Paradigmenwechsel in der Verbandsintervention ab. Im Unterschied zu den vergangenen Jahren war das Präsidium des BDI nicht mehr von der Machbarkeit einer zielgenauen Konjunktursteuerung mit einem keynesianischen Instrumentarium überzeugt. Aus diesem Grund wollte der BDI künftig auf detaillierte Vorschläge für den Einsatz konjunktureller Instrumente verzichten und diese Aufgabe dem »Rat der Fünf Weisen« überlassen. Dieser hatte sich in seinem Jahresgutachten für 1972 ganz im Sinne des BDI nachdrücklich für einen stabilitätsorientierten Kurs ausgesprochen.

Seit dem Sommer 1971 hatten verteilungspolitische und ordnungspolitische Fragen für den BDI Priorität. Neben den Forderungen der Gewerkschaften nach einem höheren Anteil der Arbeitnehmereinkommen an der Wertschöpfung der Industrie weckte die geplante Novelle des Gesetzes gegen Wettbewerbsbeschränkungen bei großindustriellen Unternehmen und im BDI Bedenken. Der BDI kämpfte seit 1970 gegen die Ausdehnung der kartellrechtlichen Missbrauchsaufsicht von marktbeherrschenden auf marktstarke Unternehmen, die aus Sicht der Industrie die unternehmerische Handlungsfreiheit bedrohte.[33] In der Präsidiumssitzung am 2. Februar 1972 wurde der Verdacht geäußert, dass »sich die Kartellpolitik in einigen Teilen immer mehr zu einer Art Kampfinstrument gegen die freiheitliche Unternehmerwirtschaft entwickelt[e]«. Der BDI reagierte auf den Gesetzesentwurf des Wirtschaftsministeriums mit dem europapolitisch innovativen und ordnungspolitisch schlüssigen Gegenvorschlag, die Missbrauchsaufsicht vom Bundeskartellamt auf die EG-Kommission zu verlagern. Mit der Abschaffung der Zölle innerhalb der EG entstand ein gemeinsamer europäischer Gütermarkt, der marktbeherrschende Stellungen auf nationaler Ebene relativierte. Da die

32 *Kein Ende der Ära Berg*, in: Die Zeit (7.1.1972).

33 *Fusionskontrolle – eine neue Schlappe für Schiller*, in: Die Zeit (27.3.1970).

Mitgliedsstaaten und die staatseigenen Unternehmen bei Beschaffungen weiterhin inländische Unternehmen bevorzugten, konnten in Teilmärkten monopolistische Strukturen bestehen bleiben. Die im Juni 1973 verabschiedete Gesetzesnovelle kam dem BDI dadurch entgegen, dass die Missbrauchsaufsicht verschärft wurde, aber auf marktbeherrschende Unternehmen beschränkt blieb.[34]

Das Urteil über die Finanz- und Wirtschaftspolitik der Bundesregierung fiel auch im Juni 1972 zwiespältig aus. Während das Präsidium des BDI weiterhin Karl Schillers Eintreten für preispolitische Stabilität begrüßte, stieß der hohe Anstieg der Staatsausgaben um 13 bis 15 Prozent wegen der wachsenden Staatsverschuldung und des möglichen Verdrängens der Unternehmen vom Kreditmarkt *(crowding out)* auf Kritik.[35] Gegenüber dem Bundesbankpräsidenten Karl Klasen, der das BDI-Präsidium am 14. August 1972 besuchte, äußerten die Präsidiumsmitglieder ihre Bedenken hinsichtlich einer zunehmenden Inflationsgefahr durch eine zu starke Kreditausweitung.[36] Schillers spektakulärer Rücktritt im Juli 1972 wegen der Missachtung stabilitätspolitischer Grundsätze durch die Bundesregierung steigerte die Verunsicherung der Industrie.

Der neue Finanz- und Wirtschaftsminister Helmut Schmidt (SPD), der wegen seiner Machtfülle auch als »Superminister« bezeichnet wurde, war sich dieser Verunsicherung in Wirtschaftskreisen bewusst und empfing die Spitze des BDI gleich nach seiner Ernennung zu einem Gespräch.[37] Schmidts Engagement für eine Stabilisierung der Weltwährungsordnung traf beim BDI auf Zustimmung und wirkte sich vertrauensbildend aus.[38] Von der Konzertierten Aktion erwartete der BDI eine gemeinsame stabilitätspolitische Initiative der Wirtschaftsverbände, des DGB und der Bundesregierung statt einer Diskussion über langfristige gesellschaftspolitische Reformen. Da die Bundesregierung vor der Bundestagswahl eine inflationsbegrenzende Beschränkung der öffentlichen Ausgaben vermeiden wollte, blieb diese Hoffnung jedoch unerfüllt.[39]

34 Zweites Gesetz zur Änderung des Gesetzes gegen Wettbewerbsbeschränkungen, 3.8.1973, in: BGBl. I, 1973, 917-929.

35 Niederschrift der Präsidiumssitzung am 13.6.1972, in: BDI-Archiv HGF, A 125; Memorandum des BDI zur Stabilität in der Wirtschafts- und Währungsunion, 18.8.1972, in: ebd.

36 Niederschrift der Präsidiumssitzung am 14.8.1972, in: ebd.

37 Schreiben des Bundesfinanz- und Bundeswirtschaftsministers an Sohl, 11.7.1972, in: BDI-Archiv HGF, Büro 9/2 K 53.

38 Schreiben Sohl an Strauß, 14.10.1972, in: BDI-Archiv HGF, Büro 9/2 K 53.

39 Niederschrift der Präsidiumssitzung am 6.10.1972, in: BDI-Archiv HGF, A 125.

Der BDI bewertete den Wahlsieg der SPD bei der Bundestagswahl am 19. November 1972 und die Verluste der CDU/CSU auch als eine eigene politische Niederlage. In der Präsidiumssitzung am 4. Dezember 1972 wurde auch das Fehlen eines gemeinsamen politischen Programmes der Spitzenverbände für die sozialliberale Hegemonie in der öffentlichen Meinung verantwortlich gemacht.[40] Der BDI-Hauptgeschäftsführer Neef analysierte Mängel bei der Koordination der Wahlkampfhilfe durch die Wirtschaft, die sich vor allem im Fehlen einer abgestimmten und konsistenten Argumentation manifestiert hatten. Obwohl Unternehmen eine Rekordsumme zur Unterstützung der Unionsparteien gespendet hatten, blieb die Wahlhilfe der Wirtschaft letztlich wirkungslos. Die FDP ging gestärkt aus der Bundestagswahl hervor und konnte das Wirtschaftsministerium beanspruchen. In der Gestalt des wirtschaftsnahen FDP-Politikers Hans Friderichs, der vor dem Beginn seiner politischen Karriere Geschäftsführer der IHK Rheinhessen war, erhielten die Wirtschaftsverbände einen aufgeschlossenen Ansprechpartner für Unternehmensbelange.

Der BDI erhoffte sich von der Bundesregierung einen Politikwechsel für den Primat der Geldwertstabilität. Seine Hoffnung, dass die Bundesregierung den erwarteten Anstieg der öffentlichen Ausgaben von 14 auf 10,5 Prozent reduzieren und den Inflationsschub durch eine hohe Staatsnachfrage bremsen würde, erfüllte sich jedoch nicht. Auch wenn sich die Konzertierte Aktion nach der Wahl auf die Priorität einer stabilen Preisentwicklung verständigen konnte, präjudizierte dieser volkswirtschaftliche Konsens noch keine Zurückhaltung der Gewerkschaften bei den kommenden Tarifverhandlungen.[41] Der DGB reagierte aufgeschlossen auf den Vorschlag des BDI, die vermögenswirksamen Leistungen der Unternehmen für Arbeitnehmer zu erhöhen und dies bei den Tarifverhandlungen zu berücksichtigen. Aus stabilitätspolitischer Sicht hatte eine Erhöhung der vermögenswirksamen Leistungen den Vorteil, dass sie einen Teil des Kaufkraftzuwachses für mehrere Jahre band und einen einkommensbedingten Inflationsschub vermied. Im Unterschied zu Lohnerhöhungen kamen die vermögenswirksamen Leistungen der Arbeitgeber den Arbeitnehmern dank der Befreiung von der Einkommenssteuer und den Sozialabgaben in voller Höhe zugute.

40 Niederschrift der Präsidiumssitzung am 4.12.1972; Ausführungen des Hauptgeschäftsführers im Bericht über die allgemeine politische und wirtschaftspolitische Lage, in: ebd.

41 Niederschrift der Präsidiumssitzung am 5.2.1973, in: ebd.

Abbildung 26: Ansicht des Gebäudes des Hauses der deutschen Industrie am Oberländer Ufer, Köln, ca. Ende 1970er Jahre, Foto: Wolf P. Prange

Die Geldwertstabilität wurde auch durch die Instabilität des Dollarkurses und die Stabilität der D-Mark gefährdet. Der wachsende Zustrom ausländischer Geldanlagen nach Deutschland erhöhte die Geldmenge und damit die Inflationsgefahr. Für den inflationstreibenden Geldzustrom waren die Kursverluste des Dollars und vieler europäischer Währungen gegenüber der D-Mark verantwortlich. Bis zum Januar 1973 blieb der Dollar auf der Marke von 3,20 D-Mark stabil, die das Smithsonian Agreement der Notenbankpräsidenten im Dezember 1971 fixiert hatte. Im Frühjahr 1973 zerfiel das System fester Wechselkurse endgültig, worauf der freie Fall des Dollars nicht mehr aufzuhalten war. Der stetig fallende Dollarkurs stabilisierte sich erst im August 1973, als er den Kurs von 2,42 D-Mark erreichte.[42] Der Anstieg des D-Mark-Kurses um 32

42 Angaben nach der historischen Wechselkursstatistik der Bundesbank (Monatsdurchschnitte).

Prozent gegenüber dem Dollar überstieg den Kursanstieg des Sommers 1971 erheblich. Es war der größte Währungsschock, dem die deutsche Industrie je ausgesetzt war. In der Rückschau ist es umso erstaunlicher, dass der BDI keine außerplanmäßige Präsidiumssitzung einberief. Im Gegensatz zu 1971 vermitteln die Protokolle der Präsidiumssitzungen keine aufgeregte oder gar panikartige Stimmung, sondern nüchterne Geschäftsmäßigkeit.

Für die Nüchternheit der deutschen Industrie im Angesicht eines destabilisierten Weltwährungssystems lassen sich unterschiedliche Gründe finden. Zum Ersten ließen die ungelösten Strukturprobleme der amerikanischen Wirtschaft, wie das hohe Zahlungsbilanzdefizit und die steigende Inflation, den Kursverfall des Dollars erwarten. Zum Zweiten verbreitete sich die Einsicht, dass die deutsche Wirtschaft bislang von einem unterbewerteten D-Mark-Kurs profitiert hatte, der die Kaufkraftparitäten mit anderen Währungen verzerrte. Zum Dritten wurden die Gefährdung des Exports und der zunehmende Konkurrenzdruck durch Importe zunächst durch den Anstieg des Wirtschaftswachstums und den konjunkturellen Boom kaschiert. Unternehmen mit hohem Rohstoffbedarf konnten dem Fall des Dollars auch positive Seiten abgewinnen. Da die in Dollar notierten Rohstoffpreise 1973 zum Teil stark stiegen, kompensierte der Kursanstieg der D-Mark einen kleineren Teil des Preisschocks. Von dem Verlust der preislichen Wettbewerbsfähigkeit waren zunächst nur lohnintensive Branchen wie die Textil-, die Bekleidungs- und die Lederindustrie betroffen, die als strukturell gefährdet galten. In diesen Branchen hatte die Produktionsverlagerung in Niedriglohnländer bereits begonnen.[43]

Der BDI würdigte die Bemühungen der Bundesregierung um die Stabilisierung der Wechselkursentwicklung in Europa. Die Zentralbanken der EG-Staaten gründeten 1972 die Europäische Währungsschlange und verpflichteten sich zum gegenseitigen Beistand in der Stabilisierung der Wechselkurse. Das Ziel, die Wechselkurse nicht mehr als 2,25 Prozent schwanken zu lassen, wurde jedoch auf längere Sicht verfehlt. Allein in der ersten Jahreshälfte 1973 musste die D-Mark gleich zweimal um insgesamt 8,5 Prozent gegenüber den Währungen der übrigen EG-Länder aufwerten. Der neue Bundesfinanzminister Helmut Schmidt, der auch für währungspolitische Fragen verantwortlich war, stand dem Präsidium

43 Julia Schnaus, *Kleidung zieht jeden an. Die deutsche Bekleidungsindustrie 1918 bis 1973*, Berlin 2017; Stephan H. Lindner, *Den Faden verloren. Die westdeutsche und französische Textilindustrie auf dem Rückzug (1930/1945-1990)*, München 2001.

des BDI am 2. Juli 1973 ausführlich Rede und Antwort.[44] Doch weder Schmidt noch die Bundesbank konnten das Stabilitätsgefälle zwischen der Bundesrepublik und den übrigen EG-Staaten mildern, die Wechselkursschwankungen reduzieren und damit die strukturellen Verwerfungen für die deutsche Industrie vermindern. Da sich die Regierungen der EG-Staaten nicht auf eine gemeinsame wirtschaftspolitische Linie festlegen konnten und wollten, blieb es bei einem kurzfristigen währungspolitischen Krisenmanagement. Zum großen Bedauern des BDI wurde die Währungspolitik nicht durch eine gemeinsame europäische Wirtschaftspolitik unterstützt und die nächste Stufe auf dem Weg in eine Währungs- und Wirtschaftsunion auf unbestimmte Zeit verschoben.[45] Das europapolitische Memorandum, das der BDI am 17. Januar 1974 dem Vizepräsidenten der EG-Kommission Wilhelm Haferkamp und dem deutschen Kommissar Prof. Ralf Dahrendorf überreichte, konnte die Stagnation der europäischen Integration nur bedauern, aber nicht beenden.

Im BDI konzentrierte sich die Gefahrenanalyse auf die steigenden Lohnstückkosten durch hohe Tarifabschlüsse und auf die Inflationsgefahr durch hohe Staatsausgaben, während der endgültige Zerfall des Bretton-Woods-Systems als gegeben und unabänderlich hingenommen wurde. Die industriellen Unternehmen forderten eine Umkehr der gewerkschaftlichen Lohnpolitik, die sie als zu aggressiv empfanden. Aus ihrer Sicht hatten die Lohnforderungen der radikaleren Gewerkschaftler jede Beziehung zur Produktivitätsentwicklung verloren und dienten in erster Linie der Umverteilung von den Unternehmereinkommen zu den Arbeitnehmereinkommen.[46] Das steigende Wachstum der deutschen Wirtschaft wurde nach dem Urteil des BDI-Hauptgeschäftsführers Neef vor allem durch den zunehmenden Konsum infolge starker Reallohnerhöhungen getrieben. Seine Äußerung in der Präsidiumssitzung am 24. September 1973: »Einbrüche in die Konjunktur sind schneller möglich, als man sie allgemein zu erwarten pflegt«, sollte sich unerwartet als prophetisch erweisen. Nur zwei Wochen später griffen die ägyptische und die syrische Armee am hohen jüdischen Feiertag Yom Kippur Israel an. Als Gegenreaktion auf die politische und wirtschaftliche Unterstützung Israels durch die USA und anderer westliche Staaten kürzte die von

44 Niederschrift der Präsidiumssitzung am 2.7.1973, in: BDI-Archiv HGF, A 125.

45 Niederschrift der Präsidiumssitzung am 17. und 18.1.1974 in Brüssel. An dieser Sitzung nahmen der Vizepräsident der EG-Kommission Wilhelm Haferkamp und der deutsche EG-Kommissar Ralf Dahrendorf als Gäste teil.

46 Niederschrift der Präsidiumssitzung am 28.5.1973, in: BDI-Archiv A 125.

arabischen Staaten dominierte Organisation der Ölförderländer (OPEC) die Öllieferungen und erhöhte den bislang sehr niedrigen Ölpreis von drei Dollar je Barrel schrittweise bis auf das Vierfache. Da die Bundesrepublik 1973 55 Prozent ihres gesamten Primärenergiebedarfs mit Öl deckte, hatte sich das Öl im wahrsten Sinne des Wortes zum Treibstoff der Wirtschaft und zum wichtigsten Rohstoff entwickelt. Der externe Schock durch den Anstieg der Ölpreise und die daraus resultierende Verunsicherung der Verbraucher waren für die erste Rezession seit 1967 verantwortlich, die jedoch deutlich schwerwiegender war und die 25 Jahre lange und stetige Wachstumsperiode seit der Währungsreform beendete.

Die Bundesbank erhöhte bis zum Herbst 1973 mehrfach den Leitzins, um die Inflationstendenzen zu dämpfen. Die Bedenken der Präsidiumsmitglieder wegen »möglicher struktureller Gefahren für die Industrie« durch hohe Finanzierungskosten sollten sich als begründet erweisen. Durch die Kombination aus Inflationsdruck und externem Nachfrageschock war die Wirtschaft zwei unterschiedlichen Gefahren ausgesetzt. Der Kampf gegen die Stagflation, wie die Zeitgenossen das gleichzeitige Auftreten von Inflation und Stagnation bezeichneten, erforderte den Einsatz gegenläufiger und einander widersprechender wirtschaftspolitischer Instrumente. Auf der Grundlage der aktuellen Wirtschaftsprognosen warf der BDI seine wirtschaftlichen Erwartungen für 1974 völlig um und rechnete bereits Anfang Dezember 1973 mit einer Stagnation des Bruttoinlandsprodukts, die tatsächlich eintreffen sollte.[47] Der BDI reagierte auf das neue Problem der Ölversorgung mit der Gründung zweier Arbeitskreise zum »Sinnvollen Energieeinsatz« und zur »Zusammenarbeit mit den Rohstoffländern«, die sich vor allem mit der Einsparung von Energie und den zunehmenden Ungleichgewichten im Welthandel und in den nationalen Zahlungsbilanzen beschäftigten.[48] Aufgrund der wachsenden Zahlungsbilanzschwierigkeiten zahlreicher Industrieländer befürchtete der BDI im Januar 1974 Rückschritte bei der Liberalisierung des Welthandels und unkoordinierte Währungsabwertungen. Der BDI bewies auch hier seine Fähigkeit, seine Organisationsstrukturen an neue Herausforderungen anzupassen. Neue Politikfelder wie der Umweltschutz und die Energiepolitik führten zur Einrichtung neuer Abteilungen und Referate.

47 Niederschrift der Präsidiumssitzung am 5.12.1973, in: ebd.

48 Niederschrift der Präsidiumssitzung am 17./18.1.1974, in: BDI-Archiv HGF, A 126.

4. Nach dem Wirtschaftswunder: Der BDI in der Ära Helmut Schmidt (1974-1982)

Die Präsidiumsmitglieder und die Hauptgeschäftsführung des BDI konnten im Frühjahr 1974 noch nicht ahnen, dass sie vor einer einschneidenden wirtschaftlichen Wende standen. Während die Wirtschaftspolitik bislang entweder inflationäre Tendenzen oder eine konjunkturelle Nachfragelücke bekämpfen musste, war sie 1974 und 1975 mit beiden Problemen zugleich konfrontiert. Innerhalb des BDI bestand kein Konsens darüber, ob die Bekämpfung der Nachfragelücke oder der Inflation wichtiger sei. Während die Vertreter großer Unternehmen für den Vorrang des stabilitätspolitischen Kurses plädierten, äußerten die Vertreter der kleineren und mittleren Unternehmen Bedenken gegenüber der Hochzinspolitik.[1] Da die keynesianische Theorie keine Antworten auf dieses Szenario anbieten konnte, schwand das Vertrauen in die Machbarkeit der konjunkturellen Globalsteuerung. Die Industrie hatte das Vertrauen in die Globalsteuerung bislang mit gewissen Einschränkungen geteilt, der BDI-Hauptgeschäftsführer Neef sprach sich dagegen für eine pragmatisch-empirische Wirtschaftspolitik aus.

Neefs Hoffnung auf einen pragmatischen Krisenmanager an der Spitze der Bundesregierung sollte unerwartet in Erfüllung gehen. Bundeskanzler Willy Brandt trat am 7. Mai 1974 zurück, nachdem das Bundeskriminalamt den Kanzleramtsmitarbeiter Günter Guillaume wegen Spionage für das Ministerium für Staatssicherheit verhaftet hatte. Die historische Forschung ist sich darüber einig, dass dieser Spionagefall der Anlass für Brandts Rücktritt war. Bei der Suche nach den Gründen des Kanzlerrücktritts wurde die Frage, ob Willy Brandt bereits zuvor Zeichen von Amtsmüdigkeit gezeigt und vor den neuen wirtschaftlichen Herausforderungen kapituliert hatte, bisher vernachlässigt. Während die konjunkturelle Entwicklung bislang für kräftig steigende Steuereinnahmen gesorgt hatte und Verteilungskonflikte um Haushaltsmittel mit Budgetsteigerungen entschärft wurden, standen der Bundesregierung schwierige und potentiell schmerzhafte Entscheidungen hinsichtlich einer politischen Prioritätensetzung bevor.

Der neue Bundeskanzler Helmut Schmidt genoss den Ruf eines wirtschaftspolitisch versierten Krisenmanagers und entsprach nach den Vorstellungen des BDI eher als sein Vorgänger Willy Brandt dem Idealbild eines Kanzlers. In der Präsidiumssitzung am 20. Mai 1974 fiel Neefs Be-

1 Niederschrift der Präsidiumssitzung am 18.3.1974, in: ebd.

richt über die wirtschaftspolitischen Perspektiven dennoch nicht positiv aus.[2] Neef gab Schmidt keinen Vertrauensvorschuss, warf ihm eine unzureichende Prioritätensetzung für die Preisstabilität vor und kritisierte seine viel zitierte Äußerung, fünf Prozent Inflation seien besser als fünf Prozent Arbeitslosigkeit. Aus der Sicht des BDI war der bisherige Finanzminister Schmidt für die expansive Haushaltspolitik mitverantwortlich. In seiner Regierungserklärung zum Amtsantritt begegnete Schmidt der Warnung der Wirtschaftsverbände vor einem drohenden Gewerkschaftsstaat mit der prinzipiellen Aussage, dass die Bundesrepublik weder ein Gewerkschaftsstaat noch ein BDI-Staat werden solle. Neef bewertete Schmidts Aussage über die Neutralität der Bundesregierung gegenüber den Tarifparteien jedoch nicht als eine Beruhigung, sondern als eine »unpräzise und gefährliche Vereinfachung«. Zwei Tage später drückte sich BDI-Präsident Sohl auf der Mitgliederversammlung des BDI diplomatischer aus: »Wer glaubt, dies verhindern zu müssen, rennt bei uns offene Türen ein.«

Helmut Schmidt war ein überzeugter Keynesianer, aber stand der Inflationsgefahr keinesfalls gleichgültig gegenüber. Schmidts viel zitierter Satz: »Fünf Prozent Inflation sind besser als fünf Prozent Arbeitslosigkeit«, war nicht im Gespräch mit Unternehmern, sondern im Juni 1972 in einer Rede auf einer SPD-Kundgebung gefallen, in der er über gesellschaftspolitische und nicht über ökonomische Prioritäten sprach. Die Zweifel an Helmut Schmidts Entschlossenheit in der Bekämpfung der Inflation wurden nach dem ersten Jahr seiner Kanzlerschaft deutlich schwächer. Für das weiterhin angespannte Verhältnis zwischen dem BDI und der Bundesregierung war vor allem der Streit um den Entwurf der Bundesregierung für ein reformiertes Mitbestimmungsgesetz verantwortlich. Die Vorlage des Bundesministeriums für Arbeit und Soziales stammte aus einem Ressort, das vom Gewerkschaftler Walter Arendt, dem ehemaligen Vorsitzenden der Gewerkschaft Bergbau und Energie geführt wurde. Aus der Sicht des BDI und der BDA war diese Vorlage vor allem wegen der Parität der Kapitalseite und der Arbeitnehmerseite im Aufsichtsrat nicht akzeptabel. Während der BDI bei Gesetzesinitiativen des Wirtschaftsministeriums und des Finanzministeriums schon in einem frühen Stadium der Entwurfsphase angehört wurde und eine Stellungnahme abgeben konnte, sorgte das Ausbleiben einer Anhörung durch das Arbeits- und Sozialministerium beim BDI für Verärgerung.

2 Bericht und Aussprache über die wirtschaftspolitische Lage, in: Anhang zur Niederschrift der Präsidiumssitzung am 20.5.1974, in: ebd.

Erst im Oktober 1974 bekam der BDI bei einem Hearing des Bundestagsausschusses für Arbeit und Soziales Gelegenheit zu einem offiziellen Gespräch.[3] Der gemeinsame Arbeitskreis Mitbestimmung der BDA, des BDI und des DIHT übergab den Bundestagsabgeordneten und dem Bundestagsausschuss für Arbeit und Soziales im Dezember 1974 eine Stellungnahme der Wirtschaftsverbände, welche die grundsätzlichen Einwände der Unternehmer zusammenfasste.[4]

Der BDI und die BDA hatten in dieser Auseinandersetzung das Handicap, dass die oppositionelle Unionsfraktion wegen der Gegensätze zwischen dem Wirtschaftsflügel und dem Arbeitnehmerflügel keinen eigenen Entwurf vorlegte. Die Spitzenverbände der Wirtschaft waren für ihre defensive Verhandlungsposition jedoch mitverantwortlich. Da sie auf einen Gegenentwurf verzichteten, mussten sie sich bei der parlamentarischen Vertretung ihrer Interessen auf die Interventionen des Koalitionspartners FDP verlassen.[5] Obwohl der BDI keinen direkten Einfluss auf den Aushandlungsprozess im Kabinett und in der SPD/FDP-Koalition ausüben konnte, gab er die Hoffnung auf eine bessere Regelung aus Unternehmenssicht nicht auf. Zum einen erwogen die Spitzenverbände der Wirtschaft die Möglichkeit einer Verfassungsklage, deren verfassungsrechtliche Chancen jedoch nur schwer abzuschätzen waren. Aus der Sicht des BDI erschien es erfolgversprechender, auf den Widerstand der wirtschaftsnahen FDP-Abgeordneten gegen ein allzu gewerkschaftsfreundliches Mitbestimmungsgesetz zu setzen. Die Abgeordneten der FDP konzentrierten sich vor allem auf das Wahlverfahren für die Aufsichtsratsmitglieder der Arbeitnehmerseite und auf die Stellung des Aufsichtsratsvorsitzenden. Während das Wahlverfahren die Wahl eines Vertreters der leitenden Angestellten in den Aufsichtsrat sichern sollte, sollte bei Pattsituationen im Aufsichtsrat die Stimme des Aufsichtsratsvorsitzenden entscheiden, den die Kapitalseite stellen sollte.[6]

Mit dem geschlossenen Widerstand der Wirtschaftsverbände und der Unterstützung der FDP setzten die Unternehmen erhebliche Verbesserungen am Gesetzesentwurf des Arbeits- und Sozialministeriums durch. Während die Wirtschaftsverbände das Mitbestimmungsgesetz in der Öffentlichkeit weiterhin kritisierten und eine Klage vor dem

3 Niederschrift der Präsidiumssitzung am 29.7.1974, in: ebd.

4 Bericht der BDI-Abteilung Sozialwirtschaft über den Stand der Mitbestimmungsdiskussion, 12.12.1974, in: ebd.

5 Hans-Günther Sohl, *Leistung, Risiko, Verantwortung. Rede auf der Mitgliederversammlung des BDI am 22.5.1974*, in: ders., Weichenstellung, 27-43.

6 Niederschrift der BDI-Geschäftsführersitzung am 21.1.1975, in: ebd.

Bundesverfassungsgericht erwogen, würdigte das Präsidium des BDI in seiner Sitzung am 26. Januar 1976 die zahlreichen Verbesserungen im Koalitionskompromiss.[7] Das Mitbestimmungsgesetz, das der Bundestag in dieser Form im Mai 1976 verabschiedete, blieb bei der Gleichstellung der Arbeitnehmerseite mit der Kapitalseite in mehreren Punkten hinter dem Montan-Mitbestimmungsgesetz zurück und war in dieser Form für die Spitzenverbände der Wirtschaft noch akzeptabel. Der BDI verdankte diesen Erfolg zum einen einer effektiven Interessenvertretung in den dafür vorgesehenen Institutionen und nicht dem undurchsichtigen Antichambrieren außerhalb der politischen Öffentlichkeit. Das öffentliche Hearing des Arbeits- und Sozialministeriums zur Mitbestimmung erwies sich als der passende Ort, um die Exekutive mit sachlichen Bedenken zu konfrontieren. Zum anderen profitierte der BDI von der Vetoposition der FDP-Bundestagsfraktion und ihrer Minister im Kabinett. Trotz ihres Bekenntnisses zum sozialen Liberalismus hielt die FDP an der Vetoposition der Kapitalseite fest und verteidigte im Interesse ihrer Wählerklientel eine Sonderstellung der leitenden Angestellten.

Im Unterschied zu ihrer defensiven Interessenvertretung im parlamentarischen Raum setzten BDI und BDA im öffentlichen Diskurs über die Mitbestimmung auf Angriff. Der von ihnen geprägte eingängige Begriff des Gewerkschaftsstaates sollte die Gewerkschaften als Träger eines überzogenen Verbandseinflusses auf die Exekutive und die Legislative delegitimieren. Während sich der BDI in den 1950er und 1960er Jahren der Kritik an einem demokratisch nicht legitimierten Einfluss auf die Bundesregierung ausgesetzt sah, forderte das Schlagwort vom Gewerkschaftsstaat eine stärkere Berücksichtigung der Unternehmensverbände im politischen Prozess. Die vom BDI genannten Indizien für den Wandel zum Gewerkschaftsstaat waren jedoch nicht eindeutig. Während der Regierungsentwurf des Mitbestimmungsgesetzes die Position der Gewerkschaften gegenüber den Unternehmen stärkte, ließen sich die personellen Veränderungen im neuen Kabinett Schmidt nicht als eindeutige Hinweise eines stärkeren Gewerkschaftseinflusses bewerten. Der neue Forschungs- und Technologieminister und spätere Finanzminister Hans Matthöfer stammte aus der IG Metall, entwickelte sich aber zu Helmut Schmidts Verbündetem für eine stabilitätsorientierte Haushalts- und Wirtschaftspolitik.[8] Die Niederlage der öffentlichen Arbeitgeber gegen die Gewerkschaft ÖTV (Öffentliche Dienste, Transport und Verkehr) im

7 Niederschrift der Präsidiumssitzung am 26.1.1976, in: BDI-Archiv HGF, A 127.

8 Werner Abelshauser, *Nach dem Wirtschaftswunder. Der Gewerkschafter, Politiker und Unternehmer Hans Matthöfer*, Bonn 2009.

Abbildung 27: Besuch von Bundeskanzler Helmut Schmidt beim BDI-Präsidium, 25. April 1979, Hier: Helmut Schmidt mit Rolf Rodenstock (li) und Hans Günther Sohl (re). Foto: Wolf P. Prange

spektakulären Arbeitskampf des Herbst 1973 machte die These von der zunehmenden politischen Macht der Gewerkschaften in der Öffentlichkeit populär.

Als am 10. Februar 1974 eine Bombe vor dem Kölner Sitz des BDI explodierte, reagierte die Geschäftsführung des BDI mit zusätzlichen Maßnahmen im Objektschutz, ohne eine besondere Gefährdung seiner Mitarbeiter zu sehen. Für diese vergleichsweise gelassene Reaktion des BDI war zum einen die Tatsache verantwortlich, dass die Bombe kurz nach Mitternacht explodierte und weder Mitarbeiter im Gebäude noch Passanten gefährdet hatte. Am BDI-Haus entstand ein Sachschaden von 70.000 D-Mark, den die Gebäudeversicherung übernahm.[9] Nach der Verhaftung der ersten Generation der »Rote Armee Fraktion« (RAF) um Andreas Baader und Gudrun Ensslin rechneten auch Sicherheitsexperten

9 Niederschrift der Präsidiumssitzung am 18.3.1974. in: BDI-Archiv HGF, A 126.

zunächst nicht mit einem erneuten Anstieg terroristischer Aktivitäten. Doch im Frühjahr 1974 entdeckte die Polizei in einer konspirativen Wohnung der RAF in Hamburg eine Kartei mit 500 potentiellen Entführungsopfern, die auch Sohls Namen enthielt.[10] Wegen der Vielzahl der Namen rechneten die Experten des Bundeskriminalamts noch nicht mit einer akuten Bedrohung. Erst das tödliche Attentat auf den Generalbundesanwalt Siegfried Buback und seinen Fahrer im Frühjahr 1977 deutete auf eine Gefahrenlage, die die Führung des BDI und deren Mitarbeiter existentiell bedrohte.

Die Rezession von 1974/75 hatte einen erheblichen Anteil an der Beruhigung des tarifpolitischen Klimas. In den Präsidiumssitzungen des BDI verstummte die Kritik an zu hohen Lohnabschlüssen. Zugleich wuchs die Anerkennung für die Positionen der Gewerkschaften, denen der BDI eine gestiegene Einsicht in die wirtschaftlichen Möglichkeiten und Notwendigkeiten der Unternehmen bescheinigte.[11] Angesichts der heftigen Meinungsverschiedenheiten um das geplante Mitbestimmungsgesetz bemühte sich die Bundesregierung, das Vertrauen des BDI für ihre Politik zu gewinnen. Am 17. Dezember 1974 besuchte zum ersten Mal seit längerer Zeit ein Bundesminister eine Präsidiumssitzung des BDI. Es war dabei auffällig, dass nicht der eigentlich zuständige Bundeswirtschaftsminister Hans Friderichs, sondern der sozialdemokratische Finanzminister Hans Apel die wirtschaftspolitischen Leitlinien der Bundesregierung erläuterte.[12] Trotz der schlechten Konjunkturprognose für 1975, die erstmals seit 1948 ein weiteres Jahr mit Nullwachstum vorhersagte, stieß Apels Ankündigung einer zeitlich befristeten Investitionszulage und zusätzlicher steuerlicher Abschreibungsmöglichkeiten nicht auf ungeteilte Zustimmung. Einige Präsidiumsmitglieder wiesen darauf hin, dass die Unternehmen ohnehin Investitionen geplant hatten und wegen der konjunkturell bedingten Unterauslastung der Produktionskapazitäten Erweiterungsinvestitionen zurückstellten. Im September 1975 registrierte das Präsidium des BDI jedoch einen erheblichen Anstieg der Investitionen, der auf das gerade angelaufene Investitionshilfegesetz zurückzuführen war.[13]

Eine zumindest zeitweilige Senkung der Ertragssteuern wäre der Industrie lieber gewesen. Da sich der BDI in seinen öffentlichen Stellungnahmen vor allem für die Senkung der ertragsunabhängigen Steuern wie der Vermögensteuer, der Gewerbekapitalsteuer und der 1980 abgeschaff-

10 *Terror-Anweisungen aus den Zellen*, in: Die Zeit (22.11.1974).
11 Niederschrift der Präsidiumssitzung am 30.9.1974, in: BDI-Archiv HGF, A 126.
12 Niederschrift der Präsidiumssitzung am 17.12.1974, in: ebd.
13 Niederschrift der Präsidiumssitzung am 22.9.1975, in: ebd.

ten Lohnsummensteuer einsetzte, hielt er sich aus taktischen Gründen mit Forderungen nach niedrigeren Körperschaftssteuern zurück. Wirtschaftsminister Friderichs griff diesen Wunsch des BDI auf, aber war bei diesem Thema im Kabinett isoliert.[14] In der Frage einer konjunkturell variablen Steuerpolitik hatte sich die Industrie schon 1973 festgelegt. Der antizyklische Einsatz steuerpolitischer Instrumente in Gestalt von Steuerzuschlägen (in Boomphasen) und Steuererleichterungen (bei Konjunkturabschwächungen) stieß in der Industrie wegen der dadurch bedingten Unsicherheit bei Rentabilitätskalkulationen auf Einwände. Das plötzliche Umschlagen der Konjunktur während der Ölpreiskrise von 1973/74 zeigte zudem, dass die Anpassung der Steuerpolitik an die Konjunkturlage zu viel Zeit in Anspruch nahm und prozyklische Folgen haben konnte. Im Sommer 1975 wurde dem BDI und dem Bundeswirtschaftsministerium aufgrund der Zahlen für das erste Quartal deutlich, dass sich die Bundesrepublik zum ersten Mal seit ihrer Gründung auf ein Schrumpfen des Bruttoinlandsprodukts einstellen musste.[15] Während das Exportgeschäft 1974 noch ein Nullwachstum »rettete«, konnte das stagnierende Exportniveau das Schrumpfen der Binnennachfrage 1975 nicht mehr ausgleichen.

Mit der Stabilisierung der Ölpreise auf ihrem hohen Niveau setzte sich die Erkenntnis durch, dass die Wirtschaft in eine längerfristige Phase mit geringeren Wachstumsraten eingetreten war und man sich von den Zeiten hoher Wachstumsraten verabschieden musste. Während der Absatz der deutschen Autoindustrie wegen der Verunsicherung der Konsumenten 1974 stark einbrach und sich 1975 noch nicht wieder normalisierte, wurde die Wirtschaft 1975 von einem schweren Einbruch der Stahlerzeugung erschüttert. Im Ruhrgebiet, dem damaligen industriellen Kernland der Bundesrepublik, wurden die Folgen der Kohlekrise durch die konjunkturelle Stahlkrise verstärkt. In lohnkostenintensiven Branchen mit einem hohen Importdruck wie in der Textil-, Bekleidungs- und Schuhindustrie lief der Schrumpfungsprozess unaufhaltsam fort. Misst man die gesamtwirtschaftliche Bedeutung der Industrie an ihrem Anteil am Bruttoinlandsprodukt und an der Beschäftigung, so hatte sie ihren Zenit zu Beginn der 1970er Jahre erreicht. Obwohl die Industrieproduktion ab 1976 wieder wuchs, verlor sie einen Teil ihrer Lokomotivfunktion für die Konjunktur an den Dienstleistungssektor.

14 ebd.
15 Niederschrift der Präsidiumssitzung am 9.6.1975, in: ebd.

Am 24. November 1975 empfingen das Präsidium und der Vorstand des BDI zum ersten Mal in ihrer Geschichte den Bundeskanzler als Gast. Schmidt demonstrierte damit sein Interesse an einem offenen Dialog mit den Wirtschaftsverbänden, die er von seiner wirtschaftspolitischen Linie überzeugen wollte.[16] Da die Zahl der Arbeitslosen erstmals seit 1955 die Millionengrenze überschritten hatte und die Bundesrepublik in der Konjunkturkrise steckte, musste die Regierung Schmidt durch Erfolge beim Wirtschaftswachstum, bei der Beschäftigung und bei der Preisstabilität Vertrauen zurückgewinnen. Die Bundesregierung konnte die nächsten Bundestagswahlen im Unterschied zu 1972 nicht mit großen außenpolitischen Erfolgen und großzügigen Erhöhungen sozialer Leistungen gewinnen und musste mehr als früher durch wirtschaftspolitische Leistungen überzeugen. Aus diesen Gründen war Helmut Schmidt daran interessiert, die Wirtschaftsverbände zumindest für eine neutrale politische Haltung zu gewinnen und im Unterschied zur letzten Bundestagswahl ihre offene Parteinahme für die CDU und die CSU zu verhindern.

Schmidt nutzte die Gelegenheit, um die anwesenden Unternehmer aus erster Hand über den gerade stattgefundenen ersten Weltwirtschaftsgipfel im französischen Rambouillet zu informieren. Sein ausführlicher Bericht über die Ergebnisse der Konferenz und seine detaillierte Analyse der weltwirtschaftlichen Entwicklungsprozesse sollten die Teilnehmer von seinen Fähigkeiten als deutscher und internationaler Wirtschaftspolitiker überzeugen. Helmut Schmidts Kritik an der Vernachlässigung der Stabilitätspolitik durch die Regierungen der USA und anderer Staaten stieß ebenso wenig auf Widerspruch wie seine Erklärung, den Anstieg der Staatsausgaben nach dem Ende der Rezession zu reduzieren und eine stabile Haushaltspolitik zu verfolgen.

In der Diskussion nutzten Sohl und der Daimler-Benz-Vorstandsvorsitzende und BDI-Schatzmeister Joachim Zahn die Gelegenheit, den Kanzler durch den Hinweis auf den Tiefstand der Umsatzrendite von unter zwei Prozent und die gestiegene Lohnquote (im Verhältnis zum Umsatz) von ihrer Forderung nach niedrigen Lohnabschlüssen zu überzeugen. Aufgrund der günstigen Konjunkturprognosen rechneten die industriellen Arbeitgeber mit höheren Forderungen der Gewerkschaften in der kommenden Lohnrunde. Schmidt kam diesen Bedenken durch sein Plädoyer für eine gemäßigte Lohnerhöhung teilweise entgegen. Der Bundeskanzler wies auf die Neutralität der Regierung in Tariffragen hin, aber schlug vor, einen Teil der Lohnerhöhung in vermögenswirksamen

16 Niederschrift der Präsidiums- und Vorstandssitzung am 24.11.1975, in: ebd.

Leistungen auszuschütten. Joachim Zahn schloss seinen faktenreichen Wortbeitrag mit dem *ceterum censeo*[17] des BDI, die Unternehmen bei den ertragsunabhängigen Steuern zu entlasten. Dietrich Spethmann, der Vorstandsvorsitzende der Thyssen AG, lobte die Beschlüsse der G7-Konferenz in Rambouillet für den Ausbau des Freihandels und die Stabilisierung der Wechselkurse. Ebenso wie der Mittelstandsvertreter Rolf Rodenstock (1917-1997) sprach er sich für eine mittelstandsfreundliche Steuerpolitik aus, eine Erwartung, die Helmut Schmidt mit dem Hinweis auf die Haushaltslage dämpfen musste.

Abbildung 28: Rolf Rodenstock (BDI-Präsident 1978-1984), Foto: Wolf P. Prange

Leider sind im BDI keine Aufzeichnungen überliefert, wie die Präsidiums- und Vorstandsmitglieder den Auftritt des Kanzlers bewerteten. Helmut Schmidt konnte mit Sicherheit durch seine profunde Sachkenntnis in volkswirtschaftlichen und unternehmenswirtschaftlichen Fragen, sein Stabilitätsbekenntnis und seine schnörkellose Distanzierung von den Forderungen des linken SPD-Flügels überzeugen. Gleichzeitig zeigte er die Grenzen seiner Kompromissbereitschaft mit den Arbeitgeberverbänden deutlich auf. Eine steuerliche Besserstellung der Unternehmen zu Lasten des Staatshaushalts und einer höheren indirekten Steuerbelastung für Verbraucher war in der SPD nicht durchsetzbar und widersprach auch Schmidts Verständnis von der sozialen Symmetrie der Wirtschafts- und Finanzpolitik. Der BDI bedauerte wiederholt die steuerpolitische Zurückhaltung der Bundesregierung und hoffte nach der Bundestagswahl 1976 auf ihre Gesprächsbereitschaft.

Die politische Atmosphäre im Bundestagswahljahr 1976 war weniger polarisiert als vier Jahre zuvor. Während sich Sohl und andere prominente Unternehmer vor der Bundestagswahl 1972 öffentlich gegen die Bundesregierung positioniert hatten, vermied die Spitze des BDI eine öffentliche Festlegung gegen die sozialliberale Koalition und für die CDU/

17 Lateinisch: »im Übrigen meine ich …«

CSU. Trotz des sehr viel positiveren Urteils über die Regierung Schmidt bestand jedoch kein Zweifel, dass der BDI einen Wahlsieg der Union präferierte. Für diese Hypothese spricht unter anderem die Tatsache, dass der BDI im Januar 1976 den schleswig-holsteinischen Ministerpräsidenten Gerhard Stoltenberg (1928-2001) als Gast in eine Präsidiumssitzung einlud, um die wirtschafts- und finanzpolitischen Positionen der Union zu präsentieren. Stoltenberg, der zeitweise als Direktor bei Krupp tätig war, galt als wirtschaftsnah und wurde in der Öffentlichkeit als möglicher Finanzminister einer christdemokratischen Bundesregierung gehandelt. Stoltenbergs Plädoyer für eine Senkung der Staatsquote durch eine Reduzierung der staatlichen Sparförderung für Arbeitnehmer und eine generelle Ausgabendisziplin im Sozialetat kam den Interessen des BDI ebenso entgegen wie sein Eintreten für höhere steuerliche Abschreibungen und Erleichterungen bei der Vermögenssteuer und der Körperschaftssteuer.[18]

Nach dem knappen Wahlsieg der sozialliberalen Koalition bei der Bundestagswahl legte der BDI der alten und neuen Bundesregierung ein wirtschaftspolitisches Positionspapier vor, in dem der BDI seine Forderung wiederholte, dass Lohnsteigerungen nicht über dem Anstieg der Produktivität liegen sollten.[19] In seiner ausführlichen Lageanalyse vor dem Präsidium und dem Vorstand des BDI zeigte sich Sohl gegenüber den steuerpolitischen Entwicklungsmöglichkeiten der kommenden Legislaturperiode durchaus hoffnungsvoll. Sohl äußerte die Erwartung, dass die zum Jahresbeginn 1978 geplante Erhöhung der Mehrwertsteuer auch der Entlastung der Unternehmen von ertragsunabhängigen Steuern wie der Vermögenssteuer zuträglich sein werde. Auf der Präsidiumssitzung am 21. März 1977, bei der Bundesfinanzminister Hans Apel als Gast eingeladen war, forderte der BDI unter anderem die Aufhebung der Lohnsummensteuer.[20] Auf Vorschlag der Bundesregierung schaffte der Bundestag sie zum Jahresende 1979 ab.

An der Spitze des BDI zeichneten sich schon 1975 personelle Veränderungen ab. Da Sohl 1976 seinem 70. Geburtstag entgegensah und nach der seit 1970 gültigen Satzung des BDI das Präsidentenamt im gleichen Jahr räumen musste, begannen hinter den Kulissen bereits Überlegungen über seine Nachfolge. Die Wochenzeitung »Die Zeit« meldete am

18 Niederschrift der Präsidiumssitzung am 26.1.1976, in: BDI-Archiv HGF, A 127.

19 Hans-Günther Sohl, *Die politische und wirtschaftliche Lage zu Beginn der neuen Legislaturperiode. Ansprache in der gemeinsamen Sitzung von Präsidium und Vorstand des BDI am 22.11.1976*, in: ebd.

20 Niederschrift der Präsidiumssitzung am 21.3.1977, in: BDI-Archiv HGF, A 127.

20. Juni 1975, dass der frühere Vorstandsvorsitzende und amtierende Aufsichtsratsvorsitzende der Bayer AG Kurt Hansen (1910-2002) bereits als Nachfolger von Sohl designiert sei.[21] Wegen der hohen zeitlichen Belastung des Präsidentenamts beim BDI war die Arbeitsbelastung nur für Unternehmer und Spitzenmanager tragbar, die sich bereits aus der operativen Leitung ihres Unternehmens zurückgezogen hatten und noch als Seniorchefs und Aufsichtsratsvorsitzende amtierten. Aus dem Präsidium des BDI kam als potentieller Mitbewerber auch der Münchener Brillenfabrikant Rolf Rodenstock in Frage, der sich im BDI vor allem als engagierter Vertreter mittelständischer Interessen profiliert hatte, aber nach dem Eindruck von Journalisten als »zu eigenwillig« und daher als nicht mehrheitsfähig galt.

Die Auseinandersetzung um die Mitbestimmung hatte dem BDI und der BDA gezeigt, wie wichtig eine enge Abstimmung und ein konzertiertes und koordiniertes Vorgehen der beiden Spitzenverbände der Wirtschaft war.[22] Im Winter 1975/76 stellte der Siemens-Vorstandsvorsitzende Bernhard Plettner (1914-1997) im Auftrag des Präsidiums Überlegungen an, wie sich die Verbandsarbeit von BDI und BDA rationalisieren lasse. Bereits Anfang Februar 1976 berichtete »Die Zeit« von Überlegungen, Schleyer zum Präsidenten des BDI zu wählen.[23] Plettners Gutachten sprach sich für die Personalunion der Präsidentenämter aus, worauf Hansen im März 1976 bereitwillig auf seine Kandidatur verzichtete und sich mit dem Amt des stellvertretenden Präsidenten zufriedengab.[24] Für die Fusion der Präsidentenämter sprach neben strukturellen Überlegungen auch die Tatsache, dass ein Wunschkandidat bereitstand. Seit 1973 stand der Daimler-Benz-Vorstand Hanns Martin Schleyer (1915-1977) faktisch hauptberuflich an der Spitze der BDA. Schleyer galt im Gewerkschaftslager als ein harter, aber auch kompromissfähiger und menschlich integrer Vertreter der Arbeitgeberinteressen. In einer Gesellschaft mit einer herausgehobenen Rolle der Massenmedien als *agenda setter* und Meinungsmacher sprach auch sein kommunikatives Talent für die Fusion beider Ämter. Schleyer galt gegenüber Journalisten als zugewandt, ja charmant und sprach eine klare allgemeinverständliche Sprache.[25]

21 »*Wohin, BDI?*«, in: Die Zeit (20.6.1975).

22 Der DIHT (heute DIHK) war aufgrund seines Status als Dachverband der öffentlich-rechtlichen Industrie- und Handelskammern mit Pflichtmitgliedschaft nicht mit dem BDI und der BDA vergleichbar.

23 »*Der doppelte Schleyer*«, in: Die Zeit (6.2.1976).

24 Niederschrift der Präsidiumssitzung am 29.3.1976, in: BDI-Archiv HGF, A 127.

25 Information von Frau Petra Abelshauser-Jander, 21.9.2017. Frau Abelshauser-Jander war in den 1970er Jahren Redakteurin des Manager Magazins.

Einzelne Präsidiumsmitglieder des BDI erhoben gegen die Personalunion keine persönlichen, wohl aber funktionale Bedenken. Zum einen war die Mitgliederbasis des BDI und der BDA nicht deckungsgleich. Während die BDA bis zu Beginn der 1990er Jahre fast alle mittleren und größeren Arbeitgeber in der Industrie und im Dienstleistungssektor repräsentierte, konnte der BDI-Präsident nur für die Industrie sprechen. Zum anderen bestand die Befürchtung, der BDI könnte in eine polarisierte Auseinandersetzung mit den Gewerkschaften hineingezogen werden. Sohl erwiderte diese Bedenken mit dem Verweis auf das Mitbestimmungsgesetz. Der Konflikt um das Mitbestimmungsgesetz habe gezeigt, dass sich sozialpolitische und ordnungspolitische Fragen zunehmend vermischten und die strikte Arbeitsteilung der Verbände nicht mehr aufrechterhalten werden konnte. Das Präsidium votierte mit den Stimmenthaltungen der Kautschukindustrie, der Kunststoffindustrie und der Metallindustrie dafür, der Mitgliederversammlung des BDI die Wahl Schleyers zu empfehlen.

Kurz nach seiner Wahl zum Präsidenten des BDI, aber fast sieben Monate vor der offiziellen Amtseinführung am 1. Januar 1977 umriss Schleyer gegenüber der Wochenzeitung »Die Zeit« seine Vorstellungen von einer organisatorischen Zusammenarbeit zwischen BDI und BDA und den inhaltlichen Schwerpunkten seines Amtes.[26] Da die Fusion der Spitzenämter an seine Person gebunden war und Schleyer eine Amtszeit von vier Jahren anstrebte, lehnte er eine Verschmelzung der Geschäftsstellen grundsätzlich ab. Schleyer sprach sich dagegen für gemeinsame Ausschüsse zu jenen Fachgebieten aus, die für die Arbeit beider Verbände wichtig waren. Grundsätzliche wirtschaftspolitische und sozialpolitische Fragen sollten künftig in gemeinsamen Präsidiumssitzungen beraten werden. Mit diesem Interview in einer Qualitätszeitung, die neben dem Wirtschaftsbürgertum vor allem das Bildungsbürgertum erreichte, beschritt Schleyer für den BDI kommunikationspolitisches Neuland. Schleyer suchte stärker als Sohl den Kontakt zu Journalisten, um die wirtschaftspolitischen und gesellschaftspolitischen Positionen des BDI in der Öffentlichkeit zu platzieren und offensiv für diese zu werben. In einer immer stärker medialisierten Öffentlichkeit wurde die gesellschaftliche Relevanz von Organisationen auch durch die Präsenz in angesehenen, als unabhängig und kritisch geltenden Medien beeinflusst. Schleyers Plädoyer für intensivere Kontakte zu den Gewerkschaften in Arbeitsmarkt- und Ausbildungsfragen und sein Engagement für die

26 *»Mehr Kontakte mit dem DGB«*, in: Die Zeit (4.6.1976).

Förderung der betrieblichen Vermögensbildung für Arbeitnehmer waren öffentliche Gesprächsangebote, die Dialogbereitschaft vermitteln sollten.

Das tödliche Attentat der »Rote Armee Fraktion« (RAF) auf den Generalbundesanwalt Siegfried Buback am 7. April 1977 zeigte, dass linksextreme Terroristen den exponiertesten Angehörigen der deutschen Eliten nach dem Leben trachteten. Hanns Martin Schleyer lehnte einen Polizeischutz für sich zunächst ab. Erst als ihn das Bundeskriminalamt im Juni 1977 als eine der am meisten gefährdeten Führungspersönlichkeiten einstufte, stimmte er einem ständigen Polizeischutz zu. Die versuchte Entführung und die Ermordung des Dresdner-Bank-Vorstandsvorsitzenden Jürgen Ponto am 30. Juli 1977 machte deutlich, dass Führungspersönlichkeiten der Wirtschaft mit der akuten Gefahr einer Entführung rechnen mussten. Schleyer hatte seinen Hauptwohnsitz in Stuttgart behalten, so dass die baden-württembergische Polizei für seine Sicherheit verantwortlich war. Aus Stuttgart stammte auch Schleyers langjähriger Fahrer Heinz Marcisz, der bei Daimler-Benz angestellt war. Marcisz wurde von seinem Arbeitgeber zur BDA abgeordnet, damit er weiterhin für Schleyer tätig sein konnte und um der BDA die Ausgaben für einen Fahrer zu ersparen.

Der Präsident des Bundeskriminalamtes und oberster Terrorbekämpfer Horst Herold berichtete dem Bundestagsausschuss des Inneren am 1. September 1977, das Leben »einer bestimmten Person« sei gefährdet, ohne einen Namen zu nennen.[27] Am 5. September 1977 wurde Schleyer von den drei Stuttgarter Polizisten Reinhold Brändle, Roland Pieler und Helmut Ulmer bei der Fahrt vom Hauptsitz der BDA am Rheinufer zu seiner Kölner Wohnung begleitet, von der es nach kurzer Pause zu einem Abendtermin nach Düsseldorf gehen sollte. Einer der vier, möglicherweise auch fünf Terroristen stoppte Schleyers Dienstwagen und das Begleitfahrzeug mit den Polizisten. Drei Terroristen und eine Terroristin nahmen das Begleitfahrzeug mit einem Kugelhagel aus automatischen Waffen unter Beschuss und töteten kaltblütig die Begleiter und Schleyers Fahrer.

Das Ende der tragischen Geschichte ist bekannt: Dem BDI und der BDA waren die Hände gebunden, da die RAF einen Austausch Schleyers mit einer freiwilligen Geisel kategorisch ablehnte. Der BDI-Hauptgeschäftsführer Siegfried Mann wurde in den Krisenstab der Bundesregierung berufen, konnte aber die Entscheidungen der Bundesregierung nicht beeinflussen.[28] Aus Gründen der inneren Sicherheit

27 *RAF-Serie (VII): Die Schleyer-Entführung*, in: Der Spiegel (22.10.2007).

28 Telex Mann an das Präsidium und den Vorstand des BDI und die Hauptgeschäftsführer der Mitgliedsverbände, in: tka, Nachlass Sohl, Nr. A/30097.

und der Staatsräson lehnte die Bundesregierung jedes Eingehen auf die Erpressungsversuche der RAF kategorisch ab. Die RAF hatte Schleyer vor allem, aber nicht nur, wegen seiner exponierten Stellung als Präsident der beiden Spitzenverbände und vermeintlich führender Unternehmer Deutschlands als Entführungsopfer ausgewählt. Der frühere Korpsstudent Schleyer entsprach mit seinen deutlich sichtbaren Mensurnarben (»Schmissen«) auch optisch dem Feindbild des konservativen und autoritären Unternehmers. Aus der Sicht des an der Entführung beteiligten RAF-Mitglieds Stefan Wisniewski und weiterer RAF-Anhänger stand der frühere SS-Untersturmführer Schleyer für den »bruchlosen Übergang der nationalsozialistischen Elite in die Bundesrepublik«.

Nach der Befreiung des entführten Lufthansa-Flugzeugs »Landshut« und dem dadurch ausgelösten Selbstmord der RAF-Führung im Gefängnis Stuttgart-Stammheim wurde Schleyer von seinen Entführern am 18. Oktober 1977 erschossen und seine Leiche als letzter Akt der Erniedrigung im Kofferraum eines Autos deponiert. Es ist müßig zu spekulieren, ob Schleyers Entführung unter bestimmten Umständen einen glücklichen Ausgang genommen hätte. Der Hinweis eines Polizisten auf die konspirative Wohnung in Erftstadt-Liblar, in der Schleyer vom 5. bis zum 16. September festgehalten wurde, wurde durch ein Versehen der Kriminalpolizei nicht weiterverfolgt. Das Bundesverfassungsgericht lehnte den Eilantrag der Familie Schleyer ab, den Forderungen der RAF nachzugeben und inhaftierte Terroristen freizulassen.

Wegen des Schocks über Schleyers Ermordung und aus Gründen der Pietät wurde die Frage seiner Nachfolge noch nicht auf der nächsten Sitzung des BDI-Präsidiums beraten.[29] Der verschiedentlich als möglicher Nachfolger genannte Mannesmann-Vorstandsvorsitzende Egon Overbeck lehnte wegen der hohen Arbeitsbelastung durch sein Vorstandsamt ab. Nach Overbecks Absage rückte Rolf Rodenstock zum Wunschkandidaten des Präsidiums auf. Obwohl Rodenstock zu den langgedientesten und aktivsten Präsidiumsmitgliedern gehörte und damit für das Amt des BDI-Präsidenten prädestiniert war, musste er das Amt aus familiären Gründen vorerst ablehnen. Sein 30 Jahre alter Sohn war nach Rodenstocks Bekunden erst in einem Jahr so weit, das Familienunternehmen selbstständig zu leiten und ihm eine quasi hauptamtliche Führung des BDI zu erlauben. Da die Personalunion des BDI-Präsidenten und des BDA-Präsidenten ganz auf die Persönlichkeit Schleyers zugeschnitten

29 Niederschrift der Präsidiumssitzung am 21.11.1977, in: BDI-Archiv HGF, A 127; *Ich nicht*, in: Der Spiegel (12.12.1977), 36-41.

war und ein vergleichbarer Nachfolgekandidat fehlte, hatten sich die Überlegungen über eine längerfristige Fusionierung beider Ämter erledigt.[30]

Abbildung 29: Siegfried Mann (BDI-Hauptgeschäftsführer 1977-1989), Foto: Wolfgang von Brauchitsch

Unter der Federführung Sohls fiel im Januar 1978 die Vorauswahl der zehn BDI-Vizepräsidenten auf den in der Öffentlichkeit kaum bekannten Bonner Fliesenhersteller Nikolaus Fasolt (Wessel-Werke), der als Vorsitzender des Verbands der Keramikindustrie im BDI-Präsidium vertreten war. Ein gut recherchierter und offenbar auf zuverlässigen Quellen basierender Hintergrundartikel des »Spiegels« deutete an, dass Fasolt seine Designierung zum BDI-Vorsitzenden möglicherweise einem prominenten Fürsprecher verdankte.[31] Die Vermutung, dass der immer noch einflussreiche und exzellent vernetzte frühere Vorstandsvorsitzende der Deutschen Bank Hermann Josef Abs ihn aufgrund seiner Funktion als Teilhaber und Beiratschef der Wessel-Werke weiterempfohlen hatte, stellte sich jedoch als eine Fehleinschätzung heraus.[32]

Dank seiner Position als mittelständischer Unternehmer konnte Fasolt dem BDI wieder mehr Gewicht bei der mittelständischen Industrie verschaffen, die nach dem Ende der Ära Berg nicht mehr durch die BDI-Spitze repräsentiert war. Dem polyglotten Fasolt trauten die Vizepräsidenten des BDI durchaus zu, die deutsche Industrie im Ausland zu vertreten. Bereits im Juni 1978, drei Monate nach seiner Wahl zum Präsidenten des BDI, berichtete »Der Spiegel« jedoch über erhebliche wirtschaftliche Probleme in Fasolts Unternehmen, die wegen seines personalpolitischen Ungeschicks Skandalisierungspotential besaßen. Wegen der zunehmenden Konkurrenz durch Importfliesen und des dadurch verursachten Absatzeinbruchs beantragte Fasolt beim Arbeitsamt die Entlassung von 50 Angestellten und 150 Arbeitern, ohne dem Betriebsrat

30 Niederschrift der Präsidiumssitzung am 30.1.1978, in: ebd.
31 *Der hat das Zeug*, in: Der Spiegel (23.1.1978), 79 f.
32 *Zweimal kacheln*, in: Der Spiegel (29.5.1978), 60-63.

die Möglichkeit einer Stellungnahme zu geben. Ein solches arbeitsrechtliches Versäumnis konnte den BDI-Präsidenten in öffentliche Erklärungsnöte bringen.

Dieser arbeitsrechtliche Fauxpas brachte Fasolt noch nicht in ernsthafte Bedrängnis. Doch im Juni 1978 geriet er in den Strudel einer Parteifinanzierungsaffäre, die ihn zum Rücktritt zwingen sollte. Das Nachrichtenmagazin »Der Spiegel« enthüllte, dass Fasolt an eine Liechtensteiner Scheinfirma der CDU 40.000 D-Mark für wertlose Scheingutachten gezahlt hatte.[33] Diese scheinbar sinnfreien Transaktionen dienten einzig dem Zweck, hohe Parteispenden als steuerbegünstigte Betriebsausgaben geltend machen zu können. Da die Staatsanwaltschaft einen Strafbefehl erließ, musste der BDI-Präsident um sein Verbleiben im Amt bangen. Nikolaus Fasolt duckte sich nicht vor der massiven Kritik der veröffentlichten Meinung und gab dem »Spiegel« in derselben Ausgabe ein Interview. Fasolt wich jedoch der entscheidenden Frage aus, ob er im Fall einer Verurteilung wegen Steuerhinterziehung von seinem Amt zurücktreten werde.[34]

Bereits in seiner nächsten Ausgabe berichtete der »Spiegel«, dass Fasolt in einer informellen Besprechung mit den Vizepräsidenten des BDI am 30. Juni 1978 unter Druck geraten war.[35] Die Spitze des BDI fürchtete bei ihren Bemühungen um eine unternehmensfreundliche Steuerreform einen Glaubwürdigkeitsverlust, falls ihr höchster Repräsentant wegen Steuerhinterziehung verurteilt würde. Die im selben Artikel kolportierte Meldung über Fasolts ratloses Schweigen während eines Treffens von Wirtschaftsvertretern mit Bundeskanzler Helmut Schmidt war offenbar aus dem BDI an den »Spiegel« lanciert worden, um Fasolts Autorität zu untergraben. Gleiches galt auch für die mit süffisantem Unterton präsentierte Information, Fasolt sei mit seinen 16 Ehrenämtern offenbar überlastet.

Unter dem Eindruck der zunehmenden Kritik aus den Massenmedien und aus dem BDI zog Fasolt Mitte August 1978 die Konsequenzen und kündigte seinen Rücktritt an. Seine Demission stand nicht in einem direkten Zusammenhang mit dem Steuerstrafverfahren, da das Gericht noch nicht über den Strafbefehl verhandelt hatte. Der drohende Strafbefehl wurde im Oktober rechtskräftig, sodass er mit seinem freiwilligen Rückzug einem schmerzhafteren zwangsweisen Rücktritt zuvorkam.[36]

33 *Das ist ein einziger Skandal*, in: Der Spiegel (3.7.1978), 26-32.
34 *Wir waren uns keines Unrechts bewußt*, in: Der Spiegel (3.7.1978), 34 ff.
35 *Vornehm zurück*, in: Der Spiegel (10.7.1978), 62 f.
36 *Rückzieher*, in: Die Zeit (13.10.1978).

Hans-Günther Sohl hatte als informeller *primus inter pares* der Vizepräsidenten bereits die informelle Besprechung am 30. Juni veranlasst und rief die Vizepräsidenten per Telefon aus dem Urlaub zurück. Für den 18. August 1978 lud er sie zu einer Besprechung nach München ein, um den neuen BDI-Präsidenten zu designieren.[37] Der Ort des Treffens deutete die personelle Entscheidung bereits an. Die Designierung fiel auf das langjährige Präsidiumsmitglied Rolf Rodenstock, den man diesmal nicht vergeblich bitten musste, das Amt zu übernehmen. Nach den Erfahrungen mit Fasolt garantierten die grundsolide wirtschaftliche Lage des Familienunternehmens und die baldige Übergabe der Unternehmensleitung an Rolf Rodenstocks Sohn, dass der künftige BDI-Präsident seine ganze Energie in das Ehrenamt investieren konnte und der Verband nicht mit Negativschlagzeilen rechnen musste.

Das Tagesgeschäft des BDI hatte unter der Ermordung Hanns Martin Schleyers und Fasolts Rücktritt nach nur fünf Monaten nicht gelitten. Die professionell arbeitenden Fachabteilungen des BDI unter der Leitung des Hauptgeschäftsführers Dr. Siegfried Mann (1926-2011) setzten ihre analytische und konzeptionelle Arbeit fort und versorgten die Ministerialbürokratie und die Bundestagsfraktionen auch weiterhin mit sachbezogenen Stellungnahmen zu Gesetzesentwürfen. Mann, der von 1972 bis 1976 unter dem sozialdemokratischen Minister Georg Leber als beamteter Staatssekretär im Verteidigungsministerium für Rüstung und Planung zuständig war und vom Daimler-Vorstandsvorsitzenden Joachim Zahn empfohlen wurde, war mit der Leitung eines großen und funktional differenzierten Verwaltungsapparats und mit der Steuerung komplexer Prozesse sehr vertraut. Der analytisch denkende und effizient arbeitende Siegfried Mann war in der Hauptgeschäftsführung des BDI jedoch nicht unumstritten. Sein Stellvertreter Karl Peiffer kritisierte ihn wegen seiner Neigung zu selbstherrlichen Entscheidungen und seiner fehlenden Bereitschaft, Verantwortung an seine Mitarbeiter zu delegieren.[38] Zu den Erfolgen des BDI während der kurzen Ära Fasolt gehörte die Entscheidung der FDP-Fraktion für ein neues Steuerprogramm, das sich weitgehend an den steuerpolitischen Vorschlägen des BDI orientierte.

Für Rodenstock sprach neben seiner Position als erfolgreicher mittelständischer Unternehmer seine vielfache Vernetzung in den Spitzenverbänden der Wirtschaft. Als Präsident der IHK München war er kraft seines Amtes Vorstandsmitglied des Deutschen Industrie- und

37 *Leicht lädiert*, in: Der Spiegel (21.8.1978), 28.

38 *Schlagkräftig machen*, in: Der Spiegel (31.7.1989), 67 f.

Handelstages (DIHT). Durch seine Mitgliedschaft im Präsidium der BDA war er in die Entscheidungsprozesse und die Öffentlichkeitsarbeit der Schwesterorganisation eingebunden und konnte die Aktivitäten des BDI ohne besonderen Zeitaufwand mit der BDA abstimmen. Der promovierte und habilitierte Betriebswirt hatte wegen seiner Nähe zur Wirtschaftswissenschaft von 1966 bis 1978 den Vorsitz des Instituts der deutschen Wirtschaft inne. Rodenstock gehörte dem Präsidium des BDI schon seit 1949 an, leitete seit 1972 den Mittelstandsausschuss und hatte durch seine offenen, wenngleich manchmal kontroversen Beiträge im BDI Anerkennung gewonnen. Seine öffentliche Kritik an der staatlichen Forschungsförderung, die vor allem Großunternehmen wie Siemens zugutekam, brachte ihm vornehmlich bei Mittelständlern Beifall und Aufmerksamkeit ein.[39] Sein Amt als Vorsitzender der Bayerischen Staatsbürgerlichen Vereinigung (BSV) setzte ihn nie der Gefahr staatsanwaltschaftlicher Ermittlungen aus. Die BSV hatte im Unterschied zur Staatsbürgerlichen Vereinigung in Koblenz keine Spenden aus unversteuertem Einkommen angenommen und geriet daher nicht in den Strudel der Parteispendenaffäre.

Ende September 1978, unmittelbar nach seiner offiziellen Nominierung für das Präsidentenamt durch das Präsidium des BDI, gab Rodenstock dem »Spiegel« ein ausführliches Interview. Neben den grundsätzlichen Zielen des BDI machte er auch seine persönliche Agenda als künftiger BDI-Präsident publik.[40] Während seine Forderung nach einem mäßigen Anstieg der Sozialkosten vom gesamten Verband getragen wurde, griff seine Initiative für eine bessere steuerliche Behandlung von Forschungs- und Entwicklungsaufwendungen ein altes Ansinnen der mittelständischen Unternehmen auf. Seine Forderung nach dem Abbau öffentlicher Subventionen war in Mittelstandskreisen uneingeschränkt populär, aber aus der Sicht subventionsbegünstigter Industriezweige wie dem Schiffbau, der Eisen- und Stahlindustrie und der Luftfahrtindustrie nicht unproblematisch. Aufgrund ihrer eindeutigen Minderheitenposition vermieden die subventionsempfangenden Branchen jede Kritik an dieser Grundsatzposition, die innerhalb des BDI unangreifbar war. Selbst die Ausweitung der regionalen Wirtschafts- und Strukturförderung durch den Bund stieß im Präsidium des BDI auf grundsätzliche ordnungspolitische Kritik.[41]

39 *Schlecht nein sagen*, in: Der Spiegel (11.9.1978), 39 ff.

40 *Ich bin kein heuriger Hase*, in: Der Spiegel (2.10.1978), 44-52; Niederschrift der Präsidiumssitzung am 25.9.1978, in: BDI-Archiv HGF, A 127.

41 Niederschrift der Präsidiumssitzung am 22.1.1979, in: ebd.

Seit 1977 forderte der BDI die Auflösung des Investitionsstaus für privatwirtschaftliche und öffentliche Investitionen.[42] Der grundlegende Anlass dieser Forderung waren die verlangsamten und teilweise sogar zurückgezogenen Genehmigungen der Landesbehörden für Großprojekte der Energieversorgung. Der Bauplatz des geplanten, aber niemals gebauten Atomkraftwerkes Wyhl am Kaiserstuhl entwickelte sich zum Symbol für eine technologiekritische Debatte in der deutschen Gesellschaft, die in Einzelfällen sogar die Einstellung von Großinvestitionen erzwang. Durch Klagen gegen Teilerrichtungsgenehmigungen verzögerten die Gegner der Atomenergie Investitionen in Milliardenhöhe. Einzelne staatliche Infrastrukturprojekte wie der Autobahnbau durch den Südschwarzwald oder das Rothaargebirge wurden wegen des ökologischen Protests in den Regionen nicht mehr weiterverfolgt. Die Präsidiumsmitglieder des BDI kritisierten diese Entscheidungen als administrative, vom Staat verschuldete Investitions- und Wachstumshemmnisse. Sie übersahen aber, dass die sehr ambitionierten Ausbaupläne für das Autobahnnetz nach dem Ende des dauerhaften Wirtschaftsbooms nicht mehr finanzierbar waren. Die protestierenden und mit Klagen drohenden Trassenanlieger waren nur selten technologiefeindliche Romantiker und nahmen ihre Interessen auf legalen Wegen und mit legitimen Mitteln wahr.

Vor dem damaligen Erwartungshorizont erschien dem BDI der beschleunigte Ausbau der Atomenergie als alternativlos. Die grundstofferzeugenden und energieintensiven Industriezweige reagierten sensibel auf die steigenden Kosten für die Subventionierung der deutschen Steinkohle, die über das Dritte Verstromungsgesetz auf alle Stromverbraucher (»Kohlepfennig«) umgelegt wurden. Obwohl mehrere Bundesländer im Sinne des BDI das atomrechtliche Genehmigungsverfahren für identische Reaktortypen strafften,[43] wurde die Genehmigung neuer Atomkraftwerke durch die zunehmende Zahl der Klagen und intensive öffentliche Proteste erschwert. Die konjunkturelle Entwicklung der nächsten zehn Jahre und der zunehmend effizientere Energieeinsatz durch die Stromverbraucher sollte zeigen, dass sich manche der zurückgestellten Investitionen zu Fehlinvestitionen entwickelt hätten.

Auch die europäische Politik bereitete dem BDI Sorgen. Die 1975 einsetzende Absatzkrise der europäischen Stahlindustrie hatte einige europä-

42 Presseerklärung des BDI vom 21.3.1977; Grundsatzpapier des BDI: Arbeitsplätze durch Wirtschaftswachstum (Ende 1977); Niederschrift der Präsidiumssitzung am 3.4.1978, in: ebd.

43 So die Forderung des BDI-Präsidiumsmitglieds und VCI-Vorsitzenden W. Alexander Menne in der Präsidiumssitzung am 26.3.1979, in: ebd.

ische Regierungen veranlasst, die notleidende Stahlindustrie ihres Landes mit erheblichen Erhaltungssubventionen zu Lasten ihrer ausländischen Konkurrenten zu schützen. Angesichts der Strukturkrise in der Stahlindustrie und in anderen Branchen wie dem Schiffbau befürchtete der BDI eine ordnungspolitisch höchst unerwünschte Ausweitung staatlicher Subventionen, die zu erheblichen Wettbewerbsverzerrungen führen würde. Der BDI-Hauptgeschäftsführer Siegfried Mann sprach vor dem Präsidium des BDI sogar davon, dass der Binnenmarktprotektionismus in einigen Ländern und Branchen »den Charakter eines Wirtschaftskriegs anzunehmen« beginne.[44] Da der 1977 publizierte Tindemans-Bericht der EG über die Weiterentwicklung der Europäischen Gemeinschaft zur Wirtschaftsunion ohne konkrete Fortschritte verpuffte,[45] beschränkten sich die europapolitischen Initiativen des BDI auf die wettbewerbskonforme Reform der industriellen Strukturpolitik. Angesichts der erheblichen nationalen Unterschiede in der Ordnungs- und Wettbewerbspolitik war ein gemeinsames europäisches Wettbewerbs- und Kartellrecht in weite Ferne gerückt. Unter diesen Umständen konnte der BDI nur noch darauf hoffen, dass sich die nationalen Divergenzen des Wettbewerbsrechts nicht noch weiter vergrößerten.[46] Selbst die europaweite Ersetzung nationaler technischer Normen durch europäische Gemeinschaftsnormen erschien trotz des Konsenses über ihre wettbewerbsfördernde Funktion nur langfristig umsetzbar.[47]

In der deutschen Wettbewerbspolitik stand der BDI im Konflikt mit der sozialliberalen Bundesregierung und mit der christdemokratischen Opposition. Während die Bundesregierung und die CDU/CSU-Fraktion die Einführung einer Fusionskontrolle als wettbewerbspolitisch legitime Instrumente zum Schutz des Wettbewerbs und der mittelständischen Wirtschaft befürworteten, wollte der BDI die Fusionskontrolle ausschließlich auf marktbeherrschende Unternehmen beschränkt wissen und die Tatbestände des Marktmissbrauchs sehr eng begrenzen. So lehnte der BDI es ab, eine mögliche, ja selbst eine tatsächliche Beeinträchtigung des Wettbewerbs und höhere Preise als Missbrauch einer wettbewerbsbeherrschenden Marktstellung anzuerkennen und der Fusionskontrolle zu unterziehen. Aus der Sicht des BDI war die Vierte Novelle des Gesetzes gegen Wettbewerbsbeschränkungen ein »unschöner Kompromiss« von

44 Werner Abelshauser, *Deutsche Wirtschaftspolitik zwischen europäischer Integration und Weltmarktorientierung*, in: ders., Das Bundeswirtschaftsministerium, 553.
45 Wilfried Loth, *Europas Einigung. Eine unvollendete Geschichte*, Frankfurt 2014, 218.
46 Niederschrift der Präsidiumssitzung am 22.1.1979, in: BDI-Archiv HGF, A 127.
47 Niederschrift der Geschäftsführerkonferenz in Brüssel am 10.11.1978, in: ebd.

Regierung und Opposition, in dem der BDI nur einzelne Beschränkungen für mittelständische Unternehmen verbessern konnte.[48]

Da sich die wettbewerbspolitischen Hauptziele von SPD, FDP und CDU/CSU ergänzten und nicht im Widerspruch zueinander standen, hatten die Interventionen des BDI im ministeriellen und parlamentarischen Beratungsverfahren nur in Details Erfolg.[49] Auch die mittelständische Arbeitsgemeinschaft Selbstständiger Unternehmer (ASU) stand in dieser Frage im Gegensatz zu den Mittelständlern im BDI. Die kartellrechtliche Genehmigungspflicht für den Verkauf mittelständischer Unternehmen an Großunternehmen war aus der Sicht der mittelständischen Unternehmer im BDI eine Einschränkung des unternehmerischen Handlungsspielraums zum Nachteil der Mittelständler.

Die Außenhandelspolitik der Bundesregierung bereitete dem BDI in einem Punkt Kopfzerbrechen. Der BDI betrachtete den Verhaltenskodex der Bundesregierung für deutsche Unternehmen im südafrikanischen Apartheidregime als eine unerwünschte Politisierung des Außenhandels, die mit zusätzlicher Verwaltungsarbeit und Auflagen für eine nicht diskriminierende Personal- und Sozialpolitik der südafrikanischen Niederlassungen und Tochtergesellschaften verbunden war.[50] Da die Industrie der Bundesregierung keinen genauen Einblick in personalpolitische und sozialpolitische Interna ihrer südafrikanischen Tochtergesellschaften ermöglichen wollte, schlugen der BDI und die BDA der Regierung einen summarischen Gesamtbericht beider Spitzenverbände anstelle der geforderten Einzelberichte der Unternehmen vor. Anfang Oktober 1978 einigten sich die Spitzenverbände mit der Regierung auf die Kompromisslösung, die Einzelberichte in anonymisierter Form zu einem offiziellen Gesamtbericht der deutschen Wirtschaft zusammenzufassen.[51]

1979 war das letzte Boomjahr vor dem Einsetzen der zweiten Ölpreiskrise und dem Beginn der Hochzinspolitik in Großbritannien und in den USA. Aus der Sicht des BDI hatte sich die Konjunktur ebenso positiv entwickelt wie die stabilitätsorientierte Haushaltspolitik des Bundes, die kaum noch Wünsche offenließen. Der BDI beurteilte auch die sta-

48 Viertes Gesetz zur Änderung des Gesetzes gegen Wettbewerbsbeschränkungen 26.4.1980, in: BGBl. I, 1980, 458-465.

49 Stand und Würdigung der 4. Kartellgesetznovelle. Anlage 2 zur Niederschrift über die Präsidiums- und Vorstandssitzung am 17.3.1980, in: BDI-Archiv HGF, A 128.

50 Niederschriften der Präsidiumssitzungen am 21.11.1977 und 25.9. 1978, in: BDI-Archiv HGF, A 127.

51 Niederschrift der Präsidiumssitzung am 20.11.1978, in: ebd.; Knud Andresen, *Moralische Ökonomie. Bundesdeutsche Automobilunternehmen und Apartheid*, in: Zeithistorische Forschungen 13 (2016), 231-253.

bilitätsorientierte Konjunkturpolitik des Bundeskanzlers sehr positiv. Auf dem Bonner Weltwirtschaftsgipfel im Juli 1978 hatte Schmidt die Forderungen des amerikanischen Präsidenten Jimmy Carter nach einem umfassenden deutschen Beitrag zur Ankurbelung der Weltkonjunktur gut pariert und die Haushaltsstabilität nicht gefährdet. Auch wenn sich die Bundesregierung dem Drängen nach einem Konjunkturförderprogramm nicht ganz entziehen konnte, entsprach der Inhalt des Pakets durchaus den Interessen der Industrie.[52] Investitionshilfen für die Modernisierung der Stahlindustrie und die Einführung einer 20-prozentigen Investitionszulage für Forschungs- und Entwicklungsaufwendungen in mittelständischen Unternehmen stießen beim BDI auf Zustimmung.

Die generell positive Einstellung gegenüber der Bundesregierung änderte sich zum Jahresende 1979 mit den ersten negativen Konjunkturprognosen. Das Präsidium des BDI nahm die ansteigende Neuverschuldung durch die konjunkturbedingte Verlangsamung der Steuereinnahmen zum Anlass, um zum ersten Mal den »besorgniserregenden Anstieg« der Staatsquote von 37 Prozent (1970) auf 47 Prozent (1978) des Bruttoinlandsprodukts (BIP) zu kritisieren.[53] Da der Anstieg der Staatsquote vor allem auf höheren Sozialleistungen basierte, forderte Hauptgeschäftsführer Siegfried Mann eine mittelfristige Reduzierung der Staatsquote auf 40 Prozent des BIP. Der seit Sommer 1977 amtierende Hauptgeschäftsführer sah das damit verbundene Problem eines Verteilungskampfes zwischen den Sozialpartnern und Interessengruppen sowie zwischen den Beitragszahlern und Leistungsempfängern der Rentenversicherung hellsichtig voraus und sprach sich auf dem Gebiet der Konjunkturförderung für den Vorrang von Steuersenkungen vor Investitionszuschüssen aus.

Angesichts der tendenziell positiven Einstellung zur Wirtschafts- und Finanzpolitik der Bundesregierung entschied das Präsidium des BDI schon im Januar 1980, im Bundestagswahljahr strikte parteipolitische Neutralität zu wahren und sich einer Vereinnahmung im Wahlkampf zu entziehen. Der BDI verzichtete jedoch nicht darauf, wie bisher seinen Konsens und Dissens mit den Positionen der Parteien öffentlich darzustellen.[54] Auf den Einmarsch sowjetischer Truppen in Afghanistan und das damit verbundene Ende der Entspannungspolitik reagierte der BDI abgeklärt. Er blieb seiner Grundsatzposition treu, die Handelspolitik nicht für die Sicherheitspolitik zu instrumentalisieren. Nicht zuletzt im

52 Abelshauser, *Nach dem Boom*, 381-388.

53 Niederschrift der Präsidiums- und Vorstandssitzung am 26.11.1979, in: BDI-Archiv HGF, A 128.

54 Niederschrift der Präsidiumssitzung am 22.1.1980, in: ebd.

Interesse des als wachstumsträchtig angesehenen Exports in kommunistische Staaten betrachtete der BDI die Forderungen der amerikanischen Regierung nach einer Erweiterung der Liste für Embargogüter (CoCom-Liste) mit Zurückhaltung. Der BDI hielt an dieser embargokritischen Linie auch nach der Verhängung des Kriegsrechts in Polen konsequent fest. 1982 hoffte der BDI auf ein Einlenken beim deutsch-sowjetischen Erdgas-Röhren-Geschäft, das die amerikanische Regierung durch ein Embargo für Turbinenteile zu verhindern suchte. Da die deutschen Exporte in die RGW-Staaten ohnehin wegen der eingeschränkten Zahlungsfähigkeit der Sowjetunion und ihrer Satellitenstaaten litten, stand der BDI möglichen Importrestriktionen der EG kritisch gegenüber.[55]

Auf der Mitgliederversammlung des BDI am 19. Mai 1980 schwächte Rolf Rodenstock die parteipolitische Neutralität des BDI jedoch durch die Äußerung ab, dass man die ordnungspolitischen Übereinstimmungen mit den Unionsparteien immer wieder deutlich machen müsse, weil die Mehrheit der SPD »einen anderen Kurs« im Auge habe.[56] Das CSU-Mitglied Rodenstock differenzierte zwischen dem pragmatischen und auf Ausgleich bedachten Kurs des Bundeskanzlers und der Hoffnung mancher Sozialdemokraten auf einen langfristigen Wandel der Wirtschaftsordnung mit einem stärker steuernden Staat. Andererseits hatte Rodenstock kurz vor seinem Amtsantritt und im Dezember 1979 Helmut Schmidts konsequentes Eintreten für die Soziale Marktwirtschaft gelobt und sich dafür den Ärger des CSU-Vorsitzenden Franz Josef Strauß und seines Generalsekretärs Edmund Stoiber zugezogen.[57] Da der auch innerhalb der Unionsparteien nicht unumstrittene Kanzlerkandidat Strauß heftiger Kritik in den Medien ausgesetzt war und seine Erfolge als bayerischer Wirtschaftspolitiker weitgehend in den Hintergrund gedrängt wurden, fühlte sich Rodenstock zu einer indirekten Parteinahme für seinen Parteifreund verpflichtet.

Trotz der Niederlage der Unionsparteien beurteilte das BDI-Präsidium das Ergebnis der Bundestagswahl durchaus positiv als eine »gewisse Stabilisierung, wenn nicht Stärkung des marktwirtschaftlichen Elements«

55 Niederschrift der Präsidiumssitzung am 22.3.1982, in: BDI-Archiv HGF, A 129.

56 Niederschrift der Rede von Rolf Rodenstock auf der Mitgliederversammlung des BDI am 19.5.1980, in: BDI-Archiv HGF, A 128.

57 *Mitbestimmung – Ärgernis und Chance*, in: Die Zeit (29.9.1978); *Tadel von Strauß*, in: Der Spiegel (17.12.1979), 16; *Bonner Kulisse*, in: Die Zeit (25.1.1980); *»Da sind wir unsicher«. Interview mit Rolf Rodenstock*, in: Der Spiegel (28.1.1980), 62-66. In diesem Interview erklärte Rodenstock, dass die Kritik von Stoiber und Strauß an seiner Äußerung auf einem falsch wiedergegebenen Radiointerview beruhte.

in der Regierung.[58] Die positive Einschätzung des Wahlergebnisses beruhte auf den erheblichen Stimmengewinnen der FDP, die die Stellung des marktliberalen Bundeswirtschaftsministers Otto Graf Lambsdorff stärkten. Die Prognose des Hauptgeschäftsführers Siegfried Mann, dass die neu begonnene Legislaturperiode von größeren Gegensätzen in der SPD/FDP-Koalition geprägt werde, sollte sich spätestens 1982 bewahrheiten. Die beginnende Rezession warf ihre Schatten voraus und zwang die Regierung zu unpopulären Entscheidungen, die die Koalition auseinandertrieben. Mit seiner Regierungserklärung nach der Kanzlerwahl enttäuschte Helmut Schmidt zum ersten Mal die Führung des BDI, die die Grundzüge seiner Wirtschaftspolitik bislang überwiegend positiv beurteilt hatte. Das Präsidium des BDI warf dem Kanzler eine zu optimistische Einschätzung der kritischer werdenden konjunkturellen Lage und fehlende Perspektiven für notwendige und auch unpopuläre Entscheidungen in der Finanzpolitik vor.[59]

Obwohl Rodenstocks Amtszeit wie geplant zum Jahresende 1982 enden sollte, begann die Suche nach einem geeigneten Nachfolger angesichts der früheren Schwierigkeiten bereits im Frühjahr 1980. In der Präsidiumssitzung am 24. November 1980 erzielten die Präsidiumsmitglieder eine Verständigung auf den Generalbevollmächtigten und persönlich haftenden Gesellschafter des Flick-Konzerns Eberhard von Brauchitsch (1926-2010), der nicht zuletzt wegen seiner guten politischen Beziehungen zur Spitze des Bundesfinanzministeriums und des Bundeswirtschaftsministeriums und zur Führung von CDU, CSU und FDP bekannt war. Die frühe Designierung von Brauchitschs war für die Öffentlichkeit keine Überraschung. Bereits im Mai 1980 hatte er gegenüber Journalisten eingeräumt, er schließe die Wahl zum BDI-Präsidenten nicht aus, was als deutliches Zeichen für sein Interesse an einer Kandidatur gewertet wurde.[60]

Der Begriff einer politischen Wende (oder Kurswende) wurde im BDI-Präsidium bereits im Januar 1981 geprägt. Obwohl der neue amerikanische Präsident Ronald Reagan gerade erst in sein Amt eingeführt worden war, erhielt die restriktive und stabilitätsorientierte monetaristische Geldpolitik der USA ebenso viel Beifall wie Reagans Ankündigung einer angebotsorientierten, vor allem die Unternehmen begünstigenden Steuersenkungspolitik.[61] Während Helmut Schmidt zum Festhalten

58 Niederschrift der Präsidiumssitzung am 13.10.1980, in: BDI-Archiv HGF, A 128.
59 Niederschrift der Präsidiumssitzung am 24.11.1980, in: ebd.
60 *Manager und Märkte*, in: Die Zeit (30.5.1980).
61 Niederschrift der Präsidiumssitzung am 30.1.1981, in: BDI-Archiv HGF, A 129.

an der Politik der sozialen Symmetrie entschlossen war und erst 1982 unter dem Druck wachsender Haushaltsdefizite über Kürzungen sozialer Leistungen nachdachte, forderten die Präsidiumsmitglieder von der Bundesregierung eine wirtschafts- und finanzpolitische Kurswende nach dem Vorbild der USA. Der gerade von den deutsch-amerikanischen Unternehmergesprächen in Washington zurückgekehrte Rolf Rodenstock kritisierte, dass die Bundesregierung aus Furcht vor einem neuen Verteilungsstreit keine konsequente angebotsorientierte Wirtschaftspolitik wage. Folgerichtig forderte der BDI eine »wachstumsfreundliche Umgestaltung des Steuersystems«, wobei der Begriff »wachstumsfreundlich« als Chiffre für Steuersenkungen zugunsten der Unternehmen stand. Für die Position des BDI sprach die Tatsache, dass die Steuerpolitik der Jahre 1979 und 1980 die Wirtschaft kaum entlastete. Während die Lohn- und Einkommenssteuerzahler um 26 Mrd. D-Mark entlastet wurden, schlug sich die 1980 abgeschaffte Lohnsummensteuer nur in einer Entlastung von drei Mrd. D-Mark nieder.[62] Aus Sicht der Industrie war die steuerliche Entlastungswirkung durch die Wiedereinführung der degressiven Abschreibung von Anlagegütern zu gering.

Die von der Bundesregierung angekündigte befristete Investitionszulage stieß beim BDI auf Ablehnung, da sie die Unternehmen verunsichere und zur konjunkturell unerwünschten Verschiebung von Investitionsentscheidungen führe. Aus Sicht des BDI hatte die Haushaltskonsolidierung erste Priorität. Konsequenterweise lehnte die Geschäftsführung des BDI auch ein staatliches Beschäftigungsprogramm ab und kündigte im April 1982 »klare Ansagen« an die Bundesregierung in der nächsten Mitgliederversammlung an.[63] Hinter der Ablehnung einer Investitionszulage steckte deutlich mehr als die Kritik an möglichen unerwünschten Nebenwirkungen. Diese Episode zeigte, dass der BDI den keynesianischen Konsens in der Wirtschaftspolitik aufgekündigt hatte und zum Anhänger einer angebotsorientierten Politik nach dem Vorbild der britischen Premierministerin Margaret Thatcher und des amerikanischen Präsidenten Reagan geworden war. Die Äußerungen aus dem Kreis der Präsidiumsmitglieder offenbarten eine wirtschaftspolitische Kluft zwischen den sozialdemokratischen Ministern und dem BDI, die sich unter dem Eindruck des steigenden Haushaltsdefizits und der rezessiven Konjunktur kontinuierlich vergrößerte. Die Kritik an der Zinspolitik der

62 Niederschrift der Präsidiumssitzung am 18.1.1982, in: ebd.

63 Niederschrift der Präsidiumssitzung am 28.9.1981; Niederschrift der Präsidiumssitzung am 10.11.1981; Niederschrift der Präsidialgeschäftsführerkonferenz am 27.4.1982, alle in: ebd.

Bundesbank war demgegenüber sehr verhalten. Das Präsidium des BDI hoffte, dass die Bundesbank ihren Spielraum zur Senkung des hohen Realzinsniveaus nach der Wiederherstellung eines Zahlungsbilanzüberschusses nutzen würde. Angesichts der fortgesetzten amerikanischen und britischen Hochzinspolitik und der wachsenden Inflation in Frankreich war dieser Spielraum jedoch gering.

Im September 1981 registrierte das Präsidium, dass die wirtschaftspolitischen Vorstellungen der SPD und der FDP zunehmend weniger vereinbar waren.[64] Möglicherweise rechnete ein Teil der Präsidiumsmitglieder schon mit dem Bruch der Koalition, der fast genau ein Jahr später stattfinden sollte. Gegen diese Annahme spricht jedoch eine Äußerung des Hauptgeschäftsführers Siegfried Mann auf der Geschäftsführerkonferenz am 27. April 1982, der einen Koalitionsbruch über wirtschaftspolitische Fragen noch nicht für zwangsläufig hielt und taktische Motive für wichtiger erachtete als sachliche Differenzen.

Rodenstocks Rede auf der Mitgliederversammlung des BDI am 17. Mai 1982 sparte nicht mit deutlicher Kritik an der Bundesregierung.[65] Rolf Rodenstock begann seine Ansprache mit der Feststellung, dass sich seine 1981 formulierte Diagnose einer politischen Krise bestätigt habe. Er kritisierte die steuerlichen Eingriffe zur Entlastung der Wirtschaft als »ungenügend« und forderte größere Einschnitte bei den Personalaufwendungen des Staates und bei den Sozialausgaben. Seine Kritik verschonte kaum einen Bereich der Bundespolitik und machte auch vor der Kulturhoheit der Länder nicht Halt. So beschritt der BDI mit einem Memorandum zur Weiterentwicklung der gymnasialen Oberstufe ein Feld, auf dem er bislang nicht als legitimer und sachkompetenter Interessenvertreter anerkannt war. In seiner *tour de horizon* durch zahlreiche Politikfelder und in seinem Überblick über die Aktivitäten des BDI zeigte er den Mitgliedsverbänden des BDI jedoch auch, dass die sachbezogene Interessenvertretung jenseits der massenmedialen Darstellung oft genug Erfolge brachte. Der Hinweis auf erfolgreiche Interventionen bei den Normen für die Luftreinhaltung (TA Luft) und in der Mittelstandspolitik war auch an seine innerverbandlichen Kritiker gerichtet, die laut einer Meldung des »Spiegels« die zu geringe mediale Präsenz des BDI bemängelt hatten.[66] Rodenstock vertrat den Grundsatz »Wirksamkeit muss unser Ziel sein und nicht Publizität um jeden Preis«. Er beendete seine

64 Niederschrift der Präsidiumssitzung am 28.9.1981, in: ebd.

65 Rede Rodenstocks auf der BDI-Mitgliederversammlung am 17.5.1982, in: Niederschrift der Mitgliederversammlung, Anlage 2, in: ebd.

66 Der Spiegel (1.12.1980), 284.

Ausführungen über die Öffentlichkeitsarbeit mit seinem persönlichen Credo: Effizienz durch Seriosität.

Im März 1982 zwang eine unerwartete Entwicklung das Präsidium, die Wahl von Rodenstocks Nachfolger zu überdenken. Die Staatsanwaltschaft ermittelte seit November 1981 wegen des Verdachts der Steuerhinterziehung und der Bestechung gegen Eberhard von Brauchitsch. Bei ihren Ermittlungen gegen die Flick-Konzern-Holding stieß die Staatsanwaltschaft Bonn auf zahlreiche Hinweise, dass v. Brauchitsch hohe Spendenbeträge an gemeinnützige Vereine mit der Absicht gezahlt hatte, sie steuerbegünstigt an Parteien weiterzuleiten.[67] Die großzügigen Zuwendungen an CDU, FDP und SPD dienten vor allem einem Zweck, der im damaligen Sprachgebrauch mit dem beschönigenden Begriff »politische Landschaftspflege« umschrieben wurde. Hohe Parteispenden sollten dem Flick-Konzern das Wohlwollen des Bundeswirtschaftsministeriums und des Bundesfinanzministeriums bei der Versteuerung von Gewinnen aus Unternehmensverkäufen sichern. Die hohen Gewinne aus der Umschichtung des Konzernvermögens wären nach dem Einkommenssteuergesetz steuerpflichtig gewesen. Der Flick-Konzern profitierte von der großzügigen Anwendung des § 6b EStG, wonach der Fiskus die Steuerschuld bei einer Wiederanlage des Erlöses im öffentlichen Interesse erlassen konnte.

Da 1978 bereits Nikolaus Fasolt wegen eines deutlich geringeren steuerrechtlichen Verstoßes erheblicher Kritik in der Öffentlichkeit ausgesetzt war, trat Eberhard v. Brauchitsch am 24. Februar von seiner Kandidatur für das Amt des BDI-Präsidenten zurück. Wegen der Schwere der Vorwürfe hätte der Flick-Skandal ihn und das Amt des BDI-Präsidenten auch dann erheblich beschädigt, wenn sich die Anhänger einer rückwirkenden Amnestie in der Regierung durchgesetzt hätten und die Staatsanwaltschaft das Verfahren eingestellt hätte. Das Präsidium des BDI entschied sich in seiner Sitzung am 22. März 1982, Rolf Rodenstock um eine dritte Amtszeit von zwei Jahren zu bitten.[68] Das Präsidium des BDI sprach v. Brauchitsch seine Loyalität und sein volles Vertrauen aus, um jeden Verdacht einer Vorverurteilung auszuschließen.

Am 7. September 1982 veröffentlichte der BDI eine ungewöhnlich dramatisch formulierte Presseerklärung für »einen raschen, einschneidenden finanz- und wirtschaftspolitischen Kurswechsel«. Während die Pres-

67 *Spendenaffäre: Vielleicht sieben Wahrheiten*, in: Der Spiegel (14.12.1981), 17-22; *Die Schriftzüge deuten auf Graf Lambsdorff*, in: Der Spiegel (11.1.1982), 23-29; *Die öffentliche Wirkung ist verheerend*, in: Der Spiegel (1.3.1982), 19-25.

68 Niederschrift der Präsidiumssitzung am 22.3.1982, in: BDI-Archiv HGF, A 129.

seerklärung von der negativen Konjunkturentwicklung und der größten Insolvenzwelle seit der Gründung der Bundesrepublik veranlasst war, waren die Gründe in einer fundamentalen Kritik an der Bundesregierung zu suchen. Die Forderungen des BDI nach einer spürbaren Reduzierung der Sozialausgaben zur Haushaltskonsolidierung und einer steuerlichen Entlastung für Unternehmen stimmten weitgehend mit dem Reformkonzept überein, das Bundeswirtschaftsminister Otto Graf Lambsdorff am 9. September 1982 öffentlich vorstellte.[69]

Das in der Führungsetage des Wirtschaftsministeriums verfasste »Lambsdorff-Papier« wurde von Journalisten und von den sozialdemokratischen Regierungsmitgliedern übereinstimmend als die Aufkündigung der Koalition mit der SPD wegen unvereinbarer Vorstellungen in der Wirtschafts-, der Finanz- und der Sozialpolitik gesehen. Obwohl sich die Presseerklärung des BDI nicht mit Spekulationen über eine politische Alternative zur sozialliberalen Koalition beschäftigte und jeden Hinweis auf Parteien und Personen vermied, war die mögliche Schlussfolgerung eindeutig: Wegen des Festhaltens der sozialdemokratischen Minister am bisherigen Kurs war ein Kurswechsel nur nach einem Koalitionsbruch der FDP in einer Koalition von CDU, CSU und FDP möglich. Doch während Graf Lambsdorff eine führende Rolle beim Koalitionsbruch übernahm, war der BDI in den turbulenten Wochen bis zum konstruktiven Misstrauensvotum am 1. Oktober und der Wahl des neuen Kanzlers Helmut Kohl lediglich Zuschauer.

69 Otto Graf Lambsdorff, *Konzept für eine Politik zur Überwindung der Wachstumsschwäche und zur Bekämpfung der Arbeitslosigkeit*, 9.9.1982.

5. Wirtschaftspolitische Wendehoffnung und Wiedervereinigung: Der BDI von 1983 bis 1990

Obwohl der BDI die »längste und gefährlichste Wirtschaftsflaute der Nachkriegszeit« diagnostizierte, verbesserte sich die Stimmung der Industrie nach dem Beginn der Regierung Kohl erheblich. Dies war vor allem dem forschen Antritt des neuen Kanzlers geschuldet, der schon in den ersten sieben Wochen seiner Amtszeit kostensparende Einschnitte bei sozialen Leistungen ankündigte und eine tendenziell unternehmerfreundlichere und stabilitätsorientierte Politik versprach.[1] Der BDI sah sich nach dem Koalitionswechsel in einer günstigen Position und wollte der angekündigten wirtschaftspolitischen Wende durch eigene Vorschläge Schwung geben. Zu seinen ersten Reformvorschlägen zur Erreichung dieses Ziels gehörte die bereits zuvor geforderte Senkung der Vermögenssteuer und der Gewerbesteuer, die als vollständig bzw. teilweise ertragsunabhängige Steuern zu den am wenigsten akzeptierten Steuerarten gehörten. Die Vertreter der CDU/CSU und der FDP nahmen diese Vorschläge in den Koalitionsvertrag auf.[2] Während der Bundestag und die Bundesregierung die Senkung der Vermögenssteuer durch eine neue Bemessungsgrundlage selbst in die Hand nehmen konnten, kollidierte die Senkung der Gewerbesteuer mit dem Selbstverwaltungsrecht der Gemeinden. Ohne einen Ausgleich durch höhere Anteile der Gemeinden an anderen Steuerarten war eine umfassende Senkung der Gewerbesteuer nicht durchführbar. Eine Veränderung der Bemessungsgrundlagen durch das Bundesfinanzministerium war jedoch möglich und ging nach Ansicht des BDI »in die richtige Richtung«.

Auch das sinkende Zinsniveau machte dem BDI Hoffnung auf ein Ende der konjunkturellen Talfahrt. Andererseits mussten die Mitgliedsverbände des BDI erkennen, dass ein *rollback* in der von ihr kritisierten Umweltpolitik auch von der Union abgelehnt wurde. Vor dem Sturz der Regierung Schmidt hatte der BDI den Entwurf des von Gerhard Baum (FDP) geführten Bundesinnenministeriums[3] für die Technische Anleitung Luft (TA Luft) mit strengen Normen für Schadstoffgrenzwerte wegen des Investitionsaufwands in neue Luftreinhaltungstechnologien

1 Niederschrift der Vorstands- und Präsidiumssitzung am 22.11.1982, in: BDI-Archiv HGF, A 130.

2 Vortrag von Siegfried Mann in der Präsidiums- und Vorstandssitzung am 21.3.1983 (Anlage 2 zur Niederschrift), in: ebd.

3 Das Bundesumweltministerium wurde erst 1986 gegründet. Bis dahin waren die umweltpolitischen Kompetenzen im Bundesinnenministerium angesiedelt.

erbittert bekämpft. Zur Enttäuschung des BDI legte der neue Innenminister Friedrich Zimmermann (CSU) einen neuen Entwurf der TA Luft vor, der nur einige seiner Einwendungen berücksichtigte. Der besonders umstrittene Kern der TA Luft, die Emissionsgrenzwerte für Schwefeldioxid (SO_2) aus Großfeuerungsanlagen, blieb gegenüber dem Entwurf der Regierung Schmidt unverändert.[4] Mit seiner Ablehnung strengerer Grenzwerte für Luftschadstoffe stand der BDI quer zum politischen Zeitgeist, der durch die Zunahme umweltbedingter Schäden an Bäumen und Wäldern (»Waldsterben«) alarmiert war. Die erheblichen Mehraufwendungen für Rauchgasreinigungsanlagen waren vor allem von den Betreibern von Kohlekraftwerken und damit von der Energiewirtschaft zu tragen. Da der Stromabsatz durch die Gebietsmonopole der regionalen Versorgungsunternehmen gesichert war, war diese Mehrbelastung nicht mit der Gefahr einer sinkenden Wettbewerbsfähigkeit verbunden. Aus der Sicht der großen Stromverbraucher wie der Eisen- und Stahlindustrie, der NE-Metallindustrie und der Chemieindustrie bedrohten höhere Strompreise jedoch die Wettbewerbsfähigkeit gegenüber Unternehmen aus Staaten mit preiswertem Strom.

Der strategisch denkende Hauptgeschäftsführer Siegfried Mann rechnete mit einem steigenden umweltpolitischen Druck aus der Gesellschaft. Nach seiner Erwartung würden sich die Aktivitäten der Bürgerinitiativbewegung auf die industrielle Umweltverschmutzung konzentrieren, sobald der Bundestag die Stationierung amerikanischer Mittelstreckenraketen (»Nachrüstung«) beschlossen habe. Angesichts des hohen gesellschaftlichen Erwartungsdrucks auf die Umweltpolitik der Bundesregierung müsse sich der BDI die gewünschte Flexibilität des Staates beim Einsatz umweltpolitischer Instrumente durch Zugeständnisse bei den Emissionsminderungszielen erkaufen und sich die Industrie durch freiwillige Umweltschutzmaßnahmen kooperativ zeigen.[5] Manns strategisches Konzept für den industriellen Umweltschutz war in mehrfacher Hinsicht innovativ, da es dem Wandel des Politischen in der Gesellschaft Rechnung trug. Obwohl die Umweltbewegung nur in der Bundestagsfraktion der Grünen vertreten war, konnte sie aufgrund ihrer gesellschaftlichen Mobilisierungskraft und ihrer Multiplikatoren in Wissenschaft und Publizistik die Agenda der Umweltpolitik erheblich beeinflussen.[6] Wenn sich die Industrie ihre Entscheidungskompetenz

4 Niederschrift der Präsidiumssitzung am 24.1.1983, in: BDI-Archiv HGF, A 130.
5 Niederschrift der Präsidiumssitzung am 6.9.1983, in: ebd.
6 So auch die Analyse in der Konferenz der Präsidialgeschäftsführer am 19.4.1983, in: ebd.

über den Einsatz technischer Instrumente zur Emissionsminderung sichern wollte, musste sie den gesellschaftlichen Konsens über das Ziel des Umweltschutzes akzeptieren. Siegfried Mann griff damit den Ansatz der gerade erst entstehenden neoklassischen Umweltökonomie auf, nicht gegen umweltpolitische Ziele, sondern für die Entscheidungsfreiheit beim Einsatz von technisch geeigneten und ökonomisch effizienten Mitteln zu kämpfen und marktwirtschaftliche Instrumente wie den Handel mit Verschmutzungslizenzen zu propagieren.

Die Beunruhigung über die Umweltpolitik der Bundesregierung schwächte sich 1984 erheblich ab, als sich die wirtschaftliche Machbarkeit der neuen Emissionsgrenzen abzeichnete. Strengere Umweltauflagen erschienen nicht mehr als ein grundsätzliches Problem, sofern die Rahmenbedingungen der Umweltpolitik verlässlich waren und sie dem Stand der Technik entsprachen. Während der BDI noch 1983 vor den negativen Konsequenzen der neuen TA Luft für die Energiewirtschaft gewarnt hatte, ließ sich der Einbau von Rauchgasreinigungsanlagen auch ohne finanzielle Hilfen des Staates verwirklichen. Der BDI beurteilte die Initiative der EG-Kommission für strenge Abgasnormen für Autos sogar positiv. Der BDI, der Verband der Automobilindustrie und der ADAC als Interessenvertretung der Autofahrer waren sich im Hinblick auf den Absatz schneller und höherwertiger Autos absolut einig, dass Emissionsminderungen am Auto einem Tempolimit auf Autobahnen vorzuziehen waren. Wegen ihrer Präsenz auf dem amerikanischen Automarkt baute die deutsche Autoindustrie bereits seit Jahren Abgaskatalysatoren in Exportfahrzeuge ein und hatte sich einen technologischen Vorsprung vor ihren europäischen Konkurrenten erarbeitet.[7] Das 1985 verabschiedete Bundesimmissionsschutzgesetz trug den Wünschen und Bedenken des BDI weitgehend Rechnung. Die Industrie konnte den Grundsatz der Verhältnismäßigkeit im Gesetz verankern und den Widerruf und die Befristung des Betriebs von genehmigten Anlagen verhindern.[8] Für die Zukunft setzte der BDI auf Initiativen, die nationale Umweltpolitik durch europäische Normen zu harmonisieren und dadurch die Bundesregierung als umweltpolitische Avantgarde Europas zu bremsen.

Nach dem Wahlerfolg von CDU/CSU in der Bundestagswahl am 6. März 1983 kühlte sich die anfängliche Euphorie in der Industrie spür-

7 Ausführungen von Siegfried Mann in der Präsidiumssitzung am 24.9.1984, in: Niederschrift der Präsidiumssitzung am 24.9.1984, in: ebd.

8 Wortprotokoll der Ausführungen von Dr. von John zum aktuellen Stand der Umweltpolitik auf der Präsidiums- und Vorstandssitzung des BDI am 25.11.1985, in: ebd.

bar ab. Das Präsidium des BDI musste erkennen, dass größere steuerliche Erleichterungen für Unternehmen wegen der konjunkturell angespannten Haushaltslage und des Primats der Haushaltsstabilisierung zurückstehen mussten.[9] Aus der Sicht des BDI hatte die Haushaltskonsolidierung die erste politische Priorität.[10] Nach der fundierten Einschätzung des Hauptgeschäftsführers Siegfried Mann hätte die Bundesregierung die Senkung der Einkommenssteuer und des Spitzensteuersatzes nur durch eine Mehrwertsteuererhöhung gegenfinanzieren können.[11] Ungeachtet der Regierungsmehrheit in Bundestag und Bundesrat wäre eine solche Entscheidung wenig populär und daher nur schwer in der Unionsfraktion durchsetzbar gewesen. Aus diesen Gründen zeigte sich Mann skeptisch, ob die von Wirtschaftsminister Graf Lambsdorff geforderte Senkung des Spitzensteuersatzes bis zum Ende der laufenden Legislaturperiode realistisch sei. Nach Rodenstocks Urteil stellten die Interessenunterschiede in der Unionsfraktion eine angebotsorientierte Neuorientierung der Wirtschaftspolitik in Frage. Aus seiner Sicht war der Arbeitnehmerflügel in der Union zu stark, um eine grundlegende Senkung der Sozialleistungen zu erlauben und damit Steuersenkungen zu finanzieren.[12]

Eine Kostenentlastung der Unternehmen erschien nur durch Gesetze möglich, die für den Bund kostenneutral waren. Siegfried Mann dachte an die Senkung der Arbeitgeberbeträge für die Sozialversicherung durch höhere Zuzahlungen für Gesundheitsleistungen und eine Verlängerung der Lebensarbeitszeit. Doch beide Vorschläge erwiesen sich als unwirksam oder undurchführbar. Während die Einsparungen durch höhere Zuzahlungen der Krankenversicherten durch Kostensteigerungen im Gesundheitswesen mehr als aufgezehrt wurden, stand die Verlängerung der Lebensarbeitszeit im Widerspruch zum arbeitsmarktpolitischen Instrument des Vorruhestands. Sie widersprach auch der Strategie des Metallarbeitgeberverbandes Gesamtmetall, den gewerkschaftlichen Forderungen nach dem Einstieg in die 35-Stunden-Woche mit dem Angebot einer Vorruhestandsregelung zu begegnen.

Die Hauptgeschäftsführung und das Präsidium erkannten, dass die Wende zu einer unternehmensfreundlichen Wirtschaftspolitik zu diesem Zeitpunkt noch nicht populär war und einen grundlegenden Meinungswandel der Öffentlichkeit erforderte. Durch eine verstärkte Öffentlich-

9 Niederschrift der Präsidiums- und Vorstandssitzung am 21.3.1983 sowie der Vortrag von Siegfried Mann (Anlage 2 zur Niederschrift), in: ebd.

10 Niederschrift der Präsidiumssitzung am 30.1.1984, in: ebd.

11 Niederschrift der Präsidiumssitzung am 6.9.1983, in: ebd.

12 Niederschrift der Präsidiums- und Vorstandssitzung am 28.11.1983, in: ebd.

keitsarbeit wollte der BDI sein wirtschaftsliberales Credo verbreiten, dass sich Freiheit und Marktwirtschaft gegenseitig bedingen. Die Idee von der Freiheit und Selbstverantwortung als Unternehmer und Wirtschaftssubjekt sollten als konstitutive Kernelemente einer freiheitlichen Gesellschaftsordnung im gesellschaftlichen Diskurs verankert werden und längerfristig Hegemonie gewinnen.

Bereits 1984 zeichneten sich im Präsidium auch Vorstellungen für eine grundlegende Liberalisierung des Kapitalmarktes ab. Der BDI befürwortete die Abschaffung der Börsenumsatzsteuer, um die Transaktionskosten im Aktienhandel zu senken und damit die Geldanlage in Aktien attraktiver zu machen.[13] Die verstärkte Finanzierung der Unternehmen über den Kapitalmarkt statt über Bankkredite spielte in diesen Überlegungen möglicherweise schon eine Rolle, trat aber in der Diskussion der Präsidiumsmitglieder nicht hervor. Aus diesen Gründen befürwortete der BDI auch die Initiative des Bundesfinanzministers Gerhard Stoltenberg (CDU), die Zinserträge ausländischer Anleihebesitzer aus deutschen Anleihen (Kuponsteuer) nicht länger zu besteuern.[14]

Im Vergleich zu den Jahren von 1980 bis 1982 bewegten sich die Industrie und der BDI in einem politisch wie wirtschaftlich stabilisierten Umfeld. Der zeitweilige Kursanstieg des Dollars war für die deutsche Industrie kein Grund zur Beunruhigung, da sich die Wettbewerbsfähigkeit deutscher Exportgüter im Dollarraum erheblich verbesserte und die bundesdeutsche Konjunktur ab 1983 die Talsohle verließ. Dennoch erwies sich die Suche nach einem Nachfolger für Rolf Rodenstock als schwierig. Der noch als Vorstandsvorsitzender der Bayer AG amtierende Herbert Grünewald lehnte das angebotene Amt des BDI-Präsidenten möglicherweise auch deshalb ab, weil der BDI seinen bereits designierten Vorgänger Kurt Hansen acht Jahre zuvor zum Verzicht auf die Kandidatur gedrängt hatte.[15] Der mittelständische Autozulieferer Hans-Martin Wälzholz-Junius, der als Vorsitzender des BDI-Mittelstandsausschusses genügend Profil erworben hatte, erklärte sich zur Kandidatur bereit. Gegen Wälzholz-Junius sprach jedoch seine ausgeprägte Gewerkschaftsfeindschaft, die den Verständigungsprozess mit dem DGB über Sachfragen der Wirtschafts-, Umwelt- und Energiepolitik belastet hätte. Auch der frühere Mannesmann-Vorstandsvorsitzende Egon Overbeck, den das Nachrichtenmagazin »Der Spiegel« wiederholt als möglichen BDI-Präsidenten ins Spiel brachte, stand nicht für eine Kandidatur zur

13 Niederschrift der Präsidiumssitzung am 30.1.1984.
14 Niederschrift der Präsidiumssitzung am 24.9.1984, in: BDI-Archiv HGF, A 130.
15 Schnell vergessen, in: Der Spiegel (6.2.1984), 46 f.

Verfügung. Im März 1984 stimmte der promovierte Physiker Hans Joachim Langmann (*1924) einer Kandidatur für eine Amtsperiode zu zwei Jahren zu. Langmann war seit 1970 Vorsitzender der Geschäftsleitung des Pharmaherstellers Merck. Bis auf ein Jahr an der Spitze des Verbands der Chemischen Industrie war er jedoch noch wenig in der Verbandsarbeit aufgefallen.[16]

Der BDI reagierte auf die verbesserte konjunkturelle Lage mit steigenden Erwartungen an die Wirtschafts- und Steuerpolitik der Bundesregierung. Am 21. Januar 1985 zog Hauptgeschäftsführer Siegfried Mann vor dem Präsidium eine überraschend kritische Bilanz über die ersten zwei Jahre der christdemokratisch-liberalen Regierung. Wie nicht wenige publizistische Beobachter kritisierte er das Fehlen eines mittelfristigen Handlungskonzepts, was den Eindruck eines perspektivlosen Regierungshandelns erweckte. Angesichts der Erfolge bei der Konsolidierung des Bundeshaushalts erwartete Mann eine »nachhaltige Reduzierung wesentlicher Kostenblöcke« durch eine Steuerreform und eine Senkung der Sozialabgaben.[17] Angesichts der deutlich weniger unternehmensfreundlichen Positionen der SPD und der teils heftigen Kritik der Massenmedien an der Regierung Kohl warnte Langmann jedoch davor, die Regierung an ihren Fehlern anstatt an ihren Erfolgen zu messen.

Während sich der BDI bislang auf die Senkung der ertragsunabhängigen Unternehmenssteuern konzentriert hatte, forderte Mann jetzt auch eine Reduzierung der Einkommenssteuer und Körperschaftssteuer. Seine Forderung, Steuersenkungen nicht an Fortschritte beim Subventionsabbau zu koppeln, kam vor allem den Befürchtungen subventionierter Industriezweige wie der Eisen- und Stahlindustrie, des Schiffbaus und der Luftfahrtindustrie entgegen. Der BDI hielt sich jedoch mit konkreten Vorschlägen für den Subventionsabbau zurück und vertrat den Standpunkt, dies sei die Aufgabe der Bundesregierung. Mit dieser Position umging das Präsidium des BDI die Gefahr eines Interessenkonflikts innerhalb der subventionierten Industrien und zwischen den Subventionsbefürwortern und Subventionskritikern.[18] Langmann wich den Interessendivergenzen innerhalb der Industrie jedoch nicht aus und ermutigte die Präsidiumsmitglieder, strittige Fragen im Kreis des Präsidiums offen auszutragen. Der neue BDI-Präsident stand damit für einen Stilwandel der Führung zu Offenheit und Kritikfähigkeit, der unter

16 *Mit neuen Ideen nichts im Sinn*, in: Die Zeit (30.3.1984).

17 Niederschrift der Präsidiumssitzung am 21.1.1985, in: BDI-Archiv HGF, A 130.

18 BDI-Präsident Langmann in der Präsidiumssitzung am 27.1.1986, in: ebd.

seinem Vorgänger Rodenstock begann und die autoritären Traditionen der langen Ära Berg vollständig überwand.[19]

Die Geschäftsführung des BDI erstellte im Frühjahr und Sommer 1985 ein steuerpolitisches Grundsatzpapier, das sie der Bundesregierung und allen anderen politischen Entscheidungsträgern zuleitete.[20] Der Kern des Steuerpapiers war die Senkung des Spitzensatzes der Einkommenssteuer von bislang 56 auf 49 Prozent und eine Reduzierung der Körperschaftssteuer auf 46 Prozent. Ein Gespräch der Spitzenverbände der Wirtschaft (BDI, BDA und DIHT) mit dem Bundeswirtschaftsminister und dem Bundesfinanzminister zeigte, dass die Bundesregierung den Unternehmen nur teilweise entgegenkommen konnte. Während Bundeswirtschaftsminister Martin Bangemann (FDP) einen Spitzensteuersatz knapp unterhalb der psychologisch wichtigen 50-Prozent-Schwelle nachdrücklich befürwortete und für eine Senkung der Körperschaftssteuer aufgeschlossen war, hielt er die vom BDI angestrebte Senkung und Abschaffung der betrieblichen Vermögenssteuer für undurchführbar. Angesichts der Kräfteverhältnisse in der Bundesregierung und in der CDU/CSU waren die steuerpolitischen Forderungen des BDI Maximalpositionen, die keine Vorbilder in Deutschland besaßen. Sie wurden vor allem durch den Wettbewerb mit der angebotsorientierten Wirtschaftspolitik in den USA und Großbritannien legitimiert.

Während die steuerpolitischen Vorschläge des BDI eine graduelle Verbesserung der ökonomischen Angebotsbedingungen für die Industrie anstrebten, zielten die arbeitsrechtlichen und sozialpolitischen Vorschläge auf eine umfassende angebotsorientierte Gesellschaftspolitik nach amerikanischem und britischem Vorbild. So tauchte die einvernehmliche Forderung nach Zulassung befristeter Arbeitsverträge mit bis zu drei Jahren statt einem Jahr Laufzeit bereits in der Präsidiumssitzung vom 30. September 1985 auf. Der BDI begrüßte besonders die Vorschläge des christdemokratischen Wirtschaftspolitikers Kurt Biedenkopf, die rechtliche Verbindlichkeit von Tarifverträgen zu lockern und durch die Möglichkeit von Einzelvereinbarungen zwischen den Tarifpartnern zu ergänzen.[21] Die von Biedenkopf postulierte und vom BDI unterstützte Aufhebung des Dualismus zwischen Wirtschafts- und Sozialpolitik bedeutete nicht weniger als eine angebotsökonomische Revision der Arbeits- und Sozial-

19 Anlage 2 zum Ergebnisvermerk über die Präsidiumssitzung am 21.1.1985, in: ebd.

20 Niederschrift der Präsidiumssitzung am 30.9.1985, in: ebd.

21 Niederschrift der Präsidiumssitzung am 27.1.1986; Kurt Biedenkopf, *Die neue Sicht der Dinge. Plädoyer für eine freiheitliche Wirtschafts- und Sozialordnung*, München 1985.

politik. Nach diesem Konzept sollten sich die Arbeits- und Sozialpolitik primär am Ziel orientieren, die Kostensituation und die Produktionsbedingungen der Unternehmen zu Lasten der Arbeitnehmer zu verbessern. In diesem Sinne stellte Langmann sogar den traditionellen Grundsatz der Industrie »Lohnerhöhungen gleich Produktivitätssteigerung« durch das Prinzip in Frage, die Lohnentwicklung primär an der individuellen Leistung der Arbeitnehmer und an den Bedingungen des Wettbewerbs zu orientieren und die gesamtwirtschaftliche Lohnquote zu senken.[22]

Der BDI war sich jedoch bewusst, dass sich eine solche grundlegende politische Wende nur längerfristig durchsetzen ließ. So lehnte der starke sozialpolitische Flügel der Union diese sozialpolitischen Positionen ab und stimmte einer Gegenfinanzierung von Steuersenkungen durch soziale Leistungen keinesfalls zu. Der BDI hatte bereits 1985 eine umfassende angebotsorientierte (»neoliberale«) Agenda konzipiert, die sich im Laufe der 90er Jahre in der deutschen Politik durchsetzen sollte.

Der erneute Wahlsieg der CDU/CSU und der FDP bei der Bundestagswahl im Januar 1987 war vom BDI nicht nur erhofft, sondern auch erwartet worden. Im Unterschied zu 1983 erweckte die Wiederwahl der Regierung Kohl/Genscher jedoch keine größeren Hoffnungen, sondern nüchterne, teilweise sogar enttäuschte Reaktionen. Auf die abwartende Haltung größerer Teile der CDU gegenüber einer schnellen Umsetzung der bereits 1983 angekündigten Senkung des Spitzensteuersatzes und der Körperschaftssteuer reagierten die Präsidiumsmitglieder des BDI mit dem Verdikt des Populismus und des Umverteilungsdenkens.[23] Die Senkung des Spitzensteuersatzes der Einkommenssteuer von 56 auf 53 Prozent und der Körperschaftssteuer von 56 auf 50 Prozent wurde bis zum Jahresende 1989 verschoben und blieb deutlich hinter den Erwartungen und Hoffnungen des BDI zurück. Zum Ärger des BDI hatten die CDU/CSU und die FDP in den Koalitionsverhandlungen nicht einmal über die Senkung der betrieblichen Vermögenssteuer und der Gewerbesteuer verhandelt. Auch die Reform der Gewerbesteuer als Gegenleistung für die geplante Erhöhung der Mehrwertsteuer blieb unerfüllt. Wie auch in früheren Jahren unterschätzte der BDI die politischen und verfassungsrechtlichen Tücken einer Gewerbesteuerreform in einem föderalen System mit kommunaler Selbstverwaltung. Wenn überhaupt, hatte eine deutliche

22 Ausführungen Landmanns in der Präsidiumssitzung am 21.1.1985, in: Anlage 4 zum Ergebnisvermerk über die Sitzung des Präsidiums, in: BDI-Archiv HGF, A 130.

23 Niederschrift der Präsidiums- und Vorstandssitzung am 30.3.1987, in: BDI-Archiv HGF, A 618.

Senkung oder gar Abschaffung der Gewerbesteuer nur bei einer Umverteilung der direkten Steuern zwischen dem Bund, den Ländern und den Gemeinden eine Chance. Unter den Punkten des Koalitionsvertrags fand lediglich die geplante Deregulierung des Telekommunikationssektors den ungeteilten Beifall des BDI.

Der Wechsel im Amt des BDI-Präsidenten zu Beginn des Jahres 1987 verlief im Unterschied zu früheren Amtswechseln völlig geräuschlos. Bereits bei Langmanns Wahl hatte der BDI den schleswig-holsteinischen Maschinenfabrikanten Tyll Necker (1930-2001) zu seinem Nachfolger nach einer Amtsperiode designiert. Als ehemaliger Vorsitzender des Verbandes des Deutschen Maschinen- und Anlagenbaus (VDMA) war Necker der erste Repräsentant dieser stark mittelständisch geprägten Schlüsselbranche an der Spitze des BDI. Necker amtierte seit 1981 als Vizepräsident und seit 1982 auch als Schatzmeister des BDI und war mit den laufenden Fragen der Geschäftsführung eng vertraut.

Schon wenige Wochen nach seiner Amtseinführung setzte Tyll Necker einen eigenen Akzent als Verbandspräsident. In einem Interview mit dem Spiegel vermittelte Necker den Lesern des Nachrichtenmagazins seine Überzeugung, dass der Umweltschutz eine grundlegende Bedeutung für die Gesellschaft besitzt.[24] Seine Feststellung einer zunehmenden Sensibilität der Industrie für Umweltfragen traf kurze Zeit nach einem Chemieunfall beim Schweizer Unternehmen Sandoz in Basel die Erwartungen weiter Bevölkerungskreise, aber nicht unbedingt die Zustimmung aller Mitgliedsverbände. Necker erkannte die Bedeutung des industriellen Umweltschutzes als Ressource für die Glaubwürdigkeit der Industrie und übte damit auch indirekte Kritik an Defiziten in der umweltbezogenen Informationspolitik mancher Unternehmen. Seine Äußerung über die umweltpolitischen Diskussionen innerhalb des BDI »Wir dürfen uns bei Entscheidungen nicht auf den kleinsten gemeinsamen Nenner einigen« offenbarte, dass es in der Industrie unterschiedliche umweltpolitische Interessenlagen gab und Necker interessiert war, diesen Konflikt nicht unter Formelkompromissen zu verstecken. Necker ließ diesem Versprechen Taten folgen. Umweltpolitische und umweltökonomische Fragen standen in seiner Amtszeit öfter auf der Tagesordnung des Präsidiums.[25]

Neckers Plädoyer für mehr Eigeninitiative der Industrie beim Umweltschutz, für freiwillige Selbstverpflichtungen jenseits gesetzlicher Umweltnormen und für einen Dialog mit der Öffentlichkeit war zu diesem

24 Der Spiegel (26.1.1987).

25 So in der Präsidiumssitzung am 28.11.1988 und im Bericht der Hauptgeschäftsführung vom 10.4.1989, in: BDI-Archiv HGF, A 620.

Zeitpunkt im BDI keinesfalls unumstritten. Seine Erfahrungen und seine Brancheninteressen als Maschinenbauunternehmer hatten seine Position sicherlich mitbeeinflusst. Während der Maschinen- und Anlagenbau von der zunehmenden Nachfrage nach Umweltschutztechnologie profitierte, hatten Emissionsgrenzen nur eine geringe Auswirkung auf den Produktions- und Investitionsaufwand. In der Chemieindustrie, aus der sein Vorgänger Langmann stammte, war das Verhältnis von Chancen und Kosten jedoch umgekehrt.

Nicht nur Neckers umweltpolitische Agenda sorgte im BDI für Konflikte. Auch seine stärkere Orientierung an Mittelstandsinteressen brachte ihn in Konflikt mit dem Hauptgeschäftsführer Siegfried Mann, der seit seinem Amtsantritt 1976 bereits vier Präsidenten erlebt hatte. Laut einem offenbar auf Insiderinformationen beruhenden Artikel des »Spiegels« vom 31. Juli 1989 warf Necker Mann mehrfach eigenmächtiges Verhalten vor.[26] Diese Spannungen zwischen dem Präsidenten und dem Hauptgeschäftsführer beruhten offenbar auf Neckers aktivem Führungsstil, der die leitenden Mitarbeiter der Hauptgeschäftsführung öfter direkt statt über Mann kontaktierte und ihn im Unterschied zu seinen Vorgängern nicht an der langen Leine laufen ließ. Diese Unstimmigkeiten über Kompetenzen und Verantwortung verstärkten sich durch Meinungsverschiedenheiten und divergierende Interessen in Kernfeldern der Ordnungs- und Prozesspolitik. Während Mann ein enges Verhältnis zu Daimler-Benz und der Rüstungsindustrie nachgesagt wurde, war Necker aufgrund seiner Position als mittelständischer Unternehmer ein engagierter Repräsentant mittelständischer Interessen. Die umstrittene Fusion von Daimler-Benz und Dornier zum größten deutschen Technologie- und Rüstungskonzern war aus der Sicht des ehemaligen Verteidigungs-Staatssekretärs Mann eine notwendige Konsequenz aus den Wettbewerbs- und Innovationszwängen der Rüstungsbranche, aber aus Neckers Sicht und der Perspektive des Mittelstands wettbewerbspolitisch problematisch und subventionspolitisch bedenklich.[27]

Trotz der positiven konjunkturellen Entwicklung wurde auch die Kritik des BDI an der Wirtschafts- und Finanzpolitik der Bundesregierung im Laufe des Jahres 1987 lauter. Die auf Ende 1989 verschobene Senkung der Einkommens- und Körperschaftssteuer wurde wegen der guten Haushaltslage des Bundes mit Enttäuschung aufgenommen. Finanzminister Gerhard Stoltenberg (CDU) geriet wegen seiner Priorität für eine

26 *Schlagkräftig machen*, in: Der Spiegel (31.7.1989).

27 So die Ausführungen Tyll Neckers laut der Niederschrift der Präsidiums- und Vorstandssitzung am 28.11.1988, in: BDI-Archiv HGF, A 619.

Abbildung 31: DDR-Gespräch bei Bundeskanzler Dr. Helmut Kohl am 20. Februar 1990 in Bonn. Pressekonferenz im Bundeskanzleramt. Tyll Necker, Helmut Kohl, Theo Waigel (von links). Foto: Wolfgang von Brauchitsch

möglichst niedrige Neuverschuldung und seiner ablehnenden Haltung gegenüber einer aktiven Konjunkturpolitik in die Kritik des BDI.[28] Das Nachrichtenmagazin »Der Spiegel« berichtete im Dezember 1987 sogar, Tyll Necker habe die Handlungsfähigkeit der Regierung in Frage gestellt.[29] Am 1. Februar 1988 veröffentlichte »Der Spiegel« wörtliche Äußerungen aus der letzten BDI-Präsidiumssitzung am 23. November 1987, »dass die Bundesregierung Gefahr (laufe), die ihr bisher in wirtschafts- und finanzpolitischer Hinsicht anerkannte Kompetenz zu verspielen« und Gefangene ihrer Parolen von gestern zu werden.[30]

Diese gezielte Indiskretion aus dem Umfeld eines Präsidiumsmitglieds spiegelte die Befürchtung, die deutsche Wirtschaft könne wegen konjunkturpolitischer Passivität in eine Rezession rutschen und die konjunkturelle Erholung der Weltwirtschaft gefährden. Die geplante

28 *Niemand kann absehen, wohin die Reise geht*, in: Der Spiegel (16.11.1987); Wird gefährlich, in: Der Spiegel (30.11.1987).

29 *Industrie mahnt den Kanzler*, in: Der Spiegel (14.12.1987).

30 *Aufstand der Bosse*, in: Der Spiegel (1.2.1988); vgl. die Niederschrift der Präsidiums- und Vorstandssitzung am 21.3.1988, in: BDI-Archiv HGF, A 619.

Steuerreform entlastete die Unternehmen entgegen dem Versprechen des Finanzministers nicht, sondern steigerte die Steuerlast sogar um drei Mrd. D-Mark pro Jahr. Auch mit seiner zögernden Haltung gegenüber der geplanten europäischen Währungs- und Wirtschaftsunion verspielte Stoltenberg seine Reputation als Wirtschaftspolitiker, die er zuvor mit seiner Stabilitätspolitik erworben hatte.

Da sich die Konjunkturprognosen im Laufe des Jahres 1988 erheblich verbesserten, verstummte allmählich die Kritik an den zu schwachen Wachstumsimpulsen der Wirtschaftspolitik und am Primat der Haushaltsstabilität. Die Kritik des BDI fokussierte sich auf die Erhöhung des Kohlepfennigs, da auch der Stromverbrauch der Industrie zur Finanzierung der Steinkohlesubventionen herangezogen wurde.[31] Vor allem im Interesse der stromintensiven Branchen wie der Eisen- und Stahlindustrie, der Buntmetallverhüttung und der Chemieindustrie legte der BDI auf den kontinuierlichen Ausbau der kostengünstigen, aber gesellschaftlich umstrittenen Atomenergie Wert. Die Grundlast der Stromerzeugung sollte in erster Linie von Atomkraftwerken und in zweiter Linie von Braunkohlekraftwerken übernommen werden.

Seit den 60er Jahren hatte sich der BDI nur sehr sporadisch mit dem deutsch-deutschen Handel und mit der Zusammenarbeit zwischen bundesdeutschen Unternehmen und den Industriekombinaten der DDR beschäftigt. Aufgrund der Arbeitsteilung zwischen BDI, BDA und DIHT oblagen die wirtschaftlichen Beziehungen zur DDR dem gemeinsamen Ost-Ausschuss der deutschen Wirtschaft unter der Geschäftsführung des BDI.[32] In der Hauptgeschäftsführung des BDI existierte die kleine Abteilung Ostwirtschaftspolitik, die sich mit dem Außenhandel mit RGW-Staaten beschäftigte.

Unmittelbar nach der Öffnung der DDR-Grenze am 9. November 1989 trat die Abteilung Ostwirtschaftspolitik aus ihrem Schattendasein heraus. Bereits am 17. November 1989 veröffentlichte BDI-Präsident Necker eine Erklärung zur Entwicklung in der DDR, die die Abteilung Ostwirtschaftspolitik entworfen hatte. Neckers Erklärung sprach schon zu diesem frühen Zeitpunkt davon, dass »alle verantwortlichen Kräfte in der Bundesrepublik« der DDR bei der »Verwirklichung marktwirtschaftlicher Strukturen« helfen sollten. Der BDI verstand darunter nicht weniger als einen vollständigen Systemwechsel der DDR-Wirtschaft durch Abschaffung der zentralistischen Planwirtschaft, der Privatisierung der

31 Niederschrift der Präsidiums- und Vorstandssitzung am 28.11.1988.

32 Karsten Rudolph, *Wirtschaftsdiplomatie im Kalten Krieg. Die Ostpolitik der westdeutschen Großindustrie 1945-1991*, Frankfurt a. M. 2004.

volkseigenen Betriebe, den Aufbau einer Wettbewerbsordnung und eine konvertierbare Währung. Eine solche Erklärung war politisch ebenso visionär wie kühn. Die Regierungen der UdSSR, Großbritanniens und Frankreichs hatten sich noch nicht zur Frage einer deutsch-deutschen Konföderation oder gar zu einer Wiedervereinigung geäußert. Auch die innenpolitische Entwicklung der DDR lief zu diesem Zeitpunkt noch nicht eindeutig in Richtung einer Marktwirtschaft. Sowohl die immer noch, aber nicht mehr uneingeschränkt regierende SED als auch die demokratische Opposition des »Neuen Forums« sprachen von der Krise der Zentralplanwirtschaft, aber strebten nach einer gemischtwirtschaftlichen Ordnung des »Dritten Weges«. Tyll Necker reiste schon in den ersten Wochen nach dem Mauerfall in die DDR, um sich ein Bild vom politischen Aufbruch zu machen. Kurz vor Weihnachten 1989 erklärte er in einem Interview mit dem »Spiegel«, dass ihm und dem BDI die schlechte wirtschaftliche Lage der DDR und die Massenabwanderung der Ostdeutschen in den Westen keinesfalls gleichgültig war. Den Redakteuren des »Spiegels« erklärte er: »Wir haben ein elementares Interesse daran, dass der DDR nicht noch mehr Substanz verloren geht.«[33]

Die Schlüsselentscheidungen über die Währungs- und Wirtschaftsunion und über den Einigungsvertrag fielen in der Bundesregierung, die die Spitzenverbände der Wirtschaft nur am Rande in ihre Entscheidungen einbezog. Doch die Beschlüsse des Bundestags und der neu gewählten Volkskammer der DDR, die Wiedervereinigung durch den Beitritt der DDR zum Geltungsbereich des Grundgesetzes nach Artikel 23 des Grundgesetzes zu vollziehen, waren im BDI absolut unbestritten. Wenige Wochen vor der Umsetzung der Wirtschafts- und Währungsunion am 1. Juli 1990 zeigte sich die Hauptgeschäftsführung der besonderen Herausforderungen für die bundesdeutsche Industrie und ihren Spitzenverband bewusst. Ihre Ausarbeitungen für den neuen Hauptgeschäftsführer Ludolf von Wartenberg zeigten, dass der BDI die strukturellen Herausforderungen der ostdeutschen Industrie und der Wirtschaftspolitik für Ostdeutschland verstanden hatte.[34]

Angesichts der veralteten, verschlissenen und weitgehend abzuschreibenden Sachkapitalausstattung und eines kaum vorhandenen Nettogeldvermögens in der Industrie der DDR sah der BDI die Zuführung westdeutschen Kapitals und Wissens als entscheidende Voraussetzungen ihrer Zukunft. In der Vorstands- und Präsidiumssitzung am 12. Juni

33 *Ein Rennen gegen die Uhr*, in: Der Spiegel (25.12.1989).

34 BDI-Thesen zur Wirtschafts-, Währungs- und Sozialunion mit der DDR, Juni 1990, in: BDI-Archiv HGF, A 772.

1990 appellierte von Wartenberg mit den Worten »Ich möchte dem Bundeskanzler heute Abend einen positiven Eindruck über das Investitionsinteresse der deutschen Industrie in der DDR vermitteln können« eindringlich für Investitionen in Ostdeutschland.[35] Ludolf von Wartenberg war aufgrund seiner beruflichen Erfahrungen der richtige Hauptgeschäftsführer zur richtigen Zeit. Der frühere Bundestagsabgeordnete der CDU war von 1987 bis Ende 1989 Parlamentarischer Staatssekretär im Bundeswirtschaftsministerium und kannte die wirtschaftspolitischen Akteure der Bundesregierung und des Bundestags persönlich.

Bis zum März 1990 richtete der BDI ein Informationsbüro in West-Berlin ein, um die Vertreter ostdeutscher Industriebetriebe über seine Arbeit zu informieren und auf den Übergang zur Marktwirtschaft vorzubereiten. Aus der Sicht der Hauptgeschäftsführung waren schnelle Erfolgsmeldungen über Investitionen der bundesdeutschen Industrie wichtig, um eine Konjunktur- und Beschäftigungskrise in Ostdeutschland zu verhindern. Vor der kommenden Bundestagswahl im Dezember 1990 sollten die Kritiker einer schnellen Wiedervereinigung nicht in ihrer Skepsis bestätigt werden.

Aufgrund der hohen Erwartungen der Politik in die Investitionsbereitschaft der Industrie sah der BDI die Gelegenheit, seine langjährigen steuerpolitischen Forderungen auf die politische Tagesordnung zu setzen. Der BDI unterstützte die Forderungen des Koalitionspartners FDP nach einer Senkung der Einkommenssteuer und der Körperschaftssteuer und schlug vor, Ostdeutschland zum steuerpolitischen Pioniergebiet zu machen. In der Präsidiumssitzung am 26. März 1990 äußerte von Wartenberg den Gedanken, ertragsunabhängige Steuern wie die Vermögenssteuer und die Gewerbekapitalsteuer gar nicht erst auf dem Gebiet der DDR einzuführen und der Wirtschaft in Ostdeutschland einen dauerhaften Steuervorteil zu verschaffen.[36] In den im Juni 1990 veröffentlichten »Thesen zur Wirtschafts-, Währungs- und Sozialunion« äußerte der BDI den Gedanken, ostdeutsche Unternehmen in einer Übergangszeit von fünf Jahren steuerlich nur halb so hoch wie westdeutsche Unternehmen zu belasten. Die Übertragung der bundesdeutschen Steuergesetzgebung durch den Einigungsvertrag vereitelte jedoch diesen innovativen Vorschlag. Wegen der schwachen Ertragslage ostdeutscher Unternehmen hätte er nicht zu hohen Steuerausfällen geführt, sie aber auch nicht er-

35 Ausarbeitung der Rede von Wartenbergs vor Präsidium und Vorstand am 12.6.1990, 6.6.1990, in: BDI-Archiv HGF, A 621.

36 Ausführungen von Wartenbergs auf der Präsidiumssitzung am 26.3.1990, in: BDI-Archiv HGF, A 806.

heblich entlastet. Auch in einer anderen wichtigen Frage konnte sich der BDI gegenüber der Bundesregierung nicht durchsetzen. Während sich der BDI für einen absoluten Vorrang von Investitionen vor der Restitution betrieblichen Eigentums aussprach, entschied sich die Bundesregierung aus finanziellen Erwägungen für das Prinzip »Rückerstattung vor Entschädigung«. In den folgenden Jahren verzögerten sich so wichtige Investitionen wegen der ungeklärten Rechtslage beim Unternehmenseigentum und bei betrieblich genutzten Grundstücken und als Folge der langwierigen Restitutionsverfahren.[37]

Ebenso wie die Bundesregierung und weite Teile der bundesdeutschen Öffentlichkeit unterschätzte der BDI die Größe des künftigen Zahlungstransfers von Westdeutschland nach Ostdeutschland ganz erheblich. Am 21. September 1990 lehnte der BDI jede Diskussion um Steuererhöhungen zur Finanzierung der Wiedervereinigung mit der optimistischen Begründung ab, dass nur mit einem »vorübergehenden Finanzierungsengpass« zu rechnen sei und die Steuermehreinnahmen durch das hohe Wirtschaftswachstum den Mehrbedarf decken würden.[38] Wegen der dünnen Kapitaldecke und der hohen Verluste der ostdeutschen Industrie erhielt die Treuhandanstalt eine größere Bedeutung für ihre Liquiditätserhaltung, als es die Bundesregierung und der BDI erwartet hatten. Die Erfahrungen mit der bundesdeutschen Strukturpolitik und Regionalpolitik ließen sich ebenfalls nur mit Einschränkungen auf Ostdeutschland übertragen. Angesichts der ökonomischen Strukturschwäche und der regionalen Dominanz einzelner Branchen, wie der Chemieindustrie, konnte die Wirtschaftspolitik der Empfehlung des BDI, auf eine gestaltende oder erhaltende Strukturpolitik zu verzichten, nicht folgen. Der Transfer von Bundesmitteln nach Ostdeutschland sollte entgegen den Erwartungen der Bundesregierung und des BDI nicht 1995, sondern erst 2019 enden. Auch bei der Beurteilung der Exportchancen ostdeutscher Unternehmen unterlagen die wirtschaftspolitischen Akteure der Fehleinschätzung, dass die Sowjetunion weiterhin auf Industriegüter aus Ostdeutschland angewiesen sei und sie auch mit der D-Mark anstatt wie bislang mit der Mark der DDR bezahlen könne.

Der ausgeprägte Optimismus über die wirtschaftlichen Zukunftsaussichten der ostdeutschen Industrie wich 1991 einer deutlich pessimistischeren Einstellung. Auf der Vizepräsidentensitzung des BDI am 23. September 1991 forderte die Vizepräsidenten von der Öffentlich-

37 Ergebnisvermerk der Vizepräsidentenkonferenz am 24.9.1990, in: ebd.
38 Niederschrift der Präsidiumssitzung am 21.9.1990, in: ebd.

keitsarbeit des BDI, »die katastrophale Situation der Industrie in den Neuen Bundesländern deutlich genug herauszustellen«, um der Kritik an unzureichenden Investitionen durch westdeutsche Unternehmen zu begegnen.[39] Trotz der fehlenden Wettbewerbsfähigkeit der ostdeutschen Industrie lehnte der BDI die Formel »Sanieren vor Privatisieren« ab und schlug 1991 Mehrwertsteuerpräferenzen als Investitionsanreiz vor, statt bestehende industrielle Strukturen mit den Mitteln der Treuhand im Kern zu erhalten.[40]

39 Niederschrift der Vizepräsidentensitzung am 23.9.1991, in: BDI-Archiv HGF, A 765.

40 Niederschrift der Vizepräsidentensitzung am 27.9.1991, in: ebd.

6. Auf dem Weg zum Binnenmarkt: Der BDI und die europäische Wirtschafts- und Währungsunion

Die Weiterentwicklung der EG von einer Zollunion zu einer Wirtschafts- und Währungsunion stagnierte in den 70er und frühen 80er Jahren. Während der zollfreie europäische Binnenmarkt für Industriegüter verwirklicht war, hatte die EG auf dem Weg in den gemeinsamen europäischen Markt für Dienstleistungen noch keine substantiellen Fortschritte erzielt. Das bereits in den Römischen Verträgen von 1957 formulierte Ziel eines Binnenmarktes für Dienstleistungen harrte noch seiner Verwirklichung. Die Beschleunigung des stark verlangsamten europäischen Integrationsprozesses zeichnete sich für die Öffentlichkeit erst im Juni 1985 ab, als die EG-Kommission unter dem neuen Kommissionspräsidenten Jacques Delors ein Weißbuch zur Vollendung des Binnenmarktes veröffentlichte. In ihrem Weißbuch formulierte die EG-Kommission das ehrgeizige Ziel, alle rechtlichen und administrativen Hemmnisse eines gemeinsamen Marktes bis 1992 durch die gewaltige Zahl von 282 europäischen Rechtsakten zu beseitigen.[1] Obwohl der britischen Regierung eine tiefere politische Integration Europas widerstrebte, fand der französische Sozialist Delors in der konservativen Premierministerin Margaret Thatcher eine unerwartete Verbündete auf Zeit. Die Motive von Delors und Thatcher unterschieden sich jedoch erheblich. Während Jacques Delors den Binnenmarkt als eine Vorstufe auf dem Weg in eine Wirtschafts- und Währungsunion betrachtete, begrüßte die radikale Wirtschaftsliberale Margaret Thatcher das Ziel eines freien, weitgehend deregulierten Wettbewerbs im Banken-, Versicherungs- und Telekommunikationssektor; Ziele, die mit der britischen Wirtschaftspolitik vollkommen übereinstimmten.

Obwohl es im Banken-, Versicherungs- und Verkehrssektor die größten Defizite auf dem Weg zu einem freien Binnenmarkt gab, war die Umsetzung des Weißbuchs auch für die europäische Industrie sehr wichtig. Der innereuropäische Wettbewerb wurde durch nationale Subventionen und Produktionsquoten für die Stahlerzeugung und den Schiffbau verzerrt und in vielen Branchen durch unterschiedliche

1 Jürgen Mittag, *Kleine Geschichte der Europäischen Union*, Münster 2008, 196 f.; Wilfried Loth, *Europas Einigung*, Frankfurt a. M. 2014, 263 ff.

technische Normen erschwert.[2] Mit dem Weißbuch formulierte die EG-Kommission wirtschaftspolitische Ziele, die den europapolitischen Vorstellungen des BDI weitestgehend entsprachen. Bereits 1980 hatte BDI-Hauptgeschäftsführer Siegfried Mann vor der Deutsch-Spanischen Handelskammer die Subventions- und Kontingentspolitik der EU im Montansektor heftig kritisiert und eine gemeinschaftliche europäische Ordnungspolitik für die Wirtschaft gefordert.[3] Die im Weißbuch angestrebte völlige Liberalisierung des Kapitalverkehrs und der ausländischen Investitionen waren Forderungen, die der BDI und der Verband der Industrieverbände in der EG (UNICE) bereits 1984 erhoben hatte. Ein im Dezember 1984 verfasstes Memorandum der UNICE für die neue EG-Kommission und ihren Präsidenten Delors forderte die Aufhebung aller Hindernisse für den Kapitalverkehr, gleiche Möglichkeiten der Beteiligung an staatlichen Ausschreibungen und eine Harmonisierung der nationalen Umweltnormen.[4] Für den Güterverkehr schwebte der UNICE ein freier Wettbewerb zwischen den einzelnen Verkehrsträgern und zwischen einheimischen und ausländischen Spediteuren vor, der den industriellen Verfrachtern niedrigere Transportkosten und ein nachfragegerechtes Logistikangebot garantieren sollte.

Ein weiteres Ziel der UNICE waren offene Binnengrenzen ohne Zollabfertigungen, die den Güterfluss zwischen den Mitgliedsstaaten der EG nicht mehr verzögern und verteuern sollten. Zu diesem Zweck sollten die nationalen Mehrwertsteuersätze und das nationale Umsatzsteuerrecht der Mitgliedsstaaten soweit harmonisiert werden, dass die Einfuhrumsatzsteuern im grenzüberschreitenden Verkehr wegfallen konnten.[5] Der sehr aktiven Geschäftsführung der UNICE gelang es, unmittelbar nach dem Amtsantritt von Delors ein Gespräch mit dem neuen Kommissionspräsidenten und einem der beiden deutschen EG-Kommissare über das UNICE-Memorandum zum Binnenmarkt zu organisieren.[6] Ein interner Aktenvermerk des BDI zeigte, dass innerhalb der europäischen Industrieverbände zwar Einigkeit über das Ziel des Binnenmarktes, aber

2 Dies beklagte die UNICE in ihrem am 20.12.1984 verabschiedeten Grundsatzdokument »Genuine Internal Market« (Anhang 1 zum Memorandum der UNICE für die EG-Kommission, 12.12.1984).

3 Vortrag von Siegfried Mann vor der Deutsch-Spanischen Handelskammer in Madrid am 29.10.1980, in: BDI-Archiv KE 11/2 K 157.

4 UNICE, Memorandum for the European Commission, 12.12.1984; Memorandum »Genuine Internal Market«, 20.12.1984, in: BDI-Archiv KE 130 K 193.

5 UNICE, Memorandum for the European Commission, Anhang 3 (Investitionsförderung), 20.12.1984, in: ebd.

6 Interner Vermerk des BDI, undatiert (Anfang 1985), in: BDI-Archiv KE 130 K 193.

Differenzen über die Außenhandelspolitik bestanden. Während sich der BDI für eine Freihandelspolitik der EG gegenüber anderen Staaten einsetzte, gab es unter den südeuropäischen Industrieverbänden protektionistische Tendenzen.

Der BDI unterstützte die Binnenmarktinitiative der neuen EG-Kommission schon zu einem Zeitpunkt, als sich das Weißbuch der Kommission noch in Arbeit befand. Am 5. Februar 1985 erklärte der BDI in einer Pressemitteilung die »konsequente schrittweise Realisierung des EG-Binnenmarktes« und die Beseitigung der innereuropäischen Kapitalverkehrskontrollen für dringlich.[7] Nach der Veröffentlichung des Weißbuchs im Juni 1985 analysierten die Abteilungen der Hauptgeschäftsführung die Positionen der EG-Kommission sehr gründlich – und fanden kaum Punkte der Kritik. Wünsche für eine Erweiterung des Zielkatalogs kamen lediglich aus den Abteilungen für Konjunktur und Kredit sowie für Steuern und Finanzpolitik. Aus der Sicht der Abteilung für Konjunktur-, Kredit- und Währungspolitik blieb die geplante Weiterentwicklung des Europäischen Währungssystems mit festen Schwankungsbreiten bei immer noch flexiblen Wechselkursen hinter dem Ziel eines gemeinsamen europäischen Währungssystems zurück. Auch nach dem Scheitern des Werner-Plans für eine europäische Währungsunion in den frühen 70er Jahren hatte der BDI dieses europapolitische Fernziel nicht aus den Augen verloren. Die Abteilung für Steuern und Finanzpolitik begrüßte die europaweite Harmonisierung der Mehrwertsteuer sehr, forderte aber im Interesse harmonisierter Wettbewerbsbedingungen auch eine Annäherung der nationalen Körperschaftssteuer- und Kapitalertragssteuersätze.[8] Angesichts der grundsätzlichen Kritik des BDI an der deutschen Körperschaftssteuer war der Binnenmarktprozess ein willkommener Anlass, um seine Forderung nach einer niedrigeren Unternehmensbesteuerung zu legitimieren. In seiner endgültigen Stellungnahme zum Weißbuch war die Forderung nach Harmonisierung der direkten Steuern der einzige Punkt, in dem sich die Prioritäten des BDI von denen der EG-Kommission unterschieden.[9]

Die sehr positive Stellungnahme der UNICE zum Weißbuch, an der auch der BDI beteiligt war, sparte jedoch das Feld der Steuerpolitik

7 Pressemitteilung des BDI zur Weiterentwicklung der EG, 5.2.1985, in: BDI-Archiv KE 76/179. S.a. den Brief der BDI-Abteilung für Konjunktur-, Kredit- und Währungspolitik an das Bundeswirtschaftsministerium, 7.3.1985, in: BDI-Archiv HGF, A 705/2.

8 Stellungnahmen der Abteilungen des BDI, Juli 1985, in: ebd.

9 Stellungnahme des BDI zum Weißbuch der EG-Kommission, August 1985, in: ebd.

aus.[10] Ein wichtiger Grund waren die erheblichen nationalen Unterschiede bei den direkten Steuern, deren Harmonisierung ausdrücklich nicht im Weißbuch vorgesehen war. Da die EG-Kommission das Mehrheitsprinzip im Rat der EG nur für die legislativen Schritte auf dem Weg zum Binnenmarkt verankern konnte, setzte schon die Annäherung der nationalen Umsatzsteuersätze eine langwierige Konsensbildung zwischen den Regierungen voraus. Auf dem Gebiet der direkten Steuern war eine Harmonisierung wegen des weiterhin geltenden Einstimmigkeitsprinzips politisch vollends unrealistisch. Einige Mitgliedsverbände der UNICE hielten einen steuerpolitischen Konvergenzprozess in Europa jedoch für möglich, während sich der BDI nicht zuletzt vor dem Hintergrund der langwierigen politischen Aushandlungen um die Senkung der deutschen Einkommens- und Körperschaftssteuersätze skeptisch zeigte.[11]

Die UNICE besaß einen guten Draht zum konservativen britischen Binnenmarktkommissar Lord Cockfield und kommunizierte regelmäßig schriftlich und persönlich mit Jacques Delors. Ihre Lobbyarbeit wurde von den deutschen Europaabgeordneten und den deutschen Journalisten in Brüssel nur wenig wahrgenommen. So berichtete das BDI-Büro in Brüssel im November 1985 der Hauptgeschäftsführung, dass deutsche Abgeordnete und Journalisten die offiziellen UNICE-Positionspapiere in den Originalsprachen Englisch und Französisch nicht lasen und deutsche Übersetzungen für eine bessere Außenwirkung nötig seien.[12] Die geringe Wahrnehmung der UNICE durch die deutsche Presse und die deutschen Europaabgeordneten war für die Durchsetzung industrieller Interessen im Binnenmarktprozess keinesfalls nachteilig, sondern vorteilhaft: Obwohl sich die UNICE durch Memoranden und in Gesprächen mit den Kommissaren und den leitenden Beamten der EG-Kommission aktiv an der Gestaltung des künftigen Binnenmarktes beteiligte, blieb ihr Einfluss als Lobbyorganisation der deutschen Öffentlichkeit verborgen. Für die EG-Kommission war die UNICE ein legitimer, relevanter und sachlich kompetenter Ansprechpartner in wettbewerbspolitischen und industriepolitischen Fragen, dessen Stellungnahmen aufmerksam zur Kenntnis genommen wurden.

10 Mitteilung des Präsidenten der UNICE Lord Pennock an den Präsidenten des Europäischen Rats anlässlich der Ratskonferenz in Mailand. 25.6.1985, in: ebd.

11 Stellungnahme des BDI-Präsidenten Langmann im UNICE Council of Presidents am 13.6.1986, in: BDI-Archiv A 705/1.

12 Bericht des BDI-Büros in Brüssel an die Hauptgeschäftsführung, 28.11.1985, in: BDI-Archiv A 705/2.

Der BDI war sich mit den anderen Mitgliedsverbänden in der UNICE einig, dass die Schaffung des europäischen Binnenmarktes oberste politische Priorität besaß.[13] Die Chancen und Risiken für die nationalen Industrien waren im Binnenmarktprozess jedoch nicht gleichmäßig verteilt. Das Ende der Diskriminierung ausländischer Wettbewerber bei der Ausschreibung von Staatsaufträgen war aus der Sicht des BDI ein wichtiger Hebel, um die indirekte Subventionierung der Industrie durch den Staat zurückzudrängen.[14]

Während sich die deutsche Industrie dank ihrer Wettbewerbsstärke Hoffnungen auf Absatzsteigerungen im Export machen konnte, mussten subventionierte und staatseigene Industriebetriebe in Italien und Frankreich mit einem größeren Konkurrenzdruck im Inlandsgeschäft rechnen. Angesichts der verbreiteten Skepsis in Teilen der europäischen Industrie bestand aus der Sicht der UNICE und der nationalen Industrieverbände eine hohe Priorität, die europäische Industrie zur aktiven Beteiligung am Binnenmarktprozess zu ermutigen und wettbewerbsverzerrende Subventionen auf nationaler Ebene zu beseitigen.[15] Die UNICE und die europäischen Industrieverbände erhofften sich vom Binnenmarktprozess einen umfassenden wettbewerbspolitischen Deregulierungsschub im Verkehrswesen und in der Telekommunikation, den der BDI schon seit längerem bei der Bundesregierung eingefordert hatte.[16]

Die geplante Liberalisierung der nationalen Kapitalmärkte bis 1992 nutzte zuerst den Banken, die dank der Aufhebung nationaler Niederlassungsbeschränkungen und durch das Ende staatlicher Vetorechte gegen transnationale Fusionen ihre Einlagen- und Kreditgeschäfte auf ganz Europa ausdehnen konnten. In zweiter Linie profitierte auch die Industrie vom Wegfall der Kapitalverkehrsbeschränkungen. Bis 1992 sollten die noch bestehenden Kapitalverkehrsbeschränkungen in einigen Staaten Europas wie Spanien, Portugal und Griechenland aufgehoben werden und den Unternehmenskäufen durch ausländische Unternehmen nicht mehr entgegenstehen. Auf diesem Weg wurde es der deutschen Industrie erleichtert, sich ausländische Absatzmärkte zu erschließen und an den Standortvorteilen im Ausland zu partizipieren.

13 Niederschrift des Council of Presidents der UNICE, 1.12.1986, in: BDI-Archiv A 705/1.

14 So die Ausführungen des BDI-Präsidenten Langmann im Council of Presidents der UNICE am 1.12.1986, in: ebd.

15 Antworten der nationalen Industrieverbände auf eine Umfrage des UNICE-Sekretariats über politische Prioritäten, undat. (November 1986), in: ebd.

16 Memorandum des BDI zur Europapolitik, November 1987, in: BDI-Archiv HGF, A 618.

Aus der Sicht des BDI und vieler europäischer Partnerverbände war die Entwicklung einer europäischen Sozialpolitik und eines gemeinsamen europäischen Sozialraums hingegen unerwünscht. Der BDI verfolgte in der UNICE und gegenüber den Organen der EG nach eigenem Bekunden eine »restriktive Linie« gegenüber einem sozialpolitischen Harmonisierungsprozess in Europa.[17] Aus der Sicht des BDI war eine europäische Harmonisierung der sozialen Sicherungssysteme und der Mitbestimmungsrechte der Arbeitnehmer aus verschiedenen Gründen nicht wünschenswert. Zum einen befürchtete der BDI eine Verzögerung des Binnenmarktprozesses durch eine europäische Sozialcharta, die sich an den hohen sozialen Standards in Deutschland orientieren würde.[18] Eine aus seiner Sicht durchaus erwünschte Nivellierung der sozialpolitischen und mitbestimmungspolitischen Standards auf ein mittleres Niveau wäre in Deutschland auf massive Gegenwehr der Gewerkschaften gestoßen und hätte die politische Legitimation des Binnenmarktes gefährdet.

Die Interessen und Positionen des BDI im Binnenmarktprozess stimmten mit den Positionen der Bundesregierung weitgehend überein. In einzelnen Fällen wie der Liberalisierung des Güterfernverkehrs auf der Straße unterschieden sich die Positionen der UNICE und des BDI von denen der Bundesregierung nicht unerheblich. Während sich UNICE und BDI für eine grundsätzliche Liberalisierung des Wettbewerbs im Lkw-Fernverkehr und zwischen dem Lkw und konkurrierenden Verkehrsmitteln wie der Bahn einsetzten, sollte die Liberalisierung des Wettbewerbs im Straßengüterverkehr der Harmonisierung der Wettbewerbsbedingungen folgen statt ihr voranzugehen.[19] Das Exekutivkomitee der UNICE beauftragte den BDI daher im März 1988, die Bundesregierung zur Aufgabe dieser Position zu drängen und das Grundsatzprinzip des Binnenmarktprozesses »Liberalisierung vor Harmonisierung« auch in der Güterverkehrspolitik zu akzeptieren.[20]

Der BDI entfaltete erhebliche Aktivitäten, um seine Mitgliedsverbände und die Unternehmen der Industrie über den Fortschritt des Binnenmarktprozesses zu informieren und sie von seinen Vorteilen zu überzeugen. Gemeinsam mit der BDA und anderen Wirtschaftsverbän-

17 Bericht des BDI-Büros Brüssel an die BDI-Hauptgeschäftsführung, 20.5.1988, in: BDI-Archiv A 706/2.

18 Übersicht der Hauptgeschäftsführung des BDI über die wirtschaftspolitischen Vorhaben der Legislaturperiode, 10.4.1989, in: BDI-Archiv HGF, A 620.

19 Bericht der UNICE über die Fortschritte des Binnenmarktprozesses »The internal market«, 4.5.1988, in: BDI-Archiv A 706/2.

20 Tagesordnung und Beschlussempfehlungen des Exekutivkomitees der UNICE für die Sitzung am 25.3.1988, in: ebd.

den veranstaltete der BDI am 15. März 1988 in Bonn einen hochkarätig besetzten Kongress unter dem Motto »Europas Zukunft – Fortschritte des Binnenmarkts – 1992«, zu dem Bundeskanzler Kohl, Kommissionspräsident Delors und Bundeswirtschaftsminister Martin Bangemann ihre Teilnahme zugesagt hatten.[21] Es gab für den BDI gute Gründe, in den eigenen Reihen stärker für den europäischen Binnenmarkt zu werben. Laut eines »Spiegel«-Artikels vom 4. April 1988 nutzte BDI-Präsident Necker die Gelegenheit seiner Eröffnungsrede auf der Hannover-Messe, um die Industrie vor »provinziellem Inseldenken« zu warnen und nicht die Chancen des Binnenmarktes zu verpassen.[22]

Für die UNICE setzte die Abschaffung der Kapitalverkehrskontrollen und die Intensivierung des innereuropäischen Handels eine intensivere Zusammenarbeit der Zentralbanken zwingend voraus, um Zahlungsbilanzkrisen in einzelnen EG-Staaten zu verhindern und stärkere Wechselkursschwankungen innerhalb des EWS-Systems zu vermeiden. Die dafür erforderliche Konvergenz der nationalen Währungspolitiken war nur in einem Europa der autonomen Notenbanken möglich. Auf der Sitzung des UNICE-Präsidentenrats (Council of Presidents) am 30. November 1987 sprachen die Präsidenten der europäischen Industrieverbände über das Ziel einer autonomen europäischen Zentralbank und eine europäische Währungsunion.[23]

Diese Vorstellungen entsprachen den Überlegungen für eine europäische Währungsunion, die in der französischen Regierung entstanden, von der EG-Kommission befürwortet und von der Bundesregierung und der Bundesbank auf ihre Realisierbarkeit geprüft wurden. Der BDI befürwortete das Ziel einer Währungsunion bereits zu einem Zeitpunkt, als die Entscheidungsbildung der Bundesregierung noch nicht abgeschlossen war und sich die Bundesbank und Bundesfinanzminister Stoltenberg noch skeptisch zeigten.[24] Unmittelbar nach dem Abschluss des Delors-Berichts der EG-Kommission und der Notenbankpräsidenten über den Weg zur Europäischen Wirtschafts- und Währungsunion im April 1989 empfahl die Hauptgeschäftsführung des BDI den Präsidiumsmitgliedern kein allzu schnelles Vorpreschen, um die Akzeptanz des Binnenmarktes

21 Übersicht der UNICE über die Aktivitäten der Mitgliedsverbände zur Förderung des Binnenmarktes, 7.3.1988, in: ebd.

22 Europas Konzerne »vor einer Reichsgründung«, in: Der Spiegel (4.4.1988).

23 Ausarbeitung des BDI zur Tagesordnung und zu den Beratungsvorlagen des UNICE-Präsidentenrats am 30.11.1987 mit Beschlussempfehlungen, 24.11.1987, in: BDI-Archiv A 706/2.

24 Loth, *Europas Einigung*, 280.

in der Öffentlichkeit nicht zu gefährden.[25] Die Hauptgeschäftsführung hatte diese Empfehlung am 10. April 1989 verfasst, zwei Tage vor der offiziellen Veröffentlichung des Delors-Berichts. Diese Episode zeigt, wie gut der BDI durch sein Brüsseler Büro und die UNICE über Entscheidungsprozesse in den Organen der EG informiert war. Der BDI besaß dank seiner langjährigen Präsenz in Brüssel und des guten Drahts der UNICE zu den wichtigsten Entscheidungsträgern der Kommission einen erheblichen Informationsvorsprung und einen stärkeren Einfluss auf Entscheidungsprozesse als die Gewerkschaften und die Parteien.

Das Urteil der UNICE über den Delors-Bericht war weitgehend positiv, aber nicht ohne Kritik im Detail.[26] Der Europäische Industrieverband kritisierte das Fehlen klar definierter Kriterien für den Übergang zu den verschiedenen Entwicklungsstufen der Währungsunion und vertrat die Auffassung, dass die Vorteile der Binnenmarktintegration auch ohne eine vollständige monetäre Integration wirksam würden. Trotz seiner Zustimmung zum mittelfristigen Ziel der Währungsunion neigte der BDI eher der sogenannten Krönungstheorie zu, die von der Bundesbank vertreten wurde. Aus der Sicht der Zentralbanker war die ökonomische Konvergenz der Mitgliedsstaaten und die Erfüllung ökonomischer Stabilitätskriterien die Vorbedingung und nicht die Folge einer Währungsunion und musste daher einer Einheitswährung vorausgehen. Unabhängig davon stimmte die Bundesregierung auf der Madrider Ratssitzung der EG im Juni 1989 dem Delors-Plan einer Währungs- und Wirtschaftsunion zu. Die immer wieder vertretene These, die deutsche Zustimmung zur Währungsunion sei die entscheidende Gegenleistung für Frankreichs Zustimmung zur Wiedervereinigung, ist durch den chronologischen Ablauf der unversehens beschleunigten europäischen Geschichte widerlegt.

25 Übersicht der BDI-Hauptgeschäftsführung über die wirtschaftspolitischen Vorhaben dieser Legislaturperiode, 10.4.1989.
26 Ausarbeitung der BDI-Abteilung Allgemeine Wirtschaftspolitik zur UNICE-Präsidentensitzung am 19.6.1989, in: BDI-Archiv A 706/2.

Schlusswort

Die wichtigsten Einschnitte in der 100-jährigen Geschichte des Spitzenverbandes der deutschen Industrie waren politisch bedingt. Schon die Gründung des RDI am 12. April 1919 war eine unmittelbare Reaktion auf den Übergang von der konstitutionellen Monarchie zur parlamentarischen Demokratie. Die industriellen Interessen waren zuvor in zwei Dachverbänden organisiert, die sich zwar während des Ersten Weltkrieges angenähert hatten, aber erst unter dem Druck der Revolution vom November 1918 ihre Bedenken gegen einen Zusammenschluss überwanden. Von einem einheitlichen Auftritt war der neue Spitzenverband in den ersten Jahren nach seiner Gründung noch weit entfernt. Anders als es häufig dargestellt wurde, entstand der RDI nicht als »Reichsverband der deutschen Schwerindustrie«. Es gab innerhalb des Verbands kein dominantes Lager, sondern mehrere Flügel mit divergierenden Interessen. In zentralen Fragen wie der Reparationspolitik und der Haltung gegenüber den Gewerkschaften wurde die Einstellung der Industrie stärker von einzelnen Unternehmern geprägt als vom RDI und seinem ersten Vorsitzenden Kurt Sorge. Für die Industrie war der Spitzenverband trotz fehlender politischer Erfolge wegen seiner Dienstleistungen bald unverzichtbar. So wurde der RDI unter anderem durch die rege Tätigkeit seiner Kartellstelle zur wichtigsten Stütze des Kartellwesens in Deutschland.

Die Rolle des Verbands änderte sich als Folge der schweren Hyperinflationskrise von 1923 und auch dabei ging es um politische Herausforderungen. Der RDI stellte sich im Zusammenhang mit dem Dawes-Plan von 1924 hinter die Reparationspolitik der Regierung und gegen deren rechtsnationale Kritiker im eigenen Lager. Diese politische Profilierung war das Verdienst des geschäftsführenden Präsidialmitglieds Hermann Bücher, unter dessen Regie die Geschäftsführung maßgeblichen Einfluss auf die Verbandspolitik gewann. Unter Büchers Nachfolger Ludwig Kastl verstärkte sich dies noch. Kastl und der neue Vorsitzende Carl Duisberg ließen keinen Zweifel daran, dass die RDI-Führung auf dem Boden der Verfassung von Weimar stand. Zugleich drängten sie auf eine Senkung der Steuern und der öffentlichen Ausgaben. Angesichts der strukturellen Probleme der Wirtschaft dürfte die Forderung nach einem Kurswechsel in der Finanz- und Sozialpolitik den Erwartungen der Verbandsmitglieder entsprochen haben. Das dahinterstehende Leitbild, die niedrige Staatsquote des Kaiserreichs, ging jedoch an der Realität des inzwischen entstandenen Steuer- und Wohlfahrtsstaats vorbei. Selbst bei den bürgerlichen Parteien fanden die Forderungen des RDI in den Jahren vor der Weltwirtschaftskrise wenig Unterstützung..

In der wirtschaftlich besonders angeschlagenen Schwerindustrie nahm vor diesem Hintergrund die Fundamentalopposition gegen das »System von Weimar« zu. Der RDI-Führung gelang es nicht mehr, die radikalen Kräfte einzubinden, zumal sie wirtschafts- und sozialpolitisch keine Erfolge vorweisen konnte. Innerhalb der Industrie bestanden nun zwei politisch voneinander getrennte Lager, die allerdings keineswegs fest geschlossen waren. Nach Beginn der großen Weltwirtschaftskrise im Herbst 1929 schlugen auch die gemäßigten Repräsentanten der Industrie einen schärferen Ton an. Der RDI forderte ultimativ einen Kurswechsel in der Finanz- und Sozialpolitik und trat gemeinsam mit anderen Spitzenverbänden der Wirtschaft für den Sturz der letzten parlamentarischen Mehrheitsregierung der Weimarer Republik ein. Das Engere Präsidium um Duisberg und Kastl unterstützte dann die Deflationspolitik Heinrich Brünings, der mit Notverordnungen des Reichspräsidenten regierte und einige langjährige Forderungen des RDI umsetzte. Zugleich nahm das politische Gewicht des RDI durch den Machtverlust des Parlaments zu.

Im Unterschied zu den überwiegend antidemokratisch ausgerichteten Repräsentanten der Schwerindustrie und mittelständisch geprägter Industrieverbände trat die RDI-Führung nicht für eine dauerhafte Beseitigung des parlamentarischen Systems ein. Nach dem Wahlsieg der NSDAP vom 14. September 1930 drängte sie darauf, dass Brüning mit Tolerierung durch die SPD regierte. Dafür nahm man weitere Interessendivergenzen innerhalb des Dachverbands in Kauf. Auch unter Duisbergs Nachfolger Krupp von Bohlen und Halbach hielt die Verbandsspitze gegen wachsenden Widerstand des rechten Lagers zunächst an dieser Position fest. Inzwischen reichte die Polarisierung bis in die Geschäftsführung, wo sich unter Kastls Stellvertreter Jacob Herle ein rechter Flügel formierte. Erst als 1932 die NSDAP und die KPD zusammen über eine Mehrheit im Reichstag verfügten, setzte der RDI auf ein reines Präsidialregime. Zu keiner Zeit trat der Spitzenverband der deutschen Industrie für eine Regierungsbeteiligung der NSDAP ein. Die geschäftsführenden Präsidialmitglieder des RDI und des DIHT intervenierten noch Ende Januar 1933 beim Reichspräsidenten vergeblich gegen die Ernennung Hitlers zum Reichskanzler.

Mit der Errichtung der nationalsozialistischen Diktatur wurde die Selbstverwaltung der Wirtschaft beseitigt. Der RDI setzte seiner Auflösung keinen Widerstand, ja nicht einmal Proteste entgegen. Der Vorsitzende Krupp von Bohlen beugte sich schon Anfang April 1933 einer illegalen Aktion des Parteiapparats, mit der die Entlassung der jüdischen Mitarbeiter und des geschäftsführenden Präsidialmitglieds Kastl, das Ausscheiden der jüdischen Präsidialmitglieder und die Einsetzung von Kommissaren der Regierung in die Geschäftsführung erzwungen wurde. Trotz heftiger Kritik aus dem Präsidium kooperierte Krupp von Bohlen bereitwillig bei der Überführung des RDI in den im Juni 1933 gegründeten Reichsstand der Deutschen Industrie, eine staatlich gelenkte Organisation mit berufsständischem Anspruch. Krupp von Bohlen wurde zum Leiter des Reichsstands ernannt, Herle zum Geschäftsführer. Nur durch einen Wechsel an der Spitze des Reichswirtschaftsministeriums blieb schließlich noch eine eigene Dachorganisation der Industrie bestehen, die Anfang 1935 unter der Bezeichnung Reichsgruppe Industrie neu formiert wurde.

Die Reichsgruppe beruhte auf einer Zwangsmitgliedschaft und wurde nach dem Führerprinzip geleitet. Eigenständige Interessen der Industrie konnte sie als Teil der staatlich gelenkten »Organisation der Wirtschaft« nicht vertreten. Ihre in den ersten Jahren rasch wechselnden Leiter und ihr Hauptgeschäftsführer Karl Guth hatten keinen Einfluss auf die Staats- und Parteiführung. Zum RDI gab es nicht nur personelle Kontinuitäten. Die Reichsgruppe führte auch die Dienstleistungen des früheren Spitzenverbandes, etwa auf dem Gebiet des Kartellwesens, fort. Trotz ihrer politischen Bedeutungslosigkeit war die Reichsgruppe eine wichtige Stütze der NS-Wirtschaft, da ihr immer weitere Aufgaben im Rahmen der Wirtschaftslenkung übertragen wurden. Dazu gehörte die Industrieberichterstattung, mit der sich die Reichsgruppe auch in den Dienst der »Arisierungen« stellte. Während des Krieges erlangte der seit 1938 vom Mannesmann-Generaldirektor Wilhelm Zangen geleitete Verband vorübergehend einen Machtzuwachs. Die von Rüstungsminister Todt 1940 durchgeführte Reorganisation der Rüstungswirtschaft stützte sich auf die Expertise der Reichsgruppe, ging aber nicht von ihr aus. Mit der Beteiligung an den Großraumplänen des Reichswirtschaftsministeriums und der Mitwirkung an Auftragsverlagerungen in besetzte Länder stellte sich die Dachorganisation der deutschen Industrie in den Dienst der europäischen Hegemonialbestrebungen des »Dritten Reichs«, doch war sie dabei nicht mehr als ein ausführendes Organ. Als die gesamte Industrie im September 1943 Rüstungsminister Speer unterstellt wurde, verlor die Reichsgruppe ihre Funktion als Dachorganisation. Sie beschränkte sich fortan auf Dienstleistungen wie die Industrieberichterstattung, doch eröffnete gerade der Funktionsverlust unter Speer auch Freiräume, die ein Kreis um Rudolf Stahl, den stellvertretenden Leiter der Reichsgruppe, für Nachkriegsplanungen nutzte.

Nach Kriegsende musste die Reichsgruppe ihre Tätigkeit einstellen. Die Anordnungen der Militärregierungen ließen die Gründung eines neuen Spitzenverbandes der Industrie nicht zu. Wieder bedurfte es dafür erst eines neuen politischen Systems. Fünf Monate nach Gründung der Bundesrepublik Deutschland entstand in Köln ein industrieller Dachverband, der ab Januar 1950 BDI hieß. An der Spitze des BDI standen Industrielle, die nicht den Organen der Reichsgruppe oder des früheren RDI angehört hatten. Anders als in vielen Wirtschaftsverbänden gab es auch auf der Ebene der Geschäftsführer keine personelle Kontinuität. Bedingt war dies vor allem durch die Vorgaben der Militärregierungen in den ersten Nachkriegsjahren. Funktionsträger der Reichsgruppe Industrie hatte keine Chance, die Gründung einer Nachfolgeorganisation genehmigt zu bekommen. Die dadurch entstandene Lücke hatte ein Kreis von Vorsitzenden und Geschäftsführern einiger Wirtschaftsverbände in der britischen Besatzungszone genutzt, um die Gründung eines neuen Spitzenverbandes anzugehen. Diese Gruppe stellte nun den ersten Präsidenten des BDI, Fritz Berg, und weitere Mitglieder des Präsidiums. Eine Distanz zur Reichsgruppe lag der BDI-Führung freilich fern. Vielmehr stellte sich der Verband durch bewusste Traditionspflege in eine ideelle Kontinuität zu seinen Vorgängern, wobei zwischen dem RDI und der Reichsgruppe kein Unterschied gemacht wurde.

Im Gegensatz zur Weimarer Republik griff der BDI nicht mehr in die Regierungsbildung ein. Während der RDI hinter den Kulissen Einfluss auf Koalitionsbildungen nahm, kamen die Koalitionsregierungen der Bundesrepublik allesamt ohne das Eingreifen des BDI zustande. Trotz der größeren parteipolitischen Zurückhaltung gelangten von den 50er Jahren bis in die 70er Jahre einige führende Mitarbeiter und Präsidiumsmitglieder des BDI über die Landeslisten der CDU und der FDP in den Bundestag und arbeiteten dort vorzugsweise im Wirtschaftsausschuss mit. Angesichts des Volksparteicharakters der CDU und der Entwicklung der Parteienlandschaft zu einem stabilen Dreiparteiensystem waren Versuche zur Steuerung der langjährigen Regierungspartei jedoch aussichtslos. Auch die föderale Gewaltenteilung und die teilweise Beteiligung des Bundesrats an Bundesgesetzen dämpften die Hoffnungen auf ein »Durchregieren« zum einseitigen Vorteil der Industrie. Obwohl sich einige Führungspersönlichkeiten des BDI in der Spendensammelstelle der deutschen Wirtschaft (»Staatsbürgerliche Vereinigung«) engagierten, übernahm der BDI als Körperschaft keine Verantwortung für die Finanzierung der bürgerlichen Parteien.

Im Unterschied zur Weimarer Republik waren sich die Mitgliedsverbände des BDI in grundsätzlichen politischen Fragen einig. Sie hatten ihre Lehren aus der Schwächung der parlamentarischen Demokratie seit

1930 gezogen und standen loyal zur Verfassungsordnung der Bundesrepublik. Die Mitgliedsverbände und das Präsidium des BDI stimmten auch in grundlegenden wirtschaftspolitischen und außenpolitischen Fragen überein. Der BDI stand eindeutig hinter Ludwig Erhards Ziel einer europäischen Freihandelszone und des globalen Freihandels, aber ging in der Frage der politischen Vereinigung Europas über Erhards Konzept einer flachen Integration deutlich hinaus. Im BDI bildete sich unter der Ägide seines Präsidenten Fritz Berg ein Konsens, dass sich die wirtschaftliche und die politische Integration Europas gegenseitig bedingten. Für die Beilegung des alten Konflikts zwischen den Schutzzollanhängern in der Schwerindustrie und den Freihandelsanhängern in den technologieintensiven Industrien war vor allem die Gründung der Montan-Union im Jahr 1952 verantwortlich, die der Eisen- und Stahlindustrie und dem Steinkohlenbergbau deutlich mehr Chancen als Risiken eröffnete und half, ihre Stärken in Kerneuropa frühzeitig auszuspielen.

Fritz Berg und andere Präsidiumsmitglieder des BDI standen der Wirtschaftspolitik Ludwig Erhards in einigen Kernfragen wie dem Kartellverbot zunächst nicht freundschaftlich, sondern in Gegnerschaft gegenüber. Auf der Grundlage ihres ökonomischen Wissens und ihrer Vorkriegserfahrungen war ihr Vertrauen in eine funktionierende Wettbewerbsordnung ohne die Selbstregulation durch Kartelle zunächst gering. Die kräftige und nachhaltige konjunkturelle Entwicklung der 50er Jahre unter dem noch immer gültigen alliierten Kartellverbot schwächte die Kritik an Erhards »Gesetz gegen Wettbewerbsbeschränkungen« zunehmend ab und versöhnte den BDI mit der Ordnungspolitik des Wirtschaftsministers. Fritz Bergs Hoffnung, an Erhard vorbei die Wirtschaftspolitik in Adenauers Küchenkabinett zu gestalten, erfüllte sich jedoch nicht. Aus der Sicht der Industrie sollte sich die zunächst heftig bekämpfte fünfprozentige Aufwertung der D-Mark im Jahr 1961 als gänzlich unproblematisch erweisen.

Die kurze konjunkturelle Rezession von 1966/67 zeigte dem BDI, dass ein kontinuierliches Wirtschaftswachstum kein Selbstläufer war und eine vorausschauende aktive Konjunkturpolitik erforderte. Aus diesem Grund konnte sich der BDI mit der keynesianischen Konjunkturpolitik des Wirtschaftsministers Karl Schiller anfreunden, auch wenn der stetige steuerpolitische Instrumentenwechsel längerfristige unternehmerische Kalkulationen erschwerte und höhere Anpassungsforderungen an externe Rahmenbedingungen stellte. Angesichts der unaufschiebbaren Restrukturierung des Steinkohlebergbaus akzeptierte der BDI sogar prozesspolitische Eingriffe des Staates in die Unternehmensstruktur einzelner Branchen. Da der Bergbau, der Schiffbau und der Flugzeugbau auf direkte und indirekte Subventionen angewiesen waren, hielt sich der BDI auf Drängen der betroffenen Mitgliedsverbände bis in die 80er Jahre mit grundsätzlichen Forderungen nach einem Subventionsabbau zurück, auch wenn sie im Widerspruch zur reinen Wettbewerbslehre standen. Auch in der Zeit der Konzertierten Aktion bildete sich keine vollständig entwickelte neokorporatistische Ordnung heraus, in der sich die Spitzenverbände der Wirtschaft und die Führung der Gewerkschaft unter Beteiligung der Regierung über Löhne und Preise verständigten.

Die zunehmende Politisierung der bundesdeutschen Gesellschaft und der beschleunigte Wertewandel konfrontierten den BDI in den 70er Jahren mit neuen politischen und kommunikativen Herausforderungen. Die Berufung auf die unternehmerischen Erfolge der Wirtschaftswunderzeit reichte nicht mehr zur Legitimation von Unternehmensgewinnen aus. In einem Trial-and-Error-Prozess entwickelten der BDI und die beiden anderen Spitzenverbände der Wirtschaft (BDA und DIHT) neue argumentative Strategien, um die gesellschaftliche Legitimation des Unternehmertums zu verteidigen. Während die deutsche Industrie mit Ausnahme der Textilindustrie die erhebliche Markaufwertung entgegen ihrer ursprünglichen Erwartungen gut bewältigte, führte die erste Ölpreiskrise von 1974 zu einer tieferen Verunsicherung. Der pragmatische ökonomische Instrumentenmix der Regierung Helmut Schmidt und ihre Abkehr von nicht mehr finanzierbaren gesellschaftspolitischen Visionen stellten das angeschlagene Vertrauen des BDI in die wirtschaftspolitische Vernunft der Bundesregierung wieder her.

Der BDI reagierte auf die zunehmend komplexeren ökonomischen und wirtschaftspolitischen Prozesse und das Entstehen neuer Handlungsfelder wie der Energieversorgung und des Umweltschutzes mit einem kontinuierlichen Ausbau seiner Abteilungen und Referate. Nach dem Ausscheiden von Fritz Berg und Hans-Günther Sohl aus dem Amt des BDI-Präsidenten wurde die Neubesetzung dieses öffentlich exponierten Ehrenamtes wegen des hohen Zeitaufwands zunehmend schwieriger. Der BDI konnte sich beim Werben für seine Positionen nicht mehr allein auf die persönliche und schriftliche Kommunikation mit den Entscheidern in Legislative und Exekutive verlassen und musste über die Massenmedien mit der Öffentlichkeit kommunizieren. Die kommunikativen Fähigkeiten der BDI-Präsidenten wurden seit den 70er Jahren weitaus stärker gefordert als in der Ära Berg.

Der Wechsel zur christlich-liberalen Regierung des Bundeskanzlers Helmut Kohl erweckte im BDI die Hoffnung auf einen Wechsel zu einer angebotsorientierten und uneingeschränkt unternehmensfreundlichen Wirtschaftspolitik nach dem Vorbild der USA und Großbritanniens. Obwohl der BDI den Primat der Haushaltsstabilisierung teilte, reagierten die Geschäftsführung und das Präsidium enttäuscht auf die geringen Fortschritte bei der Deregulierung und Privatisierung und bei der Umsetzung einer unternehmens- und unternehmerfreundlichen Steuerpolitik. Die Kritik an der abwartenden und zu wenig entschlossenen Politik des Kanzlers schwächte sich 1988 wegen der Beschleunigung auf dem Weg zu einer europäischen Währungs- und Wirtschaftsunion ab und verstummte 1989/1990 während des Zerfalls des Kommunismus und der unerwartet schnellen Wiedervereinigung. Obwohl sich der BDI schnell auf die Herausforderung des Aufbaus unternehmerischer Strukturen in Ostdeutschland einstellte, unterschätzte er das Ausmaß des Strukturwandels und überschätzte die Bereitschaft der Industrie, sich mit Investitionen in der ehemaligen DDR zu engagieren. Der BDI agierte in dieser Frage nicht klüger, aber auch nicht kurzsichtiger als die Bundesregierung, die die Herausforderungen des wirtschaftlichen und sozialen Wandels in Ostdeutschland zumindest bis 1991 erheblich unterschätzte.

Über die Zäsuren der Verbandsgeschichte hinweg lässt die Entwicklung des Spitzenverbandes der deutschen Industrie im 20. Jahrhundert einen langfristigen Wandel erkennen. Deutlich zeigt sich dies schon an der Herkunft und Stellung der Vorsitzenden bzw. Präsidenten. An der Spitze des RDI standen durchweg noch Konzernchefs aus der Großindustrie. Zwei von ihnen, Duisberg und Krupp von Bohlen, gehörten zu den prominentesten Köpfen der deutschen Wirtschaft. Mit dem ersten BDI-Präsidenten Berg wurde erstmals ein zunächst wenig bekannter mittelständischer Unternehmer gewählt, der aber den Verband wie kein anderer auf seine Person zuschnitt und 22 Jahre lang im Amt blieb. Seit den 80er Jahren bestimmt die Person des BDI-Präsidenten dagegen nicht mehr das Profil des Verbands. Die Amtszeit der Präsidenten ist befristet und ihre Tätigkeit stützt sich auf die Routine eines eingespielten Apparats in der Hauptgeschäftsführung, deren Mitglieder wiederum viel rascher wechseln als die ersten Hauptgeschäftsführer des BDI. Potentielle Konflikte zwischen mittelständisch und großindustriell geprägten Mitgliedsverbänden wurden durch eine angemessene Beteiligung mittelständischer Unternehmer im Präsidium vermieden.

Insgesamt verloren die Interessendivergenzen innerhalb des Spitzenverbandes an Schärfe. Dies ist das wichtigste und zugleich auffälligste Merkmal der langfristigen Entwicklung. Der BDI ist seiner Zusammensetzung nach kaum weniger heterogen als es der RDI war, doch hat er im

Lauf der Jahrzehnte institutionalisierte Mechanismen für einen tragfähigen Ausgleich entwickelt. Im RDI konnten die Gegensätze nur vorübergehend von der Geschäftsführung und integrierenden Persönlichkeiten im Vorsitz überdeckt werden. Die wirtschaftliche Entwicklung und die fundamentalen Unterschiede in der Einstellung zum politischen System ließen eine wirkliche Konsolidierung nicht zu. In den ersten Jahrzehnten des BDI beruhte die Geschlossenheit des Spitzenverbandes auf dem autoritären Führungsstil des Präsidenten, der sich durch seine politischen Kanäle unersetzlich machte. Doch dieses Muster wich dann neuen Formen des Ausgleichs, die sich auch dauerhaft als belastbar erwiesen und nicht an einzelne Personen gebunden sind. Nennenswerte Abspaltungen hat es im Übrigen in der Geschichte des industriellen Spitzenverbandes nicht gegeben. Die Gründung eines konkurrierenden Dachverbandes hat selbst die schwerindustrielle Opposition im RDI nie in Erwägung gezogen.

Die Erwartungen der Mitglieder an einen Spitzenverband der Industrie haben sich aus der langfristigen Perspektive den Regeln eines pluralistischen Wettbewerbs der Interessenorganisationen in einer parlamentarischen Demokratie angepasst. Die Industrie musste lernen, dass ihre Einflussmöglichkeiten begrenzt sind und selbst wirtschaftsnahe Regierungen dazu neigen, einen Ausgleich zwischen den Unternehmerverbänden und den Gewerkschaften zu suchen.

Fest etabliert ist auch die ursprünglich keineswegs angestrebte Aufteilung des unternehmerischen Verbandswesens in Wirtschaftsverbände, Arbeitgeberverbände und Industrie- und Handelskammern. Bei der Gründung des RDI war noch eine Verschmelzung mit der VDA geplant. Nachdem diese im »Dritten Reich« verordnet worden war, kam ein derartiges Modell später für die Wirtschaftsverbände nicht mehr in Betracht. Dass es 1977 für kurze Zeit zu einer Personalunion der Präsidentschaft von BDI und BDA kam, war stark auf die Person von Schleyer zugeschnitten. Nach dessen Ermordung wurden die Ämter wieder getrennt.

Dass die Tätigkeit des Spitzenverbandes der deutschen Industrie heute weitgehend in den geordneten Bahnen routinemäßiger Interessenpolitik und Informationsvermittlung verläuft, ist letztlich ebenso wie die früheren Brüche und Konflikte politisch bedingt. Spiegelt sich darin doch die breite Akzeptanz des politischen Systems und der Wirtschafts- und Sozialordnung der Bundesrepublik wie auch der fortschreitenden europäischen Integration wider.

Quellen- und Literaturverzeichnis

Archivquellen

Archiv des Bundesverbandes der Deutschen Industrie, Berlin [BDI-Archiv]

A Akten der BDI-Geschäftsstelle
EP Abteilung Energiepolitik
HGF Hauptgeschäftsführung
KE Europaabteilung
N 30 Funcke-Stiftung
RA Rechtsabteilung
SF Fotosammlung
Z Zentralabteilung

Bundesarchiv, Berlin [BA Berlin]

R 12 I Reichsgruppe Industrie
R 13 V Wirtschaftsgruppe Elektroindustrie
R 13 X Wirtschaftsgruppe Glasindustrie
R 43 I/R 43 II Reichskanzlei
R 601 Präsidialkanzlei
R 9361 Berlin Document Center

Bundesarchiv, Koblenz [BA Koblenz]

B 109 Stahltreuhändervereinigung
N 1002 Nachlass Eduard Dingeldey
N 1013 Nachlass Paul Silverberg
N 1256 Nachlass Ludwig Kattenstroth

Carl Zeiss Archiv, Jena

Betriebsarchiv Carl Zeiss [BACZ]

Hessisches Hauptstaatsarchiv, Wiesbaden

Abt. 1236 Nachlass Friedrich Sperl

Historisches Archiv Krupp, Essen [HA Krupp]

FAH Familienarchiv Hügel
WA Werksarchiv

Institut für Zeitgeschichte München-Berlin, Archiv

ZS Zeugenschrifttum

Landesarchiv Nordrhein-Westfalen, Abteilung Rheinland, Duisburg [LA NRW, Abt. Rheinland]

NW 1002 Hauptausschuss Stadtkreis Düsseldorf
NW 1049 Hauptausschuss Regierungsbezirk Köln

Rheinisch-Westfälisches Wirtschaftsarchiv, Köln [RWWA]

Abt. 130 Gutehoffnungshütte Aktienverein (GHH), Oberhausen

Siemens Historical Institute, Berlin [SHI]

SAA 4.Lf Nachlass Carl Friedrich von Siemens
SAA 11.Lb Nachlass Max Haller
SAA A Briefe

ThyssenKrupp Konzernarchiv, Duisburg (tka)

Nachlass Hans-Günther Sohl

Quellendokumentationen

Adenauer, Konrad: *Briefe 1955-1963*, 4 Bde., bearb. von Hans Peter Mensing, Berlin 1998.

Akten der Reichskanzlei, Weimarer Republik – Die Kabinette Stresemann I und II, Bd. 2, bearb. von Karl Dietrich Erdmann und Martin Vogt, Boppard 1978.

Akten der Reichskanzlei, Weimarer Republik, Die Kabinette Brüning I und II, Bd. 1, bearb. von Tilmann Koops, Boppard 1982.

Berg, Fritz: *Die westdeutsche Wirtschaft in der Bewährung. Ausgewählte Reden aus den Jahren 1950 bis 1965*, Hagen 1966.

Fröhlich, Elke (Hg.): *Die Tagebücher von Joseph Goebbels*, Teil 1. Bd, 2/III, bearb. von Angela Hermann, München 2006.

Isay, Rudolf: *Entwurf eines Gesetzes zur Verhütung des Mißbrauchs wirtschaftlicher Machtstellungen*, Köln 1954.

Isay, Rudolf: *Gutachten zum Regierungsentwurf eines Gesetzes gegen Wettbewerbsbeschränkungen*, Köln 1954.

Politik und Wirtschaft in der Krise, Quellen zur Ära Brüning. Eingeleitet von Gerhard Schulz, bearb. von Ilse Maurer und Udo Wengst, Erster und Zweiter Teil, Düsseldorf 1980.

Die Sachverständigen-Gutachten – Der Dawes- und McKenna-Bericht. Nach dem Originaltext redigierter Wortlaut, Frankfurt am Main 1924.

Silverberg, Paul: *Reden und Schriften*, hg. u. eingeleitet von Franz Mariaux, Köln 1951.

Internetquellen

http://www.bundesarchiv.de/aktenreichskanzlei/1919-1933
https://www.crowdfunding-bad-nauheim.de/online-museum/gründung-des-statistischen-bundesamtes
https://www.deutsche-biographie.de/pnd133484068.html#ndbcontent
https://www.hdbg.eu/zeitzeugen/video_druckansicht. php?id=51
https://lawcollections.library.cornell.edu/nuremberg/catalog/nur:01949
http://www.postkarten-archiv.de/die-rotophot-gesellschaften-und-die-kunst-der-polygraphie.html
https://www.1000dokumente.de/index.html?c=dokument_de&dokument=0132_zag&object=translation&st=&l=de

Gesetzesblätter

Gesetz- und Verordnungsblatt für das Land Nordrhein-Westfalen
Reichsgesetzblatt I

Zeitungen und Zeitschriften

Vor 1945

Berliner Börsen-Zeitung
Berliner Tageblatt
Deutsche Allgemeine Zeitung
Der Deutsche Volkswirt
Frankfurter Zeitung
Thüringer Allgemeine
Vorwärts
Vossische Zeitung
Wirtschaft und Statistik

Nach 1945

Der Spiegel
Die Zeit
Frankfurter Allgemeine Zeitung [FAZ]

Lexika

Biographisches Handbuch der deutschsprachigen Emigration nach 1933, Bd. I: Politik, Wirtschaft, Öffentliches Leben, bearb. von Werner Röder und Herbert A. Strauss, München 1980.
Deutsches Literatur-Lexikon. Biographisch-Bibliographisches Handbuch, 3. Aufl., Bd. 30, Berlin/New York 2010.

Veröffentlichungen des RDI, der Reichsgruppe Industrie und des BDI

Aufstieg oder Niedergang? Deutsche Wirtschafts- und Finanzreform 1929 (Veröffentlichungen des Reichsverbandes der Deutschen Industrie, 49). Eine Denkschrift des Reichsverbandes der Deutschen Industrie, Berlin 1929.
Bericht über die Gründung des Ausschusses für Wirtschaftsfragen der industriellen Verbände, 19.10.1949 in Köln, Köln 1949.
Bericht über die Gründungsversammlung des Reichsverbandes der deutschen Industrie. Berlin, den 12. April 1919. Bericht über die Jenaer Tagung des Centralverbandes Deutscher Industrieller und des Bundes der Industriellen vom 3. u. 4. Februar 1919 (Veröffentlichungen des Reichsverbandes der deutschen Industrie, 1. Heft, Mai 1919), Berlin 1919.
Betriebsräte. Mitbestimmungsrecht. Reichsarbeits-Gesetz. Selbstverwaltungskörper (Veröffentlichungen des Reichsverbandes der Deutschen Industrie, H. 2, Juni 1919), Berlin 1919.
Bundesverband der Deutschen Industrie, *Das vereinte Deutschland in einem freien Europa*, Köln 1991.
Bundesverband der Deutschen Industrie, *Mittelstand im Aufbau. Reden und Diskussionsbeiträge auf dem Tag des Industriellen Mittelstands am 25.4.1991*, Köln 1991.
Bundesverband der Deutschen Industrie, *Wirtschafts- und Währungsunion. Herausforderung für Europa*, Köln 1989.
Bundesverband der Deutschen Industrie, *Wirtschaftspolitische Kurswende gefordert. Reden von Rolf Rodenstock und Eberhard v. Brauchitsch*, Köln 1981.
Bundesverband der Deutschen Industrie, *Politik für die achtziger Jahre*, Köln 1979.
Bundesverband der Deutschen Industrie (Hg.): *Der Weg zum industriellen Spitzenverband*, Darmstadt 1956.
Bundesverband der Deutschen Industrie (Hg.): *Fünf Jahre BDI. Aufbau und Arbeitsziele des industriellen Spitzenverbandes*, Bergisch Gladbach 1954.
Bundesverband der Deutschen Industrie, *Gutachten zu Grundfragen eines Gesetzes gegen Wettbewerbsbeschränkungen*, Köln 1955.

Bundesverband der Deutschen Industrie, *Kartellverbot oder Kartellaufsicht? Zur gesetzlichen Behandlung des Wettbewerbs in der Marktwirtschaft.* Bericht über die Diskussionsveranstaltung des Bundesverbandes der Deutschen Industrie am 2.7.1951, Köln 1951.

Bundesverband der Deutschen Industrie, *Organisationsplan (Stand 1.10.1950)*, Köln 1950.

Deutsche Wirtschafts- und Finanzpolitik (Veröffentlichungen des Reichsverbandes der Deutschen Industrie, Heft 29, Dezember 1925), Berlin 1925.

Gliederung der Reichsgruppe Industrie, hg. von der Geschäftsführung, Dezember 1936, Berlin 1936.

Geschäftliche Mitteilungen für die Mitglieder des Reichsverbandes der Deutschen Industrie 1919-1933.

Organisatorischer Aufbau des Reichsverbandes der Deutschen Industrie. Nach dem Stande vom 15. Juni 1925, Berlin 1925.

Literatur

Abelshauser, Werner (Hg.): *Das Bundeswirtschaftsministerium in der Ära der Sozialen Marktwirtschaft*, Berlin 2016.

Abelshauser, Werner: *Deutsche Wirtschaftspolitik zwischen europäischer Integration und Weltmarktorientierung*, in: Abelshauser (Hg.): Bundeswirtschaftsministerium, 482-581.

Abelshauser, Werner: *Deutsche Wirtschaftsgeschichte seit 1945*, ²München 2011.

Abelshauser, Werner: *Nach dem Wirtschaftswunder. Der Gewerkschafter, Politiker und Unternehmer Hans Matthöfer*, Bonn 2009.

Abelshauser, Werner: *Gustav Krupp und die Gleichschaltung des Reichsverbandes der Deutschen Industrie, 1933-1934, in:* Zeitschrift für Unternehmensgeschichte 1 (2002), 1-26.

Abelshauser, Werner: *Rüstungsschmiede der Nation? Der Kruppkonzern im Dritten Reich und in der Nachkriegszeit 1933 bis 1951*, in: Lothar Gall (Hg.): Krupp im 20. Jahrhundert. Die Geschichte des Unternehmens vom Ersten Weltkrieg bis zur Gründung der Stiftung, Berlin 2002, 267-472.

Abelshauser, Werner/Kopper, Christopher: *Ordnungspolitik der sichtbaren Hand*, in: Abelshauser (Hg.): Bundeswirtschaftsministerium, 22-94.

Albrecht, Karl: *Das Menschliche hinter dem Wunder. 25 Jahre Mitwirkung am deutschen Wiederaufbau*, Düsseldorf 1970.

Alemann, Ulrich: *Organisierte Interessen in der Bundesrepublik Deutschland*, 2. Aufl., Wiesbaden 1989.

Alemann, Ulrich von/Heinze, Rolf G. (Hg.): *Verbände und Staat. Vom Pluralismus zum Korporatismus. Analysen, Positionen, Dokumente*, Opladen 1979.

Andresen, Knud: *Moralische Ökonomie. Bundesdeutsche Automobilunternehmen und Apartheid*, in: Zeithistorische Forschungen 13 (2016), 231-253.

Bähr, Johannes: *Staatliche Schlichtung in der Weimarer Republik. Tarifpolitik, Korporatismus und industrieller Konflikt zwischen Inflation und Deflation* (Einzelveröffentlichungen der Historischen Kommission zu Berlin, 68), Berlin 1989.

Bähr, Johannes u. a.: *Die MAN. Eine deutsche Industriegeschichte*, München 2008.

Baring, Arnulf: *Außenpolitik in Adenauers Kanzlerdemokratie. Bonns Beitrag zur Europäischen Verteidigungsgemeinschaft*, München 1969.

Barthel, Alexander: *50 Jahre Interessenvertretung für die Unternehmen in Deutschland*, in: Reinhard Göhner (Hg.): 50 Jahre BDA – 50 Jahre Politik für die Wirtschaft, Korbach 1999, 65-126.

Bauer, Hellmut: *Der Kriegsausschuß der Deutschen Industrie*, in: Bundesverband der Deutschen Industrie (Hg.): Weg, 74-101.

Bera, Matt: *Lobbying Hitler. Industrial Associations between Democracy and Dictatorship*, New York 2016.

Berghahn, Volker: *Unternehmer und Politik in der Bundesrepublik*, Frankfurt a. M. 1985.

Berghahn, Volker R.:/Friedrich, Paul J.: *Otto A. Friedrich, ein politischer Unternehmer. Sein Leben und seine Zeit, 1902-1975*, Frankfurt a. M. 1993.

Beusch, Paul: *Währungszerfall und Währungsstabilisierung*, hg. von Götz Briefs und Carl August Fischer, Berlin 1928.

Beutler, Wilhelm: *Der Bundesverband der Deutschen Industrie*, in: Bundesverband der Deutschen Industrie (Hg.): Weg, 310-353.

Beutler, Wilhelm u. a. (Hrsg.): *Der Staat und die Verbände*, Heidelberg 1957.

Bieber, Hans-Joachim: *Gewerkschaften in Krieg und Revolution. Arbeiterbewegung, Industrie, Staat und Militär in Deutschland 1914-1920*, Teil II, Hamburg 1981.

Biedenkopf, Kurt: *Die neue Sicht der Dinge. Plädoyer für eine freiheitliche Wirtschafts- und Sozialordnung*, München 1985.

Blaich, Fritz: *Der Schwarze Freitag. Inflation und Wirtschaftskrise*, München 1985.

Bormann, Hans (Hg.): *NS-Presseanweisungen aus der Vorkriegszeit. Edition und Dokumentation*, Bd. IV, bearb. von Gabriele Toepser-Ziegert, München 1993.

Böß, Gustav: *Wie helfen wir uns. Wege zum wirtschaftlichen Wiederaufstieg*, Berlin 1926.

Bracher, Karl Dietrich: *Stufen der Machtergreifung*, in: ders. u. a., Machtergreifung, 30-370.

Bracher, Karl Dietrich: Die nationalsozialistische Machtergreifung. Studien zur Errichtung des totalitären Herrschaftssystems in Deutschland 1933/34, Wiesbaden 1960.

Braunthal, Gerard: *The Federation of German Industry in Politics*, Ithaca, N.Y. 1965.

Brechtken, Magnus: *Albert Speer. Eine deutsche Karriere*, München 2017.

Brehm, Alexander: *Sind Verbände noch zeitgemäß? Ein Vergleich zwischen dem*

Centralverband Deutscher Industrieller und dem Bundesverband der Deutschen Industrie e. V., Berlin 2008.

Bremer, Klaus J.: *Die Kartellverordnung von 1923,* in: Pohl (Hg.): Kartelle, 111-128.

Brünger, Sebastian: *Geschichte und Gewinn. Der Umgang deutscher Konzerne mit ihrer NS-Vergangenheit,* Göttingen 2017.

Buchholz, Edwin: *Die Wirtschaftsverbände in der Wirtschaftsgesellschaft,* Tübingen 1969.

Bueck, Henry Axel: *Mein Lebenslauf.* Hg. und mit einer kommentierenden Einleitung von Werner Bührer (Beiträge zur Unternehmensgeschichte, Bd. 95), Stuttgart 1997.

Bührer, Werner: *»Opposition« im Bundesverband der Deutschen Industrie,* in: Sack/Strünck (Hrsg.): Verbände, 37-52.

Bührer, Werner: *Unternehmer und Frieden. Internationale Kooperationen als Friedenskonzeption deutscher Unternehmer im ersten Nachkriegsjahrzehnt,* in: Detlef Bald (Hg.): Friedensinitiativen aus der Frühzeit des Kalten Krieges 1945-1955, Essen 2010, 33-48.

Bührer, Werner: *Die Spitzenverbände der westeuropäischen Industrie und die europäische Integration seit 1945,* in: Jahrbuch für Wirtschaftsgeschichte 2008, H. 2, 53-72.

Bührer, Werner: *»Insofern steckt in jedem Unternehmer auch ein künstlerisches Element«. Die Erneuerung des BDI in den 1970er Jahren,* in: Morten Reitmayer (Hg.): Unternehmen am Ende des »goldenen Zeitalters«, Essen 2008, 233-248.

Bührer, Werner: *»Funktionäre« im Bundesverband der Deutschen Industrie,* in: Till Kössler (Hg.): Vom Funktionieren der Funktionäre, Essen 2004, 283-299.

Bührer, Werner: *»Immer pro Europa«. Die Integrationspolitik des BDI in den siebziger und frühen achtziger Jahren,* in: Franz Knipping (Hg.): Aufbruch zum Europa der zweiten Generation, Trier 2004, 435-450.

Bührer, Werner: *Le Bundesverband der Deutschen Industrie, le Ministère Fédéral de l'Économie et l'intégration européenne 1958-1972,* in: Le role des ministres de Finances et de l'Économie dans la construction européenne (1957-1978), T.1, Paris 2002, 53-69.

Bührer, Werner: *Le BDI et les institutions européennes,* in: Marie-Thérèse Bitsch (ed.): Le couple France-Allemagne et les institutions européennes, Bruxelles 2001, 261-279.

Bührer, Werner: *Auf dem Weg zum Korporatismus? – Der Bundesverband der Deutschen Industrie in zeitgeschichtlicher Perspektive,* in: ders./Grande (Hrsg.): Unternehmerverbände, 43-52.

Bührer, Werner: *Henry Axel Bueck. Der erste professionelle Geschäftsführer in der deutschen Unternehmensverbandsgeschichte,* in: Bueck, Lebenslauf, 9-83.

Bührer, Werner: *Der Kulturkreis im Bundesverband der Deutschen Industrie und die »kulturelle Modernisierung« der Bundesrepublik in den 50er Jahren*, in: Axel Schildt/Arnold Sywottek (Hg.): Modernisierung im Wiederaufbau. Die westdeutsche Gesellschaft der 50er Jahre, Bonn 1993, 583-595.

Bührer, Werner: *Der BDI und die Außenpolitik der Bundesrepublik in den fünfziger Jahren*, in: Vierteljahrshefte für Zeitgeschichte 2 (1992), 241-261.

Bührer, Werner: *Unternehmerverbände*, in: Wolfgang Benz (Hg.), Die Geschichte der Bundesrepublik Deutschland, Bd. 2: Wirtschaft, Frankfurt a. M. 1989, 140-168.

Bührer, Werner: *Ruhrstahl und Europa. Die Wirtschaftsvereinigung Eisen- und Stahlindustrie und die Anfänge der europäischen Integration 1945-1952* (Schriftenreihe der Vierteljahrshefte für Zeitgeschichte, 53), München 1986.

Bührer, Werner/Grande, Edgar (Hrsg.): *Unternehmerverbände und Staat in Deutschland*, Baden-Baden 2000.

Cartarius, Ulrich (Hg.): *Deutschland im Ersten Weltkrieg. Texte und Dokumente 1914-1918*, München 1982.

Christian Dierig AG (Hg.): *Das Werk von fünf Generationen. 150 Jahre Dierig*, Augsburg 1955.

Czichon, Eberhard: *Wer verhalf Hitler zur Macht? Zum Anteil der deutschen Industrie an der Zerstörung der Weimarer Republik*, Köln 1967.

Der Kriegsausschuß der deutschen Industrie. Seine Entstehung und seine Aufgaben. Vorläufiger Bericht der Geschäftsführung, Berlin o. J.

Dierig, Gottfried: *An alle Betriebsführer der deutschen Industrie und alle Gliederungen der Reichsgruppe. Rundschreiben des Leiters der Reichsgruppe Industrie zum Jahreswechsel 1936/37*, Berlin 1936.

Eckert, Rainer: *Die Leiter und Geschäftsführer der Reichsgruppe Industrie, ihrer Haupt- und Wirtschaftsgruppen (I). Dokumentation über ihre Stellung in Monopolen, monopolistischen Verbänden und bei der staatsmonopolistischen Wirtschaftsregulierung*, in: Jahrbuch für Wirtschaftsgeschichte IV (1979), 243-277.

Eichholtz, Dietrich: Geschichte der deutschen Kriegswirtschaft 1939-1945, Bd. I: 1939-1941, München 1999.

Eisfeld, Rainer (Hg.): *Mitgemacht. Theodor Eschenburgs Beteiligung an »Arisierungen« im Nationalsozialismus*, Wiesbaden 2016.

Erhard, Ludwig: *Kriegsfinanzierung und Schuldenkonsolidierung. Faksimiledruck der Denkschrift von 1943/44*, Frankfurt a. M. 1977.

Erinnerungen Hans Schäffers an Ernst Trendelenburg, in: Vierteljahrshefte für Zeitgeschichte 4 (1977), 865-888.

Eschenburg, Theodor: *Herrschaft der Verbände?*, Stuttgart 1955.

Esenwein-Rothe, Ingeborg: *Die Wirtschaftsverbände von 1933 bis 1945*, Berlin 1965.

Faulhaber, Theodor: *Die Vereinigung österreichischer Industrieller, hg. vom Institut für Angewandte Sozial- und Wirtschaftsforschung*, Wien 1980.

Feldenkirchen, Wilfried: *Das Zwangskartellgesetz von 1933, Seine wirtschaftliche Bedeutung und seine praktischen Folgen*, in: Pohl (Hg.): Kartelle, 145-166.

Feldman, Gerald D.: *Hugo Stinnes. Biographie eines Industriellen 1870-1924*, München 1998.

Feldman, Gerald D./Homburg, Heidrun: *Industrie und Inflation. Studien und Dokumente zur Politik der deutschen Unternehmer 1916-1923* (Historische Perspektiven, 5), Hamburg 1977.

Feldman, Gerald D./Steinisch, Irmgard: *Industrie und Gewerkschaften 1918–1924. Die überforderte Zentralarbeitsgemeinschaft* (Schriftenreihe der Vierteljahrshefte für Zeitgeschichte, Nr. 50), Stuttgart 1985.

Feldman, Gerald D./Steinisch, Irmgard: *The Origins of the Stinnes-Legien-Abkommen. A Documentation*, in: Internationale wissenschaftliche Korrespondenz zur Geschichte der deutschen Arbeiterbewegung Jg. 1973, Heft 19/20, 45-103.

Fisch, Stefan: *Willkür und Regelhaftigkeit. Personal und Organisation des Reichswirtschaftsministeriums im Dritten Reich*, in: Ritschl (Hg.): Reichswirtschaftsministerium, 18-75.

Fremdling, Rainer: *Wirtschaftsstatistik 1933–1945*, in: Ritschl (Hg.): Reichswirtschaftsministerium, 233-318.

Fremdling, Rainer: *Zur Bedeutung nationalsozialistischer Statistiken und Statistiker nach dem Krieg. Rolf Wagenführ und der United States Statistic Bombing Survey (USBSS)*, in: Jahrbuch für Wirtschaftsgeschichte 2016, 589-613.

Fricke, Dieter u. a. (Hrsg.): *Die bürgerlichen Parteien in Deutschland. Handbuch der Geschichte der bürgerlichen Parteien und anderer bürgerlicher Interessenorganisationen vom Vormärz bis zum Jahre 1945*, 2 Bde., Leipzig 1968/1970.

Froehlich, Wolfgang: *Das Nachkriegsschicksal der fachlichen Gliederungen der alten »Organisation der Gewerblichen Wirtschaft«*, in: Libellus Amicitiae. Für Dr. Wilhelm Beutler zur Vollendung des 60. Lebensjahres am 5. September 1957, Köln 1957, 39-64.

Frommelt, Reinhard: *Paneuropa oder Mitteleuropa. Einigungsbestrebungen im Kalkül deutscher Wirtschaft und Politik 1925-1933*, Stuttgart 1977.

Gehlen, Boris: *Paul Silverberg (1876-1959). Ein Unternehmer* (Vierteljahrschrift für Sozial- und Wirtschaftsgeschichte, Beihefte Nr. 194), Stuttgart 2007.

Grübler, Michael: *Die Spitzenverbände der Wirtschaft und das erste Kabinett Brüning. Eine Quellenstudie*, Düsseldorf 1982.

Gründer, Horst: *Walter Simons als Staatsmann, Jurist und Kirchenpolitiker*, Neustadt an der Aisch 1975.

Guth, Karl: *Die Reichsgruppe Industrie*, Berlin 1941.

Günther, Fritz/Ohlsen, Manfred: *Reichsverband der Deutschen Industrie 1919-1933*, in: Fricke u. a. (Hrsg.): Die bürgerlichen Parteien, Bd. 2, 580-619.

Hachmeister, Lutz: *Hanns Martin Schleyer. Eine deutsche Geschichte*, München 2004.

Hansen, Ernst Willi: *Reichswehr und Industrie. Rüstungswirtschaftliche Zusammenarbeit und wirtschaftliche Mobilmachungsvorbereitungen 1932-1932*, Boppard 1978.

Hansmeyer, Karl-Heinrich (Hg.): *Kommunale Finanzpolitik in der Weimarer Republik*, Stuttgart 1973.

Hardach, Gerd: *Wettbewerbspolitik in der Sozialen Marktwirtschaft*, in: Abelshauser (Hg.): Bundeswirtschaftsministerium, 193-264.

Hartmann, Heinz: *Der deutsche Unternehmer: Autorität und Organisation*, Frankfurt a. M. 1968.

Hauenstein, Fritz: *Die ersten Zentralverbände*, in: Bundesverband der Deutschen Industrie (Hg.): Weg, 1-73.

Hayes, Peter: *Industry and Ideology. IG Farben in the Nazi Era*, 2. ed., Cambridge 2001.

Heinecke, Gunther Erfrid: *Schluß mit den Reparationen!*, Berlin 1931.

Hellige, Hans Dieter: *Strukturwandel im Verbändesystem der deutschen Elektrowirtschaft von den Anfängen bis zum Beginn der Weimarer Republik*, Universität Bremen artec-papier Nr. 211, erweiterte Auflage, Bremen 2017.

Henke, Klaus-Dietmar. *Die amerikanische Besetzung Deutschlands* (Quellen und Darstellungen zur Zeitgeschichte, 27), München 1996.

Hentschel, Volker: *Ludwig Erhard. Ein Politikerleben*, München 1996.

Herbst, Ludolf: *Der Totale Krieg und die Ordnung der Wirtschaft. Die Kriegswirtschaft im Spannungsfeld von Politik, Ideologie und Propaganda 1939-1945*, Stuttgart 1982.

Herle, Jacob: *Carl Duisberg. Ein deutscher Industrieller*, Berlin 1931.

Herle, Jacob: *Die Stellung des Verbandsgeschäftsführers in der Wirtschaft*, Berlin 1926.

Herle, Jacob: *Erinnerungen an die Zentralverbände*, in: Bundesverband der Deutschen Industrie (Hg.): Weg, 273-287.

Herrmann, Walter: *Der organisatorische Aufbau und die Zielsetzungen des BDI*, in: Bundesverband der Deutschen Industrie (Hg.): Fünf Jahre Bundesverband. Aufbau und Arbeitsziele des industriellen Spitzenverbandes, Bergisch Gladbach 1954, 37-148.

Hesse, Jan-Otmar: *Abkehr vom Kartelldenken? Das Gesetz gegen Wettbewerbsbeschränkungen als ordnungspolitische und wirtschaftstheoretische Zäsur der Ära Adenauer*, in: Hans Günter Hockerts/Günther Schulz (Hrsg.): Der »Rheinische Kapitalismus« in der Ära Adenauer, Paderborn 2016, 29-49.

Heuss, Theodor: *Robert Bosch, Leben und Leistung*, Stuttgart 2008 (1. Aufl. Tübingen 1946).

Hilberg, Raul: *The Destruction of the European Jews*, Chicago 1961.

Hirsch, Felix: *Stresemann, Ballin und die Vereinigten Staaten*, in: Vierteljahrshefte für Zeitgeschichte 1 (1955), 20-35.

Höschle, Gerd: *Die deutsche Textilindustrie zwischen 1933 und 1939. Staatsinterventionismus und ökonomische Rationalität* (Vierteljahrschrift für Sozial- und Wirtschaftsgeschichte – Beihefte Bd. 174,1), Stuttgart 2004.

Hondrich, Karl Otto: *Die Ideologien von Interessenverbänden*, Berlin 1963.

Hopbach, Achim: *Die Erfahrungswelt württembergischer Unternehmer*, in: Gerhard Hirschfeld u. a. (Hrsg.): Kriegserfahrungen. Studien zur Sozial- und

Mentalitätsgeschichte des Ersten Weltkrieges (Schriften der Bibliothek für Zeitgeschichte; N. F. 5), Essen 1997.

Hüttenberger, Peter: *Wirtschaftsordnung und Interessenpolitik in der Kartellgesetzgebung der Bundesrepublik 1949-1957*, in: Vierteljahrshefte für Zeitgeschichte 3 (1976), 287-307.

Jüngerkes, Sven: *Diplomaten der Wirtschaft. Die Geschichte des Ost-Ausschusses der deutschen Wirtschaft*, Osnabrück 2012.

Kaelble, Hartmut: *Industrielle Interessenpolitik in der Wilhelminischen Gesellschaft. Centralverband Deutscher Industrieller 1895-1914*, Berlin 1967.

Kahn, Daniela: *Die Steuerung der Wirtschaft durch Recht im nationalsozialistischen Deutschland. Das Beispiel der Reichsgruppe Industrie* (Studien zur europäischen Rechtsgeschichte, 212), Frankfurt a. M. 2006.

Kannapin, Hanns-Eckardt: *Wirtschaft unter Zwang*, Köln 1966.

Karner, Stefan: *Die Grazer Industrie 1938 (1988)*, in: ders., Krieg. Folgen. Forschung. Politische, wirtschaftliche und soziale Transformationen im 20. Jahrhundert, Köln 2018, 325-348.

Kastl, Jörg: *Ein verlässlicher Mann in verworrener Zeit. Ludwig Kastl, der »Geheimrat« 1878-1969. Zu seinem 125. Geburtstag*, Ms. Berlin 2003.

Kerkhoff, Stefanie van de: *Von der Friedens- zur Kriegswirtschaft. Unternehmensstrategien der deutschen Eisen- und Stahlindustrie vom Kaiserreich bis zum Ende des Ersten Weltkrieges*, Essen 2006.

Keynes, John Maynard: *The Economic Consequences of the Peace*, London 1919.

Kim, Hak-le: *Industrie, Staat und Wirtschaftspolitik. Die konjunkturpolitische Diskussion in der Endphase der Weimarer Republik 1930-1932/33* (Schriften zur Wirtschafts- und Sozialgeschichte, 50), Berlin 1997.

Kissenkötter, Udo: *Gregor Strasser und die NSDAP* (Schriftenreihe der Vierteljahrshefte für Zeitgeschichte, 37), Stuttgart 1978.

Kittermann, David: *Otto Ohlendorf – »Gralshüter des Nationalsozialismus«*, in: Ronald Smelser/Enrico Syring (Hrsg.): Die SS: Elite unter dem Totenkopf, Paderborn 2000, 379-393.

Kletzin, Birgit: *Trikolore unterm Hakenkreuz. Deutsch-französische Collaboration 1940-1944 in den diplomatischen Akten des Dritten Reiches*, Opladen 1996.

Klopsch, Angela: *Geschichte der juristischen Fakultät der Friedrich-Wilhelms-Universität im Umbruch von Weimar*, Berlin 2009.

Kocka, Jürgen: *Klassengesellschaft im Krieg. Deutsche Sozialgeschichte 1914-1918*, 2. Aufl., Göttingen 1978.

Kohl, Ulrike: *Die Präsidenten der Kaiser-Wilhelm-Gesellschaft im Nationalsozialismus. Max Planck, Carl Bosch und Albert Vögler zwischen Wissenschaft und Macht*, Stuttgart 2002.

Kohler-Koch, Beate: *Deutsche Industrieverbände. Studie zur Heterogenität der Verbandswirklichkeit*, in: Sack/Strünck (Hrsg.): Verbände, 53-74.

Kopper, Christopher: *Hjalmar Schacht. Aufstieg und Fall von Hitlers mächtigstem Bankier*, München 2006.

Kopper, Christopher: *Das Ministerium Schacht und sein Einfluss*, in: Ritschl (Hg.): Reichswirtschaftsministerium, 76-110.

Kroener, Bernhard R. u.a.: *Kriegsverwaltung, Wirtschaft und personelle Ressourcen 1939-1941* (Das Deutsche Reich und der Zweite Weltkrieg, Bd. V/1), Stuttgart 1988, 213 ff.

Kühnl, Reinhard: Der deutsche Faschismus in Quellen und Dokumenten, Köln 1975.

Kunze, Rolf-Ulrich: *Ernst Rabel und das Kaiser-Wilhelm-Institut für ausländisches und internationales Privatrecht 1926-1945*, Göttingen 2004.

Lehmbruch, Gerhard/Schmitter, Philippe C. (eds.): *Trends towards Corporatist Intermediation*, Beverly Hills 1979.

Leicht, Johannes: *Heinrich Claß 1868-1953. Die politische Biographie eines Alldeutschen*, Paderborn 2012.

Lentz, Ingo: *Die Öffentlichkeitsarbeit der Spitzenverbände. Analyse und Möglichkeiten*, Düsseldorf 1978.

Lindner, Stephan H.: *Den Faden verloren. Die westdeutsche und französische Textilindustrie auf dem Rückzug (1930/1945-1990)*, München 2001.

Lochner, Louis P.: *Die Mächtigen und der Tyrann. Die deutsche Industrie von Hitler bis Adenauer*, Darmstadt 1955.

Lölhöffel, Dieter von: *Die Umwandlung der Gewerkschaften in eine nationalsozialistische Zwangsorganisation*, Anlage 1 zu Esenwein-Rothe, *Wirtschaftsverbände*, 145-184.

Loth, Wilfried: *Europas Einigung. Eine unvollendete Geschichte*, Frankfurt a.M. 2014.

Mann, Siegfried: *Macht und Ohnmacht der Verbände. Das Beispiel des Bundesverbandes der Deutschen Industrie aus empirisch-analytischer Sicht*, Baden-Baden 1994.

Marx, Christian: *Paul Reusch und die Gutehoffnungshütte. Leitung eines deutschen Großunternehmens*, Göttingen 2013.

Metzner, Max: *Die Kartellpolitik in Deutschland*, in: Georg Jahn/Kurt Junckerstorff (Hrsg.): Handbuch der Kartellpolitik, Berlin 1958, 89-155.

Metzner, Max: *Die Kartellstelle des Reichsverbandes der Deutschen Industrie*, in: Bundesverband der Deutschen Industrie (Hg.): Weg, 226-247.

Metzner, Max: *Der Reichsverband der Deutschen Industrie. Gründung und organisatorischer Aufbau*, in: Bundesverband der Deutschen Industrie (Hg.): Weg, 118-138.

Mielke, Siegfried: *Der Hansa-Bund für Gewerbe, Handel und Industrie 1909-1914. Der gescheiterte Versuch einer antifeudalen Sammlungspolitik* (Kritische Studien zur Geschichtswissenschaft, Bd. 17), Göttingen 1976.

Mittag, Jürgen: *Kleine Geschichte der Europäischen Union*, Münster 2008.

Möller, Horst: *Regionalbanken im Dritten Reich. Bayerische Hypotheken- und Wechsel-Bank, Bayerische Vereinsbank, Vereinsbank in Hamburg, Bayerische Staatsbank 1933 bis 1945*, Berlin 2015.

Mommsen, Hans u. a. (Hrsg.): *Industrielles System und politische Entwicklung in der Weimarer Republik*, unveränd. Nachdruck, Bd. 2, Kronberg im Taunus 1977.

Moser, Eva: *Unternehmer in Bayern. Der Landesverband der Bayerischen Industrie und sein Präsidium 1948 bis 1958*, in: Thomas Schlemmer/Hans Woller (Hrsg.): Gesellschaft im Wandel 1949 bis 1973, München 2002, 251-286.

Müller, Gloria: *Strukturwandel und Arbeitnehmerrechte. Die wirtschaftliche Mitbestimmung in der Eisen- und Stahlindustrie 1945–1975*, Essen 1991.

Müller, Heinz: *Die Reichsgruppe Industrie*, in: Bundesverband der Deutschen Industrie (Hg.): Weg, 296-310.

Müller, Rolf-Dieter: *Hitlers Ostkrieg und die deutsche Siedlungspolitik. Die Zusammenarbeit von Wehrmacht, Wirtschaft und SS*, Frankfurt a. M. 1991.

Müller, Sven Oliver: *Die Nation als Waffe und Vorstellung. Nationalismus in Deutschland und Großbritannien im Ersten Weltkrieg* (Kritische Studien zur Geschichtswissenschaft, Bd. 158), Göttingen 2002.

Münkler, Herfried: *Der große Krieg. Die Welt 1914 bis 1918*, Berlin 2013.

Murach-Brand, Lisa: *Antitrust auf deutsch. Der Einfluss der amerikanischen Alliierten auf das Gesetz gegen Wettbewerbsbeschränkungen (GWB) nach 1945*, Tübingen 2004.

Nationalrat der Nationalen Front (Hg.): *Braunbuch. Kriegs- und Naziverbrecher in der Bundesrepublik*, Berlin (Ost) 1965.

Neebe, Reinhard: *Großindustrie, Staat und NSDAP 1930-1933. Paul Silverberg und der Reichsverband der Deutschen Industrie in der Krise der Weimarer Republik* (Kritische Studien zur Geschichtswissenschaft, Bd. 45), Göttingen 1981.

Nestler, Ludwig (Hg.): *Die faschistische Okkupationspolitik in Frankeich 1940-1944* (Europa unter dem Hakenkreuz, 3), Berlin 1990.

Nipperdey, Thomas: *Deutsche Geschichte 1866-1918,* Bd. 2: Machtstaat vor der Demokratie, 3. Aufl., München 1995.

Nocken, Ulrich: *Interindustrial Conflicts and Alliances as Exemplified by the AVI-Agreement*, in: Mommsen u. a. (Hrsg.): Industrielles System, 693-704.

Nottmeier, Christian: *Adolf von Harnack und die deutsche Politik 1890-1930. Eine biographische Studie zum Verhältnis von Protestantismus, Wissenschaft und Politik*, Tübingen 2004.

Ohneis, Gerhard: *Wandel in den Zielsetzungen der deutschen Unternehmensverbände. Eine systemtheoretische Analyse am Beispiel von BDI und BDA*, Stuttgart 1990.

Overy, Richard J.: *»Primacy always belongs to Politics«: Gustav Krupp and the Third Reich*, in: ders, War and Economy in the Third Reich, Oxford 1994, 119-143.

Perrey, Hans-Jürgen: *Der Russlandausschuss der Deutschen Wirtschaft. Die deutsch-sowjetischen Wirtschaftsbeziehungen der Zwischenkriegszeit. Ein Beitrag zur Geschichte des Ost-West-Handels*, München 1985.

Petzina, Dietmar: *Autarkiepolitik im Dritten Reich. Der nationalsozialistische*

Vierjahresplan (Schriftenreihe der Vierteljahrshefte für Zeitgeschichte, 16), Stuttgart 1968.

Petzold, Joachim: *Franz von Papen. Ein deutsches Verhängnis*, Berlin 1995.

Picht, Georg: *Die deutsche Bildungskatastrophe*, Olten 1964.

Pierenkemper, Toni: *Hans-Günther Sohl. Funktionale Effizienz und autoritäre Harmonie in der Eisen- und Stahlindustrie*, in: Paul Erker/Toni Pierenkemper (Hrsg.): Deutsche Unternehmer zwischen Kriegswirtschaft und Wiederaufbau, München 1999, 53-107.

Plumpe, Werner: *Carl Duisberg 1861-1935. Anatomie eines Industriellen*, München 2016.

Plumpe, Werner: *Der Reichsverband der Deutschen Industrie und die Krise der Weimarer Wirtschaft*, in: Andreas Wirsching (Hg.): Herausforderungen der parlamentarischen Demokratie. Die Weimarer Republik im europäischen Vergleich, München 2007, 129-157.

Plumpe, Werner: *Betriebliche Mitbestimmung in der Weimarer Republik. Fallstudien zum Ruhrbergbau und zur Chemischen Industrie* (Quellen und Darstellungen zur Zeitgeschichte, Bd. 45), München 1999.

Plumpe, Werner: *Vom Plan zum Markt. Wirtschaftsverwaltung und Unternehmerverbände in der britischen Zone*, Düsseldorf 1987.

Pohl, Hans (Hg.): *Kartelle und Kartellgesetzgebung in Praxis und Rechtsprechung vom 19. Jahrhundert bis zur Gegenwart*, Stuttgart 1985.

Pohl, Hans: *Zur Zusammenarbeit von Wirtschaft und Wissenschaft im »Dritten Reich«: Die Fördergemeinschaft der deutschen Industrie von 1942*, in: ders.: Wirtschaft, Unternehmen, Kreditwesen, soziale Probleme. Ausgewählte Aufsätze, Teil 1, Stuttgart 2005, 593-616.

Pohl, Karl Heinrich: *Gustav Stresemann, Biografie eines Grenzgängers*, Göttingen 2015.

Priemel, Kim Christian: *Flick. Eine Konzerngeschichte vom Kaiserreich bis zur Bundesrepublik*, Göttingen 2007.

Ramhorst, Friedrich: *Die Entstehung der Deutschen Rentenbank* (Veröffentlichung des Reichsverbandes der Deutschen Industrie, H. 20), Berlin 1924.

Raumer, Hans von: *Unternehmer und Gewerkschaften in der Weimarer Zeit*, in: Deutsche Rundschau 5 (1954), 425-434.

Reckendrees, Alfred: *Albert Vögler (1877-1945)*, in: Patrick Bormann u. a. (Hrsg.): Unternehmer in der Weimarer Republik, Stuttgart 2016, 259-275.

Respondek, Erwin: *Grundlagen und Kritik des Reparations-Gutachtens* (1. Sachverständigen-Bericht), Berlin 1924.

Reupke, Hans: *Das Wirtschaftssystem des Faschismus. Die faschistische Wirtschaft: Ein Experiment der Planwirtschaft auf privatkapitalistischer Grundlage*, Berlin 1930.

Reupke, Hans: *Der Nationalsozialismus und die Wirtschaft*, Berlin 1931.

Rhenisch, Thomas: *Europäische Integration und industrielles Interesse. Die deutsche Industrie und die Gründung der Europäischen Wirtschaftsgemeinschaft*

(Vierteljahrschrift für Sozial- und Wirtschaftsgeschichte, Beihefte 152), Stuttgart 1999.

Ritschl, Albrecht: *Deutschlands Krise und Konjunktur 1924-1934. Binnenkonjunktur, Auslandsverschuldung und Reparationsproblem zwischen Dawes-Plan und Transfersperre* (Jahrbuch für Wirtschaftsgeschichte, Beiheft 2), Berlin 2002.

Ritschl, Albrecht: *Zu hohe Löhne in der Weimarer Republik? Eine Auseinandersetzung mit Holtfrerichs Berechnungen zur Lohnposition der Arbeiterschaft 1925-1932*, in: Geschichte und Gesellschaft 3 (1990), 375-402.

Ritschl, Albrecht (Hg.): *Das Reichswirtschaftsministerium in der NS-Zeit. Wirtschaftsordnung und Verbrechenskomplex* (Wirtschaftspolitik in Deutschland 1917-1990, Bd. 2), Berlin 2016.

Robert, Rüdiger: *Konzentrationspolitik in der Bundesrepublik. Das Beispiel der Entstehung des Gesetzes gegen Wettbewerbsbeschränkungen*, Berlin 1976.

Roth, Karl Heinz: *Wirtschaftliche Vorbereitungen auf das Kriegsende und Nachkriegsplanungen*, in: Eichholtz, Geschichte, Bd. III/2, 543-547.

Rudolph, Karsten: *Wirtschaftsdiplomatie im Kalten Krieg. Die Ostpolitik der deutschen Großindustrie 1945-1991*, Frankfurt a. M. 2004.

Rumpf, Joachim Robert: *Der Fall Wollheim gegen die IG Farbenindustrie in Liquidation. Die erste Musterklage eines ehemaligen Zwangsarbeiters in der Bundesrepublik Deutschland*, Frankfurt a. M. 2010.

Rupieper, Hermann J.: *The Cuno Government and Reparations 1922-1923. Politics and Economics*, Den Haag 1979.

Sack, Detlev/Strünck, Christopher (Hrsg.): *Verbände unter Druck. Protest, Opposition und Spaltung in Interessenorganisationen* (Zeitschrift für Politikwissenschaft/Journal of Political Science, Sonderheft 2/2016), Wiesbaden 2016.

Scharp, Heinrich: *Dr. Jacob Herle zu seinem 70. Geburtstag*, in: Bundesverband der Deutschen Industrie (Hg.): Weg, 288-295.

Scherner, Jonas: *Europas Beitrag zu Hitlers Krieg. Die Verlagerung von Industrieaufträgen der Wehrmacht in die besetzten Gebiete und ihre Bedeutung für die deutsche Rüstung im zweiten Weltkrieg*, in: Christoph Buchheim/Marcel Boldorf (Hrsg.): Europäische Volkswirtschaften unter deutscher Hegemonie 1938-1945, München 2012, 69-92.

Scherner, Jonas: *Die Logik der Industriepolitik im Dritten Reich. Die Investitionen in die Autarkie- und Rüstungsindustrie und ihre staatliche Förderung* (Vierteljahrschrift für Sozial- und Wirtschaftsgeschichte – Beihefte Bd. 174,4), Stuttgart 2008.

Scherner, Jonas/Streb, Jochen: *Das Ende eines Mythos? Albert Speer und das sogenannte Rüstungswunder*, in: Vierteljahrschrift für Sozial- und Wirtschaftsgeschichte, 2 (2006), 172-196.

Schmitter, Philippe C./Streeck, Wolfgang: *The Organization of Business Interests. Studying the Associative Action of Business in Advanced Industrial Societies*, Max-Planck-Institut für Gesellschaftsforschung, Discussion Paper 99/1, Köln 1999.

Schnaus, Julia: *Kleidung zieht jeden an. Die deutsche Bekleidungsindustrie 1918 bis 1973*, Berlin 2017.

Schroeder, Wolfgang: *Geschichte und Funktion der deutschen Arbeitgeberverbände*, in: ders./Bernhard Weßels (Hrsg.): Handbuch Arbeitgeber- und Wirtschaftsverbände in Deutschland, 2. Aufl., Wiesbaden 2017, 29-51.

Schulte-Goebel, Achim: *Fritz Berg 1901-1979. Unternehmer und Industriepräsident in der Adenauer-Ära*, Phil. Diss. Düsseldorf 1999.

Schulz, Gerhard: *Die Anfänge des totalitären Maßnahmenstaates*, in: Bracher u. a., Machtergreifung, 371-684.

Schulze, Winfried: *Der Stifterverband für die Deutsche Wissenschaft 1920-1995*, Berlin 1995.

Schumann, Wolfgang: *Neue Dokumente der Reichsgruppe Industrie zur »Neuordnung« Europas*, in: Jahrbuch für Geschichte Jg. 1971, 379-438.

Simon, Walter: *Macht und Herrschaft der Unternehmerverbände*, Köln 1976.

Sohl, Hans-Günther: *Notizen*, Düsseldorf 1983.

Sohl, Hans-Günther: *Weichenstellung für die Zukunft. Gedanken zur deutschen Wirtschaftspolitik*, Düsseldorf 1980.

Sonnenborn, Hans-Peter: *Die Einstellung von Interessenverbänden zur Stabilisierungspolitik. Dargestellt am Beispiel des Bundesverbands der Deutschen Industrie*, Frankfurt 1980.

Stegmann, Dirk: *Hugenberg contra Stresemann. Die Politik der Industrieverbände am Ende des Kaiserreichs*, in: Vierteljahrshefte für Zeitgeschichte 4 (1976), 329-378.

Stegmann, Dirk: *Zum Verhältnis von Großindustrie und Nationalsozialismus 1930–1933. Ein Beitrag zur Geschichte der sog. Machtergreifung*, in: Archiv für Sozialgeschichte Jg. 1973, 452-465.

Stein, Gustav: *Hans Globkes Vorstellungen von Humanität und Staat. Eindrücke einer langjährigen Begegnung*, in: Klaus Gotto (Hg.): Der Staatssekretär Adenauers. Persönlichkeit und politisches Wirken Hans Globkes, Stuttgart 1980, 55-69.

Streb, Jochen: *Das Reichswirtschaftsministerium im Kriege*, in: Ritschl (Hg.): Reichswirtschaftsministerium, 533-610.

Taillez, Felix de: *Zwei Bürgerleben in der Öffentlichkeit. Die Brüder Fritz Thyssen und Heinrich Thyssen-Bornemisza*, Paderborn 2017.

Thieme, Christa: *Deutsche Industriellenvereinigung (DI) 1924-1934, 1926-1934 Bund für Nationalwirtschaft und Werkgemeinschaft (BNW)*, in: Fricke u. a. (Hrsg.): Die bürgerlichen Parteien, Bd. 1, 387-389.

Thum, Horst: *Mitbestimmung in der Montanindustrie. Der Mythos vom Sieg der Gewerkschaften*, Stuttgart 1982.

Tooze, Adam: *Ökonomie der Zerstörung. Die Geschichte der Wirtschaft im Nationalsozialismus*, München 2007 (eng. Orig.: *Wages of Destruction. The making and Breaking of Nazi Economy*, London 2006).

Tooze, Adam: *No Room for Miracles. German Industrial Output in World War II Reassessed*, in: Geschichte und Gesellschaft (2005), 439-464.

Triesch, Günter: *Die unternehmerischen Verbände*, in: Josef Bennemann/Hans Harnoß (Hrsg.): Verbände und Herrschaft. Pluralismus in der Gesellschaft, Bonn 1970, 117-156.

Tross, Rainer: *Die Wirtschaftspolitik des Reichsverbandes der Deutschen Industrie*, in: Bundesverband der Deutschen Industrie (Hg.): Weg, 144-226.

Turner, Henry A.: *Die Großunternehmer und der Aufstieg Hitlers*, Berlin 1985.

Uebbing, Helmut: *Stahl schreibt Geschichte. 125 Jahre Wirtschaftsvereinigung Stahl*, Düsseldorf 1999.

Ullmann, Hans-Peter: *Interessenverbände in Deutschland*, Frankfurt a. M. 1988.

Ullmann, Hans-Peter: *Der Bund der Industriellen. Organisation, Einfluss und Politik klein- und mittelbetrieblicher Industrieller im Deutschen Kaiserreich 1895-1914* (Kritische Studien zur Geschichtswissenschaft, Bd. 21), Göttingen 1976.

Uthmann, Karl Josef/Wolff-Metternich, Hermann von: *Der Bundesverband der Deutschen Industrie*, Düsseldorf 1974.

Varain, Heinz-Josef (Hg.): *Interessenverbände in Deutschland*, Köln 1973.

Volkmann, Hans-Erich: *Ökonomie und Expansion. Grundzüge der NS-Wirtschaftspolitik*. Ausgewählte Schriften, München 2003.

Weber, Petra: *Gescheiterte Sozialpartnerschaft – Gefährdete Republik? Industrieller Konflikt, Arbeitskämpfe und der Sozialstaat. Deutschland und Frankreich im Vergleich (1918–1933/39)*, München 2010.

Weber, Werner: *Das politische Kräftesystem in der wohlfahrtsstaatlichen Massendemokratie*, 1956.

Wehler, Hans-Ulrich: *Deutsche Gesellschaftsgeschic*hte, Bd. 4: Vom Beginn des Ersten Weltkriegs bis zur Gründung der beiden deutschen Staaten 1914-1949, München 2003.

Wehler, Hans-Ulrich: *Das Deutsche Kaiserreich 1871-1914*, 7. Aufl., Göttingen 1994.

Weigelt, Andreas u. a. (Hrsg.): *Todesurteile sowjetischer Militärtribunale gegen Deutsche (1944-1947). Eine historisch-biographische Studie*, Göttingen 2015.

Weimar, Pascal: *Die Gemeinwirtschaft in der Anfangszeit der Weimarer Republik* (Berliner Juristische Universitätsschriften: Grundlagen des Rechts, Bd. 20), Berlin 2002.

Weisbrod, Bernd: *Schwerindustrie in der Weimarer Republik. Interessenpolitik zwischen Stabilisierung und Krise*, Wuppertal 1978.

Wendlandt, Wilhelm (Hg.): *Die deutsche Industrie 1888-1913. Festgabe zum 25jährigen Regierungs-Jubiläum seiner Majestät des Kaisers und Königs Wilhelm II.*, Berlin 1913.

Wengst, Udo: *Der Reichsverband der Deutschen Industrie in den ersten Monaten des Dritten Reiches. Ein Beitrag zum Verhältnis von Großindustrie und Nationalsozialismus*, in: Vierteljahrshefte für Zeitgeschichte 1 (1980), 94-110.

Wengst, Udo: *Unternehmer und Gewerkschaften in Deutschland im Jahr 1930*, in: Vierteljahrshefte für Zeitgeschichte 1 (1977), 99-119.

Wengst, Udo: *Theodor Eschenburg. Biografie einer politischen Leitfigur 1904-1989*, Berlin 2015.

Wiesen, S. Jonathan: *West German Industry and the Challenge of the Nazi Past, 1945-1955*, Chapel Hill 2001.

Winkler, Heinrich August: *Der Weg in die Katastrophe. Arbeiter und Arbeiterbewegung in der Weimarer Republik 1930 bis 1933*, Berlin 1987.

Winkler, Heinrich August: *Weimar 1918-1933. Die Geschichte der ersten deutschen Demokratie*, München 1993.

Witschaß-Beyer, Susanne: *Das Archiv des Bundesverbandes der Deutschen Industrie e. V. (BDI) – Aus einer »Sammlung« erwächst ein lebendes Verbandsarchiv*, in: Archiv und Wirtschaft 1 (2017), 13-23.

Wolff-Rohé, Stephanie: *Der Reichsverband der Deutschen Industrie 1919-1924/25*, Frankfurt a. M. 2001.

Wright, Jonathan: *Gustav Stresemann 1878-1929. Weimars größter Staatsmann*, Stuttgart 2006 (engl. Orig.: *Gustav Stresemann. Weimar's Greatest Statesman*, Oxford 2004).

Zangen, Wilhelm: *Aus meinem Leben*, Düsseldorf 1968.

Zunkel, Friedrich: *Die Gewichtung der Industriegruppen bei der Etablierung des Reichsverbandes der Deutschen Industrie*, in: Mommsen u. a. (Hrsg.): Industrielles System, 637-647.

Abbildungsnachweis

Abb. 1: Staatsbibliothek zu Berlin – Preußischer Kulturbesitz
Abb. 2: ullstein bild 00315825
Abb. 3: BDI-Archiv SF_00548 FA _001_A
Abb. 4: AKG Images AKG1798387
Abb. 5: ullstein bild 06529228
Abb. 6: Rheinisch-Westfälisches Wirtschaftsarchiv, 130-45016/133
Abb. 7: ullstein bild 00297158
Abb. 8: ullstein bild 06529266
Abb. 9: Bundesarchiv, Bildarchiv Bild 102-12331. Fotograf: Georg Pahl
Abb. 10: ullstein bild 00078408
Abb. 11: Historisches Archiv Krupp FAH 4E 193, Bl. 355-356
Abb. 12: Bundesarchiv, Bildarchiv Bild 102-16496. Fotograf: Georg Pahl
Abb. 13: ullstein bild 01086019
Abb. 14: Bayerische Staatsbibliothek, Bildarchiv hoff-31725
Abb. 15: ullstein bild 00275002
Abb. 16: Landesarchiv Berlin/Siegfried Blohm, F Rep. 290 Nr. 0371215
Abb. 17: BDI-Archiv HGF, Pro 2 K 786
Abb. 18: BDI-Archiv SF_00451 FA _004_A
Abb. 19: BDI-Archiv SF_00340_002_A
Abb. 20: BDI-Archiv SF_00365_002_A
Abb. 21: BDI-Archiv SF_00460_005_A
Abb. 22: © European Communities, 1964/Source: EC – Audiovisual Service/ Photo: Marcelle Jamar
Abb. 23: BDI-Archiv SF_00358–001_A
Abb. 24: dpa
Abb. 25: BDI-Archiv SF_00340_014_A
Abb. 26: BDI-Archiv SF_130_002_A
Abb. 27: BDI-Archiv SF_00392_009_A
Abb. 28: BDI-Archiv SF_00447_001_A
Abb. 29: BDI-Archiv SF_00222_030_A
Abb. 30: BDI-Archiv SF_00261_001_A

In einigen Fällen waren die Rechteinhaber auch nach intensiver Recherche nicht festzustellen. Hier ist der Verlag bereit, nach Anforderung rechtmäßige Ansprüche abzugleichen.

Personenregister